Nelles Verlag

Foto: Tim Mannakee/4Corners (Schapowalow)

Kambodscha Laos

Autoren:
Annaliese Wulf,
Berthold Schwarz,
Jürgen Bergmann

KARTENVERZEICHNIS

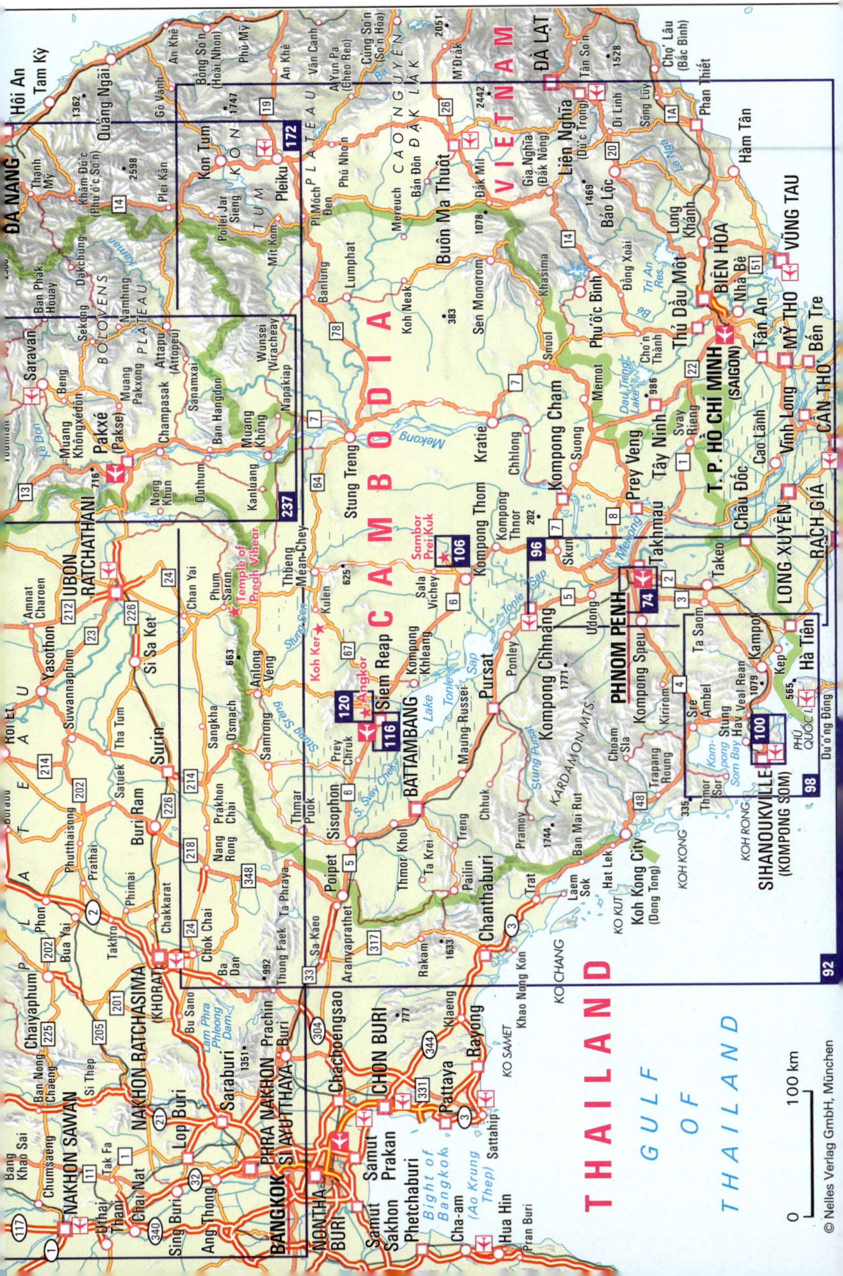
CAMBODIA
THAILAND
VIETNAM
GULF OF THAILAND
PHNOM PENH
BANGKOK
T. P. HO CHI MINH (SAIGON)
ĐA NANG
Hôi An
Tam Kỳ
Quảng Ngãi
Kon Tum
Pleiku
Buôn Ma Thuột
ĐÀ LẠT
Liên Nghĩa
BIÊN HÒA
VŨNG TAU
Thủ Dầu Một
Tây Ninh
Mỹ Tho
Bến Tre
CẦN THƠ
Vĩnh Long
Long Xuyên
Rạch Giá
Châu Đốc
Hà Tiên
Phú Quốc
Kampot
Kep
Takeo
Takhmau
Kompong Speu
Kompong Chhnang
Kompong Cham
Kompong Thom
Prey Veng
Svay Rieng
Kratie
Stung Treng
Siem Reap
Angkor
Battambang
Pursat
Sisophon
Poipet
Sihanoukville (Kompong Som)
Koh Kong City (Dong Tong)
Pailin
Chanthaburi
Trat
Rayong
Pattaya
Chon Buri
Chachoengsao
Nonthaburi
Samut Prakan
Phetchaburi
Hua Hin
Nakhon Ratchasima (Khorat)
Nakhon Sawan
Saraburi
Lop Buri
Phra Nakhon Si Ayutthaya
Buri Ram
Surin
Si Sa Ket
Ubon Ratchathani
Yasothon
Chaiyaphum
Pakxé (Pakse)
Saravan
Attapu (Attopeu)
Champasak
Muang Không
Temple of Preah Vihear
Koh Ker
Sambor Prei Kuk
Tonle Sap
Mekong
KARDAMON MTS.
BOLOVENS PLATEAU
PLATEAU DU KON TUM
CAO NGUYÊN ĐẮK LẮK
Bight of Bangkok (Ao Krung Thep)
KO CHANG
KOH KONG
KOH RONG
KO SAMET
0 100 km
© Nelles Verlag GmbH, München

Liebe Leserin, lieber Leser,

AKTUALITÄT wird in der Nelles-Reihe groß geschrieben. Unsere Korrespondenten dokumentieren laufend die Veränderungen der weltweiten Reiseszene, und unsere Kartografen berichtigen ständig die auf den Text abgestimmten Karten.
Wir freuen uns über jeden Korrekturhinweis! Unsere Adresse: Nelles Verlag, Machtlfinger Str. 26 Rgb., D-81379 München, Tel. +49 (0)89 3571940, Fax +49 (0)89 35719430, E-Mail: Info@Nelles.com, Internet: www.Nelles.com

LEGENDE

Top-Attraktion
★★★ *(in Karte)*
★★★ *(in Text)*
sehr sehenswert
★★ *(in Karte)*
★★ *(in Text)*
sehenswert
★ *(in Karte)*
★ *(in Text)*
Orientierungsnummer in Text und Karte
Orientierungsnummer in Text und Stadtplan
Orientierungsnummer in Text und Detailplan
Öffentliches bzw. bedeutendes Gebäude
Hotel / Restaurant
Einkaufszentrum / Markt

(Ort) Siem Reap / *Banteay Srei* *(Sehenswürdigkeit)* – in Karte gelb Unterlegtes wird im Text erwähnt
Internationaler Flughafen / Flughafen, Flugplatz
Nationalpark
Mt. Khe (2125) – Berggipfel (Höhe in Meter)
UNESCO Welterbe
Strand
Höhle / Aussichtspunkt
Tempel / Denkmal
Buddhistischer Tempel
Moschee / Kirche
Krankenhaus / Post
Touristeninformation
Botschaft / Polizei

Staatsgrenze
Verwaltungsgrenze
Autobahn / mehrspurige Schnellstr.
Fernverkehrsstraße / in schlechtem Zustand
Hauptstraße / in schlechtem Zustand
Landstraße (teilweise befestigt)
Nebenstraße, Fahrweg
Bahnlinie
Ferry / Speedboat – Fähre, Boot
Straßennumerierung
18 – Entfernung in Kilometer
Bushaltestelle/Parkplatz

IMPRESSUM

KAMBODSCHA – LAOS

Druck: Bayerlein, Germany
Einband durch DBGM geschützt

 - R2317 -

– *LAOS* –

5 GESCHICHTE UND KULTUR

6 VIENTIANE

7 LUANG PRABANG

8 DIE EBENE DER TONKRÜGE

9 DER SÜDEN

10 REISE-INFORMATIONEN

– Kambodscha –

– Laos –

Reisetipps für Kambodscha und Laos

Hansjörg Keller

Geheimnisvolles Lächeln – Gesichtstürme am Bayon-Tempel in Angkor

Die Inseln vor Sihanoukville sind wegen ihrer Strände zu Besuchermagneten geworden

Berthold Schwarz

Foto: NPL (Arco Images)

KAMBODSCHA

★★**Phnom Penh** (S. 73): Die dynamische Hauptstadt Kambodschas hat nicht nur ein buntes Nachtleben, sondern auch kulturelle Highlights wie den ★★★**Königspalast** mit der ★★★**Silberpagode** und das ★★★**Nationalmuseum**.

★★**Kep** (S. 98): Dank seines schönen **Sandstrands** in französischer Zeit ein mondänes Seebad, ist Kep mit seiner Strandpromenade heute mehr ein Wochenend-Picknickort für Meeresfrüchteliebhaber.

★★**Bokor** (S. 99): Hoch und kühl gelegen, war das Casino auf dem Plateau von Bokor schon in den 1960ern ein Jetset-Ziel. Panoramablick über die Küste bis nach Vietnam.

★★**Sihanoukville** (S. 101): Ein aufstrebender Badeort mit langen **Sandstränden**, guten Hotels, und vielfältiger Restaurantszene, allerdings auch mit etwas schlüpfrigen Girlie-Bars im Thaistil.

★★★**Angkor** (S. 115): Um die ganze Fülle der Khmertempel zu erkunden, sind mehrere Tage nötig. Absolute Höhepunkte sind der monumentale ★★★**Angkor Wat** mit seinen kunstvollen Hindu-Reliefs, der ★★★**Bayon-Tempel** mit seinen Gesichtstürmen und der malerisch von Würgerfeigen umklammerte ★★★**Ta Prohm**.

★**Siem Reap** (S. 115): Die geschäftige Provinzstadt ist das „Base Camp" für Angkor-Besucher. Rund um den ★**Alten Markt** gruppieren sich Pubs für ein kaltes Bier in lauer Tropennacht. Nicht versäumen: eine Bootsfahrt auf dem fisch- und vogelreichen ★★**Tonle-Sap-See**.

★★★**Preah Vihear** (S. 107): Ein alter Pilgerort aus dem 11. Jh. (UNESCO-Welterbe) im Dangrek-Gebirge mit großartiger Aussicht (730 m ü.M.). Sie liegt auf der Nordgrenze zu Thailand und wurde 1962 Kambodscha zuge-

Oben: Angkor Wat wurde im 12. Jh. von einem Hindu-König errichtet; ab dem 13. Jh. setzte sich der Buddhismus durch. Rechts: Auf dem Nam Ou in Laos.

Foto: Bruno Cossa/SIME (Schapowalow)

sprochen, was Thailand nicht akzeptiert; immer wieder gibt es Streit darum.

★★**Koh Ker** (S. 107): Eine gewaltige Tempelanlage. Obwohl die unter Jayavarman IV. 921-944 erbaute Tempelstadt in 2-3 Stunden von Siem Reap erreichbar ist, wird sie noch wenig besucht.

LAOS

★★**Vientiane** (S. 203): Die Hauptstadt Vientiane hat fast noch Kleinstadtcharme, man spürt noch immer die französische Kolonialvergangenheit. Entlang dem Mekong und im Zentrum gibt es Biergärten. Herausragend: der goldfarbene Stupa ★★★**Pha That Luang**.

★★**Vang Vieng** (S. 214): Sich auf LKW-Schläuchen den Fluss hinuntertreiben zu lassen und öfter an Uferbars zu stoppen ist ein feuchtfröhliches Vergnügen.

★★**Si Phan Don** (S. 241): Ungefähr 400 Inseln liegen verstreut im südlichsten, grenznahen Abschnitt des Mekongs, der dann am kaskadenartigen ★★**Khon Phapheng-Wasserfall** hinunter nach Kambodscha rauscht. Dort leben auch die seltenen ★★**Irrawaddy-Delfine**.

★★★**Luang Prabang** (S. 217): Die einstige Königsstadt, eine der schönsten Asiens, steht auf der UNESCO-Welterbeliste, mit 35 buddhistischen Klöstern – herausragend: der ★★★**Wat Xieng Thong**.

★★★**Bootsfahrten** (S. 228): Unvergesslich – auf dem **Mekong** von Houayxay abwärts schippern bis nach Luang Prabang. Oder auf dem **Nam Ou** aufwärts (ab Luang Prabang bzw. Pak Ou) bis nach Hat Sa bei Phongsaly fahren

★★**Ebene der Tonkrüge** (S. 231): Südlich von Phone Savanh, ab Lat Huang, liegen kilometerweit verstreut mysteriöse, tonnenschwere, rund 2000 Jahre alte Steinurnen.

★★**Wat Phu** (S. 239): Die Überreste der Khmer-Tempelanlage aus dem 10. Jh. zählen zum UNESCO-Weltkulturerbe.

Vor und nach Angkor

1.– 3. Jh. Indisierung ganz Südostasiens durch florierende Handelskontakte

2.-7. Jh. Archäologische Funde in Oc Eo im Mekong Delta belegen seit dem 2. Jh. Handel mit Rom und Indien. Chinesische Quellen nennen die frühen Königreiche Fu Nan (im Mekongdelta) und Chenla mit der Hauptstadt Ishanapura (Sambor Prei Kuk).

802 Jayavarman II. begründet in den Kulenbergen die Khmerdynastie.

9. Jh. Gründung der Hauptstadt Hariharalaya (Rolous) durch Indravarman.

Yashovarman I. baut die 1. Hauptstadt Angkors, Yashodharapura (Bakheng). Alle Staatstempel werden dem Hindugott Shiva geweiht.

10. Jh. Neue Haupstadt in Ko Ker, 120 km von Angkor. Rajendravarman verlegt die Hauptstadt zurück nach Angkor; Pre Rup und östlicher Mebon-Tempel entstehen. Sein Hofpriester errichtet den Banteay-Srei-Tempel.

11. Jh. Udayadityavarman II. erbaut Baphuon.

12. Jh. Suryavarman II erbaut Angkor Wat: erster vishnuitischer Staatstempel. Angkor wird später von Cham erobert.

12./13 Jh. Der mahayana-buddhistische König Jayavarman VII. vertreibt die Cham und erobert den Großteil Südostasiens.

13. Jh. Der Chinese Zhou Daguan verfasst einen Reisebericht aus Angkor

14. Jh. Erste Angriffe der Siamesen auf Angkor, der Theravada-Buddhismus wird populär.

1431 Eroberung Angkors durch das siamesische Königreich Ayutthaya. Später Gründung neuer Hauptstädte im Landesinneren: Lovek, Oudong und Phnom Penh.

16. Jh. König Ang Chan läßt die Nordost- und Ostgalerien von Angkor Wat mit Reliefs verzieren. Bedrohung des Königreichs durch Siam und Vietnam.

18. Jh. Vietnam annektiert das Mekongdelta, Siam die Provinzen Sisophon, Battambang und Siem Reap.

Französische Kolonialzeit und Unabhängigkeit

1860 Henri Mouhot „entdeckt" Angkor, zunehmende französische Präsenz in Indochina

1863 Das von Siam und Vietnam bedrängte Königreich Kambodscha unter Norodom I erklärt sich zum französischen Protektorat.

1887 Kambodscha wird mit Laos und Vietnam Teil der französischen Kolonie Indochine

1907 Thailand gibt unter französischem Druck die drei annektierten Provinzen zurück.

1941 Die Franzosen krönen den erst 19 Jahre alten Sihanouk Norodom zum König. Japan und Vichy-Frankreich regieren Indochina.

1953 Sihanouk erreicht auf diplomatischem Weg die Unabhängigkeit Kambodschas.

1955 König Sihanouk dankt zu Gunsten seines Vaters ab, gründet die Sangkum Partei, gewinnt die Wahl mit über 80% der Stimmen. Es folgen die Goldenen Jahre Kambodschas.

Foto: Sibylle Gradnitzer

König Jayavarman VII.; Gesichtsturm des Südtors von Angkor Thom (um 1200).

1960-1965 Kronprinz Sihanouk zusätzlich auch Staatsoberhaupt. Es gelingt ihm zunächst, Kambodscha aus dem sich anbahnenden Vietnamkrieg herauszuhalten.

Vietnamkrieg, Rote Khmer Herrschaft und vietnamesische Okkupation

1965 Beginn des Vietnamkriegs. Sihanouk erklärt Kambodscha neutral, beendet diplomatische Beziehungen mit den USA, erlaubt aber geheime chines. Waffenlieferungen an Vietkong und Nordvietnam via Sihanoukvilles Hafen durch Kambodscha.

1967 Beginn des Bürgerkriegs in Kambodscha durch den von den Kommunisten unterstützten Aufstand von Battambang.

1969-70 Die USA bombardieren Ostkambodscha. Lon Nol stürzt Sihanouk und geht gegen nordvietnamesische Truppen und Vietkong auf kambodschanischem Gebiet vor. Sihanouk geht nach Peking ins Exil und unterstützt offiziell die Roten Khmer.

1970-75 Bürgerkrieg. Die Roten Khmer kontrollieren bald das Land, außer Phnom Penh.

Foto: Berthold Schwarz

Seit dem Friedensabkommen von 1993 blüht der Angkor-Tourismus wieder.

1975 Einmarsch der Roten Khmer in Phnom Penh; Beginn der Schreckensherrschaft, während der etwa 2 Mio. Menschen umkommen.

1978 Einmarsch Vietnams, die Roten Khmer ziehen sich in abgelegene Landesteile zurück.

1979-89 Okkupation durch Vietnam und Bildung einer vietnamfreundlichen, marxistisch-leninistischen Einheitspartei, die Kambodscha regiert. Erst nach Sanktionen und Wirtschaftskrise erklärt sich Vietnam zum Abzug seiner Truppen bereit. Beginn des durch die UN unterstützten Friedensprozesses.

Königreich Kambodscha

1991 Pariser Friedensschluss für Kambodscha.

1992 Die UN-Friedensmission UNTAC soll den Übergang zur Demokratie begleiten.

1993 Gründung des konstitutionellen Königreichs Kambodscha unter König Sihanouk. FUNCINPEC, die royalistische Partei seines Sohns Ranariddh, gewinnt die erste freie Wahl Kambodschas und bildet eine Koalitionsregierung mit der Kambodschanischen Volkspartei CPP von Hun Sen. Ende der UNTAC Mission.

1993-1997 bleiben Teile Kambodschas unter Kontrolle der Roten Khmer. Der 1. Premierminister Ranariddh wird vom starken Mann Hun Sen, dem 2. Premierminister, ausgebremst.

1997 Der Machtkampf zwischen Hun Sen und Norodom Ranariddh gipfelt in militärischen Auseinandersetzungen.

1998 Pol Pot stirbt; Ende der Roten Khmer. CPP Hun Sens gewinnt die Wahlen

1999 Ta Mok, Nachfolger Pol Pots, wird verhaftet. Kambodscha tritt dem Verband Südostasiatischer Nationen ASEAN bei.

2003 CPP gewinnt die Wahlen.

2004 König Sihanouk dankt ab, sein Sohn Norodom Sihamoni wird Nachfolger

2008 CPP gewinnt mit 2/3 Mehrheit die Wahl.

2009 Oppositionspolitiker Sam Rainsy protestiert gegen Grenzverschiebung zu Gunsten Vietnams und wird wegen Volksverhetzung angeklagt.

2010 Massenpanik auf einer Brücke beim Wasserfest in Phnom Penh; über 400 Tote. Sam Rainsy wird zu 10 Jahren Gefängnis verurteilt, flieht nach Frankreich. Deuch, Leiter des Tuol-Sleng-Verhörzentrums, wird vom Rote-Khmer-Tribunal zu 30 Jahren Haft verurteilt.

2011 Militärische Auseinandersetzung mit Thailand um den Preah-Vihar-Tempel.

2012 Human Rights Party und Sam Rainsy Party beschließen gemeinsam als Cambodian National Rescue Party CNRP anzutreten. Ex-König Sihanouk stirbt in Beijing.

2013 Große Kremationsfeier für Sihanouk. Sam Rainsy wird begnadigt und kehrt aus dem Exil zurück. CNRP gewinnt nur 55 der 127 Parlamentssitze u. reklamiert Wahlbetrug.

2014 In Phnom Penh eröffnet die japan. Aeon Mall.

2016 Zum großen Angkor-Sangkran-Neujahrsfest im April kommen 1,3 Mio. Besucher nach Siem Reap. Wiedereröffnung der Bahnlinie von Phnom Penh zum Badeort Sihanoukville.

Foto: Helmut Köllner

KAMBODSCHA LANDESKUNDE

Größe und Gestalt

Kambodscha liegt in Festland-Südostasien (früher auch Hinterindische Halbinsel genannt), das zusammen mit dem indonesischen und dem philippinischen Archipel Südostasien bildet.

Das Land der Khmer ist mit 181 035 km^2 nach dem Stadtstaat Singapur und dem Sultanat Brunei das kleinste Land Südostasiens. Es liegt südlich des 15. Breitengrades, hat eine nahezu kreisförmige Gestalt, mit dem Mittelpunkt bei der Stadt Kompong Thom, und hat über 15 Mio. Einwohner. Bis zum 15. Jh. erstreckte sich das Großreich der Khmer weit nach Süd-Laos und bis zum Menam in Siam (Thailand), hatte zeitweise das Cham-Reich in Zentral-Vietnam besetzt, beherrschte das ganze Mekong-Delta und Teile der malaiischen Halbinsel.

Oben: Händlerin in einem „Schwimmenden Dorf" bei Siem Reap.

Fünf Prozent des heutigen Kambodscha bestehen aus Flüssen und Seen. Es grenzt im Nordwesten an Thailand, im Norden an Thailand und Laos, im Osten und Südosten an Vietnam und besitzt im Südwesten 340 km Küste am Golf von Thailand, über den es Zugang zu den Weltmeeren hat. Der Meereshafen Sihanoukville (Kompong Som) wurde 1960 fertiggestellt und machte Kambodscha unabhängig von den Häfen seiner Nachbarländer Thailand und Vietnam.

Die letzten Ausläufer des Himalayas umgeben die kambodschanische Ebene: im Westen die Kardamonberge, im Südwesten die Elefanten-Berge (Damrei-Gebirge) und im Norden die langgestreckte Kette des Dangrek-Berglandes. Die Grenze zu Vietnam im Osten verläuft im hohen, unzugänglichen Moi-Gebirge, das nur von einer größeren grenzüberschreitenden Straße überquert wird. Aus der Ebene ragen, besonders im nördlichen Landesteil,

Hügelketten und Bergkuppen (*phnom*) auf. Seit frühester Zeit wurden sie als Sitz der Götter betrachtet und verehrt; die Menschen lebten in ihrem Schutz.

Von größerer Bedeutung als die Gebirge waren seit jeher die Ströme für die Besiedlung und Kultur Festland-Südostasiens. Sie entspringen im Himalaya und verlaufen in Nord-Süd-Richtung. Ihren tiefeingeschnittenen Tälern folgten die austro-indonesischen Völker auf ihrer Wanderung nach Süden und siedelten in ihren Ebenen und Deltas.

Der Mekong

Der Mekong, der die kambodschanische Ebene durchfließt, ist einer der größten Ströme der Welt und der drittlängste Asiens. Das Leben der Menschen und die Geschichte der Staaten an seinen Ufern werden weitgehend von ihm bestimmt. Er entspringt in über 3000 m Höhe im Hochland von Tibet und hat sich tief in die Gebirge von Yunnan (Südchina) und Laos gegraben. Bevor er die kambodschanische Grenze passiert, bahnt er sich seinen Weg noch einmal durch Felsen, bildet die 15 m hohen und 12 km langen Fälle von Khone und danach die kilometerlangen Stromschnellen von Preaparat. Erst danach fließt er, gespeist von wasserreichen Nebenflüssen, ohne starkes Gefälle als breiter, majestätischer Strom durch die kambodschanische Ebene, teilt sich südlich von Phnom Penh in zwei Arme, den Bassac im Westen und den Unteren Mekong im Osten und mündet im südlichen Vietnam in einem breiten Delta mit neun Mündungsarmen in das Südchinesische Meer.

Aus dem Gebirge führt er zur Zeit der Schneeschmelze und der Monsunregen sowie durch Erosion als Folge der Brandrodung durch die Bergvölker Massen fruchtbaren Schlamms mit, lagert sie in seinen Tälern ab und baut sein Delta immer weiter in das Meer hinaus. Bis Kratie, 550 km vom Meer entfernt, ist der Mekong durchgehend ganzjährig schiffbar. Dann folgen Stromschnellen, hinter denen Boote bis Laos weiterfahren können.

Vor Jahrtausenden war Kambodscha ein Golf des Pazifischen Ozeans, die Cardamon-Berge bildeten seinen Südwestrand. Der Mekong hat ihn nach und nach aufgefüllt, so dass eine höchst fruchtbare Ebene entstand, drainiert von Flüssen (*stung*) und deren Seitenarmen (*prek*), die ein natürliches Be- und Entwässerungssystem bildeten. Die Flüsse haben an ihren Ufern hohe Wälle aus Schlamm aufgebaut, die bei den regelmäßigen jährlichen Überschwemmungen nicht überflutet werden. Teile des Meeresgolfs wurden von Aufschwemmungen abgeriegelt, so dass sich Seen bildeten. Auf dieser nur 5 bis 20 m über dem Meeresspiegel gelegenen, riesigen Tiefebene, aus der vereinzelt Granithügel *(phnom)* ragen, entstand Kambodscha, die größte geschlossene Reisanbaufläche Südostasiens, als Werk des Mekong. Sein nordwestlicher Nebenfluss, der Tonle Sap und die gleichnamigen Seen, die er speist, sind Relikte des Golfs.

Damit aber am Ufer der Großen Seen die Hochkultur von Angkor entstehen konnte, war noch ein klimatischer Faktor notwendig, der Monsun, der das Wasser für die *baray*, die großen Bewässerungsanlagen der Reisfelder von Angkor, spendete. Ohne Monsune ist kein Anbau von Bewässerungsreis möglich, ohne Nassreis keine dichte Besiedlung und ohne diese keine Hochkultur.

Die Monsune

Kambodscha liegt zwischen dem 10. und 15. Grad nördlicher Breite, in der Zone des tropischen Monsunklimas. Die Monsune teilen das Jahr in zwei deutlich abgegrenzte Jahreszeiten. Der Südwestmonsun entsteht während der Sommermonate über dem Indischen Ozean und bringt von Juni bis September oder Oktober die Regenzeit, deren Wassermengen die Reisfelder bewässern und die Wasserspeicher füllen. In den Wintermonaten bildet sich über Sibirien der Nordostmonsun, weht über die Landmasse Chinas und bringt für Kambodscha die Trockenzeit. Die Felder müssen dann für eine zweite Ernte künstlich bewässert werden.

Flora und Fauna

Pflanzen- und Tierwelt entsprechen dem tropischen Klima und den geografischen Gegebenheiten. Kambodscha ist zu 70 % mit tropischen Wäldern bedeckt. In den Bergwäldern wachsen Hart- und Edelhölzer, darunter Teak- und Eisenholz mit Stämmen bis zu 30 m Höhe – eine der Ressourcen des Landes, allerdings durch Raubbau bedroht. Von Bäumen hängen Lianen und Orchideen. In der Kolonialzeit wurden Kaffee-, Tee- und Pfefferpflanzungen und in der Ebene Kautschuk- und Baumwollplantagen angelegt. Die Bergstämme bieten, im Tausch für Werkzeug, Geräte und das dringend benötigte Salz, das besonders bei Kampot am Golf von Thailand gewonnen wird, Gewürze, Heilkräuter, Fasern und Harze an. Im Tiefland gedeihen Reis, Mais, Gemüse sowie Obst. Bambus und Palmen begleiten den Menschen von der Geburt bis zum Tod. Wiege und Sarg, Arbeits- und Hausgeräte, Matten und Häuser werden aus Bambus, Palmenholz und Palmblättern hergestellt.

Die tropische Fauna ist reich an Säugetieren, Insekten und Reptilien. In Berg- und Tieflandwäldern leben seltene Tierarten in Rückzugsgebieten. Der kostbarste Besitz des Bauern ist der Wasserbüffel, das Zebu (indisches Buckelrind) oder die Kuh. Diese Tiere werden als Zugtiere vor Wagen und Pflug gespannt. Milchwirtschaft war bisher, wie im übrigen Südost- und Ostasien, unbekannt. Der Fleischverzehr ist gering, obwohl der Buddhist, dem sein Glaube das Töten von Lebewesen verbietet, Fleisch von Tieren essen darf, die ein Nichtbuddhist geschlachtet hat. Die Seen und Flüsse Kambodschas gehören zu den fischreichsten der Erde.

Rechts: Kambodschanerin mit der traditionellen Kopfbedeckung Krama bei der Reisernte.

Bevölkerung

Das Reich der Khmer oder der Kambudja, Söhne des legendären Brahmanen Kambu, ist in vielfachen Abwandlungen als Kampucha, Cambodge und Kambodscha bekannt. Die Roten Khmer gaben dem Land den Namen Kampuchea. Seit 1989 heißt es wieder Kambodscha.

Die Khmer sind ein Mischvolk austroindonesischer Herkunft mit unverkennbar melanesischen, dagegen weniger mongoliden Zügen. Sie gehören zu den Mon-Khmer-Völkern, einer der ältesten Bevölkerungsgruppen in Hinterindien. Aus Yunnan im südlichen China folgten sie dem Lauf des Mekong, ließen sich in der fruchtbaren Ebenen südlich der laotischen und westlich der vietnamesischen Gebirge nieder und gründeten das Reich Angkor, lange bevor die T'ai-Völker in die Täler des Menam und Mekong vordrangen. Zwischen den Khmer und den benachbarten Vietnamesen, Laoten und Thai bestehen bemerkenswerte äußerliche und noch stärkere Mentalitätsunterschiede.

Bei den Khmer kommen neben weichen, rundlich wirkenden Gesichtern sehr oft breitflächige mit betonter, eckiger Kinnpartie vor, die eine verblüffende Ähnlichkeit mit historischen Skulpturen in Angkor aufweisen. Das freundliche, offene, heitere Wesen der Menschen entspringt einer inneren Harmonie, die von 800 Jahren buddhistischem Einfluss zeugt.

Die Dörfer sind keine straff gegliederten Organismen wie etwa in China oder Vietnam. Die Ursache dafür sind außer der Mentalität auch geografische Gegebenheiten, die Landverteilung sowie Bebauungs- und Bewässerungsmethoden. Dagegen gibt es nach Absprache

Foto: Ben Simmons (Mainbild)

gegenseitige Hilfeleistungen und Gemeinschaftsarbeiten bei Reisanbau und Ernte. Die Khmer leben in Großfamilien, haben einen Hang zu Individualität und neigen zu Passivität und Leidensfähigkeit. Geschäftssinn und Handel liegen ihnen wenig. Ihr Denken ist von animistischen Vorstellungen und vom buddhistischen Glauben bestimmt, der mehr auf die kommenden als auf das gegenwärtige Leben ausgerichtet ist.

Erfolgreiche *Business Men* sind gewöhnlich Chinesen oder zumindest chinesischer Abstammung.

1970 zählte Kambodscha 6-7 Mio. Einwohner. Dann brachten die Roten Khmer unter Pol Pot zwischen 1,4 und 2,2 Millionen Menschen um – Intellektuelle, Beamte und buddhistische Mönche, die Widerstand leisteten, oder Angehörige der bürgerlichen Klasse.

Wegen der sehr hohen Geburtenzuwachsrate nach 1979 – in den Jahren 1985-1987 lag sie bei 5,7 % – ist die Einwohnerzahl auf über 15 Mio. angestiegen. Mehr als 55 % der Kambodschaner sind jünger als 24 Jahre. Das Bevölkerungswachstum liegt heute bei 1,6 % und ist – abgesehen vom Bevölkerungszuwachs in Laos – das höchste in der Region.

Drei Viertel der Bevölkerung leben auf der Hälfte der Bodenfläche, in den fruchtbaren Gebieten zwischen den Großen Seen im Nordwesten und der Gegend südlich von Phnom Penh. 16 % der Kambodschaner sind Stadtbewohner. Die Lebenserwartung liegt laut Statistik bei 64 Jahren, die Säuglingssterblichkeit ist mit 5 % sehr hoch. Es fehlt, besonders auf dem Land, an Ärzten, ausreichender medizinischer Versorgung und Krankenhäusern.

Etwa 90 % der Bewohner sind Khmer, damit besitzt Kambodscha eine für diese Region äußerst homogene Bevölkerung. 2 % der Bewohner Kambodschas sind Chinesen, 5 % Vietnamesen. Die meisten Chinesen sind Stadtbewohner. Als Händler üben sie Tätigkeiten aus, die den Khmer weniger liegen. Während der Kolonialzeit wurden sie von den Franzosen als Zwischenhändler und auf den Plantagen beschäftigt. Auch unter den Vietnamesen gibt es Händler, häufiger aber sind sie Bauern und Fischer, üben also etwa die gleichen Berufe aus wie die Khmer.

Vor 1970 hatte die Hauptstadt Phnom Penh 600 000 Einwohner, davon waren 220 000 Khmer und 380 000 Chinesen und Vietnamesen. Nach 1970 wurden Chinesen und Vietnamesen verfolgt, getötet oder vertrieben, dennoch sind diese Ethnien wieder zahlreich in der Hauptstadt vertreten. Heute leben über zwei Millionen Menschen in Phnom Penh.

Die Minderheiten der Cham und Malaien wurden von den Roten Khmer wegen ihres islamischen Glaubens grausam verfolgt. Sie leben heute in etwa 200 Dörfern als Bauern und Fischer am Mekong und am Meer, besitzen Moscheen oder Betsäle, die Kinder besuchen die Koranschule. Ihr Bevölkerungsanteil beträgt ca. 2 %.

Die Bergvölker (*Khmer Loeu*) unterteilen sich in 21 verschiedene Stämme. Sie leben in den Provinzen Mondulkiri, Rattanakiri und Stung Treng. Ihre Zahl wird auf etwa 115 000 geschätzt.

Wirtschaft

Kambodscha besaß einst eine der bedeutendsten Reiskulturen Asiens; schon zur Angkor-Zeit war es ein prosperierendes Agrarland. Ab der Kolonialzeit wurden Reis, Zuckerohr, Kaffee, Gewürze, auch Baumwolle und Kautschuk exportiert – bis 1970. Verarbeitungsbetriebe für Argrarerzeugnisse und die reichen Fischvorkommen gab und gibt es kaum.

Wichtigste Handelspartner waren bis 1989 die ehemaligen Ostblockstaaten. Inzwischen sind westliche Staaten, v. a. Frankreich, Thailand, Australien und die USA an ihre Stelle getreten. 1979, als die Roten Khmer von den Vietnamesen in die westlichen und nordwestlichen Gebiete des Landes zurückgedrängt wurden, hinterließen sie den Osten und auch die Hauptstadt Phnom Penh auf dem Punkt Null. Von 600 000 Einwohnern waren nur 28 000 in der Hauptstadt geblieben. Die Überlebenden der zu Gemeinschaftsarbeiten auf das Land Getriebenen kehrten zögernd zurück und suchten Unterkunft in den unbewohnbar gewordenen Häusern. Noch Anfang der 1980er Jahre gab es keine Briefmarken, keine Banknoten. Pol Pot hatte für drei Jahre, acht Monate und 20 Tage das Geld abgeschafft, die Industrie vernichtet und den Handel zum Erliegen gebracht. Lebensmittel waren nur durch Tausch oder im Schwarzhandel mit dem benachbarten Thailand zu haben; es fehlte an allem.

Rechts: Garküchen in Tonle Bati.

Die Intelligenz und die buddhistische Geistlichkeit war nahezu ausgerottet worden, teilweise nach unglaublichen Gesichtspunkten: Ganz normale Brillenträger etwa galten als gefährliche Intellektuelle und waren höchst verdächtig. Nur 50 Ärzte überlebten das Rote-Khmer-Regime. Wer heute durch Phnom Penh geht, eine Stadt, in der wieder 2 Mio. Menschen leben, kann sich die Trostlosigkeit und Leere, die hier noch Mitte der 1980er Jahre herrschte, kaum vorstellen.

Erst mit dem Abzug der vietnamesischen Besatzer und dem damit einhergehenden Ende der Wirtschaftssanktionen ging es mit Kambodscha wieder aufwärts. Die UNTAC Friedensmission 1992/93 kostete 2,5 Milliarden US$, und auch wenn nur ein kleiner Teil dieses Geldes im Land blieb, so war dies doch ein enormer Stimulus für die Wirtschaft. Mit dem Abzug der UNO aber waren die fetten Jahre schon wieder vorbei, und das mit vielen Problemen belastete Land musste wieder mit kleineren Schritten vorwärts gehen.

Mit Beginn des 21. Jh. nahm die Wirtschaft Kambodschas dann aber Fahrt auf: Textilindustrie, Bauindustrie, Landwirtschaft und Tourismus sind die Zugpferde dieser Entwicklung. Zwischen 2010 und 2013 steigerte sich das

Foto: Wolfgang Hellige

Bruttosozialprodukt jährlich um 7%. Der wichtigste Wirtschaftszweig ist die Textilindustrie, in der 400 000 Einwohner arbeiten und 70 % der Exporte Kambodschas produzieren.

Zu den Bodenschätzen zählen neben den 2005 entdeckten Ölvorkommen an der Küste auch Gold, Eisen, Bauxit und Edelsteine, die ausländische Investoren anlocken. Die Tourismusindustrie verzeichnet ein stetes Wachstum, im Jahr 2012 waren es bereits über 3 Mio. Besucher. Obwohl noch immer über die Hälfte der Bevölkerung (56 %) in der Landwirtschaft tätig ist, erwirtschaftet diese nur ein Drittel des Bruttosozialprodukts. Der Dienstleistungssektor stellt mit 27 % der Bevölkerung die zweitgrößte Gruppe der Beschäftigten, 17 % arbeiten in der Industrie.

Nichtsdestotrotz bleibt Kambodscha eines der ärmsten Länder Asiens, und die langfristige Entwicklung des Landes ist wegen der hohen Korruption, der großen Einkommensunterschiede, ungenügender Schulbildung und den deshalb schlechten Berufsaussichten zweifelhaft. Gerade auf dem Land mit seiner schlechten Infrastruktur ist die Armut am größten: Vier Millionen Einwohnern stehen weniger als 1 €uro am Tag zur Verfügung, und 37% der kambodschanischen Kinder unter 5 Jahren sind chronisch unterernährt. Über 50 % der Bevölkerung ist unter 25 Jahre alt, doch gerade auf dem Land bleiben die Zukunftsaussichten wegen fehlender Berufsausbildung dürftig. Wichtigstes Ziel bleibt es deshalb, für die junge Bevölkerung ausreichende Arbeitsmöglichkeiten zu schaffen. Die kambodschanische Regierung arbeitet mit zahlreichen Geldgebern wie Banken, Staaten und Hilfsorganisationen zusammen, um die wirtschaftliche Situation im Land zu verbessern. Mehr als die Hälfte des kambodschanischen Staatsbudgets machen Entwicklungshilfegelder aus.

Ein großes Problem sind die ungeklärten Eigentumsverhältnisse im ganzen Land, die kriminelle Staatsdiener wegen des Immobilienbooms zu Korruption und Enteignungen verführen.

Foto: Wolfgang Hellige

Viele Kambodschaner wurden so ihres Landes beraubt; der Unmut der Bevölkerung über diese Fehlentwicklung spiegelt sich in den Wahlergebnissen von 2013 wider.

Ernährung

Grundlage für alle Mahlzeiten ist Reis, die Beilagen bestehen aus Gemüse oder Fisch, selten aus Fleisch, häufig aber nur aus Fischsoße (*prahoc*), ohne die kein kambodschanisches Essen denkbar ist. Fisch und Schalentiere finden in vielerlei Form Verwendung, als Fischsuppe, Krebspaste (*kepi*), getrocknet, gekocht und gebraten. Die bäuerliche Familie nimmt ihre Mahlzeit auf einer Matte hockend ein. Gegessen wird von Palmblättern mit den Fingern der rechten Hand. Die Speisen werden nicht so klein geschnitten wie bei chinesischem Essen. Scharfe Gewürze (Chili, Ingwer, Pfeffer) finden reichlich Verwendung und machen Lebensmittel in dem heißen Klima haltbar.

Oben: Kambodschanerin mit dem traditionellenen Krama. Rechts: Die Jackfrucht wächst direkt am Stamm des Baumes.

Kleidung

Die Frauen schlingen ein Tuch aus Baumwolle, Seide oder Kunststoff zu einem knöchellangen, engen Rock (*sampot*) um die Hüften. Alltags ist es dunkelfarbig und kleingemustert, an Festtagen von leuchtender Farbe. Der kürzere *sarong* der Männer wird noch zu festlichen Gelegenheiten und auf dem Lande getragen, wo die Bauern einen Zipfel zwischen den Beinen durchziehen, so dass eine Art Pluderhose entsteht. Dazu tragen die Männer eine kurze, die Frauen eine etwas längere Jacke. Eine besondere Haartracht hat sich nicht erhalten. Strohhüte dienen als Sonnen- und Regenschutz. Das *krama* ist ein rot- oder blau-weiß kariertes schmales Baumwoll- oder Seidentuch von mindestens 1 m Länge. Es wird als Kopfschutz, Schal, Schärpe oder Gürtel, aber auch als Tragetuch für Kleinkinder und Waren benutzt.

Hausbau

Die kambodschanischen Pfahlbauten (*pteah*) bestehen – dem Besitzstand ihrer Eigentümer entsprechend – aus Eckpfosten und Wänden aus Mattengeflecht oder massiverem Material wie Holz und Edelholz. Die Dächer sind mit Stroh oder Palmblättern, heute vielfach mit Ziegeln oder auch Wellblech gedeckt. Pteah stehen auf Plattformen, die auf runden Hartholzpfosten ruhen. Wenn die Rundhölzer vor der Verarbeitung einige Jahre in Schlamm oder Wasser imprägniert werden, sind sie lange gegen Termitenbefall geschützt. Die rechteckigen Häuser sind 7-12 m breit. Ihre Eingangstür in der Mitte der Breitseite ist traditionell nach Osten gerichtet. Das Haus besitzt meist zwei Räume und eine vorgebaute, überdachte Veranda. Die Küche liegt außerhalb des Hauses auf einer eigenen Plattform. Das Anwesen unter schattenspendenden Palmen wird i. d. R. von einem Zaun oder einer Hecke umgeben.

Dieser sog. malaiisch-indonesische Pfahlbau ermöglicht eine Durchlüftung der Räume von allen Seiten. Er ist über eine einziehbare Leiter mit 3, 5, 7 oder 9 Stufen – eine gerade Zahl würde Unglück bringen – zu erreichen. In der Regenzeit ist das Pfahlhaus vor Bodenfeuchtigkeit geschützt, aber auch vor Dieben, Ratten sowie Schlangen und in abgelegenen Gegenden vor wilden Tieren. Vieh, Wagen, Ackergerät und der Webstuhl der Frauen finden im Schatten unter den Häusern Platz. Die Bauern besitzen meist wenig Mobiliar, sie sitzen und schlafen auf Matten.

Sprache und Schrift

Die Sprache der Khmer gehört zu der austro-asiatischen Mon-Khmer-Gruppe. Zur Zeit des Khmer-Reiches Angkor besaßen die Mon indisierte Staaten im südlichen Myanmar und im nördlichen Thailand. In beiden Ländern leben sie heute als Minderheiten. Es gibt Khmer-Sprachinseln in Thailand, Laos, Vietnam, auf den Nikobaren und vereinzelt in Indien, so dass Khmer von etwas mehr als 10,5 Millionen Menschen gesprochen wird. Einen Teil der Wortstämme hat die Khmer-Sprache mit der vietnamesischen gemeinsam.

Die Mon-Khmer-Sprachen sind vom Sanskrit, der Sprache des Hinduismus, stark beeinflusst und werden mit einem altindischen Sanskrit-Alphabet geschrieben. Seit dem 14. Jh. hat die Khmer-Sprache jedoch einen großen Teil ihres Wortschatzes aus dem vom Hinayana-Buddhismus benutzten indischen Pali übernommen.

Die Khmer-Sprache wird von Linguisten in drei zeitlich aufeinander folgende Entwicklungsstufen eingeteilt: Alt-Khmer (6.-13. Jh.), Mittel-Khmer (14.-18. Jh.) und seit dem 19. Jh. das moderne Khmer.

Foto: Annaliese Wulf

Im Unterschied zu den einsilbigen, tonalen Sprachen der Chinesen, Thai und Vietnamesen ist die kambodschanische Sprache atonal und verwendet ein- oder auch zweisilbige Wörter, die auf der zweiten Silbe betont werden.

Die 33 Konsonanten der Khmer-Sprache sind zugleich auch Silben, da ihnen stets der Vokal a oder o zugeordnet ist. Nach diesen Vokalen werden die Konsonanten in ein a- und ein o-Register eingeteilt, sie können aber auch in beiden Registern vorkommen. Ein einzelner geschriebener Konsonant kann auch ein Wort bedeuten.

Die Konsonanten-Register bestimmen den Lautwert des nachfolgenden Vokals. Daher können die 16 Vokal- oder Diphthongzeichen 28 Laute ausdrücken. Die Ausspraceregeln sind äußerst kompliziert.

Einfach ist dagegen die Khmer-Grammatik. Alle Worte bleiben unverändert, ihre Funktion ist nur aus ihrer Platzierung im Satzgefüge ersichtlich. Sie verzichtet auf komplizierte Formen wie das Passiv. Die normale Satzstellung be-

Foto: Andreas Neuhauser

steht aus Subjekt, Verb und Ergänzungen. Der Plural wird, wenn überhaupt, durch Verdoppelung des Substantivs oder auch nur Wiederholung seines Adjektivs ausgedrückt. Das Verb ist unveränderlich, die Zeitformen werden durch ein Hilfsverb angedeutet.

Literatur und Geschichtswerke aus der vor-angkorianischen und angkorianischen Epoche waren auf Palmblättern geschrieben und gingen verloren. Nur in Tempelwände und Steinstelen gemeißelte Inschriften der Könige sind erhalten geblieben.

Die Staatssprache ist Khmer. Als Bildungs- und Fremdsprache wird von der älteren Generation französisch, von der jüngeren mehr englisch gesprochen. Die Analphabetenrate beträgt 25 %.

Religionen

In Kambodscha verehren die Menschen seit Jahrtausenden die Kräfte der Natur, die Geister des Windes, des Wassers, der Erde und der Fruchtbarkeit, von denen die Erträge ihrer Felder und damit ihr Leben abhängen. Sie opfern ihnen Feldfrüchte, Weihrauch und Tiere und brachten früher auch Menschenopfer. Die größte Verehrung genießen die Erdgeister (*neak ta*), die über ein Reisfeld, ein Dorf, aber auch über eine Region oder das ganze Land herrschen. Zu Schutzgeistern (*arak*) werden die verstorbenen Ahnen, besonders die Häuptlinge, die nach dem Tod über das Wohlergehen ihrer Familien und des Landes wachen. Sie manifestieren sich in Menhiren, großen unbehauenen Steinen oder bearbeiteten Kultsteinen, die als vergöttlichte Ahnen verehrt werden. Als Symbol des Wassers gilt die Schlange (*naga*) in Gestalt einer fünf-, sieben- oder neunköpfigen Kobra, die im indischen Kulturkreis die Bedeutung und Funktion des chinesischen Regendrachens besitzt. In allen Schichten der Bevölkerung blieb der Kult der Naturgeister bis in die Gegenwart lebendig. Er ist auch Bestandteil der Riten bei den

Oben: Buddhistische Mönche ernähren sich von den Speisen, die ihnen täglich gespendet werden.

großen buddhistischen Festen des Jahres.

Vom 1. Jh. an kam der Brahmaismus und später der aus ihm hervorgegangene Hinduismus nach Hinterindien. Er wurde zur Religion der Könige und Grundlage des absoluten Gottkönigtums in Angkor. Fast zeitgleich mit dem Brahmaismus verbreiteten buddhistische Mönche auf ihren Reisen zwischen Indien und China den Mahayana-Buddhismus – wie er in Ostasien bekannt war – in Kambodscha. Er wurde vorübergehend zur Religion der Könige von Angkor, die sich als Inkarnation des Bodhisattva Avalokiteshvara sahen. Die Lehre des Buddha, die Befreiung aus dem Zwang der Wiedergeburt und ein Dasein in Harmonie und Frieden fand auch im Volk Aufnahme. Aber erst die Schlichtheit des Theravada-Buddhismus, der auf dem Hinayana-Buddhismus basiert, erfasste die Menschen ganz und blieb bis in die Gegenwart die Religion der Khmer. Theravada, die Lehre der Alten, hatte sich in Sri Lanka entwickelt und erreichte Kambodscha um 1295 über Myanmar und das Mon-Reich Dvaravati.

Der Theravada-Buddhismus hat sich der Tradition nicht verschließen können; er erlangte durch seine Toleranz die Vielfalt und Alltagsnähe, mit der er die Herzen der Menschen erobert hat. Als wahrer Volksglaube hat er in Kambodscha selbst die Ausrottungsversuche der Roten Khmer überstanden.

Der Buddhismus hatte bis 1975 einen hohen Anteil an der Volksbildung und an der Behebung des Analphabetentums. Auch heute unterhalten die meisten der erhalten gebliebenen oder erneut aufgebauten Klöster wieder Schulen. Aber die Verluste, die die Mönchsorden während der Herrschaft der Roten Khmer erlitten haben, sind noch nicht verschmerzt. Von den ca. 60 000 Mönchen im Jahr 1975 haben etwa 500 überlebt, von den 3000 Tempeln und Klöstern des Landes waren viele zerstört. Seit 1989 ist der Buddhismus wieder Staatsreligion, und die Menschen finden vor dem Buddha-Bild Trost in ihrem schweren Alltag.

Die kambodschanischen Mönchsorden orientierten sich im 20. Jh. an den thailändischen Orden Mahanikai und Thammayut. Sie nahmen, wenn auch nicht so aktiv wie die Mönche im Nachbarland, an der Politik teil. Im Zentralkomitee der Khmer-Issarak, die nach 1945 gegen die Rückkehr der französischen Kolonialmacht kämpfte, waren 16 % der Mitglieder Mönche. Während der Herrschaft von Prinz Norodom Sihanouk (1941-1970) als König, Minister- und später Staatspräsident, wurde der Buddhismus laut Verfassung von 1947 Staatsreligion. Zwei Jahre später erhielt die Pali-Schule in Phnom Penh den Rang einer buddhistischen Universität.

Der Buddhismus entspricht dem kambodschanischen Bedürfnis nach Harmonie und bestärkt die Menschen in ihrer Selbstgenügsamkeit und Leidensfähigkeit. Er enthebt sie der Sorge um das gegenwärtige Leben und unterstützt die mentalitätsbedingte Inaktivität. Zwischen zwei sehr aktiven Nachbarn, den Thai und den Vietnamesen, führte diese Passivität seit Jahrhunderten zu einem latenten Zustand der Bedrohung des Khmer-Staates.

Am kambodschanischen Königshof und während der Regierung Norodom Sihanouks blieben hinduistische Zeremonien bei Staatsakten und großen religiösen Festen erhalten. Der Hinduismus hat ein Kastensystem in Kambodscha nicht durchsetzen können, die Brahmanen genossen keine Sonderstellung wie in Indien, aber gewisse Sonderrechte und hatten, bis der Buddhismus 1947 zur Staatsreligion wurde, auch Sitze im Kronrat.

Nur die Minderheiten der Cham (ca. 600 000) und der Malaien sind Muslime; jedoch entstehen mit arabischem Geld neue sunnitische Moscheen, um deren Glaubensfestigung voranzutreiben.

Die rd. 20 000 Christen gehören v.a. der vietnamesischen Minderheit an.

Foto: Nelles Verlag GmbH

GESCHICHTE KAMBODSCHAS

Die Geschichte und Kultur der Khmer beginnt im 1. Jh. n. Chr. mit den Vorgängerstaaten Fu Nan und Chen La. Sie gipfelt vom 9.-14. Jh. im Reich Angkor. Danach erlebte das Khmer-Reich einen langen, schmerzhaften Zerfall, der nur während der Regierung des Königs Ang Chan I. (1516-1566) und des Prinzen Norodom Sihanouk (1941-1970) durch einen Hoffnungsschimmer unterbrochen wurde.

Für die Reiche Fu Nan und Chen La sind die Historiker auf die Annalen der Chinesen angewiesen. Sie werden im späten Chen La und in Angkor ergänzt durch Inschriften der Könige an Tempeln und auf Stelen, Erwähnungen in arabischen und vietnamesischen Texten und die vielfältigen Aussagen der Reliefs, besonders aus der angkorianischen Epoche. Eine eigene Geschichtsschreibung der Völker bis zur angkorianischen Zeit blieb nicht erhalten, da sie, falls es sie gegeben hat, auf vergänglichen Palmblättern verfasst worden war. Eines der wichtigsten Dokumente zur Kultur Angkors sind die *Erinnerungen an die Bräuche Kambodschas* des chinesischen Beamten Zhou Daguan (Chou Ta Kuan), der von August 1296 bis Juli 1297 am Khmer-Hof verweilte.

Durch Südostasien verläuft die Grenze zwischen den Kulturen Chinas und Indiens. Kambodscha gehört zum indischen Kulturkreis, war aber, wie seine Vorgängerstaaten Fu Nan und Chen La, durch das Tributsystem auch mit China verbunden.

Die Religionen und die Kultur Indiens wurden wahrscheinlich durch Brahmanen verbreitet, die mit indischen Kaufleuten an die Höfe der Könige kamen und in hohe Ämter berufen wurden. Vom 2.-6. Jh. bestand durch den Fernhandel ein direkter Kontakt der südostasiatischen Küstenländer zu Indien, der aber von Indien politisch nicht genutzt wurde, sondern sich auf Handel und geistigen Austausch beschränkte. Im 6. Jh., mit dem Rückzug indischer Kaufleute von den Weltmeeren, endete auch der direkte kulturelle Einfluss Indiens. Die Staaten Fu Nan, Chen La, Kambuja/Kambujadesha und Champa (Zentral- und Süd-Vietnam) entwickelten auf der Grundlage der Verschmelzung indischer Kultur mit autochthonen (einheimischen) Elementen eigene Hochkulturen und übertrafen dabei, besonders im Falle der Khmer-Kunst, in mancher Hinsicht das indische Vorbild.

Links: Der Angkor Wat nach einer Radierung von Luis Delaporte (1873).

Das Reich Fu Nan

Im Delta des Mekong, im heutigen Süd-Vietnam, entstand vom 2.-6. Jh. das erste indisierte Reich, in dessen weiten Ebenen die wenigen Hügel als Sitz der Götter verehrt wurden. Die Chinesen bezeichneten die Herrscher dieses Staatswesens als *Fu Nan* („König des Berges"; chinesisch *fu* oder *bui*, kambodschanisch *bnam* oder *phnom* = „Berg"); dies wurde auf das Reich und seine Bewohner übertragen. Die frühen chinesischen Berichte fanden eine späte Bestätigung durch die Ausgrabungen des französischen Forschers L. Malleret, der 1942-1944 in Oc Eo (ca. 30 km nödlich von Rach Gia im heute zu Vietnam gehörenden Mekong-Delta) eine Hafenstadt der Fu Nan entdeckte.

Die Fu Nan waren Seefahrer und Piraten, aber auch Händler und Bauern. Sie haben im Delta des Mekong ein weitverzweigtes Kanalsystem geschaffen, das untereinander und mit den vorhandenen Flüssen verbunden der Ent- und Bewässerung des Landes und der Reisfelder, aber auch als Schifffahrtsweg diente. Die Handelsdschunken, die zwischen Arabien und China verkehrten, konnten den gefährlichen Weg um das Kap Ca Mau, dem südlichsten Punkt des Mekong-Deltas, meiden und durch

die Wasserstraßen Fu Nans segeln. Vom Flugzeug aus lässt sich das Kanalsystem heute noch erkennen. Malleret fand Grundmauern von Sakralbauten aus Ziegeln, Holzpfähle von Wohnhäusern und eine erstaunliche Menge von Gegenständen aus vielerlei Material, darunter Objekte und Münzen (u. a. des römischen Kaisers Antoninus Pius, 138-161) aus den Mittelmeerländern und Vorderasien, die die wirtschaftliche Bedeutung Fu Nans im Welthandel beweisen.

Auch chinesische Reisende berichten von dem Reichtum der funanesischen Bevölkerung, erwähnen Edelmetalle, Schwemmgold, Perlen und loben ihre handwerklichen Fähigkeiten, besonders die Holzschnitzkunst. Die Fu Nan werden als kraushaarig, dunkelhäutig, hässlich und bei den frühen Begegnungen auch als unbekleidet geschildert, was auf eine vorwiegend melanesische Bevölkerung schließen lässt.

Oben: Das Wasserrad ist eine traditionelle Bewässerungstechnologie.

Über die letzten Herrscher liegen nur ungenaue und lückenhafte Berichte vor. Ein ehemaliger Vasallenstaat, Chen La, scheint Fu Nan Anfang des 7. Jh. erobert und in Besitz genommen zu haben. Die Ländereien der Fu Nan an den Küsten Malayas und Indonesiens wurden von den Chen La jedoch nicht beansprucht. Erbe der Seeherrschaft Fu Nans und der von ihnen beherrschten Küstengebiete war das buddhistische Reich Srivijaya auf Sumatra.

Nachdem Chen La zunächst noch über die funanesische Ebene herrschte, versank der größte Teil des Mekong-Deltas in den folgenden Jahrhunderten der Khmer-Herrschaft unter den alluvialen Anschwemmungen des Mekong und wurde, abgesehen von kleinen Siedlungen der Khmer, die bis heute bestehen, erst im 17. Jh. von den Vietnamesen wieder urbar gemacht.

Das Reich Chen La

Der Beginn und die Frühzeit des Reichs Chen La vom 3. Jh. bis zum Anfang des 7. Jh. liegen wie das Ende der Fu Nan im Dunkel; die Kenntnis davon beruht auf den chinesischen Annalen und Forschungen französischer Wissenschaftler. Die Verschmelzung der Reiche Fu Nan und Chen La soll 598 abgeschlossen gewesen sein. Im 3. Jh. lag die Hauptstadt Chen Las zwischen Bassac und Roi Et, von 611-635 war Isanapura (Sambor Prei Kuk), 35 km nördlich des heutigen Kompong Thom, Hauptstadt des Reiches Chen La. Im 7. Jh. lässt sich aus Inschriften in Alt-Khmer eine Khmer-Bevölkerung im Gebiet von Chen La nachweisen.

Ab dem 7./8. Jh. verdichten sich die Nachrichten. Die Chinesen berichten über Tributgesandtschaften. Von ihnen stammt auch der Name *Chen La*, ohne dass es eine Erklärung für ihn gibt. Die Annalen der chinesischen Tang-Dynastie überliefern, dass sich Chen La im ersten Jahrzehnt des 8. Jh. in zwei Reiche, Chen La des Landes und Chen La des Wassers, aufgespalten hat. Sie sind auch als Ober-Chen La im Hügelland (Zentrum: Wat Phu in Süd-Laos) und Unter-Chen La (Zentrum: Angkor Borei, knapp 100 km südlich von Phnom Penh) bezeichnet worden.

Chinesische Berichte nennen Ober-Chen La zuletzt im Jahr 799, danach beginnt das Khmer-Reich im Gebiet von Angkor. In Chen La des Wassers sind zahlreiche Inschriften aus den Jahren 681-716 gefunden worden, denen zufolge sich zwei Dynastien, die Mond-Dynastie von Aninditapura und die Sonnen-Dynastie von Sambhupura bekämpften, bis sie sich durch Heirat vereinigten.

Das Khmer-Reich von Angkor

Jayavarman II. wurde der Gründer des Reiches Angkor. Er kehrte um das Jahr 790 von einem Aufenthalt am Hofe der Shailendra in Java nach Kambodscha zurück. Ob er den Gottkönigen seinen Respekt freiwillig gezollt oder als Vasall oder Gefangener von ihnen dazu gezwungen wurde, bleibt unbekannt. Eine Khmer-Inschrift berichtet nur, dass Jayavarman II. nach Java ging, bevor er gekrönt wurde. Nach seiner Rückkehr löste er sich durch eine Zeremonie, in der ein Brahmane ihn zum Gottkönig und damit den Shailendra gleichgestellt machte, von Java.

Ansätze der Apotheose, der Vergöttlichung der Stammeshäuptlinge und Könige, sind in den Naturreligionen und in den altorientalischen Reichen zu beobachten. Die Gottkönige Indiens (*devaraja*) gaben zwar den Impuls für das Gottkönigtum der indisierten Staaten Südostasiens, hatten aber nie eine derartige, nur dem chinesischen Kaiser vergleichbare Machtposition.

Von den Gottkönigen der Fu Nan und des Reiches Champa entwickelte sich über die Shailendra von Java die Konzeption des indischen Königtums bis zu der Vereinigung der absoluten religiösen und weltlichen Macht in der Person der Gottkönige von Angkor. Zweifellos waren auch die tief in der Anschauung der Khmer verankerten animistischen Vorstellungen von einem vergöttlichten Herrscher als Beschützer der Sippe und des Landes und der Fruchtbarkeit der Felder eine Voraussetzung für diese Entwicklung.

Durch seine Apotheose (Vergöttlichung) besaß der König die absolute und unbestreitbare Macht. Als Inkarnation des Gottes war er, wie dieser, Besitzer des Landes, über das allein er verfügen konnte. Er gebot auch über das Wasser und erwirkte damit die Fruchtbarkeit des Bodens, den Wohlstand des Landes und seiner Untertanen. Somit verfügte er über alle materiellen und geistigen Ressourcen des Staates und bestimmte über die Menschen.

Die Gottkönige von Angkor gaben sich nicht mit ihrer Verherrlichung zu Lebzeiten zufrieden. Sie wollten ihre Vergöttlichung auch nach ihrem Tod sichern und bauten Tempel für sich und für ihre Ahnen, in denen sie nach dem Tod als göttliche Inkarnation verehrt werden konnten. Der Wunsch, ihren Ruhm und Namen sowie ihr Andenken über den Tod hinaus zu bewahren, wurde zu der Triebfeder einer maßlosen Bautätigkeit und damit zum Impuls der Kunst von Angkor.

An die Städte der Menschen, die die Tempel gebaut und mit Zierat geschmückt haben, gibt es keine Erinnerungen. Wo Tausende gelebt haben, herrscht heute Stille und Einsamkeit. Nur Mauern und Tempeltürme mit Gesichtern der toten Könige überstanden, und die Reliefs sind steinerne Bilderbücher der Zeit, als Angkor eine der größten Städte und eines der bedeutendsten Reiche seiner Zeit war. Angkor entstand zur gleichen Zeit wie das Reich Karl des Großen.

Die Geschichte der Könige wird im Kapitel Kunst (s. S. 47) bescrieben.

Die nach-angkorianischen Khmer-Reiche

1296/1297 beschreibt der chinesische Beamte Zhou Daguan (Chou Ta Kuan) in seinen *Erinnerungen an die Bräuche Kambodschas* Angkor noch als die reichste Stadt und die Khmer-Könige als die mächtigsten Herrscher der Region. Aber der Verfall war schon absehbar, und viele Umstände trugen dazu bei, dass er schnell und unaufhaltsam fortschritt.

Die Cham, ein indisiertes Volk im heutigen Zentral-Vietnam, die sich für vorangegangene Überfälle und zeitweise Besetzung ihres Reiches durch die Khmer zu rächen suchten, eroberten, brandschatzten und besetzten Angkor von 1177-1181. Obwohl die Khmer-Könige das Reich Champa danach wieder besiegten und erneut besetzten (1190-1220), hatte die Einnahme und Zerstörung Angkors den Glauben der Einwohner an die Unfehlbarkeit der Gottkönige erschüttert. Der Buddhismus war zur Religion des Landes geworden. Ein Versuch der Könige, ihn zu übernehmen – sie sahen sich nun als Inkarnation des Bodhisattva Avalokiteshvara – konnte weder ihre alte Machtposition wiederherstellen noch die Entwicklung aufhalten. Die Bewässerungsanlagen wurden vernachlässigt, begannen zu verschlammen, und die Malaria-Mücke konnte sich in dem trüben Wasser ansiedeln.

Das Reich Angkor verdankte seine Bedeutung nicht nur seinen Tempeln, sondern vor allem seinen Bewässerungssystemen. Das Gebiet der Großen Seen war von der Natur begünstigt durch Überschwemmungen und Ablagerung fruchtbaren Schlammes. Unter Ausnutzung dieses Phänomens und der heftigen Monsunregen entstand ein durchdachtes Be- und Entwässerungssystem, das die überflüssigen Wassermassen speicherte, so dass sie während des ganzes Jahres genutzt werden konnten und bis zu vier Reisernten ermöglichten. Es war zudem die Grundlage für die Entstehung großer Städte, die es mit Wasser versorgte. Angkor war eine Wasser- und Reiskultur. Die Kulte der Erdgötter und der Schlange (*naga*) als Symbol der Kräfte des Wassers, beherrschten das Leben der Khmer.

Um 1353 erfolgten die ersten bedrohlichen Überfälle der Siamesen. Im gleichen Jahr verhalfen die Khmer Fa Ngum, dem Thronerben von Muong Soua (Laos), zu seinem Erbe. Zudem berichten chinesische Chroniken über Tributgesandtschaften von 1371-1403. Anzunehmen ist jedoch, dass bis zur endgültigen Einnahme Angkors durch die Siamesen von Ayutthaya im Jahr 1431 viele Angriffe Siams und Gegenangriffe der Khmer stattgefunden haben. Berichtet wird, dass sich die Khmer-Könige 1385 im Tempel Baphuon zum Kampf stellten, 1394, 1401 und 1421 erfolgten dann weitere Angriffe der Siamesen und wiederum Gegenangriffe der Khmer. Die Schwächung Angkors

Rechts: Der buddhistische Bayon mit seinen Gesichtstürmen, um 1200 entstanden, weist auch hinduistische Reliefs auf.

Foto: Tim Mannakee/4Corners (Schapowalow)

durch die Auseinandersetzungen mit Siam rief auch die Cham wieder auf den Plan.

1431 fielen die Siamesen – nach einem Angriff der Khmer auf ihre Hauptstadt Ayutthaya – in Angkor ein, raubten die Schätze der Könige, nahmen Gefangene, darunter Handwerker, Künstler und Tempeltänzerinnen mit und setzten einen Khmer-Prinzen als Vasallenkönig ein. Der Glanz Angkors verblasste nicht allein durch die Zerstörungen. Die Menschen verließen die Stadt und die Reisfelder, als der Wassermangel begann. Sie flohen auch vor der Fronarbeit für die Götter der Könige, die nicht mehr die ihren waren.

Das Ende Angkors war aber nicht das Ende Kambodschas, das ein machtvoller Staat blieb. 1432 zog der König mit dem Hof nach Bassac, östlich des Mekong. Aber in keiner der späteren Hauptstädte entstand eine der angkorianischen nur entfernt ebenbürtige Kunst.

Über die Zeit von der Mitte des 14. bis Ende des 15. Jh. berichten kambodschanische Chroniken, die erst im 19. Jh. niedergeschrieben wurden, dazu Aufzeichnungen der Siamesen und nur wenige Inschriften. Es ist anzunehmen, dass die Könige von 1467-1476 noch einmal in Angkor regierten. Um diese Zeit begannen aber bereits Thronstreitigkeiten die zu Revolten, Mord und Usurpation führten und Kambodscha im Lauf der nächsten Jahrhunderte so schwächten, dass es zum Spielball seiner Nachbarn Siam und Vietnam und zum Tummelfeld europäischer Missionare und Abenteurer wurde.

Der mächtigste unter den nach-angkorianischen Königen war Ang Chan (1505 oder 1516-1556), der in Lovek eine befestigte Hauptstadt bauen ließ. Als frommer Buddhist stiftete er in der Hauptstadt, aber auch in eroberten Städten wie Oudong (Udong) und Pursat viele Klöster und Stupas als Zeichen seines Sieges über die Siamesen. Die Angriffe der Birmanen auf Ayutthaya beschäftigten Siam, so dass die Khmer bis auf die Hochebene von Korat vordringen konnten.Nachdem Siam sich von den birmanischen Angriffen erholt

Foto: Ben Simmons (Mainbild)

hatte, wandte es sich wieder gegen Kambodscha. Es eroberte Siem Reap (Angkor), Bassac, Battambang und Pursat und griff Lovek an. Der König wurde abgesetzt und rettete sich nach Laos.

Portugiesen, Spanier, Siamesen und Vietnamesen

Mit König Satha I. (Chettha I.; 1576-1594) begann eine unruhige Zeit. Die Gegend um Angkor war um diese Zeit noch bewohnt, die großen Sakralbauten noch erhalten.

Der erste Missionar, der 1555 nach Lovek kam, ein portugiesischer Dominikaner aus Malakka, und weitere, die ihm um 1583 folgten, mussten bald den opponierenden Buddhisten weichen. Nur wenige, die die Gunst des Königs besaßen, konnten eine kleine christliche Gemeinde gründen. Den Missionaren folgten portugiesische Glücksritter aus Malakka, darunter Diogo Veloso, favorisiert von König Satha I. Der König erhoffte sich von ihnen Hilfe gegen Siam. Sie umgaben ihn als Leibwache und brachten ihn dazu, Missionare einzuladen und ihnen alle Freiheiten der christlichen Glaubensverbreitung zuzusichern. Für Waffenhilfe besaß Malakka jedoch weder Soldaten noch Geld. Daher wandte sich der König an die Spanier, die 1571 die Philippinen an sich gebracht hatten. 1593 erschienen zwei spanische Abenteurer, Blas Ruiz und Vargas. Sie erreichten Lovek kurz vor einem Angriff der Siamesen, versuchten, Hilfe aus Manila zu holen und gerieten, als diese ausblieb, in siamesische Gefangenschaft, konnten aber entkommen.

Oben und rechts: Wat Phnom in Phnom Penh – Wächterfigur und Denkmal zur Erinnerung an Thailands Abtretung dreier Provinzen (der heutigen Westprovinzen Kambodschas) im Jahr 1907.

Nach der Flucht des Königs Satha nach Vientiane (1594) erlebte Kambodscha neue Thronstreitigkeiten. Die Hilfsflotte der Spanier wurde in einem Sturm dezimiert und traf in Lovek einen Usurpator, König Reamea Chung Prei, an. Er verwies die Spanier in das Viertel für Ausländer. Als die Spanier nach einem Streit ein Blutbad unter den Chinesen angerichtet hatten, übten die Kambodschaner, die mit den Chinesen sympathisierten, blutige Rache.

Am Tag nach dem Morden erschien der spanische General, der die Hilfsflotte befehligt hatte und vom Sturm verschlagen worden war. Einige Würdenträger boten dem Spanier die Königskrone an, er zog es jedoch vor, nach Manila zurückzukehren und nahm die beiden Abenteurer mit. Sie verließen das Schiff aber in einem vietnamesischen Hafen und machten sich auf die Suche nach König Satha. In Vientiane erfuhren sie, dass dieser und sein ältester Sohn tot waren. Sie machten seinen zweiten Sohn zum König und zwangen ihn, in Malakka, Manila und Goa (Indien) um die Entsendung von Missionaren zu bitten und ihnen völlige Freiheit ihrer Missionstätigkeit zu garantieren. In Manila rüstete man zu einem „heiligen Krieg", aber wieder gerieten die Schiffe

Foto: Olaf Schubert (imageBROKER/Arco Images)

in einen Sturm. Das spanische Abenteuer in Kambodscha wurde 1599 durch einen malaiischen Fürsten beendet. Die Spanier wurden massakriert, darunter auch der Portugiese Velos und der Spanier Blas Ruiz.

Die Könige auf dem Thron in Lovek wechselten schnell und suchten weiterhin die Hilfe der Spanier. Aber die Opposition gegen die Spanier wuchs, Hof und Adel stimmten schließlich zu, dass Prinz Soryopor, der 1598 ins Exil nach Siam geflohen war, mit einer siamesischen Armee nach Kambodscha zurückkehrte. Als Barom Reachea IV. war er 1603 der erste kambodschanische König, der als Vasall Siams regierte. 1618 machten die Khmer den Versuch, sich von der siamesischen Oberhoheit zu befreien, erklärten ihre Unabhängigkeit und wiesen die siamesische Garnison aus. Einen siamesischen Gegenangriff konnten sie 1622 abweisen.

Nachdem die südvietnamesische Fürstendynastie der Nguyen von Hue 1692 die Cham besiegt hatte, setzte sie ihren Zug nach Süden fort. Das weitläufige Mekong-Delta gehörte nominell zu Kambodscha, wies aber nur wenige kambodschanische Dörfer auf, die zumeist heute noch bestehen. Kambodscha litt zu keiner Zeit unter Landmangel, die Bauern waren nicht auf die Urbarmachung des mit alluvialen Schichten und Mangrovenwäldern bedeckten Deltas angewiesen. Dagegen suchten die Vietnamesen aus dem übervölkerten Norden und den kleinen Küstenebenen Siedlungsland. Thronstreitigkeiten der Khmer boten den Nguyen 1673 Gelegenheit zu einer Intervention.

Die kambodschanischen Könige hatten ihre Hauptstadt nach Oudong (Udong) verlegt. Ein Gegenkönig, Ang Non, saß in Gia Dinh, dem heutigen Saigon. Als seine Versuche, die Herrschaft in Oudong anzutreten, nicht gelangen, rief er die Nguyen zu Hilfe und geriet dadurch unter vietnamesische Oberhoheit. Alarmiert durch die Infiltration des Mekong-Deltas durch vietnamesische Siedler und das Vordringen der Nguyen-Fürsten, mischten sich die Siamesen ebenfalls in die kambodschanischen Thronstreitigkeiten. Siam und Vietnam betätigten sich abwechselnd als Königsmacher und ließen sich ihre Hilfe durch Vorrechte bezahlen. Während das Delta mehr und mehr in den Besitz der Vietnamesen geriet, gewann Siam 1793 die Westprovinzen Battambang und Siem Reap mit Angkor.

Kambodscha als Teil des Kolonialreichs Indochina

Im 19. Jh. annektierten die Vietnamesen, in ständiger Rivalität mit den Siamesen, das Mekong-Delta und suchten die Khmer endgültig an Vietnam zu binden, indem sie dem Land vietnamesische Kultur und Sitten aufzwangen. Aus dieser Phase stammen viele Animositäten der Khmer gegenüber den Vietnamesen.

Frankreich hatte seit 1847 versucht, Vietnam dem Handel und der Mission zu öffnen. Als dies auf Widerstand stieß, eroberte ein französisches Expeditionskorps 1863 das Mekong-Delta, das zur Kolonie Cochinchina wurde. Auf dem Mekong drangen französische Kanonenboote nach Kambodscha vor. 1867 rief, nach französischer Darstellung, der König von Kambodscha, der seit 1866 in Phnom Penh residierte, die Franzosen gegen Vietnam und Siam zu Hilfe. König Norodom musste 1884 ein Abkommen unterzeichnen, das ihm kaum mehr als die Königskrone ließ. Die Regierungsgewalt ging an den französischen Generalresidenten. Jede Provinz bekam einen Residenten, dem die Aufsicht zustand.

1887 wurden die Kolonie Cochinchina und die französischen Protektorate Annam (Zentral-Vietnam), Tongking (Nord-Vietnam) und Kambodscha zur Union von Indochina zusammengeschlossen, der 1893 noch das Protektorat Laos hinzugefügt wurde. Im Vertrag von Bangkok 1907 erfolgte die Teilung Festland-Südostasiens zwischen England und Frankreich mit einer von den Kolonialmächten festgesetzten Grenzziehung. Siam konnte durch Taktieren seine Unabhängigkeit bewahren. Es musste aber die kambodschanischen Westprovinzen Battambang, Sisophon und Siem Reap mit Angkor an Kambodscha bzw. Frankreich zurückgeben. Im 2. Weltkrieg fielen sie wieder an Siam, nach dem Krieg erhielt sie Kambodscha zurück und behielt sie bis heute.

Die Kolonialepoche hat Kambodscha und allen anderen Teilen Indochinas kaum wirtschaftlichen Aufschwung oder Fortschritte auf dem Sektor der Verwaltung, Erziehung und Gesundheitsfürsorge gebracht. In den 1930er Jahren legten die Franzosen große Baumwoll- und Kautschuk-Plantagen an und riefen als Arbeitskräfte Vietnamesen und Chinesen ins Land, da die kambodschanischen Kleinbauern sich weigerten, Lohnarbeit auszuführen. Die Landverteilung in Kambodscha kannte bis dahin, wenn auch der Einzelbesitz nicht groß war, keine Verpachtung und keinen Großgrundbesitz, Landnot war unbekannt. Als Rohstofflieferant war das Land, von den Produkten der Baumwoll- und Kautschuk-Plantagen abgesehen, unbedeutend. Die kambodschanischen Bauern und Fischer kamen als Abnehmer französischer Industrieerzeugnisse nicht in Frage. Dadurch überlebte die kambodschanische Heimindustrie. Erst nach 1900 änderte sich die französische Kolonialpolitik generell, Frankreich investierte mehr in Indochina, und die Wirtschaft Kambodschas machte langsam Fortschritte.

Die Ära Sihanouk

Prinz Norodom Sihanouk aus der Dynastie Norodom wurde 1922 geboren und erhielt seine Ausbildung im französischen Saigon. Die Franzosen holten ihn 1941 nach Phnom Penh und machten ihn, als Nachfolger seines Großvaters – unter Umgehung seines Vaters – zum König, da sie glaubten, ihn beherr-

Rechts: Prinz Norodom Sihanouk als Präsident der Exilregierung.

Foto: dpa

schen zu können. Der 19-jährige König entwickelte aber schnell diplomatische Fähigkeiten. Er wurde ein entschiedener Gegner der französischen Kolonialisten und geschickter Verfechter der kambodschanischen Unabhängigkeit. 1945 nahm er die von den Japanern angebotene Unabhängigkeit an. Japan kapitulierte aber noch im gleichen Jahr, und Kambodscha wurde von französischen und englischen Truppen besetzt. 1946 traf König Sihanouk mit den Franzosen eine Vereinbarung über die Aufnahme Kambodschas in die Französische Union, die er jedoch als Vorstufe der Unabhängigkeit ansah. 1953 gelang es ihm, Frankreich zur Übergabe der Befehlsgewalt über Polizei, Justiz und Armee zu bringen. Nach der Niederlage der Franzosen in Dien Bien Phu in Nord-Vietnam fand 1954 in Genf eine Indochina-Konferenz statt, die auch die Unabhängigkeit Kambodschas garantierte.

1955 trat König Norodom Sihanouk, der als Herrscher einer beschränkten konstitutionellen Monarchie (seit 1947) nicht aktiv in die Politik eingreifen konnte, zugunsten seines Vaters, Norodom Suramarit, zurück. Als Ministerpräsident, und 1960 nach dem Tod des Königs als Staatschef, versuchte er, seine Idee eines *Sozialistischen Buddhismus* zu verwirklichen. Er sah darin die der Mentalität der Khmer entsprechende Staatsform und die Möglichkeit, soziale Gerechtigkeit zu erwirken. Die von ihm gegründete Sangkum-Partei erhielt 1955, bei den ersten freien Wahlen, 84 % der Stimmen und alle Parlamentssitze. Ihr Programm stützte sich auf die Tradition des Königtums von Angkor, den Buddhismus und die bäuerliche Tradition der freiwilligen gegenseitigen Hilfeleistung. Kambodscha war das einzige der vier Länder Indochinas, das die im Genfer Abkommen vorgesehene Wahl durchführte.

Der Staatsmann Sihanouk setzte die Welt ebenso in Erstaunen wie zuvor der König Norodom Sihanouk. Er war eine schillernde Persönlichkeit und wegen seiner „Schaukelpolitik" ein Schrecken der Diplomaten in Ost und West, denen

Foto: Andreas Neuhauser

Foto: Berthold Schwarz

er häufig Lektionen seiner Auffassung von Neutralität erteilte. Seine vielseitige musische Begabung und seine ausgeprägte Liebe zu seinem Land kennzeichneten seine Persönlichkeit. Oft wurden seine Handlungen, auch gegen Konventionen, Vernunft und eigene Prinzipien, bestimmt von dem Willen, sein Land um jeden Preis aus dem Zweiten Indochinakrieg (1965-1975) herauszuhalten.

Nach den ersten Bombardierungen kambodschanischer Dörfer warf er den USA vor: „Für Euch sind die Kambodschaner Hunde und Schweine. Aber für mich sind sie kleine Buddhas und ich will nicht, dass sie sterben, mit Ausnahme der Kommunisten, die Kambodscha als unabhängiges Land töten wollen." Im Zug seiner Politik schreckte er sogar vor dem Nachgeben gegenüber den Kommunisten und vor einem Bündnis mit den Roten Khmer nicht zurück.

Oben: Die Kriegsparteien haben insgesamt ca. 6 Millionen Minen gelegt, deren Beseitigung noch Jahrzehnte dauern wird (Minenmuseum in Siem Reap). Rechts: Ein Soldat der Roten Khmer.

Sihanouk bemühte sich verstärkt um die Landwirtschaft und arbeitete auch selbst stundenlang auf Feldern, um die Bauern zu mehr Aktivität und modernen Arbeitsmethoden zu motivieren. Genauso setzte er eine Industrialisierung in Gang und schaffte bessere Ausbildungsmöglichkeiten. Es gelang ihm, die Anzahl der Volksschulen von 2731 auf 5857 zu verdoppeln, er gründete 9 Universitäten (vorher hatte es keine gegeben), und er konnte das Analphabetentum weitgehend beseitigen. 1955 gab es ein Hospital in Kambodscha, ein Geschenk der UdSSR, 1970 waren es 43 Krankenhäuser und ungefähr 450 Ambulanzen.

Die junge Elite sandte er zu Studium und Ausbildung nach Frankreich. Unter ihr befanden sich Saloth Sau (der sich später Pol Pot nannte), Khieu Samphan und Ieng Sary, die späteren Führer der Roten Khmer, die in Paris Kommunisten geworden waren. Ein unzufriedenes akademisches Proletariat, dem Kambodscha noch keine Arbeitsplätze zu bieten hatte, wuchs schnell heran. Mehr als ein Jahrzehnt versuchte der Staatsmann Sihanouk Kambodscha zwischen divergenten Interessen und handfester Einmischung der USA, UdSSR, Chinas, Nord- und Süd-Vietnams und der südvietnamesischen Widerstandsbewegung auf Neutralitätskurs zu steuern und nutzte deren gegenseitige Aversionen und Animositäten. Er nahm seit 1953 Hilfeleistungen von den USA, aber auch von deren Erzfeinden Sowjetunion und China an.

Die nordvietnamesischen Vietminh und die südvietnamesischen Vietcong wichen während des Zweiten Indochinakrieges immer wieder auf kambodschanisches Gebiet aus. Auch wenn Sihanouk gewollt hätte, verhindern konnte er es nicht. Ebenso musste er den USA Sonderrechte einräumen. Auf der 2. Indochina-Konferenz 1962 in Genf berichtete er von 126 Verletzungen der Landesgrenzen, 17 zu Wasser und 164 im Luftraum, verursacht von den USA, Thailand und Süd-Vietnam.

Ab 1963 beschloss die Sangkum-Partei, zukünftig keine Hilfe der USA anzunehmen. Von Mai 1965 bis Juni 1969 bestanden keine diplomatischen Beziehungen zwischen Kambodscha und den USA. Sie wurden wenige Monate, nachdem die *Operation Breakfast* als erster Einsatz der höchst geheimen *Operation Menu* der US-Luftwaffe angelaufen war, wieder aufgenommen. Von März 1969 bis Mai 1970 flogen die USA 3630 Einsätze mit Bombern vom Typ B 52. Eine Entlaubungsaktion vernichtete Gummi-Plantagen in Krek, Mimot und Kompong Cham. Die verheerenden Bombardements endeten erst im August 1973, nachdem eineinhalbmal soviel Bomben wie im 2. Weltkrieg auf Japan, insgesamt 539 120 t, auf Kambodscha abgeworfen worden waren. Etwa 800 000 Menschen sollen umgekommen sein. Der scheidende US-Botschafter Swank nannte auf der letzten Pressekonferenz den Krieg in Kambodscha „den nutzlosesten Krieg in Indochina".

Foto: dpa

Die Kampfhandlungen in Kambodscha hatten den Ausgang des Krieges nicht verändern können.

Viele Entscheidungen des Staatsmannes Sihanouk sind nur verständlich aus der innenpolitischen Situation, in der sich das Land befand. In Kambodscha wirkten die unterschiedlichsten Kräfte gegeneinander. Daraus bildeten sich Gruppierungen, Parteien und militante Kampfgruppen, deren gemeinsamer Ausgangspunkt das nationale Streben nach Unabhängigkeit von Frankreich gewesen war.

Neben der *Sangkum*, der Partei Sihanouks, gab es eine *Liberale Partei*, die *Progressive Demokratische Partei* und die *Antimonarchistische Demokratische Partei*. Eine entscheidende Rolle spielte die *Nekhum Issarak Khmer*, eine Volksfront und Sammelbewegung, die auch Nichtkommunisten offen stand. Von dieser spalteten sich die rechtsgerichteten Khmer Serei ab. In den 1950er Jahren fanden Umgruppierungen der kommunistischen Parteien Indochinas statt, aus der sich neben der Pracheachon (KPK) die Roten Khmer entwickelten, deren Gründungsdatum von ihnen selbst mit 1960 angegeben wird. Die Situation in Kambodscha war ein Abbild der ideologischen Gegensätze zwischen den kommunistischen Parteien in der UdSSR, Vietnam und China. Die Roten Khmer, zutiefst verfeindet mit Vietnam und den Vietminh, folgten dem chinesischen Weg, suchten ihn, wie Zhou Enlai sich ausdrückte, „mit einem Schritt zurückzulegen". Sihanouk suchte den Ausgleich, indem er links- und rechtsgerichtete Politiker wie Khieu Samphan oder Lon Nol in seine Regierung aufnahm.

Während Sihanouk im Ausland weilte, putschten Lon Nol, Sirik Matak und Cheng Heng, den Sihanouk während seiner Abwesenheit zu seinem Vertreter bestellt hatte, unterstützt von den USA, die die neue Regierung zwei Tage später, am 18. März 1970, anerkannten. Der neue Staatschef Lon Nol erwirkte die Verurteilung Sihanouks und seiner Frau zum Tod, die Aberkennung seiner kambodschanischen Staatsangehörigkeit und die Einziehung seines Besitzes. Die Zahl der Soldaten wurde verdreifacht, die Generalmobilmachung angeordnet, die Republik ausgerufen und der Notstand erklärt.

Wenige Tage nach dem Staatsstreich überschritten Bodentruppen der USA die kambodschanische Grenze, obwohl ihr Einsatz vom US-Repräsentantenhaus untersagt wurde. Als sie im Juni 1970 zurückgezogen wurden, meldete Präsident Nixon das Ergebnis des Einsatzes: 11 000 getötete vietnamesische Kommunisten und deren Sympathisanten. Noch vor dem Putsch hatte Lon Nol die Botschaften Nord-Vietnams und der *Südvietnamesischen Provisorischen Revolutionsregierung* überfallen lassen. Vietnamesen wurden massakriert, gefesselte Leichen trieben den Mekong abwärts.

Rechts: Knochenberge waren das Resultat der Terrorherrschaft der Roten Khmer.

Die Herrschaft der Roten Khmer

Nach dem Regierungsantritt Lon Nols hatten die Roten Khmer, in richtiger Einschätzung der Stimmung unter den 90 % bäuerlicher Bevölkerung, Prinz Sihanouk, dessen Bild sie wie eine Standarte voraus trugen, für ihre Idee zu gewinnen gesucht. Er hat sich sicher zu keiner Zeit Illusionen über ihre ideologische Einstellung gemacht. Wenn er sich dennoch, auch im Ausland, zu ihnen bekannte, kann dies vielleicht als Versuch gewertet werden, ihnen Kambodscha nicht auszuliefern.

Am 1. April 1975 flogen die Amerikaner Lon Nol nach Hawaii aus. Die letzten Evakuierungen von 276 in der Botschaft der USA versammelten Ausländern und Kambodschanern erfolgte am 12. April 1975. Wenige Stunden danach besetzten die Roten Khmer den Flugplatz; am 17. April 1975 zogen sie in Phnom Penh ein.

Binnen vier Tagen wurde die Hauptstadt, in der eine unbekannte Zahl von Flüchtlingen Schutz gesucht hatte, evakuiert. Die Roten Khmer sahen keine Möglichkeit, die Versorgung der Stadt intakt zu halten, fürchteten aber noch mehr jede Zusammenballung von Menschen als Grundlage konterrevolutionärer Zellen. Die Unterschiede zwischen Städtern und Bauern sollten verschwinden, indem die Stätten merkantiler und kapitalistischer Betätigung ausgelöscht wurden. Das Geld wurde abgeschafft, an seine Stelle sollte der Tauschhandel treten. Die dunkelsten Jahre auf dem langen, leidvollen Weg des Khmer-Volkes hatten begonnen. Über die Menschenverluste im Demokratischen Kambodscha der Roten Khmer bestehen keine genauen Angaben. Der Außenminister Ieng Sary sprach intern von 2 Millionen. Den größten Blutzoll zahlten Offiziere, Intelligenz und die Priester aller Religionen. Schwer zu erfassen ist die Anzahl der durch Krankheit und Hunger Umgekommenen.

In einigen Landesteilen, darunter in

Foto: Hansjörg Keller

Siem Reap, gab es mehrfach Unruhen. Auch die muslimischen Cham erhoben sich. Jeder Widerstand wurde von den Roten Khmer blutig niedergeschlagen. Das muss wörtlich genommen werden, denn die Roten Khmer erschlugen ihre Opfer, um Munition zu sparen.

Prinz Sihanouk hielt sich im April 1975 in Beijing (Peking) auf. Kurz vor dem Einmarsch der Roten Khmer in Phnom Penh forderten die Chinesen ihn auf, er solle sich mit den USA in Verbindung setzen. In einem Telefongespräch erklärten sich die USA am 11. April 1975 bereit, „Prinz Sihanouk und seinen Partisanen" die Führung in Kambodscha zu übergeben. Die Roten Khmer wussten die Rückkehr Sihanouks nach Kambodscha jedoch zu verhindern. Sie drohten, jedes Flugzeug, das eine Landung versuchen würde, zu beschießen. Anfang September 1975 durfte Sihanouk einreisen. Drei Wochen lang fuhr er durch das Land, dann unternahm er eine Reise durch zwölf Länder Europas und Amerikas und sprach vor der UNO. Er erklärte, dass er in Kambodscha entmachtet sei. Im Dezember 1975 kehrte Sihanouk erneut nach Kambodscha zurück; er wurde ohne Ehrenbezeugungen empfangen und musste in seinem Palastgelände Gemüse anbauen.

Am 5. Januar 1976 trat eine neue Verfassung in Kraft. Das Land hieß nun *Demokratisches Kampuchea*. Für Prinz Sihanouk war in der neuen Verfassung kein Platz mehr. Im April 1976 trat er offiziell als Staatschef zurück und wurde unter Hausarrest gestellt. In der folgenden Zeit gab es innerhalb der Partei Säuberungen und Fraktionskämpfe, denen auch alte Mitstreiter geopfert wurden. Selbst Pol Pot verschwand im September 1976, doch ein Jahr später war er wieder Premierminister.

Die Auseinandersetzungen mit Vietnam spitzten sich zu, es kam zu Kämpfen zwischen Einheiten der Roten Khmer und der Vietnamesen und zu Zwischenfällen an der thailändischen Grenze. Die Roten Khmer verloren jedes Maß, Radio Phnom Penh verkündete: „Auf jeden gefallenen Kambodschaner kommen 30 gefallene Vietnamesen. Um

Foto: Hansjörg Keller

die 50 Millionen Vietnamesen auszulöschen, müssten wir 2 Millionen Kambodschaner opfern und wären immer noch 6 Millionen."

Am 6. Januar 1979 flogen die Chinesen Sihanouk nach drei Jahren Hausarrest aus, und am 7. Januar marschierten die Vietnamesen in Phnom Penh ein.

1979 – die Volksrepublik Kampuchea

Weihnachten 1978 begann die Invasion Kambodschas, und am 7. Januar erreichten die kampferprobten, hochgerüsteten vietnamesischen Truppen bereits Phnom Penh. Der Einmarsch war trotz anders lautender Propaganda in erster Linie nicht aus humanitären Gründen erfolgt, sondern folgte der Logik der Kommunistischen Internationale ebenso wie dem alten Wunsch der vietnamesischen „Kaiser" nach Neuland. Ho Chi Minh hatte schließlich im Jahr 1930 nicht die Kommunistische Partei Vietnams, sondern die Kommunistische Partei Indochinas gegründet, und Vietnam hatte „Nam Tiem", den „Marsch in den Süden" seit vielen Jahrhunderten als Motto seiner Expansion propagiert. Nun bot sich durch die Greueltaten der Roten Khmer ein moralischer Grund, ganz Kambodscha unter Kontrolle zu bekommen, und diese Gelegenheit ließ die kommunistische Regierung in Hanoi nicht verstreichen: Der Ex-Rote-Khmer Heng Samrin wurde als neuer Staatschef eingesetzt, und „Freundschaftsverträge" machten Kambodscha zum Befehlsempfänger Vietnams. Eine offensive Siedlungspolitik, in deren Verlauf rund eine Million Vietnamesen ins Land kamen, ließ Ho Chi Minhs Traum eines kommunistischen Indochina unter der Führung Vietnams Wirklichkeit werden. Die Neuankömmlinge bekamen leerstehende Häuser in Phnom Penh zugewiesen, viele nahmen sich kambodschanische Ehefrauen und blieben im Land.

Die Roten Khmer flüchteten aus

Oben: Regierungssoldaten vor dem Angkor Wat, den die Roten Khmer zuvor als Munitionslager benutzt hatten.

Phnom Penh und zogen sich in unzugängliche Gebiete auf dem Land und insbesondere in die Grenzgebiete zu Thailand zurück.

Die UN forderte den sofortigen Abzug der vietnamesischen Truppen, und der Westen beschloss als Strafmaßnahme Sanktionen gegen Vietnam. China, die Schutzmacht der Roten Khmer, fühlte sich zu einem „Straffeldzug" gegen Nordvietnam veranlasst, um den Gesichtsverlust durch die vietnamesische Invasion zu kaschieren. China und der Westen lieferten Waffen und Hilfe an die Armeen, die gegen Vietnam kämpften, auch an Rote Khmer. Nachdem der Niedergang der Sowjetunion schließlich die Wirtschaftshilfe aus dem Ostblock versiegen ließ, sah sich die vietnamesische Führung aus wirtschaftlichen Gründen gezwungen, einem Abzug aus Kambodscha wegen der damit einhergehenden möglichen Aufhebung des Wirtschaftsembargos zuzustimmen.

1989 – der Staat Kambodscha

Bereits am 30. April 1989 erhielt die Volksrepublik Kampuchea eine neue Verfassung. Sie nannte sich nun *Staat Kambodscha*. Die Kommunistische Partei Kambodschas blieb jedoch die führende Kraft. Laut Verfassung sollte aber das Volk Herr seines Schicksals sein und alle Macht dem Volk gehören. Vertreten wurde es durch die Nationalversammlung, deren Delegierte vom Volk gewählt wurden und durch verschiedene andere Staatsorgane. Eine neue Fahne und Nationalhymne wurden eingeführt, die Todesstrafe abgeschafft. Es wurden vier Formen des Eigentums eingeführt. Der Buddhismus wurde wieder Staatsreligion.

1991 wurden die Spitzenposten neu besetzt. Der bisherige Generalsekretär Heng Samrin wurde Ehrenvorsitzender der Partei, an seine Stelle trat Chea Sim. Hun Sen – 1975-1977 ein Rote-Khmer-Kommandant, dann nach Vietnam geflohen, 1979 mit den vietnamesischen Invasoren zurückgekehrt und seit 1985 Ministerpräsident – wurde stellvertretender Parteivorsitzender. Der Vorschlag Hun Sens, bei der nächsten Wahl für das Amt des Staatspräsidenten Prinz Sihanouk zu unterstützen, wurde angenommen. Die Revolutionäre Volkspartei änderte ihren Namen in Kambodschanische Volkspartei, CPP. Im Emblem der Partei erschienen anstelle von Hammer und Sichel eine Reisgarbe und die fünf Türme des Angkor Wat.

Die Lösung des Kambodscha-Problems trat im Herbst 1989 mit dem Abzug der Vietnamesen in eine neue Phase. 1979-1985 gab es zwischen der Volksrepublik Kampuchea und der Dreierkoalition (Rote Khmer, Sihanouk, Son Sann) keine Kontakte. Zwischen 1986 und Mitte 1989 kam es zu informellen Treffen bei den *Jakarta Informal Meetings* (JIM) und der *Paris International Conference on Cambodia* (PICC). Frankreichs Außenminister Dumas und Indonesiens Außenminister Alata hatten großen Anteil an dem Endziel der Debatten, dem Zustandekommen eines Friedensvertrages zwischen den vier Bürgerkriegsparteien als Grundlage einer neuen Politik.

Nachdem die Gespräche ab Herbst 1989 geführt wurden, kam es 1990 in Jakarta zu dem Beschluss der vier Bürgerkriegsparteien, eine gemeinsame Übergangsregierung, den Obersten Nationalrat (ONR), zu bilden.

Die *Front Uni National pour un Cambodge indépendant, neutre, pacifique et coopératif* (FUNCINPEC) des Prinzen Sihanouk, wurde, da dieser als Präsident der ONR keine anderen Ämter haben durfte, von seinem Sohn Prinz Norodom Ranariddh vertreten. Die *Buddhistisch-Liberale Demokratische Partei* (BLDP) des früheren Ministerpräsidenten Son Sann, ist die stillste im Land. Das *Demokratische Kampuchea* der Roten Khmer wurde von der PKD unter Führung von Khieu Samphan vertreten, dem etwas weniger Schuld an den Grausamkeiten der Roten Khmer angelastet wird als

Foto: dpa

Pol Pot. Dieser Dreierkoalition stand die *Kambodschanische Volkspartei des Staates Kambodscha* (CPP) gegenüber.

Auf der 2. Tagung der ONR im thailändischen Pattaya wurden ein unbegrenzter Waffenstillstand und die Einstellung aller ausländischen Militärhilfe beschlossen. Die USA hatten 1990 überraschend ihre Hilfsleistungen für die Dreierkoalition eingestellt.

Die Regierung des *Staates Kambodscha* in Phnom Penh wehrte sich immer wieder gegen die Beteiligung der Roten Khmer an der Regierung; diese brauchten wiederum lange, bis sie dem Einsatz von UN-Friedenstruppen zustimmten. Am 23. Oktober 1991 konnte nach zweijährigen Verhandlungen zwischen der Dreierkoalition und der Regierung in Phnom Penh, unter Einschaltung der UNO, in Paris ein Friedensvertrag abgeschlossen werden. Danach sollte die UNTAC, eine Übergangsbehörde, organisiert von der UNO, mit der ONR, der Übergangskoalition der vier Bürgerkriegsparteien unter Präsident Prinz Sihanouk, für 18 Monate die Kontrolle in Kambodscha übernehmen, bis eine durch freie Wahlen ermittelte Regierung an ihre Stelle trat.

Oben: Premierminister Hun Sen 1991. Rechts: Seit Ende der 1990er Jahre spielt der Tourismus wieder die Hauptrolle – Bootsfahrt von Siem Reap nach Phnom Penh auf dem Tonle Sap, der im Juni, wenn der Mekong Hochwasser führt, rückwärts fließt.

Am 14. November 1991 kehrte Prinz Sihanouk nach Kambodscha zurück und wurde mit Jubel und großen Erwartungen empfangen. Am Tag seiner Ankunft empfing er den Ministerpräsidenten der Regierung in Phnom Penh, Hun Sen. Als der Emissär der Roten Khmer, Khieu Samphan, am 17. November in Phnom Penh eintraf, konnte er sich nur durch Flucht vor einem Anschlag retten und musste das Land verlassen.

Die Roten Khmer setzten ihre Angriffe sporadisch fort. Sie richteten sich gegen Dörfer und Städte, besonders gegen die vietnamesische Minderheit und auch gegen Mitglieder der UN-Friedenstruppe, wenn diese den Versuch machten, ihre Kontrollfunktionen in den von den Roten Khmer besetzten Gebieten zu erfüllen.

Am 9. Januar 1992 ernannte die UNO den japanischen Diplomaten Yasushi Akashi zum UNO-Sonderbeauftragten in Kambodscha, der alle Abmachungen des Friedensvertrages überwachen sollte. Ab März wuchs die UN-Friedenstruppe, Soldaten und einige Zivilisten, auf die vereinbarten 22 000 Mann aus 47 Staaten an. Sie wurden über 21 kambodschanische Provinzen und Städte verteilt.

Der UN-Friedensmission unterstanden die Überwachung des Waffenstillstandes und die Entwaffnung der Armeen der vier Bürgerkriegsparteien. Drei Parteien waren bereit, die Roten Khmer weigerten sich und ließen sich auch auf einer Konferenz in Beijing im November 1992 nicht umstimmen, zumal China erkennen ließ, dass es die Mitsprache und Mitregierung der Roten Khmer als Gegengewicht zu Vietnam wünschte.

Foto: Jürgen Bergmann

China beschuldigte die Regierung in Phnom Penh, dass sie weiterhin dominant sei, obwohl alle Macht von der ONR auszugehen habe.

Die darauf von der UNO beschlossenen und am 30. November 1992 verhängten Wirtschaftssanktionen gegen die Roten Khmer stießen auf Proteste Thailands, das seinen besten Geschäftspartner nicht verlieren wollte. Inzwischen hatte es im *Staat Kambodscha* einen weiteren Handelspartner gewonnen. Die Weigerung der Roten Khmer zur Entwaffnung ihrer Streitkräfte führte zwangsläufig dazu, dass auch der *Staat Kambodscha* seine Truppen weiterhin einsatzbereit hielt.

Die UNTAC sah sich von allen Seiten angegriffen, zumal es sich die UN-Friedenstruppe durch ihr Auftreten mit dem kambodschanischen Volk weitgehend verscherzt hatte. Der Profit, den vor allem die Thailänder, und zwar meist Angehörige der chinesischen Minderheit, die so genannten Thai-Chinesen, aus der Anwesenheit der fürstlich entlohnten Friedenstruppe zogen, war zudem ein weiteres Ärgernis für die Bevölkerung.

Die Roten Khmer suchten die auf Ende Mai 1993 angesetzten Wahlen zu boykottieren. Als Gründe gaben sie an, dass sich weiterhin vietnamesische Kampfeinheiten in Kambodscha befänden. Nach gründlichen Untersuchungen wurde dies von der UNO dementiert. Tatsache war dagegen, dass in Kambodscha vermutlich 80 000-90 000 Vietnamesen lebten (Anfang der 1970er Jahre waren es 500 000), die als Fischer im Gebiet der Großen Seen, am Ufer des Tonle Sap und Mekong und als Arbeiter der Gummiplantagen bei Kompong Cham arbeiten. Auf diese Gebiete und auf den vietnamesischen Bevölkerungsteil konzentrierten sich die Angriffe der Roten Khmer, so dass unter der vietnamesischen Minderheit Panikstimmung herrschte; viele flüchteten.

Die Repatriierung der 550 000 kambodschanischen Flüchtlinge aus thailändischen Lagern wurde mit Hilfe der UNHCR, des IKRK und einem Hilfsfond der UNO durchgeführt. Ihr voraus ging die Entminung der Siedlungsgebiete durch UN-Friedenstruppen, die aber noch lange nicht beendet ist.

Zu Anfang des Jahres 1993 hatten sich die Fronten verhärtet. Zu den Wahlen Ende Mai 1993 ließen sich mehr als 4 Mio. Kambodschaner registrieren, 20 politische Parteien wurden nominiert. Die wichtigsten Parteien waren:

Die *Kambodschanische Volkspartei der Regierung des Staates Kambodscha* (CPP) in Phnom Penh; die Partei von Sihanouk (FUNCINPEC); die *Buddhistisch-Liberale Demokratische Partei* von Son Sann und die zur Wahl neugegründete *Cambodian National Union Party* (CNUP) mit Khieu Samphan als Vorsitzendem, die dann aber doch die Wahl boykottierte.

Trotz Boykott und Drohungen der Roten Khmer fanden die Wahlen termingerecht vom 23.-25. Mai 1993 statt. Von den ca. 4,8 Mio. Wahlberechtigten machten 90 % von ihrem Stimmrecht Gebrauch. Das Wahlergebnis rief Erstaunen, aber auch Enttäuschung hervor. Wer an einen überwältigenden Sieg der Partei Sihanouks geglaubt hatte, sah diese zwar als Wahlsieger mit 45,5 % (58 Parlamentssitze), aber Hun Sens CPP erreichte 38,2 % (51 Sitze). Die *Buddhistisch-Liberale Demokratische Partei* kam auf 3,8 % (10 Sitze).

Seit 1993 – Königreich Kambodscha

Die CPP unter Hun Sen war mit dem Ergebnis nicht zufrieden; sie weigerte sich, die Wahl anzuerkennen und drohte mit der Spaltung des Landes, was zum Bürgerkrieg geführt hätte. Erst Sihanouk konnte die Eskalation des Streits verhindern, und die neu gewähl ten Parlamentarier einigten sich auf eine neue Verfassung, die eine Mehrparteiendemokratie im Rahmen einer konstitutionellen Monarchie vorsah. Sihanouk wurde König, sein Sohn Ranariddh erster Premierminister und Hun Sen zweiter Premierminister – keine schlechte Lösung, wenn beide zusammengearbeitet hätten.

Doch Hun Sen, der die Kontrolle über Militär und Polizei hatte, ließ keine Gelegenheit verstreichen, seine Macht weiter auszubauen. Auch Ranariddh gelang es nicht, sich als seriöser Staatsmann zu etablieren – er ließ sich auf einen „Rüstungswettlauf" mit Hun Sen ein. Als Ranariddh immer unverblümter mit den übergelaufenen Truppen der Roten Khmer zu sympathisieren begann und Hunderte von schwerbewaffneten Guerillakämpfern zu seinem Schutz nach Phnom Penh brachte, sah sich Hun Sen in die Enge getrieben und putschte am 5. Juli 1997.

1998 starb Pol Pot, Synonym für den Holocaust in Kambodscha und „Bruder Nr. 1" der Roten Khmer. Kurz darauf fiel Anlong Veng, die letzte Rote-Khmer-Hochburg, in die Hände der Regierungstruppen. Nur noch wenige Guerilleros versteckten sich im Norden, an der Grenze zu Thailand.

Zu den Wahlen am 26. Juli 1998 traten 39 Parteien an. Die größten waren die Volkspartei CPP unter Hun Sen, die FUNCIPEC unter dem zurückgekehrten Prinzen Ranariddh und die *Khmer Nation Party* (KNP) unter Sam Rainsy. Keine konnte die zur Alleinregierung nötige Zwei-Drittel-Mehrheit erreichen. Die CPP gewann die Wahlen mit 41,5 % der Stimmen, die FUNCIPEC erhielt 31,7 %, die KNP 14 %.

Obwohl internationale Beobachter das Ergebnis legitimierten, beschuldigten die Wahlverlierer Ranariddh und Rainsy die CPP des Wahlbetrugs. Da daraufhin die Auseinandersetzungen der politischen Rivalen Kambodscha erneut an den Rand des Bürgerkriegs brachten, musste König Sihanouk den Streit schlichten. Das Ergebnis war, dass Hun Sen alleiniger Ministerpräsident Kambodschas wurde, Ranariddh den Vorsitz der Nationalversammlung übernahm und Sam Rainsy (damals KNP,

Rechts: König Norodom Sihamoni auf einer Reise durch die Provinzen.

Foto: Andreas Neuhauser

heute SRP) sich mit dem Ministerium für Arbeit, Kommunikation und Energie zufrieden gab. Diese Konstellation gab Anlass zur Hoffnung. Erste politische Erfolge waren der Beitritt in die Südostasiatische Staatengemeinschaft ASEAN (30. April 1999) und das wiedergewonnene Vertrauen der internationalen Staatengemeinschaft, die seither großzügig Entwicklungshilfe leistet. Bei den ersten freien Kommunalwahlen im Februar 2002 setzte sich die CPP von Regierungschef Hun Sen zwar klar durch, doch auf lokaler Ebene wurde das Monopol der Regierungspartei erstmals gebrochen.

Am 7. Oktober 2004 dankte der 81-jährige König Norodom Sihanouk ab. Der Thronrat wählte dessen ältesten Sohn Norodom Sihamoni, der in Paris als Professor Kunstpädagogik und klassischen Khmer-Tanz lehrte, zum neuen Monarchen.

Erst 2007, über 30 Jahre nach dem Ende der blutigen Herrschaft der Roten Khmer, wurde der Prozess gegen die Verantwortlichen des Genozids eröffnet. Zwar hatte es bereits 1979 einen Schauprozess gegeben, der jedoch eher Propagandazwecken diente und keine Völkerrechtsnormen erfüllte. Weder Ministerpräsident Hun Sen noch der (2012 verstorbene) König Sihanouk waren daran interessiert, da sie wie viele kambodschanische Politiker zeitweise mit den Roten Khmer kooperiert hatten. Auch vielen Kambodschanern schien der Prozess nicht wichtig – das größte Interesse an dem von der UNO geforderten, 2006 begonnenen Tribunal kam aus dem Ausland. Zwei Hauptschuldige waren schon verstorben: Pol Pot, „Bruder Nr. 1", 1998 (unter ziemlich dubiosen Umständen); der „Schlächter" und Militärkommandeur Ta Mok 2006. 2010 wurde Foltergefängnisleiter Duch zu 30 Jahren Haft verurteilt; „Bruder Nr. 3" Ieng Sary starb 2013, noch vor dem Urteil. Die letzten Schlüsselfiguren des Pol-Pot-Regimes, „Bruder Nr. 2" Nuon Chea und der Spitzenfunktionär Khieu Samphan, erhielten 2014 wegen Verbrechen gegen die Menschlichkeit lebenslange Haftstrafen.

Foto: Helmut Köllner

KUNST KAMBODSCHAS

Eine systematische Erforschung der Kultur und Kunst der Khmer hat bisher kaum stattgefunden. Die französischen Wissenschaftler, Kunsthistoriker und Archäologen konzentrierten sich während der Kolonialzeit auf die spektakuläre Angkor-Periode zwischen dem 9. und 14. Jh. Einen weiteren Schwerpunkt bildeten archäologische Forschungen im Mekong-Delta, in dem das Reich Fu Nan gelegen hatte, dessen Kultur nach dem Fundort Oc Eo-Kultur benannt wurde. Für den Nachweis der kontinuierlichen Entwicklung der Khmer-Kunst aus der Kunst der Fu Nan und Chen La fehlen Kenntnisse der Entstehungs- und Übergangsphasen dieser Staaten als Bindeglieder. An den Forschungen in Kambodscha waren nur französische Wissenschaftler beteiligt. Nach dem Ende der Kolonialepoche konnten die Arbeiten, bedingt durch Kriege und Politik, nicht fortgesetzt werden.

Die Khmer-Kunst hat ihre bedeutendsten Werke auf dem Gebiet der Architektur hervorgebracht. Hervorragende Zeugnisse der Bildhauerkunst sind die Reliefs, besonders die Basreliefs der Angkor-Periode, sowie die vielseitige dekorative Kunst. Die schönsten Statuen stammen aus der vor-angkorianischen Epoche.

Baumaterial: Für Tempelbauten und Plastiken dienten ursprünglich Holz und Bambus, vergängliches Material, wie es für Profanbauten bis in die Gegenwart Verwendung findet. Vom 8. Jh. ab nahm man für die Sakralbauten Backstein, ab 925 Sandstein und als Unterbau und für Schutzwälle auch Laterit. Die Back- und Sandsteinbauten standen erst am Ende einer langen Entwicklung. Sie traten daher als vollendete Kunst in Erscheinung.

Links: Steinmetzarbeiten wie die in rotem Sandstein an den Portalen des Banteay Srei haben die Khmer-Kunst weltberühmt gemacht.

Vielfach ahmen sie, besonders an Türstürzen, Portalen und Balusterfenstern, die Holzbauweise in Stein nach.

Neben Sandstein und Ziegeln fand im 10. und 11. Jh. auch Holz als Baustoff Verwendung. Haltbares und vergängliches Material wurde gemischt verbaut, so dass eine größere Anfälligkeit der Bauwerke dieser Periode zu beobachten ist. Während der nach-angkorianischen Periode wurde der Sandstein durch die zahlreichen Tempelbauten von Jayavarman VII. knapp, schlechte Qualität fand Verwendung, bis die Steinbrüche am Phnom Kulen erschöpft waren. Nach Jayavarman VII. sind keine großen Tempelbauten aus Sandstein entstanden.

Bei den frühen Backsteinbauten wurden Figuren und Dekor in das nahezu fugenlose Mauerwerk gemeißelt, das ohne Mörtel ausgeführt wurde. Die Ziegel waren größer als die heutigen, gut gebrannt und hatten glatte Oberflächen.

Der Sandstein kam vom Phnom Kulen, etwa 40 km nordöstlich von Angkor, und wurde auf Flößen über den Siem Reap Fluss befördert. Vom Ufer aus erfolgte der Weitertransport zur Baustelle nur mit Hilfe von Walzen und Winden. An vielen Steinen sind Löcher für Holzpflöcke sichtbar, um die Zugseile geschlungen wurden. Fehlende Transportmittel ließen sich durch eine große Anzahl von Arbeitskräften ausgleichen. Die Sandsteinquader wurden ebenfalls ohne Bindemittel aufeinander getürmt, zunächst grob bearbeitet, danach erfolgte die Formgebung und schließlich die Bearbeitung der geglätteten Flächen, die mit Basreliefs und Ornamenten geschmückt wurden. An unfertigen Stellen lassen sich die verschiedenen Arbeitsgänge erkennen.

Bei dem hellen Sandstein, *thma puok* („Schlammstein") genannt, handelt es sich um weiches, bröckeliges Material in grauschimmernden, blaugrünen, rötlichen oder gelblichen Farbtönen. Für Unterbauten fand Laterit Verwendung, *bai riem* („Kochender Reis") genannt, poröses, unebenes, rötliches Vulkangestein, das in Indochina häufig vorkommt. Es wurde in ein bis zwei Lagen auf einer betonartigen Schicht aus gemahlenen Kieselsteinen aufgebracht. Dickes Mauerwerk besteht aus zwei Schichten mit einer Zwischenlage aus Laterit.

Baudekor: Holz fand zu allen Zeiten vielseitige Verwendung für Paneele, Baldachine, Rahmen und Decken. Mit – nicht erhalten gebliebenen – Holzdecken verkleidete Gewölbe blieben unbearbeitet. Spuren von Malerei und Vergoldungen sind nur noch selten erkennbar. Die Verwendung von vergoldetem Kupferblech für die Abdeckung der Tempeltürme lässt sich nachweisen, weil deren Oberfläche ebenfalls unbearbeitet blieb. Auf Säulen, Türpfosten, Fensterstürzen und Mauerwerk wurde teilweise Stuck aufgetragen, in den sich das Dekor wie in Holz schnitzen ließ. Die prächtige Ausstattung der Räume mit Teppichen, Seidenstoffen, Mobiliar, kostbarem Gerät und Statuen lässt sich nur ahnen. Gefunden wurden Töpferwaren und Keramiken, die aus China stammten oder in chinesischen Werkstätten am Phnom Kulen hergestellt wurden. Dazu gehörten auch reich verzierte Dachziegel, glasierte Terrakotten und Baukeramik. Aufgefundene Statuen und Statuetten, Schmuck, Waffen und Kultgegenstände bestehen aus Stein, Bronze, Silber oder Gold. Eisen diente zur Herstellung von Speerspitzen, Schwertern und anderen Waffen. Reiche archäologische Sammlungen besitzt das Nationalmuseum in Phnom Penh. Die Tempel sind dagegen ihres beweglichen Schmuckes beraubt, die Altäre leer.

Fenster- und Türstürze, Paneele und Türpfosten, deren Form und Dekor häufig wechselten, lassen Entwicklung und Wandel erkennen und geben Hinweise für die zeitliche Einordnung der Bauwerke. Sie gehören zu den schönsten Werken der Bildhauerkunst.

Religiöse Kunst: Die Fu Nan, Chen La und Khmer schufen elitäre, religiöse Kunst für den Kult der Götter, des Buddha und der Gottkönige, die sich in den hinduistischen Göttern Shiva und Vishnu, als Bodhisattva, häufig aber auch im Phallus des Gottes Shiva (*linga*) manifestiert sahen. Stifter der Tempel waren die Könige. Erst gegen Ende der Angkor-Periode errichteten auch Mitglieder der königlichen Familie, Adelige und Brahmanen steinerne Heiligtümer.

Inschriften: Wichtige Zeugnisse der Khmer-Kultur sind die Inschriften in Sanskrit und Alt-Khmer, später in Pali, der Sprache des Theravada-Buddhismus. Sie berichten in pathetischer, allegorischer und oft auch geheimnisvoller Ausdrucksweise von den Taten und Verdiensten der Könige und zählen ihre Stiftungen auf.

Architekten und Baumeister: Über die Baumeister gibt es keine Berichte. Die indisierten Staaten Südost-Asiens haben das indische Kastenwesen zwar nicht übernommen, die Architekten gehörten jedoch dem Handwerkerstand und damit einer niedrigen Gesellschaftsschicht an.

Als Brahmanen und Priesterarchitekten haben sie zweifellos die Geheimlehren der indischen Baukunst gekannt und darüber gewacht, dass Entwürfe und Ausführung der Tempelbauten den unverrückbaren kosmischen Gesetzen folgten, und dass die zum Verständnis von Relief und Plastik unverzichtbare Ikonografie eingehalten wurde. Die Ästhetik, Symbolik und Stilisierung folgte dagegen stärker der Khmer-Tradition.

Die Zahl der Arbeiter, Steinmetzen und Bildhauer, die das Material herangeschafft, die Tempel errichtet und die viele hundert Meter langen Reliefs geschaffen haben, war groß. Nicht alle besaßen die gleiche Kunstfertigkeit, Arbeiten an demselben Tempel weisen

Rechts: Flachreliefs von großer Lebendigkeit schmücken den Angkor Wat (Pandava-Krieger in der Schlacht von Kurukshetra; südliche Westgalerie).

Foto: Andreas Neuhauser

zum Teil unterschiedliche Qualität auf.

Thematik: Die Reliefs enthalten Szenen aus den indischen Mythen und den großen religiösen Epen, dem *Ramayana* und *Mahabharata*, sie verherrlichen aber auch die Kämpfe und Siege der Khmer-Könige. Erst auf den Reliefs der nach-angkorianischen Periode, besonders am Bayon-Tempel in Angkor Thom, erscheinen auch Darstellungen aus dem Leben und Alltag des Volkes.

Gottkönige und Tempelberge: Aus den Tempeln der Könige des Berges, auf den *phnom* im Bergland, wurden, als die Herrscher in die Ebene zogen, die künstlichen, aus Stein gefügten Tempelberge, Symbole des Götterberges (*meru*) der indischen Mythologie.

Die Tempel dienten der Verehrung des Gottes, vom Beginn des 9. Jh. ab auch des vergöttlichten Königs und waren nur ihm und den Priestern und Tempeldienern zugänglich. An den Prozessionen während der großen Tempelfeste nahmen, wie die chinesischen Reisenden berichten, die königliche Familie und der Hofstaat teil. Auch sie blieben aber von den Zeremonien im inneren Heiligtum ausgeschlossen. Das Volk hatte keinen Zutritt zu den Tempeln. Es verehrte weiterhin seine Fruchtbarkeits- und Naturgötter, bis ihm der Buddhismus völlig neue Aspekte der Beziehung zwischen Mensch und Gott aufzeigte, und es sich von seinen Gottkönigen abwandte.

Angkor: Zum besseren Verständnis der Terminologie muss vorausgeschickt werden, dass die Bezeichnung Angkor heute für unterschiedliche Begriffe Verwendung findet. Angkor oder *nokor* (im Sanskrit *nagara*), bedeutet wörtlich „Königliche Stadt" oder „Hauptstadt". Geografisch ist mit Angkor die Ebene zwischen den Großen Seen (Tonle Sap) und dem Phnom Kulen gemeint, in dem die Reiche und Städte der Gottkönige lagen. Angkor kann auch den Zeitabschnitt zwischen 800 und 1431 bezeichnen, von der Einsetzung des ersten Königs des Berges, Jayavarman II., bis zur Eroberung des Reiches Angkor durch die Siamesen von Ayutthaya. Auf die Kunst bezogen steht Angkor

Foto: Nelles Verlag GmbH

für den Stil von Angkor von 875-1175. Mit der Stadt Angkor ist die Hauptstadt Suryavarman II. gemeint, in deren Mitte sich der schönste Tempel des indischen Kulturkreises, der Angkor Wat, erhebt. Von der Stadt, den Tausenden von Holzhäusern und dem königlichen Palast aus Holz blieb nichts erhalten. Nur der Angkor Wat, der aus Sandstein errichtete Tempel, hat Kriege, Eroberungen, das aggressive Klima und die zerstörerischen Kräfte des Urwaldes überlebt. Der Tempel wurde zu Ehren des Gottes Vishnu, vielleicht auch als Verehrungsstätte und Totentempel des vergöttlichten Königs Suryavarman II. erbaut. Erst in der post-angkorianischen Zeit diente er als Mönchskloster.

Namen der Könige und Tempel: Städte und Tempel trugen zur Zeit ihrer Entstehung die Namen der Könige, die sie erbaut hatten und die der Götter, denen sie geweiht waren. Die Herrscher wechselten die Namen während ihrer Regierungszeit häufig. Sie nannten sich nach dem Gott, für dessen Inkarnation sie sich hielten. Indravarman bedeutet: „der im Schutz des Gottes Indra steht" (*varman* = „Gepanzerter", „Geschützter"). Namen weisen auf Eigenschaften der Könige hin: *Jayavarman* – „der Schützling des Sieges", *Bhavavarman* – „der im Schutz des Glückes" steht. Die französischen Forscher einigten sich jeweils auf den Namen, mit dem der König in den Inschriften am häufigsten genannt wurde und fügten zur Unterscheidung wiederkehrender Namen I. und II. hinzu.

Oben: Der Bayon-Tempel nach einer Radierung von Luis Delaporte (1873). Rechts: Gott Indra auf seinem dreiköpfigen Elefanten Airavata (Erawan) – Steinmetzarbeit über einem Portal des Banteay Srei.

Die Thronfolge der Könige ist häufig in Frage gestellt worden, langlebige Dynastien waren bei den Khmer eine Ausnahme. Durch fünf Jahrhunderte bauten die Könige neue Hauptstädte mit Mauern, Wällen und Wassergräben und in deren Mitte den Tempel. In späterer Zeit, als der Raum für Städte und Reisfelder knapp wurde, überbauten sie

Foto: Sibylle Gradnitzer

auch frühere Hauptstädte. Jede neue Hauptstadt erforderte die Erweiterung oder Neuanlage der Wasserspeicher und Bewässerungsanlagen (*baray*).

Die Epochen der Kunst

Die Gliederung der Kultur Kambodschas in die drei Epochen Fu Nan, Chen La und Khmer bietet sich an. Sie entwickelten sich zwischen dem Delta des Mekong und den Höhenzügen im Norden der kambodschanischen Ebene vom 3. bis 13. Jh. und wurden von Völkern getragen, die mit großer Wahrscheinlichkeit unterschiedlichen ethnischen Gruppen und Traditionen angehörten. Gemeinsam waren ihnen beachtliche Kenntnisse der Wasserbautechnik, die dem Lebensraum entsprechend verschiedene Aufgaben hatte: Entwässerung des Schwemmlandes bei den Fu Nan im Mekong-Delta oder Bewässerung bei den Khmer in Gebieten mit nur einer Monsunperiode. Sie setzten eine straff organisierte Gesellschaft unter einer zentralen Führung voraus. Auf der Grundlage von Reiskulturen konnten sich die indisierten Hochkulturen entwickeln. Sie basierten auf indischen Religionen, von denen der Brahmaismus-Hinduismus auf die Kunst den stärksten Einfluss ausübte.

Die französischen Wissenschaftler nahmen eine weitere Unterteilung der Kunststile vor. Diese überschneiden sich teilweise, sind oft nur an einem oder einer kleinen Anzahl von Bauwerken vertreten und auf einen kurzen Zeitabschnitt bezogen. Jeder Stil kennzeichnet eine Entwicklung auf dem Gebiet der Architektur, des Reliefs, des Baudekors und der Plastik und steht zugleich für die Geschichte der Könige und die Abfolge der Dynastien. Oft ist über diese Könige nicht mehr bekannt als ihr Beitrag zur Kunst, über den ihre Inschriften oder die ihrer Nachfolger berichten. Mit dem Entstehen des Reliefs dient dieses mehr und mehr der Ergänzung der Geschichte.

Archäologische Funde von Steinarchitektur und -Plastik in den indisierten Staaten Südostasiens zeugen von Erfah-

EPOCHEN DER ARCHITEKTUR

PRÄ-ANGKOR KUNST

IM REICH FU NAN:
Stil von Phnom Da 514-600

IM REICH CHEN LA:
Stil von Sambor Prei Kuk. um 600-650
Stil von Prei Kmeng .... um 635-700
Stil von Prasat Andet 681-730
Stil von Kompong Preah..... 706-800
Stil von Kulen 802/825-875

KUNST VON ANGKOR

Stil von Preah Ko....... um 875-893
Stil von Bakheng ....um 893-925
Stil von Koh Ker............ 921-944
Stil von Pre Rup............ 947-965
Stil von Banteay Srei 965-1000
Stil von Khleang ...... um 965-1010
Stil von Baphuon..... um 1010-1080
Stil von Angkor Wat.. um 1100-1175

POST-ANGKOR KUNST

Stil von Bayon........ um 1177-1243
Stil von Post-Bayon...... 1243-15. Jh.

rung und ikonografischer, technischer und künstlerischer Ausdrucksstärke. Stelen der Könige und die chinesischen Annalen verweisen auf vorangegangene Werke aus Holz. Die Wurzeln dieser Kunst liegen in Indien, ihre volle Blüte erschloss sich in den hinterindischen Reichen der Fu Nan, Chen La, Khmer und der benachbarten Cham im heutigen Zentral-Vietnam.

Im 6.-7. Jh., als sich die indischen Kaufleute vom Handel auf den Weltmeeren zurückzogen, brachen die direkten Kontakte zwischen Indien und den indisierten Staaten Südostasiens ab. An den Höfen der Könige blieben nur die brahmanischen Priester zurück. Die Kunst der indisierten Staaten löste sich von ihrem indischen Vorbild und begann stärker aus der eigenen Tradition, Symbolik und Ästhetik zu schöpfen und folgte Impulsen, die von religiösem und politischem Wandel ausging. Im 9. Jh. wurde das Gottkönigtum zur zentralen Idee des Staates und zum Staatskult. Die Apotheose der Könige stellte der Kunst neue Aufgaben, die zu deutlichem Wandel und Bereicherung führten. Eine neue Entwicklung zeichnete sich auch im 12. Jh. ab, als die Könige den Buddhismus annahmen. An die Stelle der Heiligtümer für Gott und König, zu dem nur die Priesterschaft und die Tempeldiener Zugang hatten, traten nun große Klosteranlagen für die zahlreiche Mönchsgemeinde.

In der nachfolgenden Stilkunde wird auf die Beschreibung der Plastik verzichtet: Bronze- und Steinstatuen sind meist aus den Tempeln verschwunden. Erhalten blieben nur spätere buddhistische Statuen, die mit der Baugeschichte jedoch in keinerlei Zusammenhang stehen. Eine ausgezeichnete Sammlung von Statuen, Bronzen und Keramik besitzt das Nationalmuseum in Phnom Penh, dessen Exponate auf den Seiten 78-80 ausführlich beschrieben werden.

Rechts: Backsteinturm des Lolei-Tempels (Roluos-Gruppe). Rechts außen: Wächterfigur am Lolei-Tempel.

DIE PRÄ-ANGKORIANISCHE KUNST

Der Stil von Phnom Da (514-539, 540-600)

REGIERUNGSZEIT: König Rudravarman (Fu Nan; 514-539) und *König Bhavavarman I.* (wahrscheinlich Chen La), Enkel von Rudravarman (um 550). Die Hauptstadt von Rudravarman wird in Angkor Borei auf dem Hügel Phnom Da, knapp 100 km südwestlich von Phnom Penh vermutet. Die Hauptstadt von Bhavavarman I. konnte bisher nicht nachgewiesen werden.
RELIGION: Hinduismus, Buddhismus.
STILBEISPIELE: 2 Gruppen von Statuen auf dem Phnom Da. Architekturbeispiele sind nicht gesichert, Fundamen-

Foto: Annaliese Wulf

Foto: imageBROKER (Arco Images)

te wurden in Oc Eo und an anderen Stellen des Mekong-Deltas entdeckt.
ARCHITEKTUR: Ob das kleine Heiligtum Ta Keo, auch Asrama Maha Rosei, die „Einsiedelei des Großen Asketen" genannt, als einziges erhalten aufgefundenes funanesisches Bauwerk gelten darf, ist von der Wissenschaft umstritten. Die meisten Kunsthistoriker verweisen es in eine spätere Zeit. Das kleine Bauwerk aus schweren Basaltquadern lässt zwar indischen Einfluss erkennen, zeigt Ähnlichkeit mit dem indischen Pallava-Stil, wiederholt sich aber in der späteren Architektur der Chen La und Khmer nicht. Es zeigt auch keinerlei Ähnlichkeiten mit der Backstein-Architektur der Fu Nan, von der in Oc Eo und an weiteren Grabungsplätzen im Mekong-Delta Grundmauern freigelegt wurden.

Der Stil von Sambor Prei Kuk (um 600-650)

REGIERUNGSZEIT: König Isanavarman I. (um 611-635). Seine Hauptstadt Isanapura mit dem Tempel Sambor Prei Kuk liegt bei der heutigen Stadt Kompong Thom im hügeligen Norden am Stung Sen, einem Nebenfluss des Tonle Sap. Das Reich Chen La entstand auf dem Hochplateau, das der Se Mun bewässert, im heutigen Süd-Laos. Auf einem Hügel am Mekong, auf dem sich nun der Wat Phu bei Pakse befindet, errichteten die Chen La ein Shiva-Heiligtum mit einem Linga.
RELIGION: Hinduismus, Vishnu-, Shiva- und Hari-Hara (Vishnu-Shiva)- Kulte.
STILBEISPIELE: Sambor Prei Kuk, Koh Kuk Krieng.
STILMERKMALE: Starker Einfluss der indischen Kunst. Konzeption großer Tempelanlagen, deren Grundform abgewandelt durch Jahrhunderte erhalten bleibt und sich erst mit dem Wechsel der Religion durch Übernahme des Buddhismus ändert. Mit dem zentralen Turmheiligtum (*prasat*), von kleineren Türmen, Mauern mit Toren und Gräben umgeben, erinnern sie an südindische Tempelstädte. Die kleine, quadratische, fensterlose *cella* aus Sandsteinplatten mit Kraggewölben und Blenddach-

fenstern in Pyramidendächern und die dreischiffige Halle (*mandapa*) mit Flachdach lassen nordindische Vorbilder erkennen. Sie verschwinden, wie auch die achteckigen Türme, schnell aus der Architektur der Chen La. Nur das Pyramidendach erscheint erneut im angkorianischen Stil.

Bogenförmige Fensterstürze aus Sandstein, die erst nach der Bearbeitung eingesetzt werden, haben tief geschnittene Reliefs, und enden in Köpfen (*makara*) von Ungeheuern. Sie haben sich aus den einfachen Holzbalken der indischen Tempel entwickelt, an denen Blumengirlanden aufgehängt wurden. Die Medaillons der Bögen und Mauern waren mit figürlichem Schmuck harmonisch ausgefüllt. Zu kleinen Heiligtümern erweiterte Tore in den Mauern haben fein bearbeitete Deckengewölbe, deren Schönheit später nicht mehr erreicht wird. Blattgirlanden finden Verwendung, die in vielen Varianten wiederkehren. Die Säulen der Türpfosten werden von Girlanden und einem Ring geschmückt und haben zwiebelförmige Aufsätze.

ARCHITEKTUR: Vom 7. Jh. ab lässt sich die Entwicklung der Kunst bis zum Stil von Angkor verfolgen. Der Tempel Sambor Prei Kuk gehört zu den schönsten Werken der vor-angkorianischen Kunst. Die Tempelanlagen der Chen La entstanden um ein Turmheiligtum (*prasat*), das den Berg der indischen Mythologie (*meru*) symbolisierte, das Zentrum des Weltalls, auf dem die Götter thronen. Der im Tempel persönlich anwesende Gott manifestierte sich im Götterbild (*linga*). Das Gottkönigtum existierte noch nicht. Der Tempel war Kultstätte für die Götter, zu der nur die Elite Zugang hatte, nicht aber Bet- oder Versammlungsstätte aller Gläubigen. Das kleine, dunkle Heiligtum blieb unzugänglich. Der Einzelne konnte selbst nicht mit den Göttern in Beziehung treten, nur durch Brahmanenpriester rituelle Opfer vollziehen lassen, die der Erfüllung seiner Wünsche dienten.

Das Hauptheiligtum war umgeben von Nebenbauten, oft aus Holz errichtet, die der Verehrung weiterer Götter und Göttinnen oder als Schatzhäuser dienten.

Diesen inneren Teil umschloss eine Mauer aus Backsteinen. Die Tempel öffneten sich nach Osten zur aufgehenden Sonne. Ihre Tore, zu kleinen Heiligtümern erweitert, dienten der Verehrung der Schutzgötter und der Reittiere der Götter, die ebenfalls als göttlich galten. Außerhalb der Mauer lebten Priester und Tempelbedienstete, darunter Musiker, Tänzerinnen und Sklaven. Dieser Bereich war von einer zweiten Mauer umgeben, um die sich ein breiter Wassergraben zog, der vom Fluss gespeist wurde. Um die Tempel lagen die Städte, in ihrer Mitte als weltliches Zentrum der Palast des Königs, der bei den Chen La wie auch bei den Khmer aus Holz erbaut war. Die indisierten Staaten Südostasiens folgen damit den indischen Priesterarchitekten, die nur für Sakralbauten die Verwendung von dauerhaftem Material wie Ziegel und Sandstein gestatten.

Der Stil von Prei Kmeng (um 635-700)

REGIERUNGSZEIT: Bhavavarman II. (um 635-656). Die Hauptstadt und die von ihm erbauten Heiligtümer sind unbekannt. Stelen mit Hinweisen auf Stiftungen fehlen.

RELIGION: Der Shivaismus wird Religion der Könige, Hari-Hara (Vishnu und Shiva in einer Person), Vishnu und hinduistische Göttinnen werden verehrt. Wie im übrigen Indochina erscheinen Buddha-Statuen des Mahayana-Buddhismus, der im Volk weit verbreitet war.

STILBEISPIELE: Prei Kmeng, Phnom Bayang (Takeo), Phnom Preah Vihear, Han Chei (Kompong Thom).

STILMERKMALE: Der Stil von Prei

Rechts: Angkor – reger Verkehr auf der „Straße der Riesen".

Foto: Diethelm Hofstra

Kmeng, der Stil von Prasat Andet und der Stil von Kompong Preah bestanden teilweise zeitlich nebeneinander. Einflüsse des Stils von Phnom Da und Sambor Prei Kuk, also der indischen Kunst, sind unverkennbar. Die Turmheiligtümer aus Backstein haben auch an den Türstürzen einfaches Dekor. Die Makara wurden ersetzt durch aufgebogene Laubgewinde, in den Medaillons fehlt der figürliche Schmuck. Es erscheint eine Überfülle von Blattdekor, nur einige Türstürze haben reliefartige Darstellungen mit religiösen Themen. Die Säulen an den Portalen tragen keine Aufsätze mehr. In Han Chei entstand letztmals eine Cella.

Der Stil von Prasat Andet (657-681)

REGIERUNGSZEIT: Jayavarman I. (um 657-681) beherrschte weite Teile des heutigen Indochina. Trotz vieler Inschriften besteht über seine Hauptstadt Unklarheit. Sie könnte im Raum Angkor gelegen haben und vom Westlichen Baray, dem großen Stausee, bedeckt sein oder bei Roluos, wo sie vielleicht von einem Nachfolger zerstört wurde.
RELIGION: Die Verehrung Shivas und des Linga hat sich als Religion der Könige durchgesetzt. Im Volk verlor der Mahayana-Buddhismus zunehmend an Bedeutung.
STILBEISPIEL: Prasat Andet.
STILMERKMALE: In der Architektur wird der Stil von Prei Kmeng fortgesetzt. Auch das Dekor zeigt wenig Neuerungen. Auffallend ist das häufige Erscheinen des Linga.

Der Stil von Kompong Preah (706-800)

REGIERUNGSZEIT: Jayavarman I. Danach (um 713) seine Witwe Jayadevi. In den Thronfolgekämpfen zerfällt das Land in zwei Teile, Chen La des Berges und Chen La des Wassers.
RELIGION: Hinduismus.
STILBEISPIELE: Prasat Phum Prasat (Kompong Thom), Kompong Preah.
STILMERKMALE: Die Stürze sind nur noch von Blattwerk, die Säulchen mit schmalen Blumenbändern ge-

Foto: Wolfgang Hellige

schmückt. Um die Pfeiler winden sich Laubgirlanden. Figürliches Dekor fehlt, es zeigt sich eine gewisse Verarmung des Dekors und ein Mangel an Ausdruckskraft.

Der Stil von Kulen (802-875)

REGIERUNGSZEIT: Jayavarman II. (um 802-850). Nach dem Zerfall Chen Las entstand politisch und kulturell eine Lücke, die durch das buddhistische Reich Srivijaya auf Sumatra und die buddhistische Dynastie Shailendra auf Java ausgefüllt wurde. Um 790 war Jayavarman II. aus Java nach Chen La zurückgekehrt (s. S. 29). Seine Hauptstädte, von denen aus er das Land zu einigen suchte, waren Indrapura (östlich von Kompong Cham, das heutige Banteay Prei Nokor), Kuti (Kutisvara) im Norden des Tonle Sap, Hariharalaya in Roluos und Amarendrapura bei Ak Yum.

Oben: Der Bakong-Tempel der Roluos-Gruppe (Stil von Preah Ko).

Im Jahr 802 gründete er dann auf dem Phnom Kulen, einer Berglandschaft ca. 40 km nordöstlich von Angkor, die Stadt Mahendraparvata und ließ durch einen aus Indien gerufenen Brahmanen eine Zeremonie vollziehen, die ihn zum Gottkönig und Herrscher des Universums machte.

Als Mittelpunkt seines Reiches galt fortan der Bergtempel Krus Preah Aram Rong Chen auf dem Phnom Kulen mit dem Linga als Zeichen der Vereinigung des Gottes Shiva und des vergöttlichten Königs. Danach kehrte Jayavarman II. nach Roluos zurück. Er hinterließ jedoch keine Inschriften, von seinen Taten berichten die Stelen seiner Nachfolger. Sein Sohn *Jayavarman III.* (850-877) festigte das Reich und das Gottkönigtum.
RELIGION: Hinduismus, Shiva-Kulte, Gottkönigtum.
STILBEISPIELE: Sambor Prei Kuk C1, Banteay Prei Nokor, Nordturm des Prasat Prei Prasat (Roluos), Svay Pream, Prasat Kok Po und der zweite Hauptturm von Trapeang Phong sowie die Tempel auf den Phnom Kulen: Krus Preah Aram

Rong Chen und Prasat Damrei Krap.
STILMERKMALE: Der Stil von Kulen wird als Übergangsstil bezeichnet, der als Vorstufe der Kunst von Angkor anzusehen ist und von manchen Forschern auch der Kunst von Angkor zugeordnet wird.

Die einfachen Türme (*prasat*) auf viereckigen Grundrissen besaßen ein Tor nach Osten und an den drei anderen Seiten Blendtore. Der indische Kuppelbau wurde ersetzt durch einen mehrstufigen Dachaufbau. Der Tempel Krus Preah Aram Rong Chen auf dem Phnom Kulen zeigte den Versuch einer Stufenpyramide. Ak Yum, eine dreistöckige Stufenpyramide, war gekrönt von fünf Türmen. Den Abschluss dieser Versuche bildeten die Türme des Prasat Kok Po und der zweite Turm von Trapeang Phong.

Damit steht das Konzept fest: Den Götterberg Meru der indischen Mythologie in Stein nachzubilden. Der künstliche Tempelberg wird zur Grundlage der Architektur von Angkor.

In dieser Phase der Khmer-Kunst bestanden enge Verbindungen zu der Kunst des benachbarten, ebenfalls indisierten Reiches Champa im heutigen Zentral-Vietnam. Zum Stil von Kulen gehörten Drei-Turm-Heiligtümer, die aus der angkorianischen Kunst schnell wieder verschwanden, während sie in Champa bis zum Ende des Reiches im 17. Jh. weiter gebaut wurden.

Das Dekor griff zurück auf den Stil von Sambor Prei Kuk. Die Stürze wiesen wieder den Bogen auf, der von einem Makara verschlungen wird. Neu sind Reiterfiguren in dem üppigen Laubwerk. An die Stelle der Makara traten zuweilen auch Köpfe von Seeungeheuern (*kala*), wie sie auf Java verwendet werden. An den Portalen erscheinen kleine achteckige Pfeiler, die auch in späteren Stilen noch Verwendung fanden. Die Khmer zeigten sich fremden Einflüssen zugänglich, die Giebelfelder wurden, wie bei den Cham, von Göttergestalten harmonisch ausgefüllt.

DIE KUNST VON ANGKOR (875-1175)

Der Stil von Preah Ko (um 875-893)

REGIERUNGSZEIT: Indravarman I. (877-889). Usurpator, beherrschte weite Teile Indochinas. Hochgebildeter Hinduphilosoph, sein Lehrer war der Brahmane Shivasoma. Hauptstadt in Roluos. Staute den Roluos-Fluss durch Deiche und legte Indratataka an, den See des Indra, auch Baray von Lolei genannt, mit 3,8 km Länge und 0,8 km Breite zur Bewässerung der Reisfelder und Versorgung der Stadt. Damit schaffte er die Grundlage für den Reichtum Angkors. *Yasovarman I.* (889-900), führte das Werk seines Vaters fort, gründete später eine neue Hauptstadt.
RELIGION: Hinduismus in der Form eines wiederbelebten orthodoxen Brahmanismus. Shivaismus. Festigung des Gottkönigtums.
STILBEISPIELE: Preah Ko, Bakong, Lolei (alle Roluos-Gruppe).
STILMERKMALE: Der Stil von Preah Ko korrespondiert noch mit dem Stil von Kulen: die Backsteinheiligtümer stehen auf einer gemeinsamen Plattform. Türstürze, Säulen und Blendnischen aus Sandstein, kleeblattförmige Giebel aus Backstein. Die Bogen sind nur noch durch eine Ranke, die in einem Naga-Kopf endet, angedeutet. Die Außenwände waren zum Teil mit Stuck überzogen, in den das Dekor – Blattwerk, Lotosblüten und Ringe – geschnitten wurde.
TEMPELBERG: Mit der Verlagerung des Khmer-Reiches in die Ebene, in den Raum Angkor, entstehen Stufenpyramiden als künstliche Tempelberge. Als Unterbau findet Laterit und für die Aufbauten Backstein Verwendung. Der erste solche Tempelberg ist der Bakong in Roluos.
RELIEFKUNST: Paneele, auf denen Gottheiten nebeneinander stehend dargestellt werden, sind der erste Schritt zum Relief. Auf Sandsteinplatten, die in

den unteren Mauerpartien der Tempel eingelassen sind, erscheinen erstmals erzählende Darstellungen. Die Khmer führen das Basrelief zur Vollendung, während die benachbarten Cham Meister des Hochreliefs sind. Die Künstler beider Völker gaben in der Zukunft dem Relief den Vorzug vor der Plastik. Durch seinen erzählenden Charakter gewährte es Möglichkeiten stärkerer Ausdruckskraft. Für die Forschung öffnete sich eine neue, reiche Quelle der Information, zumal später auch das Leben des Volkes in seinen Themenkreis einbezogen wurde.

Der Stil von Bakheng (893-925)

REGIERUNGSZEIT: Yasovarman I. (889-900), hatte brahmanische Lehrer. Sein Reich erstreckte sich von Süd-Laos bis zum Golf von Siam. In Roluos bestand keine Ausdehnungsmöglichkeit der Reisfelder. Yasovarman I. baute die Hauptstadt Yasodhapura um einen natürlichen Hügel, auf dem er den Tempel Bakheng errichtete (1,5 km nordwestlich von Angkor Wat). Unter Benutzung des Siem Reap-Flusses legte er den ca. 7 km langen und 1,8 km breiten Yasodharatataka (heute Östliches Baray) an, der die Felder bis zu den Großen Seen speist.

Von seinen Nachfolgern, seinen Söhnen Harshavarman I. (900-921) und Isanavarman II. (um 922-928), sind keine bedeutenden Tempelbauten bekannt.

RELIGION: Hinduismus, Gottkönigtum, Beginn der Verehrung des toten Königs. Yasovarman I. erstes Werk ist der Tempel Lolei in Roluos zur Verehrung seines Vaters Indravarman I. Er lässt auch Klöster für buddhistische Sekten errichten.

STILBEISPIELE: Bakheng, Prasat Nan Khmau, Prasat Phnom Krom, Prasat Phnom Bok, Baksei Chang Krang (Chamkrong).

Rechts: Vom Bergtempel Phnom Bakheng (9. Jh.) bietet sich ein schöner Blick auf das Angkor-Gebiet.

STILMERKMALE: Tempelpyramiden auf natürlichen Hügeln. Der Bakheng folgt kosmischen Gesetzen. Die fünf krönenden Tempeltürme sind hier erstmals aus Sandstein.

Backsteinbauten wurden nur noch bis 925 errichtet, danach erscheinen sie nur noch als Nebengebäude.

Im steinernen Laubwerk der Stürze nimmt der figürliche Schmuck ab. Die Säulen sind nun von mehreren Ringen verziert. Die von Göttergestalten ausgefüllten Giebel enden in Bögen mit Makara-Köpfen.

RELIEFKUNST: Die Sandsteinreliefs erfordern neue Techniken und ermöglichen verfeinerte Bearbeitung.

Auch die Geländer sind mit Figuren geschmückt. An den Tempelwänden werden sie auf freien Hintergrund gestellt. Damit nehmen sie einen der charakteristischen Momente der Reliefs von Angkor Wat vorweg.

Der Stil von Koh Ker (921-944)

REGIERUNGSZEIT: Isanavarman II. (922-928) wird von einem Verwandten gestürzt: Der Usurpator *Jayavarman IV.* (928-942) gründete im unwirtlichen Bergland 70 km nordöstlich von Angkor eine neue Hauptstadt: Chok Gargyar (heute Koh Ker) mit einem Tempelberg. Sein Sohn *Harshavarman I.* (942-944) regierte in Koh Ker, errichtete aber in Angkor mehrere Tempel, darunter den perfekten Tempelberg Baksei Chang Krang (Chamkrong).

RELIGION: Hinduismus, Shiva- und Linga-Kult.

STILBEISPIELE: Koh Ker mit Prasat Thom, Baksei Chang Krang, Prasat Kravanh, Prasat Neang Khmau.

STILMERKMALE: Der Tempelberg von Koh Ker nimmt die gewaltigen Dimensionen späterer Tempel in Angkor vorweg. Als Material findet Backstein Verwendung, da es im Umkreis von Koh Ker keinen Sandstein gibt. Auch in Angkor entstehen die letzten Backsteintempel.

Foto: Josef Beck

Bemerkenswert in Koh Ker ist der Vorbau an den Tempeltürmen und die Erweiterung der Tortürme zu selbstständigen Sakralbauten. Das Baudekor wird einfacher, aber an den Stürzen findet sich noch reiches Laubdekor mit Figurenschmuck. Die achteckigen Säulen an den Portalen sind mit Ringen und Blattschmuck überladen.

In dieser Stilperiode tauchen am Prasat Thom, dem Haupttempel von Koh Ker, erstmals Galerien auf, die zu einem wesentlichen Bauelement der Tempel von Angkor werden.

RELIEF: Die am Tempel Bakong entstandenen Reliefs gerieten wieder in Vergessenheit. Im Stil von Koh Ker finden sie erneut Verwendung und werden in die Backsteinmauern gemeißelt.

Auch der Prasat Kravanh in Angkor weist Reliefs auf, es sind die letzten, die an Ziegelmauern entstehen. Außerdem zeigt der Prassat Kravanh, wie auch der Prasat Neang Khmau in Süd-Kambodscha, Spuren von Wandmalereien. Mit seinen fünf einfachen Backsteintürmen (*prasat*) ist er der letzte Khmer-Tempel, der den Turmheiligtümern der Cham ähnelt.

Der Stil von Pre Rup (947-965)

REGIERUNGSZEIT: Rajendravarman II. (944-968), Neffe von Jayavarman IV., verließ Koh Ker und kehrte nach Angkor zurück. Seine Hauptstadt befand sich im Süden des Östlichen Baray. Das Khmer-Reich entwickelte sich nun kontinuierlich in der Ebene von Angkor.

RELIGION: Hinduismus; Gottkönigtum und Verehrung des toten Königs.

Rajendravarman II. erbaut auf einer Insel im Östlichen Baray den Östlichen Mebon zur Verehrung seiner Ahnen. Der Pre Rup, nach Westen ausgerichtet, ist sein Bestattungstempel, den er sich selbst errichtet.

Rajendravarman II. ist hochgebildet. Der Brahmane Yajnavaraha ist sein Ratgeber, unter seinen Ministern sind auch Buddhisten; es entstehen Klöster des Mahayana-Buddhismus (Wat Chum).

STILBEISPIELE: Östlicher Mebon, Pre Rup, Preah Vihear.

Foto: Jürgen Bergmann

STILMERKMALE: Der Stil von Pre Rup bringt als Übergangsstil die Vollendung vorausgegangener Stilelemente und deutet kommende architektonische Neuerungen an. Typisch sind Stufenpyramiden mit Löwen als Wächterfiguren an den Treppen und aufgesetzte Türmchen auf den Absätzen. Galerien aus Stein ahmen die Holzbauweise nach und sind mit Holzbalken und Ziegeln gedeckt.
Das Baudekor ist einfach. Die Stürze sind weiterhin mit Göttern und Fabelwesen in üppigem Laubwerk geschmückt.

Der Stil von Banteay Srei (965-1000)

REGIERUNGSZEIT: Jayavarman V. Erbauer den Tempels Banteay Srei war erstmals nicht der König, sondern der gelehrte Brahmane Yajnavaraha, ein Enkel von König Harshavarman I., und Berater seiner Nachfolger.
RELIGION: Hinduismus; Shiva-Kult.
STILBEISPIEL: Das kleine Shiva-Heiligtum Banteay Srei, 30 km nordöstlich von Angkor, wird oft als schönstes Werk der Khmer bezeichnet.
STILMERKMALE: Als Baumaterial dient ein rötlicher Sandstein. Die harmonische Architektur ist mit einer Fülle von Dekor geschmückt und für die monumentale, realistische Kunst der Khmer eher untypisch. Überraschend ist die Fülle des figürlichen Schmuckes, besonders der von Laubwerk umrahmten Frauengestalten. Besondere Aufmerksamkeit kommt den Tympanons (Giebeln über den Portalen) zu. Die tiefgeschnittenen Reliefs wirken sehr plastisch.

Der Stil von Banteay Srei weist keine Neuerungen der Architektur, des Dekors oder der Ikonografie auf, sondern ist die Vollendung alles bisher Geschaffenen, die unwiederholbare Schöpfung eines Individualisten – ein Meisterwerk der Bildhauerkunst.

Oben: Der Östliche Mebon – im Stil von Pre Rup als Quincunx mit fünf Türmen ausgeführt. Rechts: Vishnu erscheint als Mann-Löwe, um den Dämon Hiranyakashipu zu töten – Relief am Banteay Srei.

Der Stil von Khleang (956/978-1010)

REGIERUNGSZEIT: *Jayavarman V.* (968-1001).
RELIGION: Hinduismus.
STILBEISPIELE: Prasat Khleang, Cha Srei Vibol und Preah Vihear (Suryavarman I.).
STILMERKMALE: Architektur und Baudekor sind gleichermaßen von Bedeutung. Nahezu alle neuen Stilelemente sind an zwei kleinen Bauwerken in Angkor Thom zu verfolgen: dem älteren Nördlichen Khleang, dessen Formen vollendeter erscheinen, und dem Südlichen Khleang.

Die Tempelpyramiden werden weiterhin gebaut und die Stufen mit umlaufenden Galerien und kleinen Türmen geschmückt. Das Dekor der Stürze erscheint einfach. Aus dem reichen Laubwerk, das in Blumenmotiven endet, ragt in der Mitte der Kopf eines Fabeltieres heraus.

An den Portalen bleiben die achteckigen Säulchen, die nun mit Ringen und kleinen Blättern überladen erscheinen. Auch die Giebel sind mit Blattwerk geschmückt, das zum häufigsten Schmuckwerk geworden ist. Die Bearbeitung des Dekors ist fein und scheint von Banteay Srei beeinflusst. Falls Reliefs existiert haben, blieben sie nicht erhalten.

Der Stil von Baphuon (1010-1080)

REGIERUNGSZEIT: *Suryavarman I.* („Schützling der Sonne"), regierte nach einem kurzem Interregium von 1002-1050. Seine starke Persönlichkeit prägte die erste Hälfte des 11. Jh. Der Königssohn aus dem Reich Tambralinga in Malaya hatte mütterlicherseits Anspruch auf den Thron der Khmer, musste ihn aber in einem langen Bürgerkrieg erkämpfen.

Chinesische Chroniken dieser Epoche bestätigen Glanz und Macht des Khmer-Reichs. Sein Sohn, *Udayadityavarman II.*, („Schützling der aufgehenden Sonne"), regierte von 1050-1066, nach anderen Angaben bis 1080, und musste zunächst Aufstände in seinem Reich niederschlagen.

Foto: Berthold Schwarz

Zusätzlich zum Östlichen Baray, von dem Wohlstand und Leben seiner Hauptstadt und seines Staatswesens abhingen, ließ er das ungefähr 8 km lange und 2,2 km breite Westlichen Baray anlegen. Es bewässerte unter Ausnutzung des natürlichen Gefälles weiteres Gelände bis zu den Großen Seen, so dass die doppelte Menge Reisfelder bebaut werden konnte und seine neue Hauptstadt mit Wasser versorgte. Unter den gestauten Wassermassen verschwand eine Stadt aus dem 9. Jh., der Tempel Ak Yum liegt wahrscheinlich unter dem südlichen Deich des Wasserbeckens. Auf einer künstlichen Insel entstand der Westliche Mebon.

Die Hauptstadt von Udayadityavarman II. deckt sich mit der heutigen Stadt Angkor Thom und wurde im 12. Jh. von Jayavarman VII. teilweise überbaut. Ihr Mittelpunkt war der (in späteren Zeiten schwer beschädigte) Tempel Baphuon.

Foto: Gubgib (Dreamstime)

In die Regierungszeit seines Bruders, *Harshavarman III.*, fielen die Überfälle, Zerstörungen und die Besetzung Angkors durch die Cham (1177-1181).
RELIGION: Hinduismus. Shiva-Kult.

Suriyavaman I. tolerierte den Mahayana-Buddhismus, der allmählich auch auf die Kunst Einfluss gewann. Auch die Naga-Kulte der vorhinduistischen Zeit lebten wieder auf.

Udayadityavarman II. baute nur Shiva-Tempel, obwohl er der Darstellung der Vishnu-Mythen weiten Raum gewährte. Den Buddhismus suchte er, wahrscheinlich ohne viel Erfolg, zu unterdrücken.
STILBEISPIELE: Fertigstellung von Ta Keo und Phimeanakas. Wat Ek, Wat Basak. Westlicher Mebon. Baphuon.
STILMERKMALE: Malaya stand zur Zeit von Suryavarman I. unter dem Einfluss der Khmer, so dass die Tradition durch ihn keine Unterbrechung erfuhr.

Oben: Der aufwändig rekonstruierte Baphuon-Tempel. Rechts: Vom Haupteingang aus erscheint Angkor Wat dreitürmig.

Suryavarman I. baut Stufenpyramiden mit fünf Türmen aus Sandstein, aber auch Heiligtümer mit einem zentralen Turm und ebenerdige Tempel. Nun errichteten auch Würdenträger, die königliche Familie und der Adel im ganzen Land Tempel für lokale Götter.

Udayadityavarman II. schuf den Baphuon als einzigen Tempelberg seiner Zeit. Dieses Meisterwerk der Khmer-Architektur benutzt die Erfahrungen aller früheren Stile und wird an Größe und Schönheit nur vom Angkor Wat übertroffen, als dessen Vorgänger er angesehen werden muss. Typisch für den Stil von Baphuon sind mit Steinplatten gepflasterte Zugangsstraßen, Dämme über die Gräben, nach Osten gerichtete Eingänge mit großen Vestibülen, Bibliotheken, Pavillons sowie gewölbte und an den Ecken mit Türmen besetzte Galerien aus Sandstein. Als Baumaterial werden nur noch Sandstein und Laterit verwendet. Die Abstützung der Gewölbe durch Holzbalken trägt zu einem schnellen Verfall dieser Bauwerke bei.

Am Baphuon zeigen sich bereits die

Foto: Günter Gräfenhain (Schapowalow)

drei Elemente der Khmer-Architektur: Schmale, lange Räume, Galerien und Türme mit Pyramidendächern.

Das Dekor betont die architektonische Form, ohne sie zu überdecken. Der figürliche Schmuck kommt auf freibleibendem Hintergrund voll zur Geltung. Üppiger Dekor schmückt Giebel, Mauern, Treppenaufgänge, Pfeiler, Tempelwände und Schwellensteine. Die Türme sind mit lotosförmigen Schlusssteinen gedeckt.

Chinesischen Reisenden zufolge waren viele Tempeltürme vergoldet, d. h. mit vergoldetem Kupferblech beschlagen und mit Statuen und einem Linga aus purem Gold ausgestattet.

Ein Stilwandel ließ sich in der Khmer-Architektur zuerst und am deutlichsten an dem Schmuck der Portale und der Stürze erkennen. Im Stil von Baphuon zeigen diese keine wesentlichen Neuerungen, nehmen dafür aber Motive des 8. Jh. wieder auf. Gelegentlich gehen sie in die mit reichem figürlichen Schmuck versehenen Giebelfelder über.

RELIEF: Auf den langen Reliefs werden Szenen aus den indischen Vishnu-Epen, dem Ramayana und Mahabharata, dargestellt. Diese in den Khmer-Reliefs immer wiederkehrenden Motive werden auch in die Paneele übernommen.

Der Stil von Angkor (1100-1175)

REGIERUNGSZEIT: Jayavarman VI. (1080-1107) war Statthalter einer Nordprovinz, usurpierte und gründete eine neue Dynastie. Im Süden nicht anerkannt, regierte er nur kurze Zeit von Angkor aus. Bauwerke von ihm sind nur im Norden bekannt. Ihm folgten zwei seiner Brüder, die für die Kunst keine Bedeutung haben.

Suryavarman II. (1113-1150) war ein entfernter Verwandter. Er eroberte das Cham-Reich, stieß bis Dai Viet vor, beherrschte weite Teile Malayas, drang in das Birmanische Reich ein, kam bis vor die Tore Pagans und nach Lopburi und Lamphun in die nördlichen Reiche der Thai-Stämme. Als erster Khmer-König schickte er eine Tributgesandtschaft an den Kaiserhof in China. Aber zwischen

Foto: Andreas Neuhauser

1149 und 1150 gingen seine Eroberungen wieder verloren, die Cham konnten sich befreien, sein Heer wurde bei dem Versuch, in das Delta des Roten Flusses nach Dai Viet vorzudringen, am Pass von Tran Ninh geschlagen und durch Krankheiten vernichtet. Der König überlebte seine Niederlage nur kurze Zeit. Unter seiner Herrschaft erlebte Angkor seine höchste Blüte. Suryavarman II. ist der Erbauer des Angkor Wat. *Dharanindravarman II.* (1150-60), ein Vetter, folgte ihm. Dessen Sohn, *Yasovarman II.* wurde 1166 ermordet. Die Cham nutzten die Schwäche des Khmer-Reiches und besetzten Angkor von 1177-1181.

RELIGION: Hinduismus. Jayavarman VI. war Shivait. In seinem Tempel Phimai tauchten vereinzelt buddhistisiche Motive auf. Suryavarman II. war Vishnuit. Dharanindravarman II. nahm als erster Khmer-König den Mahayana-Buddhismus an.

Oben: Restaurationsarbeiten an der Terrasse des Lepra-Königs. Rechts: Das berühmte „Lächeln der Khmer“ zeigt bereits diese Apsara-Tänzerin im Angkor Wat.

STILBEISPIELE: Jayavarman VI. baute den Wat Phu in Süd-Laos, den Phimai in Nordost-Thailand und Preah Vihear an der thailändischen Grenze. Suryavarman II. schuf Angkor Wat, Beng Mealea, Banteay Samré, Thommanon, Chau Say Tevoda und andere. Von seinen Nachfolgern stammen Preah Pithu und Preah Palilay, außerdem beginnen sie den Preah Khan von Kompong Svay.

STILMERKMALE: Suryavarman II. hat das Reich Angkor zu höchster künstlerischer Entfaltung geführt. Der Stil von Angkor ist die klassische Epoche der Khmer-Kunst und die Vollendung einer langen Entwicklung, lässt aber schon erste Zeichen des Niederganges ahnen.

Das Volumen des Angkor Wat, eines der größten Sakralbauten der Welt, entspricht dem der ägyptischen Pyramiden in Gizeh. Zur gleichen Zeit erlebte die Architektur in Europa mit der Gotik eine einzigartige Blüte, wobei – stellvertretend für die Vielzahl an Beispielen – nur die Kathedrale von Chartres (bei Paris) und der Dom zu Köln erwähnt seien.

Der Stil von Angkor Wat führt den Stil von Baphuon ohne wesentliche Änderung zur Vollendung. Harmonie und Schönheit des Angkor Wat beruhen auf der perfekten Beherrschung des Materials und der vielfachen, teilweise neuen Anwendung aller vorangegangenen Bauelemente und Techniken.

Suryavarman II. schuf eine dreistufige Pyramide, auf der obersten Stufe gekrönt von vier kleineren Türmen um den Hauptturm. Pfeiler, Mauern und Paneele sind mit einer Fülle von Ornamenten, Ranken und Laubwerk geschmückt, die wie Malerei auf chinesischer Seide wirken, mit der die Räume ausgekleidet waren. An den Türpfosten, Stürzen und Giebeln sind Heldensagen dargestellt. Die Friese der Kapitelle und die Simse der Galerien zieren Lotosblüten.

Alle Bauelemente und Motive des Dekors gewinnen am Angkor Wat neue Bedeutung. Die mit großen Steinplatten belegten Straßen, die auf Stützen ruhend die Wassergräben überwinden, werden zu Prozessionswegen. Die hohen Sockel und Unterbauten tragen Reliefs und Ornamente, und die großen Vorbauten werden zu selbstständigen Sakralbauten. Schlangenkörper säumen die Balustraden der Prozessionsstraßen, die Treppen und Wasserbecken, und vielköpfige Nagas bäumen sich neben den Eingangstoren auf. Pilaster unterbrechen die Mauern, um gedämpftes Licht in das Innere zu lassen. In die Zwischenwände sind einzeln oder in Gruppen mehr als 2000 Göttinnen (*devatas*) und halbgöttliche Tänzerinnen (*apsaras*) gemeißelt. Weder die Grazie dieser schlanken, vollbusigen Gestalten noch die feine Bearbeitung ihrer Kleidung, des Schmucks und des hohen überreichen, diademartigen Kopfputzes wird an späteren Bauwerken erreicht.

Einen besonderen Effekt bewirken die Balusterfenster. Mit ihren sieben steinernen, gedrehten Säulen, die in Holz nicht feiner gearbeitet sein könnten, schmücken sie Galerien und Treppenfluchten. Der Lichteinfall projiziert ihre Schatten auf die Steinplatten des Bodens und die Innenwände.

Foto: Berthold Schwarz

RELIEF: Die Basreliefs am Angkor Wat, die schönsten der Khmer-Kunst, bedecken insgesamt ca. 2000 m^2 Sandsteinwände.

Banteay Samré: Unter die Werke, die Suryavarman II. im Stil von Angkor Wat erbaute, gehört der Tempel Banteay Samré. In der Kunstgeschichte wird er häufig als der schönste ebenerdige Tempel der Khmer bezeichnet. Buddhistische Mönche, die von dem verlassenen Tempel Besitz ergriffen, haben einige bauliche Veränderungen vorgenommen.

DIE POST-ANGKORIANISCHE KUNST

Der Stil von Bayon (1177-1230)

REGIERUNGSZEIT: Jayavarman VII. (1181-1219) ist nicht nur der interessanteste, sondern auch der bedeutendste Khmer-König. Er wurde in der rechtmäßigen Nachfolge seines Vaters, Suryavarman II., bei dessen Tod er ei-

Foto: Suzy Bennett/4Corners (Schapowalow)

nen Feldzug in Champa führte, übergangen und zog sich in den Preah Khan in Kompong Svay zurück. Als 1166 eine Rebellion gegen seinen Halbbruder ausbrach, kam er zu spät, um dessen Leben zu retten und überließ wieder dem Usurpator den Thron.

Die Cham haben zweimal vergebens versucht, Angkor auf dem Landweg zu erobern. Erst 1177 kamen sie mit Schiffen über den Mekong und Tonle Sap, eroberten und zerstörten die Stadt, brandschatzten die Tempel und besetzten die Hauptstadt. Der König war im Kampf gefallen.

Da nahm Jayavarman den Kampf auf, vernichtete die Flotte und schlug die Cham in die Flucht. Auf den Reliefs des Bayon ließ er die Schlacht später darstellen. Er kämpfte gegen Dai Viet, drang bis Vientiane in Laos und nach Birma vor. Sein Reich war vermutlich noch größer als das seines Vaters Suryavarman II.

1181 bestieg er, nahezu sechzigjährig, als Jayavarman VII. den Thron, den er gegen Rebellen aus dem Süden des Landes verteidigen musste, bevor er an Champa Rache üben, dessen Hauptstadt zerstören und das Land besetzen konnte.

Um seinen zweimaligen, kampflosen Thronverzicht ranken sich viele Vermutungen. War er leprakrank und wurde nach einer Wunderheilung frommer Buddhist? War er ein frommer Buddhist, der kein Blut vergießen wollte? Eine Inschrift sagt lediglich, dass er zurückgekehrt sei, das Land zu retten.

In Angkor hatte nach Suryavarman II. ein langer Prozess des politischen und kulturellen Verfalls begonnen. Hat Jayavarman VII. ihn erkannt und aufzuhalten versucht? Das Gottkönigtum stützte sich auf den Hinduismus, besonders den Shiva-Kult. Die Apotheose des Königs, die Vereinigung von Gott und König im Phallus des Schöpfergottes (*linga*) war die Fortführung der

Oben: Mächtige Würgefeigen (ficus spp.) wurzeln im Ta-Prohm-Tempel. Rechts: Plastik des Jayavarman VII. (1181-ca. 1220) aus dem Preah Khan (Nationalmuseum in Phnom Penh).

traditionellen vorhinduistischen Fruchtbarkeitskulte einer bäuerlichen Gesellschaft, die den toten Stammesführer als Schützer der Felder und der Ernten in Menhiren verehrte.

Diese Symbiose und Symbolik ist in keiner anderen Religion, auch nicht im Vishnu-Kult gegeben, und die Khmer-Herrscher kehrten daher immer wieder zum Shivaismus zurück. Sie hatten im Verlauf der Geschichte nur Eroberungskämpfe außerhalb des eigenen Landes geführt. Als die Flotte (über den Tonle Sap) und das Heer der Cham in Angkor eindrang und die Stadt und den Tempel des Gottkönigs in Besitz nahm – und das in einer Zeit, als das Volk sich bereits dem Buddhismus zugewandt hatte – musste bei den Khmer der Glaube an die Unfehlbarkeit des vergöttlichten Königs und seiner Götter zerbrechen.

Hat Jayavarman VII. in einer letzten, übermenschlichen Anstrengung versucht, das Gottkönigtum und damit auch das Reich zu retten? Der fromme Buddhist hat dem Gottkönigtum nicht abgeschworen. Er veränderte das hinduistische Ritual nicht, ließ sich aber als Inkarnation des Bodhisattva Avalokiteshvara – in Kambodscha Lokiteshvara genannt – verehren. In fieberhafter Eile baute er die von den Cham zerstörten Hindu-Tempel wieder auf. Wollte er damit die Macht des Königtums erneuern?

Der Angkor Wat, wie er bis heute erhalten blieb, ist die Version, die er auferstehen ließ. Dann begann er in einer Hast, die allen seinen Bauten anzusehen ist, seine Hauptstadt Angkor Thom mit einer Mauer zu umgeben und Tore, Tempel und Terrassen zu errichten. Auf jedem freien Platz entstanden Heiligtümer des neuen Glaubens und Klöster für große Mönchsgemeinden, die zugleich Verehrungsstätten seiner vergöttlichten Ahnen waren.

Am Ende seiner Regierungszeit hatte er mehr Tempel geschaffen als alle Herrscher vor ihm zusammen. Die Steinbrüche am Phnom Kulen waren erschöpft. Er musste sich zuletzt mit Steinen geringerer Qualität zufrieden geben und verwandte auch gebrauchte Steine von zerstörten Tempeln, ein in der indischen Tradition undenkbares Unterfangen.

Foto: Hans Hinz

Angkor Thom entstand anstelle der Hauptstadt von Udayadityavarman II., dessen Haupttempel, der Baphuon, erhalten blieb. Jayavarman VII. legte einen weiteren See (*baray*) von annähernd 4 km Länge und 200 m Breite an und verband es systematisch mit den vorhandenen Speicheranlagen durch neue Seen und Kanäle.

Im ganzen Land errichtete er große und kleine Klöster, Krankenhäuser, Rasthäuser und Pilgerherbergen, die er freigebig unterhielt. Von der Hauptstadt aus führten Straßen nach allen vier Richtungen; er verband auch die Tempel durch Wege und Kanäle miteinander. Unterstützt wurde er von seiner frommen und gebildeten Lieblingsfrau, Jayadevi, die in den Klöstern Unterricht in der Lehre des Buddha erteilte und ihrer Schwester, die er nach dem Tod seiner Frau mit dieser Lehrtätigkeit betraute.

Foto: Josef Beck

Von den Werken von Jayavarman VII. berichten Stelen und Tempelinschriften. Über seine Regierungszeit und seine Person ist mehr bekannt als über jeden anderen Herrscher. Er ließ auch seine Gedanken in Stein meißeln: „Das Leid, das die Menschen befällt, wurde bei ihm, dem König, zum Leid der Seele, und dieses war um so brennender, als es der Schmerz des Volkes ist, der die Könige leidend macht und nicht der eigene Schmerz."

Dennoch bleibt vieles in seinem Leben unbekannt und seine Persönlichkeit unzugänglich und undurchschaubar. Sein Geburtsdatum ist unbekannt, sein Tod wird zwischen 1202 und 1218 vermutet. Die These vieler Forscher, die seine rastlose Bautätigkeit mit Todesfurcht und mit dem einzigen Gedanken an die Rettung seiner Seele zu erklären suchen, scheint diesem größten Herrscher der Khmer nicht gerecht zu werden. Es ist glaubhafter und seinem großen Geist gemäßer, dass er durch die Übernahme des Volksglaubens das Reich und die Macht der Könige retten wollte. Wie sonst versteht sich die Lehre Buddhas als Legitimation des Gottkönigtums, seine Mahnung zum Verzicht als Mittel zur Erhaltung der Macht?

Stellen die Gesichtstürme seiner Tempel und Tore das Antlitz des Bodhisattva dar, oder hat der König sein eigenes Gesicht hundertfach festhalten lassen? Sucht er in den leblosen Steinen sein Leben und das seiner Ahnen lebendig zu erhalten?

In Stein gemeißelte Köpfe, die ihn als etwa Fünfzigjährigen darstellen, wurden im Preah Khan, in Kompong Svay und im Krol Romeas in Angkor gefunden. Der ernste Gesichtsausdruck wurde höchst unterschiedlich interpretiert. Er soll weltabgewandte Gelehrsamkeit oder Kraft und Willensstärke erkennen lassen, von Güte oder Härte zeugen, Ehrgeiz oder Überheblichkeit beweisen. Sind die Augen in Meditation versunken oder spricht Wahnsinn

Oben: Die ausgesprochen fotogenen Gesichtstürme der obersten Terrasse des Bayon-Tempels in Angkor Thom.

aus ihnen? War der König ein Mystiker oder ein Machtbesessener? Er wollte auf das Gottkönigtum nicht verzichten und veränderte das Hindu-Ritual nicht. Unter die buddhistischen Motive mischen sich hinduistische Mythen. Die Vishnu-Legende vom Kirnen des Milchsees durch Götter und Dämonen ist das Thema der Stadt Angkor Thom und des Bayon in ihrer Mitte, als Abbild des Universums.

Indravarman II., sein Sohn, regierte etwa 1219-1243.

Jayavarman VIII. (1243-1295) war vielleicht sein Enkel. Er erfreute sich der längsten Regierungszeit aller Khmer-Könige. Beide haben sich weder als Herrscher noch als Bauherren große Verdienste erworben. Sie kehrten zum Shivaismus zurück, Brahmanen aus Indien gewannen großen Einfluss am Hof von Angkor. In den Tempeln wurden viele Köpfe und Gesichter von Statuen und an Reliefs zerstört und Buddhas durch hinduistische Götter ersetzt. Beide Könige konnten den Aufstieg Siams nicht verhindern. Durch die immer heftiger werdenden Angriffe der Siamesen verfielen die Bewässerungsanlagen und der Reichtum Angkors schwand. Der Hinduismus der Könige wurde zum Anachronismus, das Volk hatte sich längst dem Theravada-Buddhismus zugewandt.

Auf Inschriften werden fünf Könige als Nachfolger von Jayavarman VII. genannt, dann setzt die kambodschanische Königschronik ein, die zunächst mündlich überliefert, erst viel später niedergeschrieben wird.

RELIGION: Jayavarman VII. war überzeugter Buddhist und suchte das Gottkönigtum mit dem Mahayana-Buddhismus zu verbinden. Nachdem seine Nachfolger wieder zum Shivaismus zurückkehrten, wurde das Hofzeremoniell erneut von indischen Brahmanen bestimmt. Das Volk hatte den Theravada-Buddhismus, die Lehre der Alten, übernommen, der auf dem Hinayana-Buddhismus basierte.

STILBEISPIELE: Fertigstellung des Preah Khan in Kompong Svay, Restaurierung des Angkor und anderer Sakralbauten, Bau von Banteay Kdei, Ta Prohm, Preah Khan, Neak Pean, Ta Nei, Ta Som, Krol Ko, Banteay Chhmar, Angkor Thom mit fünf Toren, dem Bayon, den Terrassen sowie dem Palastteil.

STILMERKMALE: Die Restaurierungen und frühen Bauten lehnen sich noch an den Stil von Angkor Wat an. Der Baustil von Jayavarman VII. wird als Symbolismus oder auch Monumental-Symbolismus bezeichnet. Neu sind die großen Klosteranlagen für die Mönchsorden in Verbindung mit Verehrungsstätten für die Ahnen des Königs.

Mit der Religion hat sich auch die Ikonografie gewandelt. Buddhistische Themen herrschen vor, wenn auch häufig hinduistische Legenden dargestellt werden, wie das ständig wiederkehrende Motiv der Vishnu-Legende: Götter und Dämonen kirnen den Milchsee, um das Elexier des ewigen Lebens (*amrita*) zu gewinnen. Die Schlangenkönigin (*naga*) aus der vorhinduistischen Mythologie – Symbol des Regenbogens – schlägt die Brücke, die aus dem Wasser in den Himmel führt. Das zweite stets wiederkehrende, völlig neue Motiv sind die Gesichtstürme.

Die Bauplastik ist an den frühen Gebäuden von Jayavarman VII. sorgfältig gearbeitet. An späteren Bauten wird die Ausführung dann flüchtiger, die Bildhauer – zu immer neuen Werken gedrängt – hatten vermutlich keine Zeit mehr. Die Säulchen an den Türpfosten wurden nicht mehr angesetzt, sondern, wie auch die Blendfenster, aus dem Stein gemeißelt, bis die letzten Bauten nur noch wie „aus einem Steinhaufen herausgeschlagen" wirken.

Die einzigartige Zeit der angkorianischen und nach-angkorianischen Kunst ist nach dem Tod von Jayavarman VII. (um das im Jahr 1219) zu Ende gegangen – nach ihm ist offenbar kein wirklich bedeutender Steintempel mehr entstanden.

Berthold Schwarz

Beliebte Flusspromenade – der Sisowath Quay in Phnom Penh

Foto: Paul Spierenburg

PHNOM PENH

NATIONALMUSEUM
KÖNIGSPALAST UND SILBER-PAGODE
TUOL SLENG GENOZID-MUSEUM
KILLING FIELDS
WAT PHNOM / WAT OUNALOM
MÄRKTE

★★PHNOM PENH

Die Gründung und der Name der Hauptstadt **★★Phnom Penh** ❶ sollen auf ein Ereignis im Jahr 1372 zurückgehen. Zu dieser Zeit lebte eine wohlhabende Witwe, Don Penh, auf einem Hügel am Flussufer. Im Schlamm entdeckte sie einen Baum und ließ ihn von Fischerbooten an Land bringen. In seinen Zweigen fanden sich vier Bronze- und ein Stein-Buddha. Sie stammten aus einer Pagode in Laos und waren vom Hochwasser stromabwärts getragen worden. In feierlicher Zeremonie wurden die fünf Statuen in das Haus der Don Penh gebracht. Später ließ diese den Hügel erhöhen und baute auf seiner Kuppe eine kleine Pagode, *Wat Phnom Don Penh* („Kloster auf dem Hügel der Dame Penh") genannt.

Etwa 60 Jahre später, nachdem die Hauptstadt Angkor von den Siamesen erobert worden war, gründete König Ponhea Yat in Chattumuk, an dem Hügel der Don Penh, eine neue Hauptstadt, die 1434, im Jahr des Tigers, fertig wurde. Sie wurde jedoch bald wieder verlassen und erst 1866 unter König Norodom endgültig Hauptstadt Kambodschas. Auf dem später erhöhten Berg entstanden anstelle der Pagode 1806, 1894 und 1926 größere Heiligtümer.

Der 130 km lange Tonle Sap kommt aus den Großen Seen bei Angkor und mündet bei Phnom Penh in den Mekong. Im Süden der Stadt teilt sich der Mekong in zwei Arme, den Bassac und den Unteren Mekong, so dass es den Anschein hat, die Stadt läge an vier Flüssen. Seeschiffe können mekongaufwärts bis in den Hafen von Phnom Penh fahren. Speedboote verbinden die Hauptstadt über den Tonle Sap mit Siem Reap, über den Mekong mit Kratie im Norden und mit My To im Mekong-Delta (Vietnam).

Phnom Penh wurde in der zweiten Hälfte des 19. Jh. zu einer französischen Kolonialstadt – mit Geschäftshäusern im franko-chinesischen Stil, Regierungsbauten, Hotels und Villen im Kolonialstil und breiten Boulevards.

Die palmengesäumte 2 km lange **★Flusspromenade** am **Tonle Sap** verleiht der Stadt ihren besonderen Charakter; hier am **Sisowath Quay** trifft man sich abends. Als zweites touristisches Zentrum mit guten Restaurants, Bars und netten Hotels hat sich die Gegend um die **278. Straße** nahe dem Independence Monument einen Namen gemacht; hier im Viertel **Boeung Keng Kang** arbeiten viele Ausländer.

Im Norden, im früheren **Französischen Viertel**, liegen Villen, Botschaf-

Links: Apsara-Tänzerinnen in Phnom Penh.

» Karte S. 92-93 u. S. 96, Stadtplan S. 74, Info S. 88-89

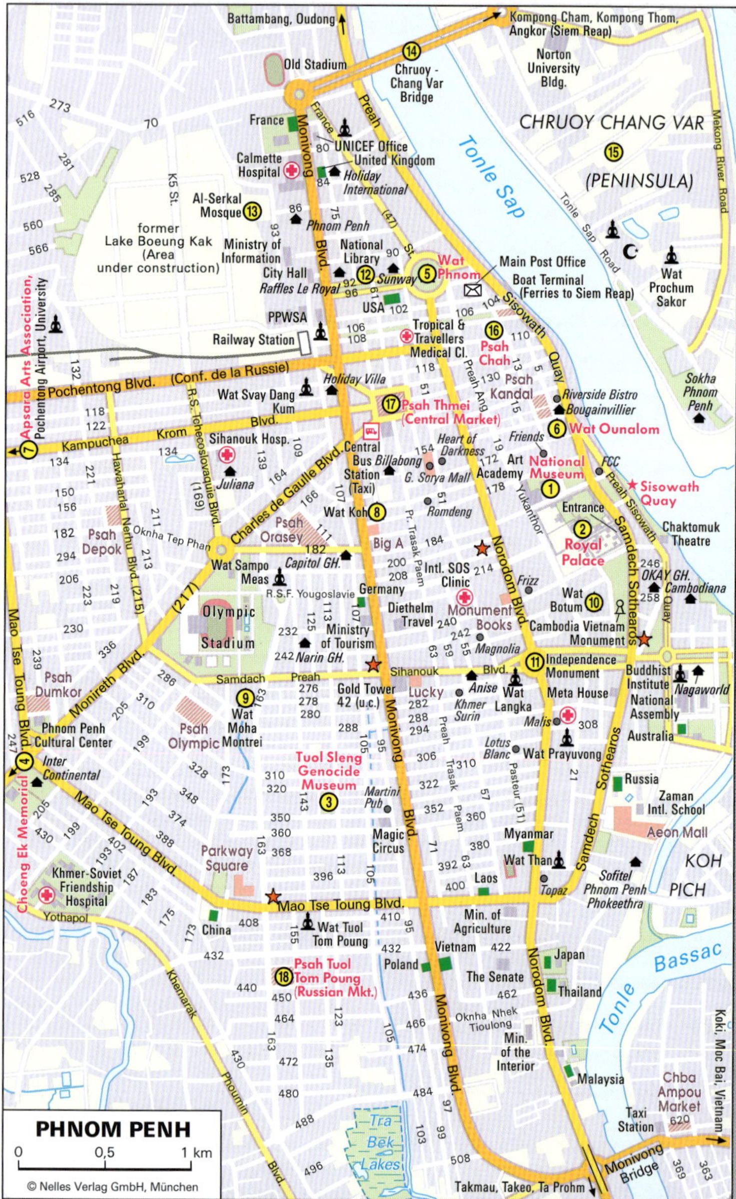
PHNOM PENH
0
0,5
1 km
© Nelles Verlag GmbH, München
Battambang, Oudong
Kompong Cham, Kompong Thom, Angkor (Siem Reap)
Old Stadium
Chruoy - Chang Var Bridge
Norton University Bldg.
CHRUOY CHANG VAR
(PENINSULA)
Tonle Sap
Tonle Sap Road
Mekong River Road
Wat Prochum Sakor
France
UNICEF Office
United Kingdom
Holiday International
Calmette Hospital
Al-Serkal Mosque
former Lake Boeung Kak (Area under construction)
Ministry of Information
Phnom Penh
National Library
City Hall
Raffles Le Royal
Sunway
Wat Phnom
Main Post Office
Boat Terminal (Ferries to Siem Reap)
USA
PPWSA
Railway Station
Tropical & Travellers Medical Cl.
Psah Chah
Psah Kandal
Sisowath Quay
Pochentong Blvd. (Conf. de la Russie)
Holiday Villa
Wat Svay Dang Kum
Psah Thmei (Central Market)
Riverside Bistro
Bougainvillier
Wat Ounalom
Apsara Arts Association,
Pochentong Airport, University
Kampuchea Krom Blvd.
Sihanouk Hosp.
Central Bus Station (Taxi)
Heart of Darkness
Billabong
G. Sorya Mall
Friends
Art Academy
National Museum
FCC
Sisowath Quay
Juliana
Charles de Gaulle Blvd.
R.S. Tchecoslovaquie Blvd. (169)
Romdeng
Yukanthor
Entrance
Royal Palace
Preah Sisowath
Chaktomuk Theatre
Psah Depok
Oknha Tep Phan
Psah Orasey
Wat Koh
Big A
Pr. Trasak Paem
Capitol GH.
Intl. SOS Clinic
Norodom Blvd.
Samdech Sothearos
OKAY GH.
Cambodiana
Wat Sampo Meas
R.S.F. Yougoslavie
Germany
Frizz
Wat Botum
Hawaharlal Nehru Blvd. (215)
Olympic Stadium
Diethelm Travel
Monument Books
Cambodia Vietnam Monument
Ministry of Tourism
Narin GH.
Magnolia
Independence Monument
Buddhist Institute
Nagaworld
Psah Dumkor
Monireth Blvd.
Samdach Preah Sihanouk Blvd.
Gold Tower 42 (u.c.)
Lucky
Anise
Wat Langka
Meta House
National Assembly
Khmer Surin
Malis
Australia
Mao Tse Toung Blvd.
Phnom Penh Cultural Center
Psah Olympic
Wat Moha Montrei
Lotus Blanc
Wat Prayuvong
Inter Continental
Tuol Sleng Genocide Museum
Monivong Blvd.
Preah Trasak Paem
Pasteur (51)
Russia
Zaman Intl. School
Martini Pub
Aeon Mall
Choeng Ek Memorial
Magic Circus
Myanmar
Wat Than
KOH PICH
Parkway Square
Khmer-Soviet Friendship Hospital
Laos
Topaz
Sofitel Phnom Penh Phokeethra
Yothapol
Mao Tse Toung Blvd.
Min. of Agriculture
China
Wat Tuol Tom Poung
Vietnam
Japan
Bassac
Poland
Psah Tuol Tom Poung (Russian Mkt.)
The Senate
Thailand
Tonle
Khemarak Phoumin Blvd.
Oknha Nhek Tioulong
Min. of the Interior
Koki, Moc Bai, Vietnam
Malaysia
Chba Ampou Market
Taxi Station
Tra Bek Lakes
Monivong Bridge
Takmau, Takeo, Ta Prohm

ten und Hospitale. Im Norden des Monivong Blvd. steht der jüngst renovierte **Bahnhof**, vor dem ein Stupa mit Buddhareliquien dem chaotischen Verkehr trotzt. Südwärts, parallel zum Tonle Sap, zieht sich das ehemalige französische Verwaltungsviertel mit hübschen Kolonialstilbauten bis zum Mekong-Zusammenfluss hin.

Grünanlagen, Hotels, Banken, Ministerien, die Nationalbibliothek und die Hauptpost umgeben den **Wat Phnom Penh-Hügel**. Südlich davon schlägt das Herz der Stadt, die **Altstadt** um die **Markthalle** (Psah Thmei). In diesem dichtbesiedelten Areal drängen sich in engen Gassen die Menschen. Zwischen zahllosen Werkstätten, Läden, Hotels, Restaurants, Essständen und Straßenverkäufern zwängen sich Rikschas (*cyclo*), Motorradtaxis (*motodup*) und Autos durch.

Viele der heute über 2 Mio. Einwohner, deren Zahl durch Zuwanderung ständig steigt, leben dichtgedrängt in der Altstadt. Die Baulücken sind geschlossen, Ruinen restauriert, und die ersten Wolkenkratzer sind im Entstehen. Vor 1975 lebten Kambodschaner, Chinesen und Vietnamesen in verschiedenen Stadtteilen; gleiche Gewerbe und Handelszweige waren in bestimmten Straßen angesiedelt. Als aber die ab dem 17.4.1975 durch die Roten Khmer vertriebenen Städter nach dem Einmarsch der vietnamesischen Armee am 7.1.1979 in die von Pol Pots „Steinzeitkommunisten" zerstörte Stadt zurückkehrten und auch die bäuerliche Bevölkerung vor den andauernden Übergriffen der Roten Khmer in die Hauptstadt floh, verwischte sich die Trennung der ethnischen Gruppen und der Gewerbe.

Mit dem Wiedererwachen der Stadt kehrten die alten Traditionen und Ordnungsprinzipien zurück. Es gibt wieder Straßen der Korbmacher, der Juweliere und anderer Gewerbe. 1989 zogen die Vietnamesen ab, und die Ankunft der internationalen UNTAC-Friedenstruppe brachte plötzlich viel Geld in die Stadt – tragischerweise aber auch Aids, Prostitution und Drogenhandel.

Foto: Berthold Schwarz

Oben: Die UNESCO residiert in einem vorbildlich restaurierten Kolonialgebäude, gegenüber dem Nationalmuseum.

Hotels, Restaurants, Bars und Nachtlokale eröffneten, nachdem die offenbar ziemlich vergnügungsbedürftige, überwiegend männliche UN-Friedenstruppe Einzug hielt. An diese Zeit erinnern noch der *Foreign Correspondents Club* (FCC) am Sisowath Quay – heute ein beliebtes Lokal –, aber auch Nachtklubs wie das *Heart of Darkness* oder das berühmt-berüchtigte *Martini Pub* („Bored, lonely, hungry – we have everything you need!")

In allen Stadtteilen entstanden beinahe über Nacht Banken und Geschäftshäuser. Die Besitzer waren und sind vor allem Chinesen und Thailänder, aber auch Vietnamesen, was bis heute ein ethnisches Konfliktpotential darstellt; Anfang 2003 kam es zu antithailändischen Ausschreitungen. Auch japanische, französische, taiwanesische

» Stadtplan S. 74, Info S. 88-89

und andere asiatische oder europäische Firmen haben sich in Phnom Penh niedergelassen. Ein Schilderwald nennt weltbekannte Firmen, preist Waren aus allen Erdteilen an.

Der Wirtschaftsaufschwung hat dazu geführt, das sich die Einwohnerzahl Phnom Penhs in wenigen Jahren auf über 2 Mio. verdoppelt hat – die Folgen sind beeindruckend und schockierend zugleich. Unkontrolliert wuchern die Slums in den Vorstädten, während immer mehr Villensiedlungen entstehen. Die vielen teuren Geländewagen, BMW und Mercedes kommen wie alle anderen Verkehrsteilnehmer im chaotischen Verkehr nur im Schritttempo voran. Cyclos und Fahrräder sind Horden von Motorrädern, deren Fahrer oft noch Kinder sind, gewichen. Am deutlichsten zeigt sich der Boom an der Größe der Neubauten – der Shopping Malls und Hochhäuser, die hier derzeit aus dem Boden gestampft werden.

Oben: Im Garten des Nationalmuseums. Rechts: Vishnu vom Phnom Kulen (9. Jh.) im Nationalmuseum.

Stadtrundgang

Orientierung: Abgesehen von den Boulevards sind die meisten Straßen nummeriert, so dass die Orientierung dank dem rechtwinkligen Straßennetz aus der Kolonialzeit auch für den der kambodschanischen Schrift Unkundigen einfach ist. Nordsüd-Straßen tragen, beginnend am Fluss, ungerade Zahlen, ostwest-verlaufende gerade.

Nichts geht über einen Spaziergang entlang der ★**Riverfront** mit Blick auf den Zusammenfluss von Mekong und Tonle Sap – im Rückblick der Königspalast. Im *Riverside Bistro* oder dem *Café El Mundo* kann man bei gutem Cappuccino und leckerem Kuchen vom Korbsessel aus dem Treiben auf der Straße entspannt zusehen. Im Norden, am Passagierhafen, zweigt die tags und v. a. abends belebte kurze **104. Straße** ab, die „Pub Street" mit ihren Hostessenbars, Restaurants und Hotels.

Im **Zentrum des Nachtlebens** um die **51. Straße** liegt die Trinkhalle *Golden Sorya Mall*. Drumherum, auf offe-

» Stadtplan S. 74, Info S. 88-89

Foto: Diethelm Travel (Lilli Saxer)

ner Straße und in den angrenzenden Discos, Bars, Nachtclubs tobt das Leben bis frühmorgens. Die wichtigsten Clubs sind das *Heart of Darkness*, der *Pontoon Club* und *Cotton Club*.

Die **164. Straße** heißt auch „Englische Straße", weil hier **Privatschulen** Englisch unterrichten (seltener Französisch). Mit Fremdsprachen-Kenntnissen erhofft man sich eine Anstellung bei einer ausländischen Firma oder NGO (Nicht-Regierungs-Organisation).

Die **Kunstakademie** – von den Franzosen zugleich mit dem benachbarten Nationalmuseum eingerichtet – befindet sich an der **178. Straße** („Art Street"), die von privaten **Kunstgalerien** (u. a. *Reyum*, *Apsara*) und einigen interessanten Boutiquen gesäumt wird.

In der **240. Straße** locken gute **Restaurants** (z. B. *Tamarind*, *Chez Dim*), Bars (*Freebird*) und Reisebüros.

In der **278. Straße** lässt es sich vorzüglich im *Flavours* speisen. Oder man gönnt sich im *Elsewhere* einen Cocktail.

Die klassischen Hauptsehenswürdigkeiten Phnom Penhs sind das Nationalmuseum und der restaurierte Königspalast mit der Silberpagode.

★★★Nationalmuseum

Das **★★★Nationalmuseum** ①, nördlich des Königspalastes an der 13. Straße, wurde 1917-1920 von französischen Wissenschaftlern der École Française d'Extrême-Orient (EFEO) aus roten Ziegeln im Khmer-Stil um einen sehr schönen, begrünten **★Innenhof** erbaut. 1966 übernahm der kambodschanische Staat die Leitung der weltweit größten Sammlung von Khmer-Kunst, die dann unter der Herrschaft der Roten Khmer (1975-1979) stark vernachlässigt, aber glücklicherweise von größeren Plünderungen verschont blieb. Sie bietet die Möglichkeit, einen Überblick über die Khmer-Plastik und den -Bronzeguss vom 5.-19. Jh. zu gewinnen, zumal in den Tempeln von Angkor fast nur noch buddhistische Statuen der Post-Angkor-Zeit anzutreffen sind. Folgende Meisterwerke sollte man selbst bei einem Kurzbesuch nicht versäumen (von links im Uhrzeigersinn):

Ostgalerie, Südseite: Hinduistische und buddhistische **Bronzestatuetten** unterschiedlicher Stile, u. a. **Spiegelhalter** in Gestalt einer knieenden, reichgeschmückten Frau.

Südgalerie, Ostseite: Skulpturen der Prä-Angkor-Periode, u. a. elegant geschwungener **Torso der Göttin Durga** (Gattin Shivas) aus Sambor Prei Kuk (7. Jh.), schlanke **Harihara-Statue** (Kombination der Haare Shivas mit der zylindrischen Kopfbedeckung Vishnus) aus Prasat Andet (7. Jh.) und **Vishnu** mit den typischen Symbolen in Händen vom Phnom Kulen (9. Jh.)

Südgalerie, Westseite: **Sitzender Shiva** mit Göttin Uma auf seinem linken Knie aus Banteay Srei (ca. 967); stehender **Garuda** und kämpfende **Affenbrüder Valin und Sugriva** aus Koh Ker (10. Jh.); auf Gänsen sitzender **Varuna** (Gott des Ozeans und der Flüsse) aus Prasat Kuk Don (10. Jh.).

NATIONALMUSEUM: DIE ENTWICKLUNG DER FIGÜRLICHEN KUNST

Stil von Phnom Da (514-539)

Im 6. Jh. begann der lange Weg zur Rundplastik zunächst mit der Loslösung der überlebensgroßen Sandsteinstatuen von der Rückwand, die durch Bögen ersetzt und später auf Pfeiler reduziert wurde. Die sorgfältige Modellierung und Bearbeitung der Rückenpartien lässt das Ziel deutlich werden. Vor eine zusätzliche statische Aufgabe wurden die Künstler durch die unumgängliche Ikonografie gestellt. Die Hindu-Götter tragen in ihren vier oder acht seitlich emporgestreckten Armpaaren Symbole wie Donnerkeil, Muschel, Diskus, Lotosblüten. Als nächsten Schritt stützten sich – wenn es die Ikonografie erlaubte – die unteren Armpaare auf ihre Waffen. Bis auf die Sockel fallende Mönchsgewänder erleichtern die Statik bei den Buddha-Statuen.

Fein bearbeitete, runde Gesichter mit leichtem Lächeln und zusammenstoßende, Stärke und Entschlossenheit andeutende Augenbrauen kennzeichnen die männlichen Statuen; weibliche wurden am Phnom Da nicht gefunden. Der am häufigsten dargestellte Gott Vishnu ist an einer konischen Krone zu erkennen, während die Haaraufbauten des Gottes Shiva aus mehrfach geschlungenen Knoten bestehen.

Veränderte Haartrachten, aber auch die feiner und reicher bearbeiteten Lendenschurze (*sampot*) erleichtern in der Folgezeit die chronologische Einordnung der Plastik. Die frühen Statuen sind ohne Schmuck dargestellt. Sie wurden bei Zeremonien und Festen mit kostbaren Geschmeiden aus Gold, Edelsteinen und Perlen aus den Tempelschätzen behängt. Die frühen Buddhas wurden stehend, die späteren sitzend dargestellt. Sie weisen die gleichen Qualitätsunterschiede auf. Ihre Gesichter ähneln denen der Hindu-Götter, die Haartracht besteht aus eng gerollten, am Kopf anliegenden Locken.

Stil von Sambor Prei Kuk (600-650)

Es wurden auch weibliche Statuen gefunden. Die Hindu-Göttin Uma stammt aus der Nordgruppe des Sambor Prei Kuk, eine Lakshmi aus dem Tempel Koh Kuk Krieng bei Kratie am Mekong. Beide erinnern durch ihre üppigen Körperformen an indische Frauengestalten. Die Röcke sind von einem Gürtel gehalten und wirken durchsichtig. Von der Taille bis zum gerafften Saum verläuft eine gerade Falte. Der Hari-Hara (Vishnu-Shiva in einer Gestalt), an einem Stützbogen lehnend, unterscheidet sich von den Statuen am Phnom Da durch eine gut modellierte Körpermuskulatur, ein schmaleres Gesicht und ausdrucksvolle Gesichtszüge.

Stil von Prei Kmeng (635-700)

Die weiblichen Gestalten zeigen starke Veränderungen, sie haben sich von den üppigen indischen Vorbildern gelöst und orientieren sich an der zierlichen Gestalt des eigenen Frauentyps. Als Beispiel dient die Statue der Göttin Lakshmi aus dem Prasat Thleang. Gefunden wurden Shiva-, Vishnu- und Hari-Hara-Statuen. Neu sind Statuen des in Indien selten dargestellten Hindu-Gottes Brahma wie der Brahma von Sambor. Aus Ak Yum (Angkor) stammen kleine Bronze-Buddhas und -Bodhisattvas, die mit dem Auftreten des Mahayana-Buddhismus häufiger vorkommen.

Der Stützbogen bleibt weiter in Funktion. Der Haaraufbau erscheint durch Stilisierung vereinfacht. Bei den Bronzen fallen die als horizontale Linie stark hervorgehobenen Augenbrauen auf, die sich später dann auch bei Steinplastiken finden. Neu sind auch die sehr einfachen Lendentücher, die nur bis auf die Schenkel reichen und seitlich mit einer Schließe befestigt sind.

Stil von Prasat Andet (657-681)

Dieser Stil weist fast nur hinduistische Plastiken auf, an denen ein weiterer Schritt zur Rundplastik zu beobachten ist. Viele Statuen haben noch einen Stützbogen, andere werden von einer steinernen Leiste abgestützt, aus der die Füße herausgearbeitet sind. Die männlichen Körper sind wenig betont, nur die Schultern wirken breiter. Die Kopfbedeckung der Männer besteht aus einer Mitra, die weit in die Stirn heruntergezogen ist und über den Ohren spitz endet. Die schmaleren Gesichter haben Schnurrbärte. Kurze Lendentücher (*sampots*), wie sie heute noch von Bauern getragen werden, sind zwischen den Beinen durchgezogen. Eine stärkere Raffung bewirkt auf dem linken Oberschenkel eine beutelartige Falte, die abgewandelt von späteren Stilen übernommen wird. Weibliche Statuen haben schmale Taillen, volle Brüste und runde, leere Gesichter. Ihre weiten Röcke haben vorn eine senkrechte Falte, über den Schenkeln Querfalten und ebenfalls Beutel unterhalb der Taille. Die Falten werden zuweilen nur noch durch Einritzungen angedeutet. Der Schmuck ist nun in den Stein gemeißelt.

Der Hari-Hara vom Prasat Andet wird vielfach als schönste Plastik der Khmer-Kunst oder sogar des indisierten Asiens bezeichnet. Er strahlt Harmonie und Schönheit aus, und die Körpermuskulatur, die bei den Statuen dieses Stils eher vernachlässigt wirkt, erscheint hier vollendet.

Stil von Kompong Preah (706-800)

Dieser Stil ist nur durch wenige Plastiken belegt. Shiva-Statuen wurden in dieser Stilepoche häufig durch Darstellungen des Linga ersetzt. An die Stelle des Stützbogens treten zuweilen Pfeiler.
Die Gesichter der Männer sind wieder rund und so ausdruckslos wie die der Frauen. Sie haben ihre Frische und ihr Lächeln verloren. Auf den stilisierten Haaren thronen einförmige Zylinder als Kopfbedeckungen. Zwar bleiben die Beutel auf den Schenkeln, aber die Falten sind nur noch eingeritzt. Die Kunst ist kraftlos geworden.

Stil von Kulen (802-875)

Der Stil bedeutet einen Neuanfang. Das Khmer-Reich steht nun im Zeichen des Gottkönigtums und die Könige sind aus den Bergen in die Ebenen von Angkor gezogen. Es sind keine weiblichen Plastiken bekannt. Die männlichen Statuen wirken wieder kraftvoll. Anfänglich stützen sie sich – wie der Vishnu von Rup Arak – noch auf ihre Waffen, dann ist die Rundplastik erreicht. Die breiten männlichen Gesichter werden durch die horizontale Linie der zusammenstoßenden Augenbrauen bestimmt und haben weiterhin Schnurrbärte. Die Haare reichen bis zu den Schläfen und werden von einer Mitra bedeckt.
Gegen Ende der Stilepoche erscheint der kronenförmige Kopfputz, der zu einen Merkmal der angkorianischen Plastik wird. Die kurzen Sampots haben nun vorn einen Überfall.

Stil von Preah Ko (875-895)

Der Stil steht am Ende der Entwicklung, die mit dem Reich Fu Nan am Phnom Da begann und von den Chen La weitergeführt wurde. Er ist aber auch der erste der sieben Khmer-Stile, aus denen der Stil von Angkor Wat, die klassische Periode der Khmer, entstanden ist.
Die Rundplastiken deuten durch einen leichten Schwung in der Hüftpartie erstmals eine Bewegung des Körpers an. Nur die plumpen, kräftigen Beine lassen noch an Stützsäulen denken. Das *garuda-naga*-Motiv der indischen Mythologie, die Verfolgung der Schlange durch den mythischen Sonnenadler Garuda, bietet sich an, um Tierkörper in Bewegung darzustellen.
Ein erstes gelungenes Beispiel für Bewegung eines menschlichen Körpers ist ein Gott oder König mit seinen Frauen vom Bakong-Tempel in Roluos. Neu ist daran auch die Darstellung von Gruppen, die wohl in Zusammenhang mit dem zeitgleichen Entstehen der Reliefs steht.
Die männlichen Statuen wirken untersetzt; zusätzlich zum Schnurrbart erscheint ein Backenbart. Der Lendenschurz ist glatt, Faltenbeutel und auch der vordere Überfall bleiben.
Die Frauenkleidung ist reich verziert. Vom Gürtel fällt vorn ein Faltenteil am Rock herunter, ein anderes ist um den Gürtel geschlungen und ein Schoß endet auf dem linken Oberschenkel. Die Körper erscheinen vergleichsweise üppiger. Alle Statuen tragen kronenartige Diademe.

Stil von Bakheng (893-925)

Die angedeutete Bewegung ist verschwunden. Sie kehrt erst im Stil von Koh Ker zurück. Die Statuen werden nun streng frontal dargestellt.
Die männlichen Statuen sind wieder schlanker, die Gesichter erscheinen durch die akzentuierte, horizontale Linie der Augenbrauen strenger. Das Lendentuch ist gefältelt, die Faltentasche bleibt, der vordere Überfall ist verdoppelt.
Auch das Frauengewand zeigt Fältelungen, das Diadem thront auf einem hohen Haaraufbau.

Stil von Koh Ker (921-944)

Die Götterstatuen folgen dem Stil von Bakheng. Ihre Haare reichen bis zu den Schläfen, Backen- und Schnurrbärte und die geraden Linien der Augenbrauen bleiben unverändert. Die männliche Kleidung wirkt stilisiert und hat weiter den doppelten Überfall und den Beutel auf dem linken Oberschenkel. Die Figuren zeigen reichen, in den Stein gemeißelten Schmuck.
Einmalig in der Khmer-Kunst sind Gruppen von Kolossalstatuen (Menschen und Tieren) in lebhafter Bewegung. Gute und böse Halbgötter als Wächtergestalten (*yakshas*) zeigen Drohgebärden. Ringkämpfer, spielende und zankende Affen und das Garuda-Naga-Motiv scheinen von den Künstlern ausgewählt, um ihre Figuren völlig von der Konvention und Frontalität zu befreien.
Nach den in Südostasien gesetzten Maßstäben sind damit Tradition, Ästhetik und Ikonografie gebrochen. Das scheint nur möglich, wo es sich um profane Themen handelt, die Gestalten der Götter bleiben von diesen Versuchen unangetastet. In die spätere angkorianische Kunst wird nur das Garuda-Naga-Motiv übernommen. Im übrigen bleibt es bei den beiden Versuchen am Bakong (Stil von Preah Ko) und in Koh Ker.

Stil von Pre Rup (947-965)

Der Stil entsteht nach Rückkehr der Könige aus dem Norden nach Angkor. Die Plastik erfährt keinen bedeutsamen Wandel. Tierplastiken, besonders Löwen als Wächter auf den Tempelterrassen, sind stilisiert und bewegungslos.

Stil von Banteay Srei (965-1000)

Dieser Stil betrifft nur ein kleines, von einem Brahmanen erbautes Heiligtum. Es steht ohne größeren Bezug auf die Kunst der Khmer-Könige, die immer mehr zur Monumentalität drängt.
Die wesentlichen Elemente dieses Stils sind in der Architektur, im Baudekor und Relief zu finden und neigen zu Fülle und Überschwang. Die Plastik ist ansprechend und wirkt durch ihre lächelnde Natürlichkeit, besonders der Frauengestalten. In Banteay Srei werden alle Stile vorangegangener Perioden wieder aufgegriffen. Als Gesamtwerk ist es neu, ohne dass daraus für die Khmer-Kunst etwas Neues entsteht.
Die Tympanons von Banteay Srei vermitteln einen Eindruck von der Relief-Kunst. Die Plastiken sind – den Ausmaßen des Tempels entsprechend – klein. Haartracht, Schmuck und Kleidung gleichen früheren Stilen.

Stil von Khleang (965-1020)

Der Stil scheint, nach den wenigen gefundenen Plastiken zu urteilen, diese wenig verändert zu haben. Die männliche Kleidung ist vereinfacht, der Überfall verschwunden. Die Röcke der Frauen beginnen tief unter dem Nabel, setzen im Rücken höher an und sind vorn aufgeschlagen.

Stil von Baphuon (1010-1080)

Die Plastik hat ihren Zenith erreicht und steht fortan hinter dem von den Khmer-Bildhauern bevorzugten Relief zurück. Harmonie und Vollendung sind die Grundzüge des Stils von Baphuon, der sich lediglich mit dem Stil von Angkor Wat vergleichen lässt. Die Vollplastik strahlt Natürlichkeit aus. Die Gestalten sind graziös geformt und haben runde, lächelnde, feingeschnittene Gesichter. Die Kleidung der männlichen Statuen ist schlichter, fein gefältelt und wirkt harmonisch. Auch bei diesen Statuen ist die Rückenpartie der Schurze nun höher angesetzt und die Vorderseite lässt den Nabel frei. Das Frauengewand ist ähnlich geschnitten, hat aber vorn einen Überfall und einen geknoteten Gürtel.
Teile einer Kolossalstatue, die an den Stil von Koh Ker erinnern, wurden im Westlichen Mebon Tempel gefunden. Der Liegende Vishnu aus Bronze muß etwa 4 m lang gewesen und in mehreren Teilen gegossen worden sein. Nur der Kopf und ein Teil des Oberkörpers wurden gefunden. Sie lassen die Lösung von der Konvention durch Bewegung und Ausdruck erkennen.

Stil von Angkor Wat (1100-1175)

Dieser Stil ist die Vollendung der Khmer-Kunst. Seine Höhepunkte liegen in Architektur, Baudekor und Relief. Die Vollplastik tritt, vielleicht von den Bildhauern gewollt, dahinter zurück. Andererseits ist sie auch nur durch verhältnismäßig wenige Beispiele bekannt. Aus dem Haupttempel des Angkor Wat blieb keine Statue aus Bronze oder Edelmetall erhalten. Aus dem vorhandenen Material und Inschriften lässt sich jedoch erkennen, dass die Statuen streng und steif frontal dargestellt waren und die Gesichter ausdruckslos wirkten.
Das Haar ist im Nacken zu einem Knoten (*mukata*) gewunden oder zu einem einem Doppelknoten (*jata-mukata*) auf dem Kopf geschlungen und von einer Krone geschmückt.
Unter den buddhistischen Darstellungen sind die Naga-Buddha häufig. Ihre Ikonografie bezieht sich auf eine Legende, nach der Buddha, in Meditation versunken, von dem zusammengerollten Schlangenkönig, der seine gespreizte Haube schützend über ihn breitete, durch die anbrandenden Wassermassen getragen wurde.
Die Naga, aus den frühen Kulten der Naturreligionen stammend, taucht vielfach im Shivaismus und Vishnuismus auf. Sie fand auch Eingang in die buddhistische Glaubenswelt des indisierten Asiens.

Stil von Bayon (1177-1230)

Die buddhistische Phase der Khmer-Kunst erweitert die Ikonografie, ohne auf hinduistische Motive zu verzichten. Die Steinplastik fügt sich dem Monumentalstil von Jayavarman VII., schafft Kolossalstatuen und findet ihren wohl spektakulärsten Ausdruck in den Gesichtstürmen des Bayon, an den Toren von Angkor Thom und an anderen Tempeln, sowie in den Riesengestalten der Götter und Dämonen vor den Toren von Angkor Thom.
Jayavarman VII. treibt seine Bauten, v. a. seine späten Werke, mit einer Eile voran, die einen Mangel an Sorgfalt der Bearbeitung unumgänglich machen.
Zu den schönsten Schöpfungen des Bayon-Stils gehört ein Lokiteshvara aus dem Tempel Preah Khan, der wahrscheinlich den Vater des Königs darstellt. Die verklärte Ruhe, die aus diesen Zügen spricht, findet sich auch in anderen Werken, die Jayavarman VII. erschaffen ließ. Die Vorliebe für Darstellungen des Naga-Buddha bleibt. Aus der Fülle der Bronzestatuen blieben allerdings nur wenige erhalten.
Mit dem Werk von Jayavarman VII. ist die Kunst der Khmer erschöpft. Auch nach dem Verfall Angkors entstehen in den Hauptstädten Kambodschas Plastiken aus verschiedenem Material. Es sind beachtenswerte Werke darunter, aber mit der Khmer-Kunst von Angkor lassen sie sich kaum vergleichen.

Foto: Robert Höbel

Westgalerie, Südseite: mehrere sog. **Mucalinda-Buddhas** (Statuen des meditierenden Buddhas, den der siebenköpfige Schlangenkönig beschirmt); ausdrucksstarke **Sitzstatue** und **Köpfe des meditierenden Jayavarman VII.** aus Angkor Thom (s. Bild S. 67).

Westgalerie, Nordseite: anmutige, knieende **Statue der Jayarajadevi** (erste Frau Jayavarmans VII.) in Gestalt des Prajnaparamita (Bodhisattva der Weisheit) aus Preah Khan (12. Jh.).

Norgalerie: Kunstwerke aus Perlmutt und Keramik sowie (sehr seltene) **Holzstatuen**, u. a. **Knieender Betender** aus Angkor Wat (16. Jh.)

Ostgalerie, Nordseite: Oberteil einer monumentalen, ursprünglich über 4 m langen **Bronzestatue Vishnus** im Baphuon-Stil, der auf der Weltschlange Ananta (Shesha) ruht; 1936 im Westlichen Mebon gefunden.

Innenhof: **Todesgott Yama** („Lepra-König"), Statue aus Angkor Thom.

Oben: Der Königspalast in Phnom Penh (Pavillon Preah Tineang Chanchaya).

★★★Königspalast und Silber-Pagode

Südöstlich des Nationalmuseums, mit dem Eingang gegenüber dem Hotel *Renakse* (am Samdach Sothearos Boulevard, dem Fluss zugewandt), liegt der **★★★Königspalast** ②. Die heutigen Palastbauten entstanden im 20. Jh. anstelle der 1813 erbauten Banteay (Zitadelle) Kev; Grundriss und Baustil des Palastes und des durch eine Mauer abgetrennten Tempelbezirkes sind stark vom Königspalast und den königlichen Tempeln in Bangkok beeinflusst. 1970, beim Staatsstreich Lon Nols, wurde der Palast von den Aufständischen übernommen. Bereits in dieser Zeit kamen wertvolle Gegenstände abhanden. 1975-1979, der Ära der Roten Khmer, wuchsen Wald und Gras im Palastgelände, das „Palast der Vögel" genannt wurde. Die Dächer waren beschädigt, Türen und Fenster aufgebrochen.

Nach 1979 wurden diejenigen Teile des Palastes, die die königliche Familie nicht bewohnt, zum Museum erklärt

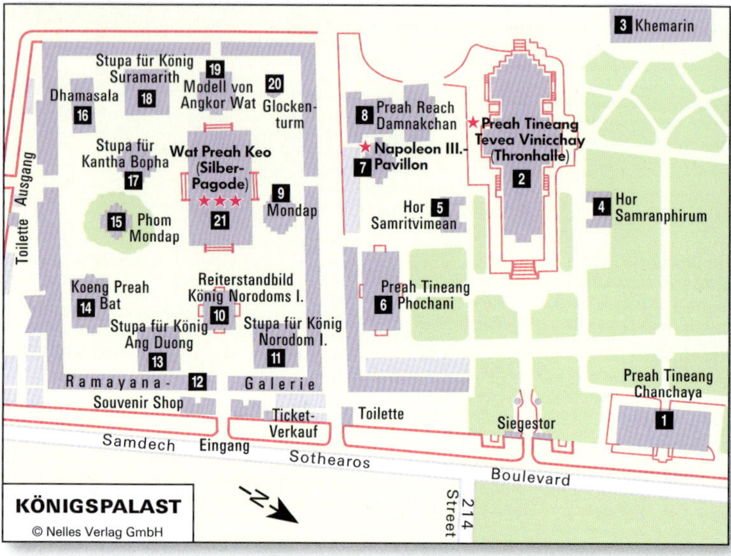

und dann Besuchern zugänglich gemacht.

Den **Preah Tineang Chanchaya** 1 gab 1913 König Norodom im Stil eines älteren Holzbauwerkes in Auftrag. Der Pavillon dient bei besonderen Anlässen klassischen Musik- und Tanzveranstaltungen, wurde aber auch schon als Tribüne bei Ansprachen von König und Staatsoberhaupt benutzt. Der Pavillon erhebt sich über dem Haupteingang zum Palastgelände und ist vom Platz vor dem Palast aus sichtbar.

Die **Thronhalle** 2, der **★Preah Tineang Tevea Vinicchay** in der Mitte der Palastanlage, ist 100 m lang und 30 m breit. Sie wurde 1913-1917 unter König Sisowath von dem Khmer-Architekten Oknha Tep Nimit Mak erbaut und ersetzte einen hölzernen Palast aus dem Jahr 1869. Der 57 m hohe *prasat* ist – in Anlehnung an den Bayon in Angkor – mit vier Gesichtern geschmückt. Das Bauwerk diente der Krönung der Könige sowie offiziellen Empfängen und traditionellen Zeremonien. Im Zentrum der Halle steht der goldene **Thron** als Symbol der Monarchie. Über dem Thron mit den Sesseln für König und Königin ragt ein siebenfacher, sich verjüngender Schirm. Zu beiden Seiten der Halle stehen die Sessel der Hofbeamten. An den Innenwänden ist das Ramayana-Epos dargestellt.

Khemarin 3: Dieser Palast wurde 1930 als Residenz des Königs errichtet und ist öffentlich nicht zugänglich.

Hor Samranphirum 4 („Gutes Schlafen") heißt ein Gebäude im Norden der Thronhalle, das zur Aufbewahrung der traditionellen Musikinstrumente diente. Es wurde später auch von König und Königin benutzt, bevor sie die Elefanten bestiegen. Auch die Elefantenställe befanden sich innerhalb des Palastes.

Hor Samritvimean 5 wird ein 1917 vollendetes Gebäude bezeichnet, das als Schatzkammer der Aufbewahrung der königlichen Insignien (u. a. edel-

Rechts: Szene aus dem Ramayana-Epos (in Kambodscha Reamker-Epos) in der Galerie der Silber-Pagode.

» Plan S. 82, Info S. 88-89

steinbesetzte Kronen und Zeremonialschwerter) diente.

Die Halle des **Preah Tineang Phochani** 6 aus dem Jahr 1913 wird als Audienzhalle, aber auch für Aufführungen des Königlichen Balletts und für Staatsbankette benutzt.

Ungewöhnlich im Palastensemble ist ein Gebäude mit schmiedeeisernem Geländer: Der ★**Pavillon von Napoleon III.** 7 wurde 1869 in Ägypten für die Kaiserin Eugénie anlässlich der Einweihung des Suez-Kanals errichtet. Sieben Jahre später schenkte der französische Kaiser die kleine Villa König Norodom I. Im Inneren findet sich eine Galerie mit Porträts der kambodschanischen Königsfamilie.

Preah Reach Damnakchan 8 ist ein 1958 für die Offiziere der königlichen Garde erbauter Pavillon. Königin Kossomak, Mutter des Prinzen Sihanouk, verließ nach dem Tod König Suramarits den Khemarin-Palast und nutzte fortan Preah Reach Damnakchan als Residenz.

Foto: Berthold Schwarz

– ★★★Silber-Pagode –

Wat Preah Keo Morakot ist das Areal mit der Silber-Pagode hinter der südlichen Palastmauer, das von der Residenz durch einen schmalen Gang getrennt ist (Zutritt durch das an diesem Gang gelegene Nordtor).

Links neben dem Eingang befindet sich ein **Mondap** 9. Die Bibliothek ließ König Norodom I. (1859-1904), der erste König der Norodom-Dynastie, für wertvolle Tripitaka-(Palmblatt-) Schriften errichten. Wenige Meter entfernt stehen das 1860 in Paris gegossene **Reiterstandbild** 10 des Königs und der **Stupa für König Norodom I.** 11.

Die in der umlaufenden **Galerie** 12 an der Innenseite der Mauer um 1900 entstandenen ★**Wandmalereien** erneuerten polnische Restauratoren. Die Darstellung des indischen Ramayana-Epos (kambodschan. Reamker-Epos) beginnt am **östlichen Eingangstor** und verläuft im Uhrzeigersinn.

Neben dem Osteingang befindet sich der **Stupa für König Ang Duong** 13 (um 1841-1859), daneben an der Südmauer der **Koeng Preah Bat** 14, ein kleiner Tempel über einem **Fußabdruck Buddhas**.

Einen bronzenen Fußabdruck aus Sri Lanka und Buddha-Statuen enthält der runde Stupa **Phnom Mondap** 15 auf einem Hügel, nach dem heiligen Berg im Himalaya **Kailasa** genannt.

Zwei weitere Stupas erheben sich neben dem **Dhamasala** 16, dem Pavillon für königliche Zeremonien in der südwestlichen Ecke: der in Form einer stilisierten Lotosblüte gestaltete **Stupa für Kantha Bopha** 17, eine Tochter König Sihanouks, und der **Stupa für König Suramarith** 18, der Vater Sihanouks.

Ein **Modell von Angkor Wat** 19 kann man westlich der Silber-Pagode studieren. In der nordwestlichen Ecke des Bezirks befindet sich ein **Glockenturm** 20 auf einem hohen Unterbau.

Die ★★★**Silber-Pagode** 21 selbst, der **Wat Preah Keo**, wurde 1962 anstelle eines Holztempels von 1900 errichtet. Ihr Name kommt von den mehr als 5000 Fliesen, jede aus 1,125 kg Silber gefertigt, die den Fußboden des *wat*, des Raumes mit dem Buddha-Bild, bedecken. (Schuhe und Kameras müssen vor dem Eingang oberhalb der Marmortreppe zurückgelassen werden). Die Einrichtung wurde von den Roten Khmer dezimiert, es blieben jedoch Buddha-Statuen aus Edelmetallen, eine Sammlung wertvoller Tanzmasken, Kultgeräte und Gegenstände aus dem königlichen Besitz erhalten. Die wertvollste Statue, rechts vor dem Altar, ein 90 kg schwerer, lebensgroßer **Gold-Buddha**, mit 9584 Edelsteinen besetzt, ist eine Arbeit der königlichen Werkstätten aus dem Jahr 1904. Als Pendant befinden sich zur Linken ein 80 kg schwerer **Bronze-Buddha** und ein **Silber-Buddha**. Der kleine aus Gold und Silber gefertigte Stupa vor dem goldenen Buddha enthält eine Reliquie aus Sri Lanka.

Auf dem Altar thront der **Smaragd-Buddha**, mutmaßlich eine Nachbildung des Preah Keo in Bangkok. Er hat in der thailändischen und der laotischen Geschichte eine große Rolle gespielt, so dass auch König Norodom eine Nachbildung aus Kristall herstellen ließ. Der Marmor-Buddha hinter dem Altar ist ein Geschenk aus Myanmar (Burma).

Im rückwärtigen Teil des Wat befinden sich Krönungsutensilien, eine vergoldete **Sänfte** sowie weitere Gold- und Silberarbeiten, u. a. zwei goldene **Buddhas**, 4,5 kg und 1,5 kg schwer, mit Edelsteinen besetzt.

★★★Tuol Sleng Genozid-Museum

Wer die Schrecken der Jahre 1975 bis 1979 und die Furcht vor einer Rückkehr der Roten Khmer verstehen will, sollte die beiden folgenden Gedenkstätten für die Opfer des Pol-Pot-Regimes besuchen, die heute noch Beklemmungen hervorrufen können.

Rechts: Fotografien von Opfern der Roten Khmer im Tuol Sleng Genozid-Museum.

Das **★★★Tuol Sleng Genozid-Museum** ③ liegt in einem dichtbesiedelten Stadtteil westlich des Monyvong-Boulevard an der 350. Straße, mit dem Eingang in der 113. Straße. 1975 wurde die Toul Sleng-Schule in ein Gefängnis des Staatssicherheitsdienstes umgewandelt. Die ca. 15-30 000 Gefangenen – Männer, Frauen und Kinder, darunter auch Ausländer – wurden ihres Besitzes beraubt, der teilweise aufgefunden wurde und ausgestellt ist. Sie wurden registriert und mit auf der Brust angebrachten Nummern fotografiert. Viele der Fotos der unter grausamer Folter Verhörten, die gar nichts zu gestehen hatten, lassen Schrecken und Qualen der willkürlich Ausgewählten erkennen, von denen fast niemand überlebte. Gefängniszellen und Foltergeräte sind original erhalten.

Gefangenenlisten des Jahres 1977 zeigen, dass bis zu 100 Personen täglich hier eingeliefert wurden. In der letzten Phase wurden dann gar die Folterer der Roten Khmer selbst umgebracht. Die vietnamesische Armee konnte 1979 nur noch sieben Menschen befreien, 14 wurden noch in letzter Minute zu Tode gequält und sind in den Gräbern im Hof der Schule beigesetzt worden.

★★Killing Fields

★★Choeng Ek Memorial ④, das Vernichtungslager, liegt etwa 15 km südwestlich der Stadt an der Verlängerung des Samdach Monireth-Boulevard. Es wurde durch einen amerikanischen Film als *Killing Fields* bekannt. Mindestens 17 000 Menschen (die meisten hatten das Tuol Sleng-Gefängnis durchlaufen, Männer, Frauen und Kinder) wurden hier mit Knüppeln und Gewehrkolben erschlagen – die Roten Khmer wollten Munition sparen. Die Opfer wurden in 129 Massengräber geworfen, von denen man 43 geöffnet hat. Im Glasturm eines **Gedenkstupas** sind die Knochen heute untergebracht. Es gibt Überlegungen, die Knochen

» Stadtplan S. 74, Info S. 88-89

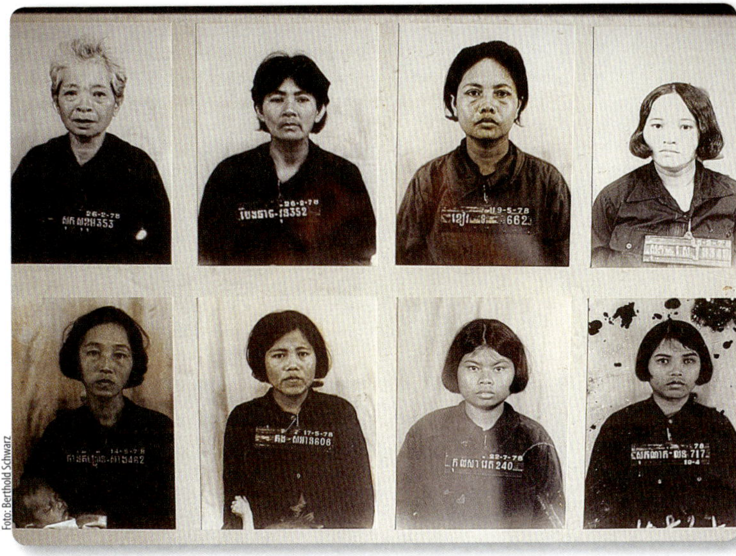

Foto: Berthold Schwarz

beizusetzen. Am 9. Mai, dem Tag des Völkermordes, finden Gedenkfeiern in Choeng Ek statt.

★Wat Phnom

Im Norden der Stadt, nicht weit vom Ufer des Tonle Sap entfernt, liegt weithin sichtbar auf einem etwa 30 m hohen, baumbestandenen **Hügel** der vielbesuchte **★Wat Phnom** ⑤ (s. S. 32), das 1372 errichtete Wahrzeichen der Stadt. Von Osten führt eine Treppe, von stilisierten Löwen bewacht und von einer Schlangen-(*naga*-)Balustrade flankiert, zu dem Wat. Die Reliefs am Aufgang imitieren Motive vom Angkor Wat. Gläubige bringen Blumen und Weihrauch, beten um Schutz während einer Reise, Erfolg bei Prüfungen und Unternehmungen, Heilung von Krankheit, und sie bringen zum Dank für erfüllte Wünsche Opfergaben. Ein gutes Werk ist es, den Vögeln in den engen Käfigen die Freiheit zu erkaufen. Allerdings werden sie von den Verkäufern schnell wieder eingefangen.

In dem **Stupa** unweit des Wat Phnom, wird die Asche des ersten Königs der Post-Angkor-Periode, Ponhea Yat, der Phnom Penh zur Hauptstadt machte, vermutet.

Auf dem Weg zum Stupa steht in einem Pavillon die **Statue der Don Penh**, der Stifterin des Heiligtums.

Chinesen und Vietnamesen haben der von ihnen verehrten daoistischen Meeresgöttin, der Schutzgöttin der Fischer und Seefahrer, **Thien Hau Tanh Mau**, einen kleinen **Tempel** gebaut. Sie wird flankiert von ihren Helfern – Thien Ly Nhan, der 1000 Meilen weit sehen und Thuan Phong Nhi, der 1000 Meilen weit hören kann. Sie melden der Göttin, wenn ein Schiff in Seenot gerät.

★Wat Ounalom

★Wat Ounalom ⑥, das Kloster am Anfang des Samdach-Sothearos-Boulevard, wurde 1443 gegründet. Zu dem Wat gehörten über 40 Gebäude, die von den Roten Khmer vernichtet oder beschädigt wurden, darunter die uner-

Foto: Robert Höbel

setzliche Buddhistische Bibliothek. Der Wat und einige Klostergebäude wurden wieder aufgebaut und sind heute von 70 bis 80 Mönchen und etwa 25 Nonnen bewohnt. Vor 1975 lebten hier über 500 Mönche, in ganz Kambodscha gab es um die 60 000. Die Massaker der Roten Khmer überlebten nur etwa 500. Heute sind es wieder 27 000 bis 30 000 Mönche und ca. 10 000 nicht ordinierte Nonnen. Im Wat Ounalom residiert das Oberhaupt der kambodschanischen Buddhisten der Mahanikai-Sekte.

Im Erdgeschoss des dreistöckigen Gebäudes wird ein **Marmor-Buddha** aus Myanmar aufbewahrt, der von den Rotem Khmer zerschlagen und nach 1979 aus den Einzelteilen wieder zusammengefügt wurde.

Auch im zweiten Stockwerk bleibt die Erinnerung an die Schreckensherrschaft Pol Pots lebendig. Neben dem Altar steht die Statue des **Samdech Huot Tat**, des verehrten vierten Patriarchen

Oben: Der Wat Ounalom. Rechts: Obstangebot auf dem Psah Chah (Alter Markt).

der kambodschanischen Buddhisten, zu Ehren seines 80. Geburtstages 1971 geschaffen. Die Roten Khmer haben Huot Tat getötet; seine Statue wurde in den Fluss geworfen, aber 1979 wiedergefunden. Ausgestellt sind auch einige gerettete Bücher, der Grundstock zur neuen Buddhistischen Bibliothek. Erhalten blieb die Statue eines Patriarchen der Thammayuth-Sekte.

Im 3. Stock wird ein **Buddha** aufbewahrt, der von den Roten Khmer seines Silberbeschlages beraubt wurde. Die *jatakas* an den Wänden, Geschichten aus Buddhas früheren Leben, stammen aus dem Jahr 1952. Der kleine **Stupa** im Garten hinter dem Wat soll eine Buddha-Reliquie beherbergen.

Weitere Sehenswürdigkeiten

Westlich des Zentrums und am besten mit dem Taxi erreichbar liegt die **★Apsara Arts Association** ⑦ (AAA), die sich die Pflege der klassischen Khmer-Kultur zum Ziel gesetzt hat. Seit der Gründung 1998 werden hier verwaiste Mädchen ab drei Jahren im Apsara-Tanz sowie Jungen in der traditionellen Khmer-Musik (*pin pheat*) unterrichtet. Die engagierte Leiterin der Organisation, Frau Vong Metry, lebte vor dem Terror der Roten Khmer als Apsara-Tänzerin im Königspalst. Spenden sind willkommen!

Wat Koh ⑧, am Monyvong-Boulevard, ist restauriert und soll aus der Mitte des 15. Jh. stammen. Ein Obelisk erinnert an die Opfer der Roten Khmer.

Wat Moha Montrei ⑨, das „Kloster des Großen Ministers", liegt nahe dem Olympia-Sportzentrum am Sivutha-Boulevard. Ein Minister König Monyvongs förderte den Bau. Der 35 m hohe Betonturm wurde 1970 vollendet. Während des Pol-Pot-Regimes wurde das Kloster als Getreidelager benutzt und blieb daher erhalten. Die Wandmalereien und die Statuen im Wat sind neueren Datums. Das Kloster unterhält auch eine Schule.

» Stadtplan S. 74, Info S. 88-89

Foto: Berthold Schwarz

Wat Botum ⑩, zwischen Palast und Independence Monument, geht auf das 15. Jh. zurück und ist umgeben von einer Begräbnisstätte für die Königsfamilie, deren Asche in kleinen verzierten **Gedenkstupas** beigesetzt wurde.

Das **Unabhängigkeitsdenkmal** ⑪ (Independence Monument) von 1958 wurde zur Gedenkstätte der kambodschanischen Soldaten. Es steht am Samdach Preah Sihanouk-Boulevard und ist eine Art kambodschanische Version des Triumphbogens in Paris, nachts angestrahlt in den Nationalfarben rot, blau und weiß.

An seiner Südwestseite befindet sich der **Wat Langka** aus dem Jahr 1422.

Die **Nationalbibliothek** ⑫ an der 92. Straße wurde im Jahr 1924 errichtet und von den Roten Khmer als Stall verwendet – Städter, die man verdächtigte, gebildet zu sein oder gar eine Fremdsprache zu beherrschen, ließ Pol Pot ermorden. Ein großer Teil der Bücher, in bildungsfeindlicher Zerstörungswut auf die Straße geworfen, wurde aufgesammelt, später zurückgegeben und ergab 1979 den Grundstock zu einer neuen Bibliothek. Sie ist inzwischen für die Öffentlichkeit wieder zugänglich.

Die größte Moschee Kambodschas, die sunnitische **Dubai-Moschee** ⑬, stand einmal am Ufer eines Sees (Boeng Kak), den man aber jüngst zuschüttete, um Bauland zu gewinnen. Der Vorgängerbau entstand 1981 mit Geldern aus den Vereinigten Arabischen Emiraten, ebenso der 2015 eröffnete Neubau im byzantinisch-türkischen Kuppelstil. Daneben existiert eine Medrese (Koranschule). Etwa 600 000 Muslime leben heute in Kambodscha; in den größeren Gemeinden entlang des Mekong und Tonle Sap wohnen etliche muslimische Cham und Malaien.

Die **Chruoy Chang Var-Brücke** ⑭ über den Tonle Sap wurde 1975 von den Roten Khmer gesprengt. 1994 bauten die Japaner die imposante Brücke, über die die Straße Nr. 6 in den Norden führt, wieder auf. Sie wird auch **Brücke der Japanisch-Kambodschanischen Freundschaft** genannt und ist ebenfalls durch den Film *Killing Fields* be-

» Stadtplan S. 74, Info S. 88-89

kannt geworden. 2014 erhielt sie eine Zwillingsbrücke. Seit die Brücke wieder intakt ist, haben sich auf der **Halbinsel** ⑮ auf der anderen Seite des Tonle Sap **Restaurants** etabliert.

Märkte / Mall

Märkte und Markthallen hat jeder Stadtteil. Hier kann man die Erzeugnisse des Landes, Gemüse, Früchte und Gewürze kennen lernen und Textilien, Kunsthandwerk, Antiquitäten, Gold- oder Silberschmuck kaufen. Viele Waren sind aus Thailand, China oder Vietnam importiert oder geschmuggelt. Auf Märkten kann man auch authentische kambodschanische Speisen probieren.

Der ★**Psah Chah** ⑯ („Alter Markt") ist vor allem von lokalem Interesse und gerade deshalb sehenswert. Auf ihm werden wenig Souvenirs, sondern vor allem Früchte, Gemüse, Kleidung und religiöse Gegenstände an Einheimische verkauft. Es gibt auch viele Goldschmiede-Läden. Der Psah Chah liegt an der Ecke 13./110. Straße.

Die renovierte ★**Zentralmarkthalle** des **Psah Thmei** ⑰ ist das Zentrum der Altstadt. Die Art-Déco-Kuppel auf dem Gebäude, erbaut 1935-1937, ist eine der größten der Welt und eines der Wahrzeichen von Phnom Penh. Von dem runden Mittelteil erstrecken sich Hallen nach Nordosten, Nordwesten, Südosten und Südwesten. Zahllose Stände bieten Stoffe, Textilien, Goldschmuck, Unterhaltungselektronik, Bücher, Schreibwaren u. a. an. Um die Markthalle herum gibt es Blumen- und Essstände, Läden und Restaurants.

Der ★★**Psah Toul Tom Pong** ⑱ im Süden der Stadt, „**Russian Market**" genannt, ist eine Fundgrube für Souvenirs, Seidenwaren, Antiquitäten, Buddha-Statuen, Silbergefäße; außerdem gibt es Textilien, Schmuc k und viele Imbisse.

Die neue, große, saubere japanische **Aeon Mall**, mit Restaurants und Kino, ist dagegen ein recht teures Shopping-Paradies (Samdach Sothearos Bld. 132).

PHNOM PENH (☎ 023)

FLUG: Phnom Penhs Flughafen **Pochentong** ist 8 km vom Zentrum entfernt; Taxi vom Flughafen in die Stadt $ 9, aus der Stadt zum Flughafen $ 7. Cambodia Angkor Air fliegt mehrmals täglich nach Siem Reap für ca. 100 $. Alle asiatischen Hauptstädte haben Flugverbindung mit Phnom Penh (keine Direktflüge aus Europa).

BOOT: Das Expressboot nach Siem Reap fährt nur bei ausreichend hohem Wasserstand regelmäßig (Juli bis März, ca. 30 $); luxuriöser: mit *Compagnie Fluviale du Mekong* in drei Tagen, ab 900 $. Täglich fahren Touristenboote vom Passagierhafen am Sisowath Quay in Phnom Penh auf dem Mekong nach Chau Doc/ Vietnam; von dort Busse nach Saigon.

BUS: Günstige Reisebusse mit AC verbinden viele Provinzhauptstädte mit Phnom Penh. Zahlreiche Busgesellschaften z. B. Capitol, GST, Phnom Penh Sorya Transport fahren tgl. mehrmals nach Sihanouk Ville, Battambang, Poipet, Siem Reap, Kompong Thom, Kompong Cham, Kratie.

BAHN: An Wochenenden Bahnverbindung mit Sihanoukville, ca. 7 Stunden.

TAXI: Stadtstrecken ca. 5 US$, Airport 7 $, ganzer Tag ca. 30 $, Sihanoukville ca. 45 $.

FUNKTAXI (mit Taxameter): Tel. 011-311888, 092-889962.

MOTODUP: 1500-4000 R kostet eine (nicht ungefährliche) helmlose Mopedtaxifahrt.

TUK-TUK: Motorrikscha, $1-$2 pro Fahrt.

CYCLO: Fahrradrikscha, 1500-4000 R/Fahrt.

Le Royal, eines der besten, elegantesten Restaurants der Stadt, French & Khmer Cuisine, Pianomusik, im Kolonialstil-hotel Raffles Le Royal, Rukhak Vithei 92.

Topaz, exklusives französisches Restaurant, 182 Norodom Blvd.

FCC, bekanntestes Restaurant der Stadt, Journalisten- und Expat-Treff, Dachterrasse mit Flussblick, an der Riverside.

Malis, edel dekoriertes Khmer-Restaurant, wo wohlhabende Khmer und Ausländer kambodschanische Küche vom Feinsten genießen; Norodom Blvd. Nr. 136.

Romdeng, Khmer-Restaurant in Kolonialgebäude, bildet ehemalige Straßenkinder aus (Kooperation mit *Friends*);174. Straße Nr. 74.

Friends (Mith Samlanh), nettes, beliebtes Lo-

» Stadtplan S. 74, Info S. 88-89

kal, asiatische u. westliche Snacks und Speisen, benachteiligte Jugendliche werden hier als Koch oder Bedienung ausgebildet, nahe Nationalmuseum, 13. Straße Nr. 215.
Khmer Surin, gut besuchtes Khmer-Thai-Restaurant, 57. Straße Nr. 9.
Magnolia, exzell. vietnamesische Küche in histor. Kolonialvilla; 51./ Ecke 242. Straße.
Lotus Blanc, günstige westl. u. asiat. Küche in einem Lokal, das in Zusammenarbeit mit der PSE-Hotelfachschule Kinder aus armen Familien ausbildet; Pasteur Street Nr. 152.
An der **River Front**: Am Sisowath Quai und den umliegenden Gassen gibt es viele gute Restaurants; u. a. **Frizz**, kleines Khmerrestaurant, das auch Kochkurse bietet, 240. St.
Street 278: Kleine Straße nahe Independence Monument mit unzähligen Lokalen.

Die **Elephant Bar**, mit Pianist, im noblen Hotel Le Royal, ist die edelste Bar; 96. St. Nr. 92. Der legendäre Nacht-Hotspot **Martini** hat seine beste Zeit hinter sich (95. Str. Nr. 45) – derzeit ist die **Golden Sorya Mall** angesagter. Um diese gewaltige Trinkhalle scharen sich viele kleine Nachtbars und Restaurants; 51. Ecke 172. Str. Die besten Clubs der Stadt, **Heart of Darkness**, **Pontoon** und **Cotton**, liegen gleich um die Ecke.

Apsara Arts Association (AAA): schaut man beim Unterricht zu (Mo-Sa 7.30-10.30/14-17 Uhr), sieht man, wie schwierig das Erlernen der klassischen Khmer-Musik und -Tänze ist, 598. Straße Nr. 71, Sangkath Phnom Penh Thmey, Khan Reussey Keo, Tel. 012 857424, www.apsara.2ya.com.
Das **Centre Culturel Francais** organisiert regelmäßig khmer-französische Kulturveranstaltungen, 184. Straße, Nr. 214, Tel. 724560.
Meta House, Filme u. Ausstellungen zu Kambodscha u. Südostasien, Kooperation mit Goethe Institut, Samdach Sothearos Blvd., Nr. 37, www.meta-house.com.

Nationalmuseum, tgl. 8-17 Uhr, Eintritt $ 3, westlich der 13. und zwischen der 178. und 184. Straße. **Königspalast und Silberpagode**, tägl. 7.30-11.30 u. 14.30-17 Uhr, Eintritt $ 3, für Foto- u. Videoaufnahmen wird eine extra Gebühr erhoben, Sothearos Blvd. zwischen 240. und 184. Straße. **Tuol Sleng Museum**, tägl. 7-11.30, 14-17.30 Uhr, $ 2, um 10 u. 15 Uhr Dokumentarfilm zu d. Roten Khmer, Ecke 113. und 350. Straße.

Calmette Hospital, am besten ausgestattet, Monivong Blvd. 3, Tel. 426948. **Surya Medical Clinic**, 294. Str. Nr. 161, Tel. 016/845000 (24 h). **SOS - International Medical and Dental Center**, französ. u. engl. Ärzte, Notfälle, Evakuierungen, Zahnmedizin, 51. Str. Nr. 161, Tel. 216911 o. 012/816911. **Deutscher Zahnarzt:** Dr. Wolfgang Schmidtberg, 594. Str. Nr. 9a, Tel. 012/894679.

Hauptpost Ecke 102. und 13. Straße, westlich des Wat Phnom, täglich 6.30-21 Uhr; auch Auslandstelefonate, Faxservice. Billiger ist telefonieren bei den **Netphone-Shops** an der Riverside.

FLUGGESELLSCHAFTEN: **Thai Airways**, Mao Tse Toung Blvd, Nr. 294, Tel. 214359.
Vietnam Airlines, 214. Straße Nr. 41, Tel. 363396.
Silk Air, Sisowath Quai, Mi Casa Hotel, Tel. 426808.
Lao Airlines, Sihanouk Blvd., Nr. 58, Tel. 216563.
Dragon Air, Monireth Str. Nr. 168, Tel. 424300.
Bangkok Airways, 214. Straße Nr. 61a, Tel. 722545.
Malaysia Airline, Monivong Blvd., Nr. 172, Tel. 218923. **China Southern Airlines**, Monireth Str. Nr. 168, Tel. 424588.
REISEBÜROS: **PTM Travel & Tours**, günstige Flüge weltweit, Visum, Hotelbuchung etc. Monivong Blvd. 333B, Tel. 023-219161.
BOTSCHAFTEN: **Deutschland:** 214. Straße, Nr. 76-78, Tel. 426381.
Frankreich: Monivong Blvd. 1, Tel. 430020.
IMMIGRATION OFFICE: Mo-Fr 7.30-10, 14-16 Uhr, Pochentong Blvd., beim Flughafen.
BANKEN: Bankomaten (ATM) für Kredit- und EC-Karte gibt es reichlich. ANZ Royal Bank, Sihanouk Blvd. 100. **Cambodia Commercial Bank**, Monivong Blvd. 130. **Canadia Bank**, Ang Duong Street 265.
SCHIESSEN: **Shooting Range**, hinter dem Flughafen, 1km nach dem Beginn des Hwy 3.

NOTRUF: **Polizei** 117, **Tourist Police** 012/942484.
SOS – International Medical Center: 216911.

Foto: Berthold Schwarz

ENTDECKUNGEN IM HINTERLAND

UMGEBUNG VON PHNOM PENH

★Oudong

★Oudong ❷ (Udong), 38 km nördlich von Phnom Penh, ist über die Nationalstraße 5 am Tonle Sap entlang zu erreichen. Die alte Hauptstadt, mit den Begräbnis-Stupas mehrerer Könige auf dem Doppelhügel Phnom Oudong, ist ein Pilgerort und zugleich ein beliebtes Wochenendausflugsziel.

König Ang Chan I. (1516-66) war der mächtigste Herrscher nach dem Verlust Angkors und regierte in **Lovek** (Longvek, 10 km nordöstlich, heute nur noch ein Dorf). Er ließ aber auch in Oudong Stupas und Tempel errichten. Mitte des 17. Jh. wurde Oudong zum Sitz des kambodschanischen Königshauses. König Norodom I. verlegte jedoch wegen der aufständischen Cham 1866 die Hauptstadt nach Chattamutuk (Phnom Penh). Als die Roten Khmer in den 1970ern Oudong besetzt hielten, ließ Lon Nol ihre Verstecke bombardieren, so dass nahezu alle Bauten der früheren Königsstadt zerstört wurden. Etliche Heiligtümer sind jedoch mittlerweile wieder neu aufgebaut worden.

Links: Ananas am Hawaii Beach (Sihanoukville) – im Hintergrund ein Insel-Ausflugsboot.

Bei einer Wanderung über den Doppelhügel **Phnom Oudong** eröffnen sich immer wieder wunderschöne Ausblicke über die Flusslandschaft. Am Hangfuß steht ein an Wochenenden vielbesuchter Tempel; der Aufstieg zu dem Pagodenhügel führt von Süden her über eine Treppe mit 240 Stufen.

Über den oben gelegenen Tempel **Preah Ath Roes** berichtet eine Legende: In der Pagode auf dem südlichen Höhenzug hatten Mönche einen *a mao*, einen „schwarzen Hund", aufgezogen und beerdigten ihn nach seinem Tod in der Mitte des Hügels. Jahre später litt der Kaiser von China an Kopfschmerzen. Als die Ärzte ihm nicht helfen konnten, befragte er die Magier, und sie fanden heraus, dass er in seinem früheren Leben ein *a mao* gewesen war und in der Mitte eines Hügels in Kambodscha begraben wurde. Nun aber wuchsen Baumwurzeln in sein Grab und verursachten ihm die Pein. Er müsse die Wurzeln aus dem Grab entfernen lassen. Der Kaiser glaubte den Magiern und sandte eine Mission nach Oudong. Als die Wurzeln entfernt waren, genas er tatsächlich. An der Stelle des Grabes ließ er eine Pagode zu Ehren Buddhas errichten. Aber die Kambodschaner behaupten, dass die Chinesen wussten, dass sich das Grab des *a mao* am Ausgang einer Drachenhöhle befand. Der dort lebende Drache soll den kambodschanischen Königen ihre

» Karte S. 96, Info S. 110-111

THAILAND
Chamni
Chok Chai
Nang Rong
Prasat
Lam Duan
Khukhan
Chan Yai
Nam Yun
Ban Ba Dan
Soeng Sang
Prakhon Chai
Sangkha
Pru Yai
Phum Saron
O'smach
Khao
Phalan
Tia 663
Som Poi
Ban Kruat
Tha Thong 447
ODDAR MEANCHEY
Anlong Veng
★★★ Preah Vihear
Sra Aem
Choam Khsan
Khao Lamang 992
Lam Nang Rong Dam
Samrong
Trapeang Prasat
Ban Kut Nao
San Ro Changan
Prasat Banteay Chhmar
★Banteay Chhmar
SIEM REAP
PREAH VIHEAR
Stung Sreng
Stung Sen
Thbeng Mean Chey
Thmar Puok
BANTEAY MEANCHEY
Skov
Sa Kaeo
Non Sung
Moung
★★Kbal Spean
Sre Noy
Phnom Kulen Nat. Park
★★Koh Ker
Kulen
Khao Chakan
Aranyaprathet
Poipet
★★★ Banteay Srei
★Phnom Kulen
Svay Leu
Sisophon
Mt. Tben 625
Khlong Hat
Malai
Mongkol Borei
Sampuor
★★Beng Mealea
★★★ANGKOR
Ta Seng
Tnaot
Thmor Khol
★Siem Reap
Roluos
Dam Deik
★Preah Khan
Phnom Deik
808
BATTAMBANG
Prek Tual Bird Sanctuary
★Krom
★★Roluos Temples
St. Chikreng
Khao Soi Dao W. L. Res.
★Wat Phnom Ek
★Chong Kneas
Kompong Kdei
KOMPONG THOM
Mongkol Borei
BATTAMBANG
Speedboat
Kompong Khleang
Rakam
Lake
Stoung
Sala Vichey
Nam Khun
1633
Psah Prom
★Phnom Sampeou
★★Sambor Prei Kuk
Khao Khitchakut Nat. Pk.
Ban Phakkad
Pailin
★Phnom Banom
Angkrang
Tonle
Bat Dai
Kompong Thom
PAILIN
Treng
Maung Russei
Kralaom Phluk
Banlich Sdei
Sap
Chanthaburi
Tnaot
Kompong Luong (Floating Village)
Stung Sen
Trapeang Veng
Phnom Santuk
Khao Sa Bap N. P.
Pursat
Tha Chalaep
Tuk Sok
Chhuk
Ta Lou
Krakor
Kompong Thnor
Mamuang
Mt. Tumbot 1551
KOMPONG CHHNANG
Ponley
Thlok
Ban Khlong Phlu
Rovieng
Leach
Stung Pursat
Kodo
Kg. Chhnang
Laem Ngop
Pramoy
Mol
Khlong Son
Trat
Mongri
White Sand Beach
Ko Chang Marine Nat. Pk.
KO CHANG
Ao Kongkang
Mt. Samkos 1744
1213
PURSAT
Mt. Aoral 1771
Tuek Phos
Skun
Tonle Sap
Laem Sok
KARDAMON MTS
Krang Trachak
Ban Mai Rut
Stung Thom
★Udong
Prek Chik
KO MAK
KOMPONG SPEU
Choam
Bat Doeng
Hat Lek
Kaoh Pao
KOH KONG
Tasal
★★PHNOM PENH
Koh Kong City (Dong Tong)
KO KUT
Tatai
St. Chhay Areng
Choam Sla
Kompong Speu
Takhmau
KANDAL
Lam Dam
Trapang Roung
Kamlot
971
Kiririom
724
Tonle Bati
DAMREI MTS
Kiririom Nat. Pk.
★Ta Prohm Temple
★Phnom Chissor
GULF OF THAILAND
KOH KONG
Andong Toek
Treng Tratchung
TAKEO
335
Botum Sakor Nat. Pk.
Sre Ambel
1073
838
KAMPOT
Ta Saom
Takeo
★Phnom Da
Peam Kay
Kompong Som Bay
Bokor Nat. Park
Chhuk
KOH SDACH
Thmor Sor
KOH SMEIK
Stung Hav
Popok Vil Falls
Tani
★★SIHANOUKVILLE
Veal Rean
★★Bokor
★Kampot
Châu Đ
★★KOH RONG
Ream
Kompong Trach
★★KOH RONG SAMLEM
★★Ream Nat. Park
★★Kep
KIẾN
Ream Naval Base
KOH THMEI
565
Hà Tiên
Tri Tôn
Bai Dai Beach
GIAN
KOH TANG
PHÚ QUỐC I.
Kiên Lu'o'ng
Du'o'ng Đông
Hàm Ninh
Long Beach
KAMBODSCHA
0 25 50 km
© Nelles Verlag GmbH, München

LAOS
VIETNAM
ODIA
ATTAPU
PASAK
CHAM
STUNG TRENG
RATTANAKIRI
MONDULKIRI
KRATIE
KOMPONG THOM
KOMPONG CHAM
TBONG KHMUM
TÂY NINH
PREY VENG
SVAY RIENG
BÌNH PHƯỚC
BÌNH DƯƠNG
ĐỒNG NAI
ĐẮK NÔNG
ĐẮK LẮK
LÂM ĐỒNG
BÌNH THUẬN
GIA LAI
KON TUM
PLATEAU
BÀ RỊA - VŨNG TÀU
HỒ CHÍ MINH
LONG AN
ĐỒNG THÁP
TIỀN GIANG
VĨNH LONG
CẦN THƠ
BẾN TRE
SOUTH CHINA SEA
Phu Lom Khao 561
Ban Phongpho
844
Xe Pian NBCA
Sanamxai
Ban Tassèng
Bo Y
Đắk Tô
Kon Lô
Kon Vong
1791
1547
★Viracheay
National
Park
Mounlapamôk
Tai
KHÔNG ISLAND
Muang Không
Siempang
Ta Veng
La Lai
Sa Thầy
Xóm Mo'i
1528
Kon Tum
1747
Đinh Điền
Dak Quon
1478
Deò Mang Giang
Mit Kom
Pleiku
Po' Plei Jrirang
1551
An Trung
489
Ferry
DON
Khong Phapheng Waterfalls
Veun Kham
16
Nong Nokkhien/ Trapaing Kreal
Bakae
Wunsei (Viracheay)
Pa Kap
705
Sekong
Banlung
17
508
★★Yeak Laom
Waterfalls
O Yadao/ Le Thanh
Chu' Sê
heb
endal
Khsach Thmei
San
Thala
★Stung Treng
15
Mekong
123
Lumphat
Srepok
732
Phú Nho'n
A Yun Pa (Cheo Reo)
941
Ea Drăng (Ea H'Leo)
Ia A Dun
Spong
Chrop
Kaoh Mayeul
Ya Khal
Prek Preah
Sre Pong
Dong Huoch
Kaoh Nhek
Ea Súp
Bản Đôn
Quảng Phú (Cư M'Gar)
Ea Kar
Yok Do Nat. Pk.
687
Prek Krieng
Sre Sbov
383
Chbar
Buôn Ma Thuột
Sambor
Sandan
★★Dolphins
Kampi
Wat Phnom Sambok
Kratie
14
Preab
Yuon Dong
Sen Monorom
18
Bang Yay
Mt. Nam Lea 1078
Đú'c Minh
2442
Liên Sơn (Lắk)
1578
Thôn 2
982
ung Lveu
Tbong
Prek Te
Prek Chhlong
Samraong
Phnum Krang
Khasima
K Nó
Stung Trong
Chhlong
Snuol
Thôn Cầu
Gia Nghĩa (Đắk Nông)
Kiến Đú'c
Đà Lạt
Wat Nokor
12
Kompong Cham
Suong
13
Ponhea Kreak
Memot
Áp Lôc Thạnh
Phu'ó'c Bình
1982
Liên Nghĩa (Đú'c Trọng)
Đa Du'ng
eang Ov
Xa Mát
Banteay Prei Nokor (Indrapura)
An Lộc (Bình Long)
Đồng Nai (Cát Tiên)
Bảo Lộc
Di Linh
Tân Châu
Bé
Đồng Xoài
Ma Đa Gui
B'nôm M'hai 1642
Bô Bê
Prey Veng
Kompong Trach
Dau Tieng Lake
Cho'n Thành
Nam Cat Tien Nat. Park
Dong Nai
Dầu Tiếng
Phu'ó'c Vĩnh (Phu Giáo)
Tri An Res.
Sông Lũy
La Nga Lake
Võ Xu (Đú'c Linh)
1302
Phan Thiết
Svay Rieng
Trảng Bàng
Sai Gon
Thủ Dầu Một (Phú Cu'ờ'ng)
Biên Hòa
Mũi Né
Mũi Né Beach
Vĩnh Hu'ng
T. P. HỒ CHÍ MINH
(SAIGON, CHOLON, GIA ĐINH)
Long Khánh
Tân Minh
694
874
Kê Gà
Point Kê Gà
Tam Nong Nat. Park
Mộc Hóa
Ferry
Hàm Tân
Tiền Giang
Tân Thạnh
Tân An
Bến Lú'c
Bà Rịa
Thanh Bình
Cao Lãnh
Cần Thạnh (Cần Giờ)
Mỹ Tho
Sa Đéc
Gò Công
Vũng Tau
Bến Tre (Trúc Giang)
Vĩnh Long
Ship Côn Dảo - Vũng Tau

Foto: Gengxian (Dreamstime)

Macht verliehen haben. Mit dem Tempel verschlossen die Chinesen die Drachenhöhle und brachen so die Kraft der Könige des Südens. Manche Kambodschaner glauben, dass die verheerenden Bombardements 1974 durch Lon Nol den Drachen töten sollten, um die Rückkehr der Könige zu verhindern. Von dem großen, 1911 von König Sisowath geweihten Tempel Preah Ath Roes mit seinem 9 m hohen ★**Buddha** blieben nach 1977, nachdem auch die Roten Khmer hier gewütet hatten, nur Mauerreste und einzelne Säulen; er wurde jedoch restauriert.

Im Verlauf des Weges erinnern kleinere Tempel wie der **Preah Ko**, der Tempel mit Shivas Reitbulle Nandi, und der **Praeh Keo**, die Pagode des Smaragd-Buddhas, an die hinduistisch-buddhistische Periode. Erhalten blieben drei große ★**Stupas**, in denen die Asche der Könige beigesetzt ist. 2001 wurde die neue, 55 m hohe **Stupa Sakyamuni Cheday** geweiht. Sie enthält einen Knochen des in der gegenwärtigen Weltperiode erschienenen Buddha, den einst König Sihanouk von Indien als Geschenk bekam. Davor war die Reliquie in einer unscheinbaren Stupa in Phnom Penh verehrt worden.

Die zerstörte **Ta-San-Moschee** soll wieder aufgebaut werden. Zu Füßen des Hügels befand sich ein Gefängnis, und 1982 wurde hier eine **Gedenkstätte für die Opfer der Roten Khmer** errichtet, in der Foltergeräte und Knochen aus Massengräbern gezeigt werden. Die Wandzeichnungen erinnern an die Untaten der Roten Khmer.

In der Ebene westlich des Hügels sieht man die riesige neue **Kandal-Pagode** im Thai-Stil, mit bunten Wandmalereien im Inneren.

Oben: Der Oudong-Hügel mit seinen Stupas ist ein beliebtes Pilgerziel. Rechts: Im Ta-Prohm-Tempel (bei Tonle Bati).

Koki (Kien Svay)

Der **Strand** von **Koki** ❸ (**Kien Svay**) ist ein beliebtes Ziel für einheimische Wochenend- und Sonntagsausflügler.

» Karte S. 96, Info S. 110-111

Foto: Wolfgang Hellige

In dem wasserreichen Fluss- und Seengebiet mieten Besucher aus Phnom Penh am Strand Hütten auf Pfählen, um Picknick zu machen.

Anfahrt: östlich der Hauptstadt, etwa 12 km hinter der Monyvong-Brücke, biegt die Straße nach Koki von der Nationalstraße 1 ab.

Tonle Bati / ★Ta Prohm

Der **★Ta Prohm-Tempel** ❹ bei **Tonle Bati** (Provinz Takeo) liegt 30 km südlich von Phnom Penh an einer Nebenstraße, die von der Nationalstraße 2 nach Westen abzweigt. In der Nähe des Tempelbezirkes, zu dem auch der Yeah Peau-Tempel und ein buddhistisches Kloster gehören, erstreckt sich eine Halbinsel in den Fluss Bati. Sie ist vor allem an Sonntagen ein beliebtes Ausflugsziel, zu dem viele Familien aus Phnom Penh kommen. An diesem Platz befand sich schon im 6. Jh. ein Heiligtum. Der Bau des Ta Prohm-Tempels wird meist König Jayavarman VII. (1181-1219) zugeschrieben. Der Tempel wurde mehrmals erneuert und umgebaut und wirkt daher uneinheitlich. Seine ältesten Teile stammen wohl aus dem 10. und 11. Jh., der letzte Umbau dürfte im 17. Jh. erfolgt sein. Erhalten blieb eine Stele aus dem 16. Jh.

Die große rechteckige Anlage wurde als Hindu-Heiligtum errichtet und ist von einer mächtigen Mauer umgeben, durch die an jeder Seite ein Tor mit großer Vorhalle führt. Der Haupteingang zeigt nach Osten. Das von Höfen umgebene zentrale Heiligtum besteht aus einer Vorhalle und zwei Haupttempeln, die durch Gänge miteinander verbunden sind; ein weiterer Gang führt zum westlichen Tor. Rechts und links des Osttores stehen so genannte Bibliotheken. Bemerkenswert sind die **Reliefs**, mit teilweise drastischen Darstellungen – so ist außen an der Nordwestecke des inneren Heiligtums zu sehen, wie ein König seine untreue Ehefrau von einem Pferd zertrampeln lässt.

Um den Ta Prohm-Tempel und den gut 100 m entfernten kleinen **Tempel der Yeah Peau** (12. Jh), mit einer Buddha-Statue und einer Statue der

Fischersfrau Yeah Peau, rankt sich eine Sage. Ein König aus Angkor soll sich in die schöne Yeah Peau, Tochter eines Fischers, verliebt haben. Als er sie wieder verlassen musste, war sie schwanger. Er gab ihr einen Ring und bestimmte, dass sie seinen Sohn oder seine Tochter mit diesem Ring nach Angkor senden solle. Yeah Peau erfüllte den Wunsch des Königs. Nachdem der Sohn, den sie Prohm genannt hatte, den Ring vorwies, erhielt er eine Ausbildung im Palast des Vaters. Danach schickte ihn der König als Gouverneur in die Provinz Takeo zurück. Prohm baute dort einen Tempel, wie er ihn in Angkor gesehen hatte, den Ta Prohm-Tempel. Prohms Mutter war in all den Jahren der Abwesenheit ihres Sohnes nicht um einen Tag gealtert. Sie erschien Prohm, der nicht wusste, dass er seiner Mutter gegenüberstand, so schön, dass er sich in sie verliebte und für sie den Yeah Peau-Tempel errichtete. Das von den Roten Khmer beschädigte **Kloster Tonle Bati** neben dem Yeah Peau Tempel wurde wieder aufgebaut. 6 km südlich vom Tonle Bati-See lockt der **Takhman-Zoo** mit Tigern, Bären und Tropenvögeln.

★Phnom Chissor

★Phnom Chissor ❺ liegt 62 km südlich von Phnom Penh (21 km von Tonle Bati, einige Kilometer östlich der Straße 2). Am Fuß des Hügels befinden sich zwei Tempel und ein Wassertank. Auf der Südseite führen 412 Stufen zum **Bergheiligtum**, das axial zu den Tempeln im Tal liegt und von einer Galerie umgeben ist. Das Bauwerk stammt aus der angkorianischen Periode (11. Jh.) und erinnert an den Khmer-Tempel Wat Phu in Süd-Laos. Als Baumaterial dienten Laterit und Backstein, die Fensterstürze bestehen aus Sandstein. Der Tempel wurde mehrfach umgebaut und das ursprünglich hinduistische Heiligtum in ein buddhistisches Kloster umgewandelt, von dem einige Buddha-Statuen erhalten blieben.

» Karte S. 96, Info S. 110-111

Foto: Berthold Schwarz

★Phnom Da

Die Anfahrt zum **★Phnom Da** ❻ sollte mit einem der **Boote** erfolgen, die von **Takeo** (78 km südlich von Phnom Penh) ablegen. Über alte Kanäle aus der Funan-Zeit, vorbei am Ort **Angkor Borei** mit seinem sehenswerten kunsthistorischen **★Museum**, kommt man nach einer Stunde zum Tempelberg Phnom Da (20 km östlich von Takeo). Wo sich heute Angkor Borei befindet, wird *Vyadhapura*, die letzte Hauptstadt des Reichs Fu Nan, vermutet. Die Statuen, die man in den **Höhlen** am Phnom Da fand, stehen heute im Nationalmuseum in Phnom Penh. Sie leiten die vor-angkorianische Kunst ein (s. S. 52). Auf dem Hügel Phnom Da steht ein kleiner Hindu-Tempel aus dem 7. Jh., **Asrama Maha Rosei** („Einsiedelei des großen Asketen") genannt. Er lässt Einflüsse des indischen Pallava-Stils erkennen.

Oben: Kep – in den 1960er Jahren ein mondänes Seebad, heute eher ein Wochenend-Seafood-Picknick-Ziel.

DIE KÜSTE

Die einsame, hügelige Küste Kambodschas am Golf von Siam war vor dem Indochinakrieg wegen dem Seebad Kep und der „Sommerfrische" Bokor bekannt. Die französischen Kolonialherren und reiche Kambodschaner, unter anderem auch der junge Sihanouk, verbrachten dort ihre Wochenenden und Ferien. Doch während des Bürgerkriegs wurden die Villen und Kasinos, für die Roten Khmer die Ausgeburt des dekadenten Kapitalismus, fast bis auf die Grundmauern zerstört.

Die Abgeschiedenheit und die dünne Besiedlung der Küste machen sie zum Naturparadies. Fast undurchdringliche Mangrovenwälder, die schroffe Felsküste sowie einsame Strände und Inseln sind zum Rückzugsgebiet für seltene Tiere und Pflanzen geworden. Die Auswahl an erschlossenen Stränden ist begrenzt, doch in Sihanoukville findet man bereits eine vielfältige touristische Infrastruktur, mit langen Sandstränden, guten Hotels, Restaurants und Leihmo-

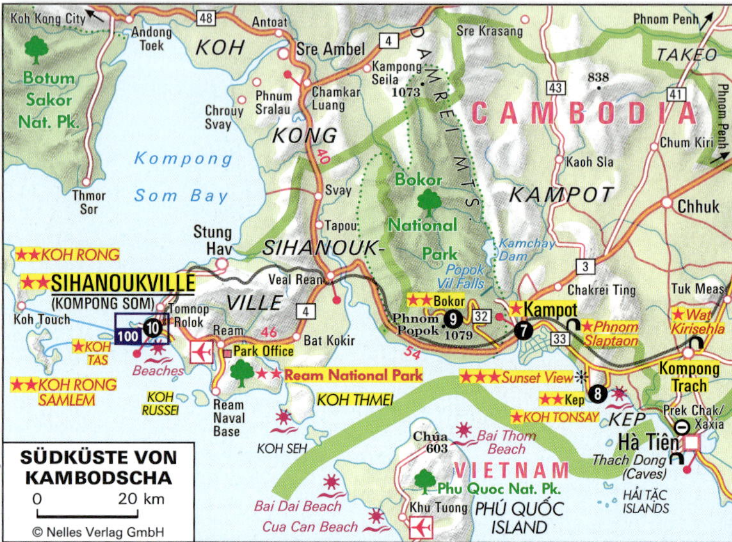

torrädern. Kep hingegen mit seinem kleinen Strand beginnt sich erst zu entwickeln. Die herrlichen Strände auf den vorgelagerten Inseln vor beiden Orten sind mit einfachen Ausflugsbooten zu erreichen.

★Kampot

★Kampot ❼ ist eine ruhige Kleinstadt mit historischen chinesischen Shophouses, die in den letzten Jahren zu einer immer beliebteren Touristendestination wurde: wegen ihrer Ursprünglichkeit, der schönen Lage am **Stoeng Keo-Fluss** mit einer Art „Uferpromenade", wegen des nahen neuen Grenzübergangs nach Vietnam (Ha Tien) und der zahlreichen Sehenswürdigkeiten in der Umgebung. Außer dem Hochplateau Bokor und den Karsthöhlen mit historischen Tempeln (siehe unten) sowie idyllischen **Bootsausflügen** auf dem Fluss ist Kampot bekannt für **Pfefferplantagen**, Salzfelder und seit kurzem auch für den größten **Staudamm** des Landes.

Es gibt täglich Busverbindungen mit Phnom Penh, Sihanoukville und Koh Kong. Seit 2008 ist der Grenzübergang nach Vietnam Prek Chak / Xaxia, der Kampot mit Ha Tien verbindet, für Ausländer wieder geöffnet. Die Taxianfahrt von Kampot dauert 1½ Std.

Rechts: Verlassene Kirche auf dem 1080 m hohen Bokor-Plateau, das schon zur Kolonialzeit ein elitärer Ferienort mit Kasino war.

★★Kep

Traurige Berühmtheit hat der einst mondäne Badeort **★★Kep** ❽, 23 km südlich von Kampot, erlangt: Dieser in den 1960er Jahren bei der Oberschicht beliebte Ferienort, mit Uferpromenade und netter, 300 m langer Sandstrand-Bucht, verfiel in den 1970ern, zur Rote-Khmer-Zeit – übrig blieb eine Geisterstadt. Doch neuerdings gibt es hier wieder schicke Zweitwohnsitze, schlichte Gästehäuser sowie Hotels mit Restaurants, und an Wochenenden füllt sich der feinsandige **★Strand** wieder

Foto: Berthold Schwarz

mit kambodschanischen Touristen aus Phnom Penh, die sich hier bei Bier und **Seafood** erholen – Kep ist berühmt für leckere Krabben, Krebse und Garnelen.

500 m westlich der Strandbucht, in der Nähe von Keps kleinem Fischerhafen, kann man einen besonders malerischen **★★★Sonnenuntergang** erleben.

Ein netter Ausflug ist die 45-minütige Fahrt mit einem Fischerboot zu den Stränden der vorgelagerten Insel **★Koh Tonsay** („Rabbit Island"), auf der es einfache Unterkünfte gibt.

★★Bokor

Der in den 1920ern angelegte Bergkurort **★★Bokor** ❾ (41 km von Kampot) wurde von den Roten Khmer zerstört. Eine Serpentinenstraße führt auf das 1080 m hohe Plateau im waldreichen **Elefanten-Gebirge**, das zum Meer hin steil abbricht. Am höchsten Punkt steht das ehemalige, durch einen Renovierungsversuch verschandelte Kasino **Bokor Palace**, wo sich ein großartiger **★★Panoramablick** über die tief unten liegende Küste bis nach Vietnam bietet. Neben dem monströsen neuen **Thansur Bokor Highland Resort** mit **Kasino** und Kongresszentrum erscheinen die alte **Kirche** der Franzosen und die Pagode **Sampou Brahm** wie Spielzeugmodelle. Östlich des Plateaus, im Urwald, plätschert ein **Wasserfall** – ein angenehmer Picknick-Platz.

★Höhlentempel

Eine besondere Attraktion bei Kampot sind die noch wenig bekannten **★Höhlen**: Wenn man von der Asphaltstraße in Richtung Kep nach ca. 6 km links abbiegt, kommt man zum **Phnom Slaptaon**. In diesem verkarsteten Kalkberg verbirgt sich ein Labyrinth von Gängen, die zu Sälen und Kammern führen, in denen Altäre und Heiligtümer stehen.

Lässt man den Phnom Slaptaon rechts liegen, steht man nach ca. 4 km vor dem **Phnom Chhngauk** und dem **Wat Ang Saduk**; in der nahen Höhle

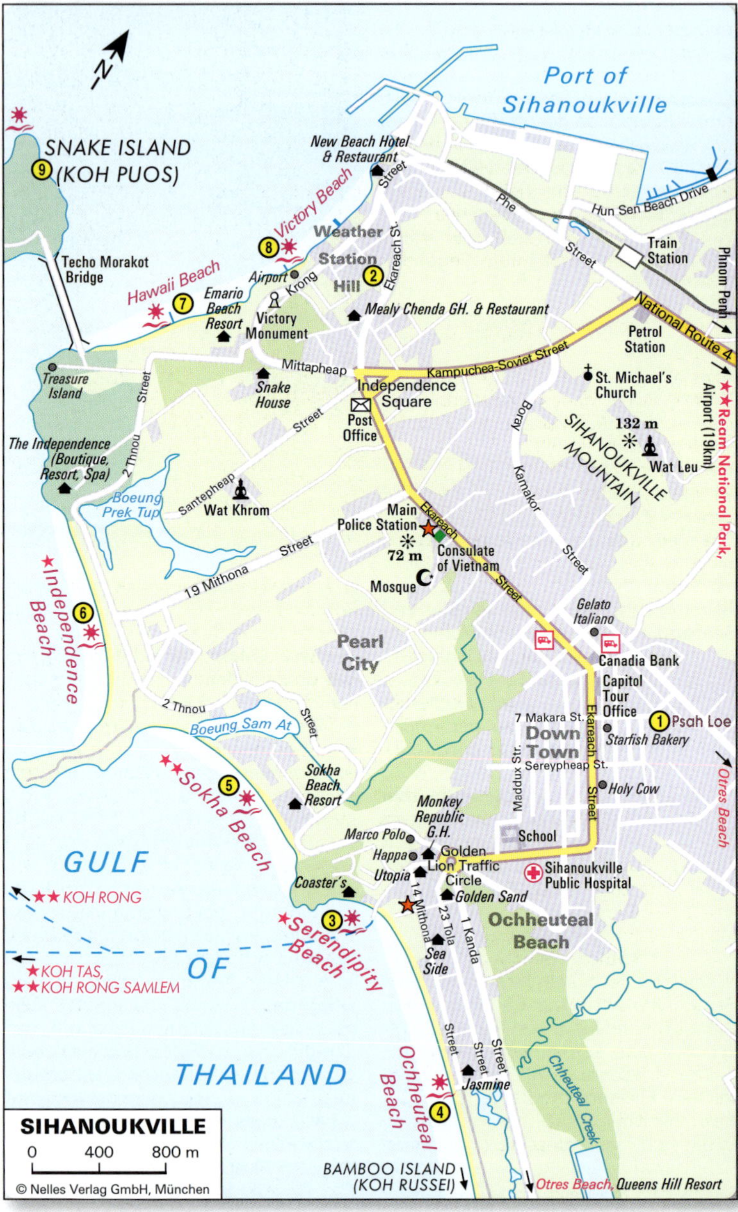
N
Port of Sihanoukville
SNAKE ISLAND
9 (KOH PUOS)
New Beach Hotel & Restaurant
Victory Beach
8
Weather Station Hill
2
Ekareach St.
Street
Phe
Hun Sen Beach Drive
Train Station
Street
Phnom Penh
Techo Morakot Bridge
Hawaii Beach
7
Airport
Krong
Emario Beach Resort
Victory Monument
Mealy Chenda GH. & Restaurant
National Route 4
Petrol Station
Treasure Island
Street
Mittapheap
Snake House
Kampuchea-Soviet Street
Independence Square
Post Office
St. Michael's Church
★★Ream National Park, Airport (19km)
Street
Boray
SIHANOUKVILLE MOUNTAIN
132 m
Wat Leu
The Independence (Boutique, Resort, Spa)
2 Thnou
Boeung Prek Tup
Santepheap
Wat Khrom
Kamakor
Main Police Station
Ekareach
72 m
Consulate of Vietnam
Street
Street
19 Mithona
Mosque
Street
★Independence Beach
6
Gelato Italiano
Pearl City
Canadia Bank
Capitol Tour Office
2 Thnou
Street
Boeung Sam At
7 Makara St.
Ekareach
Psah Loe 1
Down Town
Starfish Bakery
Maddux St.
Sereypheap St.
Otres Beach
★★Sokha Beach
5
Sokha Beach Resort
Holy Cow
Street
Monkey Republic G.H.
Marco Polo
School
GULF
Happa
Golden Lion Traffic Circle
Utopia
Sihanoukville Public Hospital
★★KOH RONG
Coaster's
Golden Sand
14 Mithona
23 Tola
1 Kanda
Ochheuteal Beach
3
★Serendipity Beach
Sea Side
★KOH TAS,
★★KOH RONG SAMLEM
OF
Street
Street
Street
Chheuteal Creek
THAILAND
Ochheuteal Beach
Jasmine
4
SIHANOUKVILLE
0
400
800 m
© Nelles Verlag GmbH, München
BAMBOO ISLAND (KOH RUSSEI)
Otres Beach, Queens Hill Resort

befindet sich ein Shiva-Tempel (6. Jh.), der von einem mächtigen weißen Stalagmiten überwachsen ist.

Auch der Hügel **Phnom Sorsir** (16 km hinter Kampot an der Straße nach Kep) ist interessant: An seinem Fuß steht eine einfache **Pagode**; in den **Höhlen** gibt es Fledermäuse und „heiliges" Wasser. Eindrucksvoll ist die große, etwa 5 km von **Kompong Trach** entfernte **Höhle ★Wat Kirisehla** mit ihrem liegenden Buddha.

★★Sihanoukville

In **★★Sihanoukville** ⑩ blüht der Handel, da die Stadt mit dem von 1955-60, nach der Auflösung Indochinas erbauten Hafen den einzigen Tiefseehafen Kambodschas besitzt. Sihanoukville ist wegen seiner Strände ein beliebtes Ziel der Kambodschaner. Diese lieben das Meer und die preiswerten Meeresfrüchte und verwandeln die weißen Stadtstrände am Wochenende in einen Rummelplatz. Ausländer bevorzugen die Inseln Koh Rong und Koh Rong Samlem. Beste Zeit für einen Badeurlaub: November bis März.

Das landeinwärts gelegene **Stadtzentrum** hat keine Sehenswürdigkeiten, doch ein Besuch des quirligen Marktes **Psah Loe** ① lohnt. Früher wohnten Traveller auf dem **Weather Station Hill** ②; später dann direkt am Meer am **★Serendipity Beach** ③ (wo nun die **Speedboote** zu den Inseln ablegen), am **Ochheuteal Beach** ④ und am **Otres Beach** im Süden. Heute geht der Trend zum Inselurlaub (s. unten).

Der **★★Sokha Beach** ⑤, schönster Strand der Stadt, wird vom **Sokha Beach Resort** dominiert. Gegen Gebühr können Strand und Pool auch von Nichthotelgästen benutzt werden.

Am **★Independence Beach** ⑥ gibt es viele einheimische Besucher. An seinem nördlichen Ende steht erhöht das große, und geschmackvoll renovierte **Independence Hotel**, das hier in der Boomzeit der 1960er Jahre den König und die Hautevolee beherbergte.

Foto: Berthold Schwarz

Oben: Am Serendipity Beach.

Am sandigen **Hawaii Beach** ⑦ ist das große Hotelresort Emario mit Casino, Bungalows und Pool entstanden.

Victory Beach ⑧: Hier lockt das **Airport Restaurant**, das nachts zur Disco wird. In der hangarähnlichen Halle steht ein Antonov-Flugzeug, dessen Cockpit zugänglich ist, während der Rumpf für VIPs reserviert ist. Das über eine **Brücke** erreichbare **Snake Island** ⑨ (Koh Pos; Bild S. 10) mit seiner Sandbucht ist zu einer Hotel-/Casinoinsel geworden. Etwas weiter entfernt ist die Strand- und Schnorchelinsel **★Koh Tas**.

★★Ream National Park: Das **Park Office** liegt 18 km südöstlich der Stadt nahe dem Flughafen; hier (und in den Guesthouses) kann man Nationalparktouren und -führer buchen. Der Park umfasst Wälder, Strände, Mangrovenküste, Inseln, Korallenriffe und die Mündung des Prek Tuk-Flusses. Einen Bootsausflug wert ist der **★Strand** im Südwesten der Insel **Koh Thmei**.

» Stadtplan S. 100, Karte S. 98, Info S. 110-111

Foto: Berthold Schwarz

Für die 230 km von Sihanoukville nach Phnom Penh brauchen Busse 4-5 Std, die Bahn 7 Std.; es gibt auch Flüge. Durch den Regenwald der Kardamomberge fahren Busse in 4,5 Std. nach Koh Kong; knapp 2 Std. sind es bis Kampot.

★★Koh Rong/ Koh Rong Samlem

Westliche Touristen bleiben heute nur noch so lange in der Stadt, bis sie einen Scuba Dive Trip oder ein Resort auf einer der Inseln gebucht haben, die mit Speedbooten vom **Pier** am Serendipity Beach in 30-50 Minuten zu erreichen sind. Angesagt sind die Schwesterinseln Koh Rong und Koh Rong Samlem, die gerade eine rasante Erschließung ihrer Traumstrände erleben; in der Saison Unterkunft vor der Überfahrt am Pier reservieren. Das Dorf **Koh Touch** auf **★★Koh Rong**, der größeren der beiden Inseln, ist zur Partymeile geworden, mit billigen Unterkünften und Restaurants für Traveller. Doch wer 45 Minuten durch den heißen Dschungel wandert, erreicht den ruhigen langen, weißen **★★Long Beach** im Südwesten.

Der Touristenmmagnet von **★★Koh Rong Samlem** ist die flache **Saracen-Bucht** an der Ostseite; edle Resorts, aber auch Holz- und Bambushütten sowie einige Treehouses stehen verstreut an dem 3 km langen Sandstrand. Auf der Westseite gibt es traumhafte Buchten wie den **★★Lazy Beach** mit netten Bungalow-Resorts (u. a. Lazy Beach Resort und Robinson Bungalows).

Koh Kong

Die Provinz Koh Kong mit der Hauptstadt **Koh Kong City** ⓫ (Dong Tong) ist für die meisten Touristen nur Zwischenstation bei der Ein- bzw. Ausreise nach Thailand (Grenzübergang Hat Lek). Das touristische Potential wäre groß, aber die Strände nahe der Stadt sind unattraktiv und die Inseln, allen voran **Koh Kong Island**, werden gerade erst erschlossen.

Oben: Einer der berühmten Sonnenuntergänge von Kep. Rechts: Bad im Mekong.

» Karte S. 92-93, Info S. 110-111

Foto: Andreas Neuhauser

Ein Kleinod im Dschungel ist der **Tatai-Fluss**, der aus dem Kardamom-Gebirge kommend durch den Tropenwald zum Meer mäandert. Über das Dorf **Tatai**, 20 km von Koh Kong City an der RN 48 Richtung Sihanouk Ville, können Guest Houses und luxuriöse Ecolodges erreicht werden.

ENTLANG DEM MEKONG: VON KOMPONG CHAM NACH ★STUNG TRENG

Kompong Cham ⓬, Kambodschas drittgrößte Stadt, ist das Verwaltungszentrum der gleichnamigen, mit 2 Mio. Einwohnern bevölkerungsreichsten Provinz. Auf roter Erde gedeihen Kautschuk-Plantagen, noch angelegt von den Franzosen. Unter japanischer Leitung ist in Kompong Cham eine gewaltige **Brücke** über den Mekong entstanden, die die Ostprovinzen mit Phnom Penh verbindet.

Wat Nokor (2 km westlich von Kompong Cham), ein Tempel aus dem 11. Jh., ist gut erhalten; er wurde im 16. Jh. von Theravada-Mönchen übernommen, restauriert und in ein Kloster integriert.

Einen Besuch wert sind auch, 8 km westlich, die beiden Hügel **Phnom Proh** („Berg der Männer"); heute leben hier v. a. Affen, die mit Bananen gefüttert werden wollen; und der um einiges höhere **Phnom Srei** („Berg der Frauen"), der eine schöne Aussicht bietet.

Im Osten der Provinz stand Ende des 8. Jh. *Indrapura* oder **Banteay Prei Nokor** ⓭, die erste Hauptstadt des großen Königs Jayavarman II. Leider ist von ihr außer Erdwällen und den Resten dreier Turmheiligtümer nicht mehr viel erhalten.

Die beschauliche Provinzhauptstadt **Kratie** ⓮ (gesprochen *Kratschä*) war lange isoliert und nur mit Booten zu erreichen. Seit die Nationalstraße 7 asphaltiert ist und die Einheimischen Reisebusse bevorzugen, wurde der Bootsverkehr eingestellt. Dennoch übernachten viele Touristen auf ihrem Weg von Laos nach Phnom Penh in den kleinen Hotels und Guest Houses, da in

Foto: Andreas Neuhauser

der Nähe die seltenen ★★**Irrawaddy-Delfine** zu beobachten sind. Nur noch etwa 120 dieser bis zu 150 kg schweren Säugetieren, die mit bis zu 40 km/h durch den **Mekong** gleiten, leben in Kambodscha. Der beste Platz, um sie zu beobachten, liegt 13 km flussaufwärts bei **Kampi**. Frühmorgens oder spät nachmittags – die beste Zeit, um den Süßwasserdelfin zu sichten – warten immer ein paar Fischer am Ufer auf Touristen, um sie mit ihren **Booten** auf den Mekong hinauszufahren.

Sehenswert sind der **Wat Kratie** und die idyllische **Insel** auf der anderen Mekongseite, wo das Resort *Rajabori Villas* auf Gäste wartet.

Der **Phnom Sambok**, auf dem Mönche und Nonnen in einem Kloster leben, wird von Einheimischen häufig aufgesucht, um für Kranke Genesung zu erbitten (9 km nördlich der Stadt).

Oben: Die Khmer Loeu leben als Halbnomaden in den Regenwäldern Rattanakiris. Rechts: Transzendierender Buddha bei Banlung.

★**Stung Treng** ⑮ ist die schönste Stadt am Mekong und neuerdings auf der asphaltierten Route 64 auch von Siem Reap gut zu erreichen. Zwei gewaltige Ströme, der **Mekong** und der **Tonle San**, vereinigen sich direkt vor den Toren der Stadt und bieten für Spaziergänger auf der kilometerlangen **Uferpromenade** ein unvergleichliches Schauspiel: Fischer, die ihre Netze auswerfen, Kinder, die in den braunen Fluten baden, und ein zauberhafter Sonnenuntergang, dessen Farben sich im Wasser spiegeln.

Ein abenteuerlicher Ausflug ist die etwa 3 stündige ★**Bootsfahrt auf dem Mekong** hinauf zur laotischen Grenze und den Mekong-Wasserfällen **Toek Tlea**. Stromschnellen, überflutete Wälder und ursprüngliche Flusslandschaften lassen die Fahrt zu einem Erlebnis werden. Mit Glück läßt sich einer der seltenen **Süßwasserdelfine** blicken. Der frühere Fluss-Grenzübergang bei Veun Kham ist geschlossen.

Der Bus nach Phnom Penh über die ausgebaute RN 7 braucht nur 8 Stunden. Der 60 km entfernte neue Grenzübergang nach Laos, **Trapaing Kreal** ⑯ (bei **Dom Kralor**) ist in einer knappen Stunde zu erreichen.

DER NORDOSTEN

Banlung ist der Hauptort von **Rattanakiri**, der nordöstlichsten Provinz Kambodschas. Sie zählt etwa 125 000 Einwohner, grenzt im Norden an Laos und im Osten an Vietnam. Der Grenzübergang nach Vietnam bei **O Yadao** ist für Ausländer geöffnet. 70 km von Banlung entfernt, ist er über eine ausgebaute Straße mit dem Taxi in einer Stunde zu erreichen. Die nächste größere Stadt in Vietnam ist Pleiku.

Im Vietnam-Krieg verliefen Wegstrecken des Ho-Chi-Minh-Pfades durch den dichten Urwald dieser Provinz, weshalb große Gebiete ab 1969 von amerikanischen B-52-Flugzeugen bombardiert wurden. Die Folgen für die Be-

Foto: Andreas Neuhauser

völkerung waren katastrophal.

Der Reiz Rattanakiris liegt in der fast unberührten Natur der Provinz. In ihren Urwäldern und Sumpfgebieten sollen die vom Aussterben bedrohten Kouprey-Rinder, Tiger und sogar die letzten Java-Nashörner Zufluchtsstätten gefunden haben. Interessant ist auch ein Besuch bei den als Halbnomaden lebenden **Bergstämmen**, die von den Kambodschanern **Khmer Loeu** („Hochländer") genannt werden.

In **Banlung** ⓱ sind der ★★**Yeak Laom-See** in einem Vulkankrater, diverse **Wasserfälle** und der Aussichtshügel **Phnom Svay** mit transzendierendem Buddha sehenswert.

Gut organisierte Ausflüge in den Urwald im nördlich gelegenen ★**Virachey National Park** bieten lokale Guides (u. a. von Lucky Tours) an; diese berücksichtigen die indigenen Gruppen besser als Touren der Parkverwaltung.

Mondulkiri, die bevölkerungsärmste Provinz des Landes mit nur 40 000 Einwohnern, ist auf guter Straße in 5 Stunden von Phnom Penh aus zu erreichen. Hier gibt es Natur pur, **Wasserfälle** sowie Ökoprojekte, u. a. solche für **Elefanten**. Die dominierende Volksgruppe der Minoritäten, die in abgelegenen Dörfern im Urwald leben, sind die **Phnong** (Bunong). Für sozialen Zündstoff sorgt in Mondulkiri die Skrupellosigkeit der örtlichen Behörden, die das Land der Ureinwohner an chinesische und vietnamesische Konzerne zur Anlage von Plantagen und Ausbeutung der Bodenschätze verkaufen und den Phnong so die Lebensgrundlage entziehen. Die „Hauptstadt" der Provinz Mondulkiri ist das eher dörfliche, grüne **Senmonorom** ⓲ (15 000 Einwohner), das klimatisch angenehm in 800 m ü.M. liegt. Seinen Markt besuchen häufig Angehörige der Phnong.

Kompong Thom / ★★Sambor Prei Kuk

Die **Nationalstraße 6**, an der Kompong Thom liegt, ist mit 311 km Länge die kürzeste Verbindung zwischen Phnom Penh und Siem Reap (Angkor).

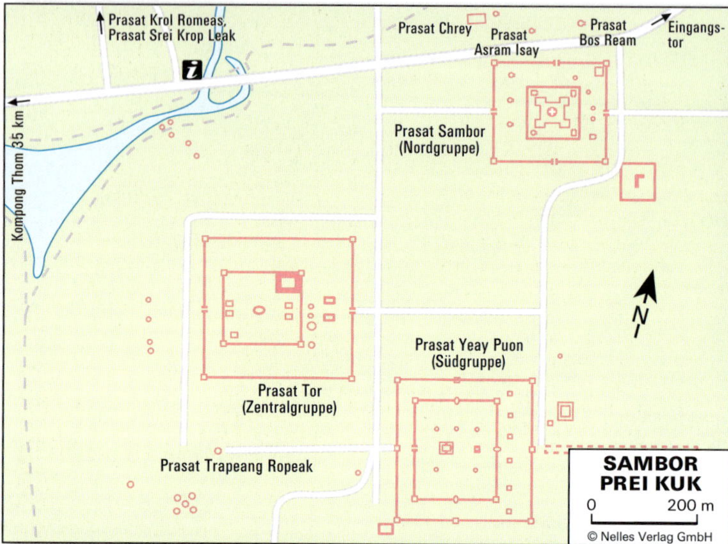

Kompong Thom ⑲, 167 km von Phnom Penh, ist Ausgangspunkt für den Besuch früher Hauptstädte und Tempel, die in der Geschichte der Khmer-Kunst eine bedeutende Rolle gespielt haben: ★★**Sambor Prei Kuk ⑳** war der Haupttempel von *Isanapura*, der Stadt von Isanavarman I., die im 7. Jh. die Hauptstadt des Reiches Chen La war. Die Tempel im Stil von Sambor Prei Kuk (600-650) stehen am Anfang der Kunst der Chen La. Die insgesamt drei Tempelgruppen waren nach Osten zur aufgehenden Sonne ausgerichtet und umgeben von Wällen und Wassergräben, um die sich die Stadt schloss. Ein gutes Fotomotiv gibt der **Prasat Tor** („Löwentempel") der **zentralen Gruppe** ab.

Vom **südlichen Tempel**, der auf Isanavarman I. zurückgeht, ist eine Ziegelmauer mit **Reliefs** (u. a. kämpfender Löwe, kniender Affe) erhalten. Das **Osttor**, dem Stier Nandi (Reittier Shivas) geweiht, besitzt die schönste Deckenarchitektur der Chen La. Der Hauptturm, ein Shiva-Heiligtum auf einem hohen Podest, war von fünf achteckigen Türmen umgeben. Dieses Baukonzept bestand, abgewandelt, bis zur angkorianischen Kunstepoche.

Von der **Nordgruppe** sind nur Fundamente und **Türme** aus verschiedenen Epochen erhalten. Das zentrale Heiligtum, von vier Türmen umgeben, ist aus der Zeit von Isanavarman I. (7. Jh.). Eine *cella*, ein quadratisches, fensterloses Gebäude aus Sandsteinplatten mit Kraggewölbe und Blenddachfenstern, erinnert an indische Vorbilder.

In **Kompong Kdei**, auf dem Weg von Kompong Thom nach Siem Reap, passiert man eine **Khmer-Brücke** mit einer Naga-Balustrade aus dem 15. Jh.

Rechts: Reich dekoriertes Portal des Tempels von Preah Vihear aus dem 12. Jh.

TEMPEL IM NORDEN

★**Preah Khan ㉑**, 104 km nördlich von Kompong Thom, liegt in Kompong Svay (Provinz Preah Vihear). Der Tempel wurde 1131 von König Suryavarman II., dem Erbauer des Angkor Wat, im Stil

 » Plan S. 106, Karte S. 92-93, Info S. 110-111

von Angkor (1100-1175) begonnen und von Jayavarman VII. vor 1181 beendet, an den die vier Gesichter am **Prasat Preah Stung** erinnern.

★★**Koh Ker** ㉒, nordöstlich von Angkor, ist eine gewaltige Tempelanlage, erst 2004 dem Urwald entrissen. Obwohl die unter Jajavarman IV. 921-944 erbaute Tempelstadt großes touristisches Potential hat und auf Asphalt in 2-3 Stunden von Siem Reap erreichbar ist, wird sie wenig besucht. Die über 100 Bauwerke sind von Minen und Urwald befreit. Einfache Unterkünfte gibt es im nahen Ort **Sroyong**. Die 35 km^2 große Tempelanlage läßt sich in drei Gruppen unterteilen. Linker Hand an der Zufahrtsstraße stehen die beiden Tempeltürme **Prasat Bram** und **Prasat Nean Khmau.** Die zweite Gruppe schart sich entlang eines Rundwegs um den heiligen See **Beng Rahal** (500 x 1200 m), wo die gut erhaltenen **Riesen-Lingams** beeindrucken. Die bedeutendsten Heiligtümer sind **Prasat Thom**, eine 35 m hohe, Shiva geweihte Stufenpyramide, und der gut erhaltene **Prasat Kraham**.

Die frühere Khmer-Rouge-Hochburg **Anlong Veng** ㉓ (125 km von Siem Reap) soll zur Touristenattraktion werden – wegen „Ta Moks Villa" und, 15 km nördlich, der Asche von Pol Pot.

★★★**Preah Vihear** ㉔ ist eine alte Tempelstadt (UNESCO-Welterbe) im Dangrek-Gebirge mit großartiger **Aussicht** (730 m ü.M.). Sie liegt auf der Nordgrenze zu Thailand und wurde 1962 durch ein Schiedsgericht Kambodscha zugesprochen, was Thailand nicht akzeptiert. Seither gab und gibt es immer wieder **Grenzkonflikte** und Schießereien. Die Tempel stammen aus verschiedenen Epochen. Im 11. Jh. baute Jayavarman VI., ein Statthalter aus dem Norden, der den Thron von Angkor usurpierte, einen Tempel im Stil von Koh Ker. 1160 entstanden Tempel im Stil von Bayon der nach-angkorianischen Periode. Preah Vihear ist per Taxi zu erreichen, z. B. von Kompong Thom oder Siem Reap.

Foto: Helmut Köllner

NATIONALSTRASSE 5

Die gut ausgebaute Nationalstraße 5 führt von Phnom Penh über Battambang und Sisophon nach Poipet, dem Grenzübergang nach Thailand.

90 km vor Phnom Penh liegt **Kompong Chhnang** ㉕. Die besuchenswerte Provinzhauptstadt hat einen quirligen Fischereihafen mit Pfahlbau-Siedlungen am **Tonle Sap-Fluss** und ist für ihre Töpferarbeiten bekannt. Ein lohnender Ausflug führt nach **Kampong Leang** auf der anderen Seite des Tonle Sap, zu ursprünglichen Dörfern und Bauten aus der Vorangkor-Periode.

In den gebirgigen Dschungelgebieten der **Provinz Pursat** leben noch wilde Elefanten, Tiger und Gibbonaffen. Vielerlei Arten von Wild bereichern die Speisekarten der Lokale. Die Provinzhauptstadt **Pursat** ㉖ liegt an der RN 5 Phnom Penh – Battambang; eine günstige Basis für einen Besuch des **Regenwalds** im artenreichen, kaum erschlossenen ★**Kardamomgebirge** (am besten mit einem Guide aus Pursat).

Foto: donyanedomam (Fotolia)

Battambang

Battambang ㉗, die Provinzhauptstadt am Fluss Sangker, gegründet im 11. Jh., ist mit 200 000 Einwohnern die zweitgrößte Stadt Kambodschas. Hier findet sich noch kaum durch Tourismus veränderte asiatische Geschäftigkeit. Während die **Altstadt** zum Bummeln und Shoppen mit netten Souvenirläden und Restaurants einlädt, werden auf der anderen Flussseite Hotels hochgezogen. Typische Souvenirs sind Holz- und Marmorschnitzereien und (teils gefälschte!) Edelsteine aus Pailin.

Ein Besuch der Zirkusschule **Phare Ponleu Selpak** lohnt: Bis zu 4 x pro Woche gibt es Vorstellungen im Zirkuszelt, 800 Kinder und Jugendliche sind involviert (19 Uhr, Tel. 077/554413, an der Hauptstraße Richtung Sisophon).

Im **Wat Piphit**, einer prächtigen Pagode im Zentrum, nahe dem lebendigen **Markt Psah Nath**, leben etwa 100 Mönche. Das ★**Provinzmuseum** lockt mit Exponaten der Khmer-Zeit.

Oben: Am Phnom Sampeou bei Battambang. Rechts: Avalokiteshvara-Relief in Banteay Chhmar.

Sehr lohnend sind Ausflüge im gemütlichen Tuk Tuk oder per Boot in die noch ursprüngliche Provinz.

★**Wat Phnom Ek**, eine kleine Tempelruine aus dem 11. Jh., 10 km östlich von Battambang, ist per Boot auf dem Sangker zu erreichen.

Interessant ist die Wallfahrtsstätte auf dem ★**Phnom Sampeou**, mit guter Aussicht und buddhistischen **Höhlentempeln** (12 km südwestl. von Battambang, an der Straße nach Pailin). In einer Höhle auf dem Nachbarhügel **Laan Kirirum** sind **Gebeine** von Opfern des Pol Pot-Regimes aufgebahrt. Aus den **Bat Caves** am Fuß des Hügels fliegen ab etwa 17.30 Uhr abertausende Fledermäuse zur Futtersuche aus.

25 km südlich von Battambang erhebt sich der Hügel ★**Phnom Banom** mit den fünf Türmen eines buddhistischen **Tempels** aus dem 12. Jh.

Die **Bootsfahrt** nach Siem Reap über den Sangker und den Tonle-Sap-See gehört zu den landschaftlichen Höhepunkten einer Kambodscha-Reise.

Pailin

Über 20 Jahre lang war **Pailin** ㉘, von Battambang auf der Straße 57 südwestwärts erreichbar, Zentrum des Widerstandes der lustfeindlichen Brachial-Agrarkommunisten der Roten Khmer gegen die Hun-Sen-Regierung in Phnom Penh. Durch den Verkauf von Tropenholz, Rubinen und Saphiren in das nahe Thailand hatte die maoistische Guerilla genug Geld für Waffen. Doch 1996 akzeptierte Ieng Sary, „Bruder Nr. 4" und einst Außenminister unter Pol Pot, das Amnestieangebot und wechselte mit seinen Truppen das politische Lager. Dafür durfte er diese Region autonom verwalten und die Einnahmen aus dem Handel mit Edelhölzern und **Edelsteinen** behalten. 2010 jedoch kam Ieng Sary vor das Kriegsverbrecher-Tribunal als Hauptangeklagter.

» Karte S. 92-93, Info S. 110-111

Foto: Vichian A. (Fotolia)

Besuchenswert ist der **Wat Khong Khang** im burmesischen Stil, in dem seit 1996 wieder Mönche leben. Daneben liegt **Phnom Yat**, ein Aussichtshügel mit rosa Stupa. Wo früher von den Edelsteinschürfern aufgerissener Boden die Landschaft prägte, erstrecken sich heute Plantagen zwischen sanften Hügeln.

Psah Prom, der Grenzort zu Thailand, ist ein internationaler Grenzübergang (21 km von Pailin). Ein großes **Kasino** profitiert hier von thailändischen Glücksspielern.

Sisophon

Sisophon ㉙ ist ein wichtiger Verkehrsknoten, ansonsten touristisch unbedeutend. Von hier besteht die Möglichkeit, direkt nach Siam Reap (ca 100 km entfernt) per PKW-Taxi zu gelangen, oder nach Battambang (70 km) und von dort eine Bootstour über den Tonle Sap nach Siam Reap zu machen. Außerdem ist Sisophon die Basis für einen Ausflug zum Tempel Banteay Chhmar.

★Banteay Chhmar

★Banteay Chhmar ㉚, von Jayavarman VII. (1181-1220) in Auftrag gegeben, liegt rund 60 km nördlich von Sisophon. Der 3 km^2 große Tempel ist zwar in einem schlechten Zustand und noch in jüngster Vergangenheit von Kunsträubern heimgesucht. Sehenswert sind die qualitätvollen ★★**Reliefs**, die neben Schlacht- und Hofszenen (z. B. der König inmitten seines Harems) den vielarmigen Bodhisattva **Avalokiteshvara** mit verschiedenen Symbolen in den Händen (Parfümfläschchen, Buch, Gebetskette u. a.) zeigen. Bemerkenswert ist zudem die Darstellung des Schöpfergottes Brahma, der einen vor ihm knieenden Asketen segnet, während ein zweiter dahinter Harfe spielt.

Poipet

Der Grenzort **Poipet** ㉛ ist eigentlich touristisch unattraktiv, doch zehn luxuriöse **Kasinos** im Niemandsland locken reiche Thais an.

» Karte S. 92-93, Info S. 110-111

SIHANOUKVILLE

Moderne **Busse** fahren täglich mehrmals ab der Mean-Ekareah-Straße in ca. 4,5 Std. nach Phnom Penh. Nach Koh Kong (Grenzübergang Thailand) verkehren direkte Busse (etwa 4,5 Std.). **Taxis** warten vor dem Zentralmarkt. An Wochenenden bringt die wiederbelebte **Bahn** Ausflügler via Takeo und Kampot in ca. 7 Std. von der Hauptstadt nach Sihanoukville.

Die Mopedtaxifahrer verdienen bei jeder Touristenaktivität kräftig mit!

Nahe dem Golden Lion Circle verwöhnt das edle, dabei günstige **Happa** Restaurant mit japanischer Küche. Nebenan bieten ausgeflippte Kiwis und Engländer im **Utopia** und im **Monkey Republic** Speisen, Drinks und Party für jüngeres Publikum.

Für Vegetarier hält das **Holy Cow** (im Zentrum), für Liebhaber italienischer Küche und Weine das **Marco Polo** (an der Straße zum Sokha Beach) eine große Auswahl bereit. Frühstück und Sandwiches bieten **Club Sandwich** und **Starfish Bakery** (Gartencafé), ebenfalls im Stadtzentrum. **Mealy Chenda**, mit Guesthouse, auf dem Weather Station Hill: tolle Aussicht, gutes Essen, kleine Preise.

Lokale mit **Seafood** und **Barbecue** direkt am Sandstrand gibt es am Serendipity Beach.Empfehlenswerte Seafood-Restaurants am Strand sind auch das **New Beach** unterhalb des Weather Station Hill und das **Treasure Island Seafood** in einer idyllischen Bucht nahe dem Independence Hotel. Beliebt wegen der günstigen, guten Khmer-Küche ist **Te Lee Hong**.

Das skurrilste Lokal von Sihanoukville – russich speisen in einem Terrarium mit Schlangen und Krokodilen! – ist das **Snake House**.

AUSFLÜGE: Bootstrips mit Schnorcheln, Tauchgängen und Übernachtungen auf den Inseln, vor allem auf **Koh Rong Samlem**, bieten die drei größten Tauchschulen, die ihre Büros auf dem Weg zum Serendipity Beach haben an: **The Dive Shop** (Tel. 034/933664, www.diveshop-cambodia.com), **EcoSeaDive** (Tel. 012/606646, www.ecoseadive.com), **Scuba Nation** (www.divecambodia.com). Am spannendsten ist der Besuch von **Koh Tang**, wo die Amerikaner ihre letzte Niederlage einstecken mussten.

Preah Sihanouk Ream National Park: Der Park ist zwar klein, doch werden von der Parkverwaltung lohnende Bootstouren und Dschungelwanderungen angeboten; Park Office beim Keng-Kong-Flughafen, Tel. 012/875096.

Vietnam. Konsulat, Ekareach St. 310, Tel. 034/934039, Visum f. Vietnam in 1-2 Tagen.

KAMPOT

Regelmäßig Busverbindungen mit Phnom Penh, Sihanoukville, Koh Kong.

Wegen seiner guten Khmer-Küche ist das **Ta Ouv** bei Touristen und Einheimischen gleichermaßen beliebt (neben der Autobrücke). An der Flussuferpromenade sind die **Little Garden Bar** (Khmer), das **Bamboo Light Cafe** (indisch, vegetarisch, Seafood), das **Rusty Keyhole** (BBQ), das **Rikitikitavi** (schöner Balkon, westliche Küche) und die **Bokor Mountain Lodge** (altes Kolonialgebäude, westliche Küche) zu empfehlen.

KEP

Tuk Tuks und Mopedtaxis verkehren nach Kampot. Der Linienbus von Kampot nach Phnom Penh hat zwei Haltestellen in Kep.

Die Spezialität von Kep sind **Krabben**, die viele Stände offerieren. Edler speist man im Lokal des **Star Inn Hotel** (mit Bar) und im **Knai Bang Chatt** (mit Pool). Bergwärts, im **Led Zep**, gibt es Sandwiches, Salate und Crèpe sowie gute Wandertipps und Karten.

KOH KONG (DONG TONG)

Taxis zwischen Dong Tong und dem Thai-Grenzübergang Hat Lek. Busverbindung mit Sihanouk Ville und Phnom Penh. Keine Speedbootverbindung mit Sihanouk Ville mehr. Sammeltaxis fahren durch das Kardamon-Gebirge nach Pursat – ziemlich abenteuerlich.

Am edelsten speist man im **Café Laurent** auf einer Terrasse über dem Wasser, mit schönem Blick auf den Sonnenuntergang. Auch **The Bay Café**, am Fluss, bietet Sunset View. Modern und gemütlich ist das **Apex Restaurant**. Sehr gute Thaiküche erwartet einen im **Baan Peakmai Restaurant**.

KOMPONG CHAM

Busverbindung mit Phnom Penh u. allen größeren Städten, v.a. Richtung Norden (Siem Reap und Stung Treng) und Osten (Banlung und Mondulkiri)

Paul Spierenburg

Hoa An, Chinesisch / Khmer, gut besucht, im Zentrum. **Two Dragons**, klein, aber fein, Khmerküche (am Roundabout vor der Brücke). **Mekong Crossing** und **Lazy Mekong Daze**, westl. Restaurants.

KRATIE

Durchgehende Busverbindungen Richtung Norden über Stung Treng bis nach Laos (Pakse) und Banlung; Richtung Süden mit Kampong Cham und Phnom Penh. Tickets am besten im G.H. buchen.

Heng Heng, Star und **You Hong II.** bieten gutes Khmer- und Traveller Food. **Red Sun Falling**, beliebtes westliches Restaurant und Bar an der Uferpromenade.

STUNG TRENG

Busse nach Laos, über die 4000 Islands bis nach Pakse. Ebenso über Kratie, Kompong Cham nach Phnom Penh. Kleinbusse nach Banlung.

Riverside (beliebtes Traveller-Restaurant), **Ponika's Palace** (westliche und Khmer), **Sunn Tha** (Khmer Restaurant).

BANLUNG (RATTANAKIRI)

Busse nach Phnom Penh (10 Std.) über Kratie u. Kampong Cham sowie nach Stung Treng. Zur Grenze nach Vietnam (Oyadaun) verkehren Sammeltaxis.

Edel speist man im Hotel **Terre Rouge**, original khmer in der **Yaklom Ecolodge**. Die Backpacker-Szene trifft sich im **Café Eden** und **Lake Side View**.

SENMONOROM (MONDULKIRI)

Direktbusse nach Phnom Penh. Große Busse (8 Std.) fahren über Kompong Cham, kleine Expressbusse (5 Std.) über die Mekongbrücke südlich von Kompong Cham.

Sehr gut und angenehm: die 2 km ausserhalb gelegene **Nature Lodge.** Das gemütlichste Lokal in der Stadt ist das **Green House**; nett sind aber auch die beiden kleinen Pizzerien **Mondulkiri** und **Café Phka.**

PURSAT

Gute Busverbindungen mit Phnom Penh und Battambang.

Community Villa Restaurant, von einer NGO, die sich um Waisenkinder kümmert. Ebenfalls an der Hauptstraße liegen die beiden bei Einheimischen beliebten Restaurants **Lam Siv Eng** und **Borei Thmei**. **Tim's Burger** befindet sich Fluss abwärts.

BATTAMBANG

Originell: eine Spaßfahrt auf alten Gleisen mit der **Bamboo-Train**-Motor-Draisine. Gute Busverbindungen nach Phnom Penh und über Sisophon nach Poipet. Busse nach Siem Reap brauchen etwa 3 Stunden. Täglich ein Boot nach Siem Reap / Angkor – landschaftlich sehr lohnend!

White Rose, eines der beliebtesten Restaurants der Stadt, gute Fruitshakes.

Sunrise Coffeehouse, bekannt für gutes Frühstück und Kaffee.

Etwas edler muten das **Khmer Delight** und das beliebte **Gecko Cafe** an.

SISOPHON

Sisophon ist ein Verkehrsknoten: viele Busverbindungen nach Phnom Penh, Siem Reap und zur Grenze nach Poipet. Auch Nachtbusse nach Phnom Penh.

Red Chilli, Pkey Proek und **Soun Kamsan Reatrey** sind die bekanntesten Restaurants der Stadt. Westliches Frühstück im **Botoum Hotel.**

POIPET

Bei manchen grenzüberschreitenden Busverbindungen (Bangkok – Siem Reap, Siem Reap – BKK, Phnom Penh – BKK) muss hier der Bus gewechselt werden. Vorsicht: In Poipet agieren Schlepper, die Visa mit „Bearbeitungsgebühr" verkaufen.

Anreise von Bangkok (vom Busterminal am International Airport, dem Mo-Chit-Terminal im Zentrum oder per Zug) zum Grenzort Aranyaprateth problemlos u. günstig selbst zu organisieren. Verbindungen vom Busbahnhof (Psah Akia) ins ganze Land, auch nach Siem Reap. Taxis nach Siem Reap ca. 40 $.

ATM für Kreditkarten bei ANZ und Canadia Bank. Vorsicht vor privaten Geldwechslern: Betrugsgefahr! Die meisten Restaurants liegen nahe den Kasinos.

Sonnenaufgang am Angkor Wat

Foto: Berthold Schwarz

ANGKOR – TEMPEL IM DSCHUNGEL

SIEM REAP
TEMPEL VON ROLUOS
ANGKOR
AUSFLÜGE VON SIEM REAP

ANGKOR

★Siem Reap

★Siem Reap ㉜ („Niederlage der Siamesen", sprich: *siamriap*) liegt in der fruchtbaren Reisebene am fischreichen **Tonle-Sap-See** – 500 km vom Meer, aber nur 18 m höher. Es dient als Basis für die Erkundung von Angkors Tempeln, die unzählige asiatische Besucher durchströmen. Auf sie warten in der 200 000-Einwohner-Stadt noble Hotels, Bars und Massagesalons. Weil im Tempelbezirk Unterkünfte verboten sind, konzentrieren sich hier Gästehäuser, Lokale, Souvenirläden, Mopedtaxis – und Pubs: Kaltes Bier in lauer Tropennacht und hedonistisches Nachtleben haben schon manchen Sonnenaufgangsbesuch in Angkor verhindert.

Der Hotelboom lässt Siem Reap aus allen Nähten platzen. Jedoch steht die Architektur der Neubauten nicht immer im Einklang mit dem maßvollen, franko-chinesischen Indochina-Kolonialstil, den heute noch – meist in Bars umgewandelte – **★Shophouses** am **★Alten Markt** ① (Psah Chah) aufweisen, so auch die **Red Piano Bar** in der **★Bar Street** ②, wo sich ein Lokal ans andere reiht. 200 m westlich hat der **Night Market** bis Mitternacht geöffnet.

Interessant ist **★★Les Artisans d'Angkor** ③ („Die Künstler Angkors"). Hier werden rund 300 junge Khmer in den traditionellen Kunsthandwerkszweigen – Lackmalerei, Plastik, Holzschnitzerei und Seidenweberei – ausgebildet. Die Organisation finanziert sich v. a. über den Verkauf ihrer qualitätvollen Produkte. Das dazugehörige **★Seidenweberzentrum** (Silk Farm) liegt 15 km außerhalb der Stadt an der RN 6 Richtung Sisophon.

Neuere Attraktionen sind das **★Cambodian Cultural Village** ④ – ein Freizeitpark mit Nachbildungen historischer Gebäude, Wachsfigurenkabinett und Apsara-Tanz-Vorführungen; das **★Angkor National Museum** ⑤ mit einzigartigen Khmer-Skulpturen (dahinter zeigt der **Phare Cambodian Circus** seine Abendshow) und das **★Preah Norodom Sihanouk-Angkor Museum** für die Banteay-Kdei-Ausgrabungsfunde (s. Karte S. 121).

„Angkor What?" – Tipps für die Besichtigung von ★★★Angkor

Reisegruppen werden von Siem Reap mit Bussen direkt zu den 4 km entfernten Tempeln gebracht. Individualtouris-

Links: Dieser Vishnu, ursprünglich vermutlich die zentrale Kultfigur im Hauptturm von Angkor Wat, steht heute in den Kolonnaden nahe dem Westeingang.

» Karte S. 92-93, Stadtplan S. 116, Info S. 164-165

SIEM REAP
0 200 m
© Nelles Verlag GmbH
Jayavarman VII Hospital
Le Meridien (500 m), Angkor Village Resort (1.2 km)
Angkor - Main Entrance (1,6 km), Pr. Norodom Sihanouk-Angkor Museum (2,5 km)
Sofitel Royal Angkor
Cambodian Cultural Village (2 km),
Angkor Palace Resort and Spa (1,6 km),
Intl. Airport (6,4 km)
Goldiana Angkor
National Route No. 6 "Airport Road"
Charles de Gaulle Blvd.
Angkor National Museum & Cultural Mall
Phare Cambodian Circus
Angkor Century Resort & Spa
Komay Road
Raffles Grand Hotel d'Angkor
Sokha Angkor Resort
Wat Kesararam
Tourist Office
Victoria Angkor
Royal Independence Gardens
Angkor S.C.
Ya-Tep Shrine
Preah Ang Chek & Preah Ang Chorm Shrine
Roluos Group (13 km), Phnom Penh (309 km)
La Noria
Lucky Mall
Taphul St.
Neak Pean
Koulen II
Street 02
Royal Residence
Stone Bridge
Green Garden
Street 03
Street 14
FCC Angkor
Smiley's G.H.
Sivatha Blvd.
Taphul Street
Oum Khun Street
Street
Moms G.H.
Phrom Roth Inn
Oum Chhay Street
Street 05
Siem Reap River
Achasvar Street
Pokambor Ave.
Angkor Hospital for Children
Samdach Tep Vong St.
Naga G.H.
Achamean Street
Vithei
Wat Bo Bridge
Psah Kandal (Center Market)
Hospital St.
Wat Bo Road
Ivy G.H.
Provincial Hospital
Pokambor Avenue
Achasva Street
Wat Bo
Night Market
Tell
Wat Preah Prom Rath
Temple Club
Red Piano
Blue Pumpkin
Pub St.
Little India
Encore Angkor
Vithei
Apsara Theatre
HAVEN Training
Alley West
St. 9
Khmer Kit.
Psah Chah (Old Market)
Old Market Bridge
Wat Bo Road
Angkor Village
Ta Prohm
Les Artisans d'Angkor
Passaggio
Popular G.H., Phnom Krom (10 km), Lake Tonle Sap (15 km)

ten können selbst den Angkor-Besuch organisieren; bei Ankunft werden sie von Taxifahrern bestürmt, die sich als Führer und „Hotelberater" anbieten. Billig und flott, aber vor Sonne und Regen nicht geschützt – so entdeckt man die Tempel von Angkor als Sozius auf einem Mopedtaxi (*motodup*). Am beliebtesten ist deshalb das *reumork* (Tuk-Tuk), ein Mopedtaxi mit überdachtem Anhänger für 4 Personen. Alternativen: Taxi, E-Bike oder Fahrrad. Vor den Tempeln gibt es Getränke und Imbisse.

Die Eintrittskarte für den Tempelkomplex kauft man am **Ticket Office** im Norden (Apsara Rd./Ecke 60. Straße). Es gibt Tagestickets (20 $), 3- Tage-Tickets (40 $) und 7-Tage-Tickets (60 $). Die 3 Tage können innerhalb einer Woche, die 7 Tage innerhalb eines Monats genommen werden. Das benachbarte, kitschige neue **Grand Panorama Museum** ist ein profitorientiertes Unternehmen Nordkoreas und birgt ein 120 m langes Gemälde mit Angkor-Szenen.

Das Gebiet von ★★★**Angkor** gilt als entmint (Infos hierzu im **Minenmuseum**, 6 km vor Banteay Srey). Um alle Bauwerke zu besuchen, bedarf es mehrerer Tage, zum gründlichen Studium Wochen – bei Nichtindologen könnte allerdings nach fünf Tagen das „Templed-out-Syndrom" auftreten.

Die von französischen Forschern und Restauratoren zur Freilegung und Erschließung der Monumente zu Beginn des 20. Jh. angelegten, heute asphaltierten Fahrwege, **Großer** und **Kleiner Rundweg** (Circuit) genannt, führen zu den bedeutendsten Heiligtümern.

Die Tempel tragen meist Namen aus neuerer Zeit, die ursprünglichen sind unbekannt. Bauten aus der selben Epoche ähneln sich in Architektur und Dekor, bei Kurzbesuchen sollte daher eine Auswahl getroffen werden. Der Besuch möglichst vieler Tempel in kurzer Zeit verwirrt nur. Um die Übersicht zu erleichtern, sind im Folgenden die Tempel von Roluos, die ersten der angkorianischen Periode, an den Anfang gestellt. Dann folgen die wichtigsten Sakralbauten; Angkor Wat und die Stadt Angkor Thom mit dem Bayon, Baphuon und den übrigen Bauwerken innerhalb der Stadtmauern. Die weiteren Beschreibungen erfassen die Tempel am Kleinen und Großen Rundweg. Die Bauwerke sind im Text nach folgenden Gesichtspunkten bewertet:

★★★ die wichtigsten Monumente für Kurzbesuche.
★★ für 3-4 tägige Besuche.
★ nur bei längerem Aufenthalt.

Foto: Berthold Schwarz

Oben: Chinesische Shophouses aus dem 19. Jh. am Alten Markt von Siem Reap.

★★Die Tempel von Roluos

Angkorianische Periode
Stil von Preah Ko (um 854-893); Erbauer: König Indravarman I. (877-889) und sein Sohn Yasovarman I. (889-900)

Die drei Tempel Preah Ko, Bakong und Lolei sind nach dem 1 km entfernten Dorf Roluos benannt. An den Anfang der Besichtigung gestellt

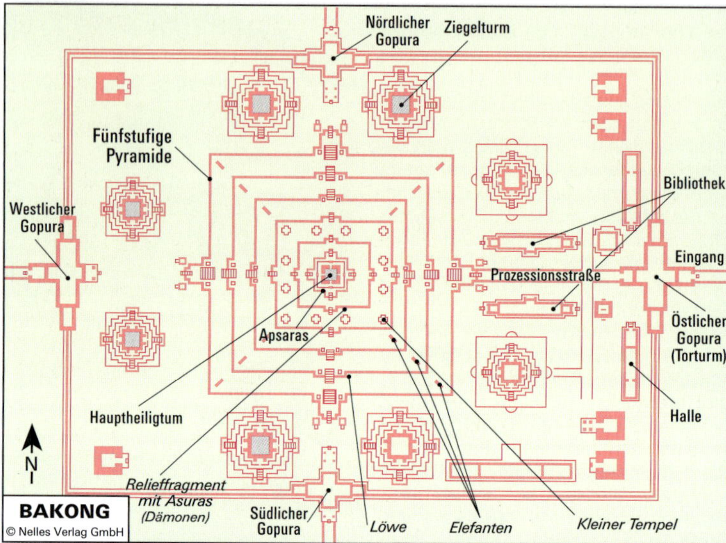

(Angkor-Pass nötig!), vermitteln sie die Entstehung des künstlichen Tempelberges, der die weitere Khmer-Architektur bestimmt, sowie die Anfänge der Reliefkunst. 12 km östlich von Siem Reap (nahe der Nationalstraße 6) auf einer Nord-Süd-Achse gelegen, sind der Lolei im Norden und der Bakong im Süden 1,6 km voneinander entfernt.

★Lolei

★Lolei **1**, erbaut von König Yasovarman I. 893 im Stil von Preah Ko. Der Tempel wurde als Verehrungsstätte für seinen Vater Indravarman I. in einem See errichtet. Er ist der nördlichste der drei Tempel von Roluos und liegt heute inmitten eines ausgetrockneten *baray*. Die vier Backsteintürme mit sich verjüngenden Dachaufbauten stehen auf einem gemeinsamen zweistöckigen Unterbau. Türstürze und Paneele der Scheinportale sind mit Laubgewinden geschmückt, in denen sich Figuren tummeln. Bemerkenswert sind die Türrahmen aus nur einem Sandsteinblock, mit Schriftzeichen verziert, und die Mauerecken mit waffenschwingenden Wächterfiguren (*dvarapalas*), oder Blumen tragenden Frauengestalten.

Rechts: Relief am Bakong-Tempel – Asuras (Dämonen) im Kampf mit den Göttern.

★Preah Ko

★Preah Ko **2** (Bako), 880 erbaut von König Indravarman I. im Stil von Preah Ko, liegt auf halbem Weg von der Nationalstraße 6 zum Bakong.

Die Gruppe besteht aus sechs nach Osten offenen, teilrestaurierten Türmen auf einer gemeinsamen Plattform, in zwei Dreierreihen hintereinander angeordnet. Sie wurden zum Gedenken an die königlichen Ahnen errichtet, die drei vorderen Türme für die männlichen, die hinteren für die weiblichen Vorfahren. Ihnen sind zwei große, nach Westen geöffnete Gebäude vorgebaut. Drei Plastiken – den Stier Nandi, das Reittier des Gottes Shiva darstellend – erklären den Namen, den der Tempel

» Karte S. 120-121, Info S. 164-165

Foto: Helmut Köllner

im Volksmund erhielt: Preah Ko („ Tempel des Heiligen Ochsen").Die quadratische Anlage ist von einem Wall mit 100 m Seitenlängen umgeben. Die Wände der Tempel waren mit Stuck überzogen. Einige in das Mauerwerk eingelassene, schön verzierte Sandsteinstürze, Figuren und Paneele der Scheinportale blieben dagegen erhalten.

★★Bakong

★★Bakong 3, von König Indravarman I. 881 im Stil von Preah Ko erbaut, ist der südlichste der drei Tempel. Er ist der erste bedeutende künstliche Tempelberg, den ein Khmer-König in der Ebene errichtete (s. Bild S. 56).

Die äußere Einfriedung, halb zerstört und vom Dschungel überwachsen, misst 700 x 900 m. Eine zweite Umwallung war von kleinen Heiligtümern umgeben, von denen wenig erhalten blieb. Über den 60 m breiten Graben zwischen zwei Lateritwällen, die die innere Anlage umgeben, führen zwei Zugänge mit *naga*-Balustraden. Die quadratische Tempelpyramide ist fünfstöckig, mit einer Seitenlänge von 60 m an der Basis. Sie krönt ein restaurierter Tempelturm (*prasat*) auf der obersten Terrasse. Sie ist die Nachbildung des Berges Meru der indischen Mythologie, Mittelpunkt des Universums, auf dem die 33 Götter thronen. Die fünf Terrassen mit der Erdoberfläche, auf der sie stehen, und dem restaurierten **Turmheiligtum**, das sie krönt, ergeben sieben Ebenen, wie sie nach hinduistischer Vorstellung auch der Götterberg Meru besaß. Der Tempelberg wurde aus Laterit aufgeschüttet. Er ist mit riesigen Sandsteinplatten verkleidet. Die Ecken jeder Plattform zieren monolithische **Elefanten**, die Treppenaufgänge flankieren **Löwen**.

Die Gebäude an den Treppenaufgängen blieben an der Westseite z. T. erhalten. Auf Sandsteinflächen werden nicht nur Figuren nebeneinander stehend gezeigt, es erscheint erstmals das **Basrelief** mit fortlaufenden Bildern; auf der fünften Stufe blieben Paneele mit mythologischen Szenen erhalten, z. B. die berühmten sechs Dämonen (*asuras*).

DIE TEMPEL VON ANGKOR
0
2
4 km
© Nelles Verlag GmbH, München
Angkor
Archaeological
Banteay Prei
★★★Preah Khan
Pr. Tonle Snguot
Nordtor
Prasat Krol D
Pr. Ta Ne
Preah Pithu
★★Thommano
Phimeanakas
Baphuon
Westtor
★Chau Say Tevoda
★★★Bayon
★★★Südtor
★Baksei Chamkrong
★★★"Straße der Riesen"
★★Phnom Bakheng
Ta Prohm Kel
★★★Angkor Wat
Ballon
Nebenzugang
Angkor Cafe
Kleine Rundw
156
30
21
22
8
140
7
6
5
4
124
116
Pr. Kok Po
Kandal
O Klox
Pr. Phnom Rung
Pr. Roluh
Westlicher Baray
Westlicher Mebon
Prasat Trapeang Seng
Prasat Prei Kmeng
Boote
Pr. Ak Yom
Pr. Kas Ho
Pr. Ta Noreay
Pr. Trapeang Repou
Pr. Prei
Sisophon (92 km)
6
Palm Village Resort
Royal Angkor Resort, Empress Angkor
Hauptzugang
Angkor Village Resort
Apsara Rd.
Siem Reap
Royal Angkor Intl. Hospital
Pr. Patri
Le Meridien
★Cambodian Cultural Village
Rd. 60
Apsara Angkor
Angkor Palace Resort & Spa
Lotus Angkor
Angkor National Museum
Angkor Golf Resort
Psah (Farm Mark
SIEM REAP
Queen Villa
Pr. Rsei
63
Wat Athvea
Pr. Kuk O Chrung
Chong Khneas (10 km)
★Phnom Krom (4,5 km),
★★Tonle Sap-See (10 km)

Land Mine Museum
★★★Banteay Srei,
★★Kbal Spean,
★★Phnom Kulen,
★★Beng Mealea
Phnom Bok
Großer Rundweg
Pr. Krol Ko
31 ★★ Neak Pean
32 ★★Ta Som
66
Prasat To
★★Östlicher Mebon 33
Ta Keo
Östlicher Baray
Roluos
★★Ta Prohm
152
★★Pre Rup 34
PREAH DAK
36 ★★Banteay Samre
Prasat Komnap
35 Pr. Leak Neang
Pr. Top
26
27 ★Srah Srang
28 Pr. Bat Chum
29
★★Pr. Kravanh
Chau Srei Vibol (1,5 km)
Park
Preah Norodom Sihanouk - Angkor Museum
Smile of Angkor Grand Theater
Grand Panorama Museum, Angkor Ticket-Office
Tram Neak
★Preah Palilay 16
Nordtor, Großer Rundweg
★Tep Pranam
15
★★Terrasse des Lepra-Königs
13
Tor
Frauenbad
Männerbad
Fünfköpfiges Pferd
KÖNIGSPALAST
11
14
10
17
★★Phimeanakas
★★Terrasse der Elefanten
12
★★Baphuon 9
★Preah-Pithu-Gruppe
20
Kleiner Rundweg
Siegestor,
Prasats Suor Prat
18 ★Nördlicher Khleang
Siegesstraße
Terrasse mit Buddhastatue
19 Südlicher Khleang
Monument 487
★★★ANGKOR THOM
Preah Ngok
Bad
Westtor
"Elephant Taxi"
Terrasse
8
140
★★Bayon
Osttor (Tor der Toten)
0 200 m
Preah Seor
Südtor, Angkor Wat
6
★★Roluos-Gruppe
1 ★Lolei
Pr. Kandak Doeum
2 ★Preah Ko
Pr. Daun Sa
Pr. O Kaek
Pr. Olak
3 ★★Bakong
118
Pr. Kok Thlok
Pr. Prei Monti
Kompong Thom (146 km), Phnom Penh (309 km)
Roluos

Das Baudekor, die Türstürze und Säulen, Paneele und Scheinportale am Bakong sind die künstlerisch vollendetsten der Epoche. Am Fuß der Pyramide stehen auf hohen Unterbauten fünf (ursprünglich acht) Türme aus Backstein, die zu den schönsten Werken der Khmer-Architektur zählen.

Im Tempelareal befindet sich ein etwas neueres buddhistisches **Kloster**.

Von der südlich benachbarten Anlage **Prei Monti** sind nur einige Steinquader in einem kleinen Hain, umgeben von Reisfeldern, übrig (Führer nötig).

★★★Angkor Wat

Angkorianische Periode
Stil von Angkor Wat (um 1100-1175)
Erbauer: König Suryavarman II. (1113-1150), Bauzeit: 1110-1150
LAGE: 6 km von Siem Reap entfernt, rechts der Straße in das Tempelgebiet.

Es empfiehlt sich, den **★★★Angkor Wat** **4** einmal ganz zu umrunden, um seine gesamte Ausdehnung zu erfassen, aber auch, um ihn in verschiedener Beleuchtung zu erleben.

Dieses großartigste Bauwerk der Khmer-Klassik vereinigt indische und hinterindische Kultur und die Bauerfahrung von Jahrhunderten zu einem der schönsten Monumente der Welt.

Auf der Höhe seiner Macht ließ Suryavarman II., einer der bedeutenden Könige der Khmer, das riesige Bauwerk von allen vier Seiten aus beginnen, so dass es, ein Wunderwerk der Planung, von unzähligen Arbeitern, Baumeistern und Bildhauern in 40 Jahren erbaut wurde und am Ende seines Lebens vollendet war. Der Tempel wurde von den Cham 1177-1181 und von den Siamesen im 14.-15. Jh. beschädigt und erfuhr während der Benutzung als Mönchskloster Veränderungen.

Rechts: Der Angkor Wat inmitten üppiger Vegetation – Blick vom Bergtempel Bakheng.

Tempel oder Mausoleum?

Über den Zweck des Angkor ist sich die Forschung nicht einig. Dass es sich um einen Sakralbau handelt, wird nicht angefochten – selbst die Gottkönige der Khmer haben ihre Paläste lediglich aus Holz erbaut und mit Stroh oder Ziegeln gedeckt; Steinbauten dienten nur als Verehrungsstätten der Götter und des vergöttlichten Herrschers.

Der Haupteingang der Khmer-Tempel war, wie bei den meisten Heiligtümern in Asien, nach Osten, dem Licht der aufgehenden Sonne zugewandt. Der Eingang des Angkor Wat aber ist nach Westen gerichtet, der Richtung der Totentempel.

Es gibt bekannte, geländebedingte Abweichungen von der Ostrichtung. Auch für den Angkor lassen sich dafür Gründe nennen, wie seine östliche Begrenzung durch den Siem Reap-Fluss oder auch seine Lage inmitten der damaligen Königsstadt. Aber es gibt auch Hinweise, die auf ein Mausoleum, eine Stätte zur posthumen Verehrung eines Königs, schließen lassen. Der Angkor war dem Gott Vishnu geweiht – Suryavarman II. war Vishnuit. Eine Vishnu-Statue wurde gefunden (und nahe dem Haupteingang aufgestellt). Einige Wissenschaftler glauben jedoch, die Beisetzung der Asche eines Königs beweisen zu können. Außerdem bauten die Gottkönige seit dem 9. Jh. Mausoleen zur posthumen Verehrung für sich und ihre Ahnen.

Zudem wurde eine Szene auf einem Paneel im Ostflügel der Südgalerie als *Jüngstes Gericht* gedeutet. Auch ein Relief am Westflügel der Südgalerie, das den König an der Spitze seiner Truppen zeigt, lässt auf seine posthume Verehrung schließen. Ein schwer widerlegbarer Beweis, dass der Angkor als königliches Mausoleum errichtet wurde, ist jedoch die Tatsache, dass der Betrachter, um den Ablauf der Handlung auf den Reliefs zu verstehen, den Rundgang um den Tempel gegen den Uhrzeigerlauf

» Karte S. 120-121, Plan S. 124-125, Info S. 164-165

Foto: Helmut Köllner

absolvieren muss, mit den Reliefs zu seiner Linken. Das entspricht dem Totenritual. Göttertempel dagegen müssen in Uhrzeigerrichtung umwandelt werden.

Architektur und Symbolik

Zu dem breiten Graben, der die Tempelanlage umgibt, führen gemauerte Stufen. Die Anlage bildet ein Rechteck, ist von Osten nach Westen 1500 m und von Norden nach Süden 1300 m lang. Der Graben ist durch einen Kanal mit dem Siem Reap-Fluss verbunden und wurde – wie die Wasserreservoirs für die Stadt, den Palast und die Reisfelder – von ihm gespeist. Der Tempelberg inmitten des Grabens entspricht der Vorstellung der Khmer von Meru, dem Götterberg, umgeben vom Weltmeer. Zwischen dem Graben und dem 1000 x 815 m langen Lateritwall, der den Tempelbezirk umgibt, führt ein breiter Fußweg um die gesamte Anlage herum.

Von Norden und Süden ist der Angkor unzugänglich, es führt kein Weg über den Graben. Nur im Osten wird er von einem Erddeich überquert, der in der Trockenzeit benutzbar ist und zum Anfahren des Baumaterials und für die Versorgung der Tempelstadt gedient haben dürfte. Im Süden, Osten und Norden ist der Lateritwall von Eingangspavillons mit schönem Dekor auf einem kreuzförmigem Grundriss unterbrochen, die durch Wege mit dem Haupttempel verbunden waren.

Von Westen her führt der einzige, 220 m lange **Damm**, der mit großen Sandsteinplatten abgedeckt ist, zum prächtigen Haupteingang. Von den Säulen und der **Naga-Balustrade** des Dammes blieben nur Reste. Zu den turmgekrönten Haupt- und Seitenportalen mit großen Vestibülen führen Steinstufen. Die Türme sind beschädigt, lassen aber ihre frühere Eleganz ahnen, die sie zu einer Vorwegnahme der Tempelfassade machten.

Vom Eingang führen nach rechts und links **Kolonnaden** mit gedeckten Halbgewölben, die sich auf Pfeilern stützten, von denen viele eingestürzt sind. Sie enden in kleinen Pavillons, **Elefanten-**

» Plan S. 124-125, Info S. 164-165

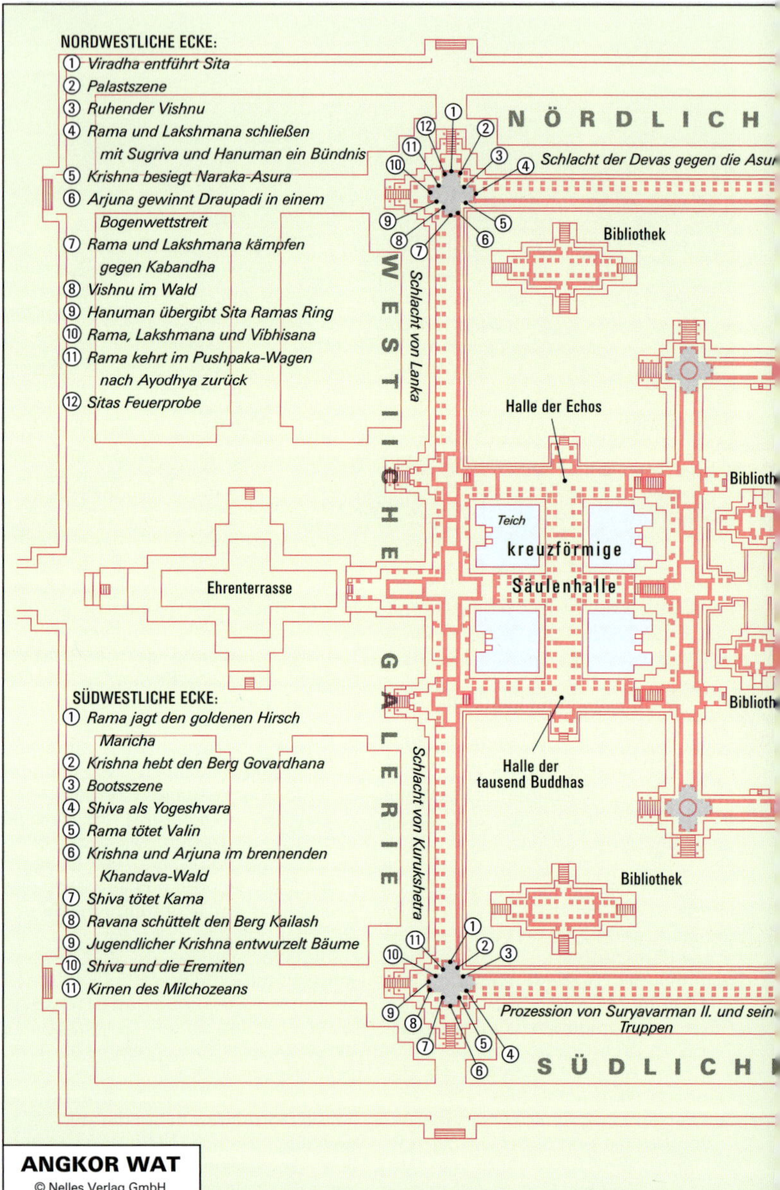
NORDWESTLICHE ECKE:
① Viradha entführt Sita
② Palastszene
③ Ruhender Vishnu
④ Rama und Lakshmana schließen mit Sugriva und Hanuman ein Bündnis
⑤ Krishna besiegt Naraka-Asura
⑥ Arjuna gewinnt Draupadi in einem Bogenwettstreit
⑦ Rama und Lakshmana kämpfen gegen Kabandha
⑧ Vishnu im Wald
⑨ Hanuman übergibt Sita Ramas Ring
⑩ Rama, Lakshmana und Vibhisana
⑪ Rama kehrt im Pushpaka-Wagen nach Ayodhya zurück
⑫ Sitas Feuerprobe
NÖRDLICH
Schlacht der Devas gegen die Asu
Bibliothek
WESTLICHE GALERIE
Schlacht von Lanka
Halle der Echos
Biblioth
Teich
kreuzförmige Säulenhalle
Ehrenterrasse
Biblioth
SÜDWESTLICHE ECKE:
① Rama jagt den goldenen Hirsch Maricha
② Krishna hebt den Berg Govardhana
③ Bootsszene
④ Shiva als Yogeshvara
⑤ Rama tötet Valin
⑥ Krishna und Arjuna im brennenden Khandava-Wald
⑦ Shiva tötet Kama
⑧ Ravana schüttelt den Berg Kailash
⑨ Jugendlicher Krishna entwurzelt Bäume
⑩ Shiva und die Eremiten
⑪ Kirnen des Milchozeans
Halle der tausend Buddhas
Schlacht von Kurukshetra
Bibliothek
Prozession von Suryavarman II. und sein Truppen
SÜDLICH
ANGKOR WAT

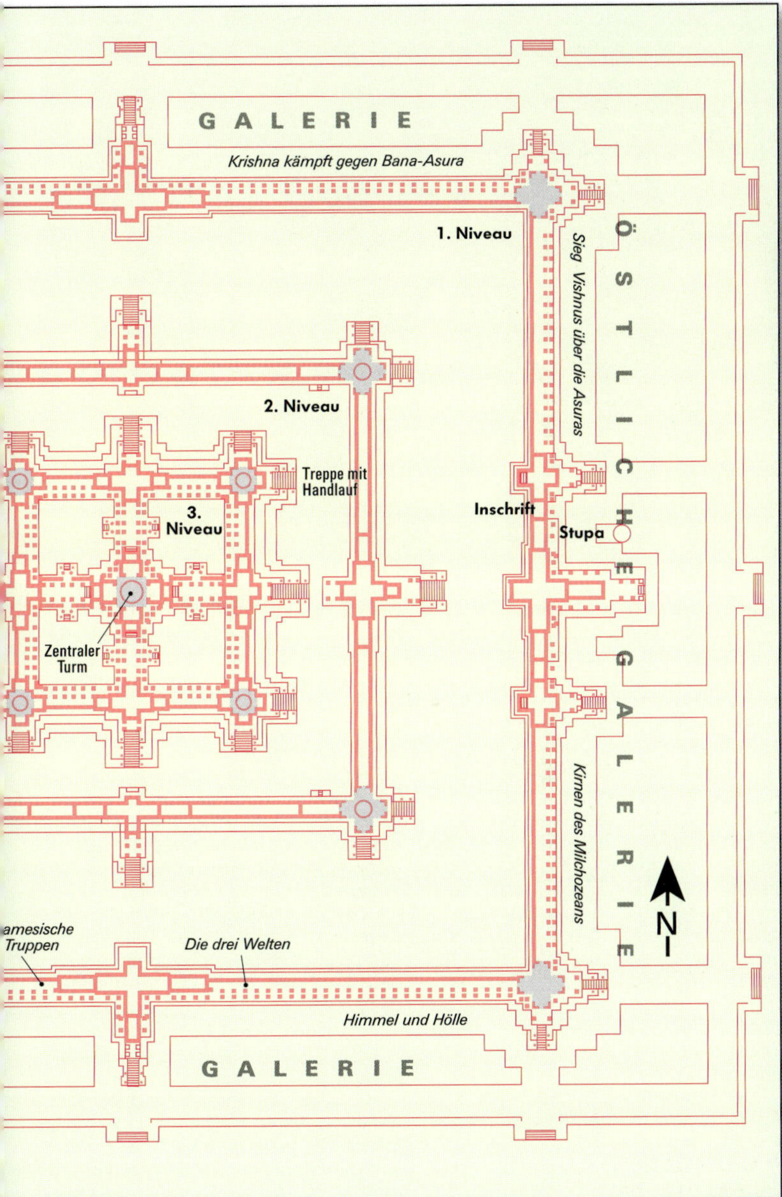
GALERIE
Krishna kämpft gegen Bana-Asura
1. Niveau
Sieg Vishnus über die Asuras
ÖSTLICHE GALERIE
2. Niveau
Treppe mit Handlauf
3. Niveau
Inschrift
Stupa
Zentraler Turm
Kirnen des Milchozeans
N
amesische Truppen
Die drei Welten
Himmel und Hölle
GALERIE

Foto: Berthold Schwarz

tore genannt, die einzigen für Tiere und Wagen benutzbaren Eingänge.

Die mehrköpfige Kobra, das Symbol der **Naga**, der Schlangenkönigin aus vorhinduistischen Kulten, dient in der Khmer-Kunst 1000-fach als Schmuckmotiv an Balustraden der Zufahrtswege, Brücken, Gräben und Wasserbecken. Am Angkor Wat richten sich Schlangenleiber mit siebenköpfiger, gespreizter Haube beiderseits der Eingangstore auf.

Tritt man aus der Dunkelheit des Hauptportals in das gleißende Licht des **ersten Hofes**, stellt sich, noch immer weit entfernt, die atemberaubende Silhouette der von fünf Türmen gekrönten Tempelpyramide nur dreitürmig dar, zwei Türme sind verdeckt. Dieser „dreitürmige" Angkor war das Symbol der Roten Khmer; die Volksrepublik Kampuchea verwendete den fünftürmigen als Emblem.

Der **Tempelberg** befindet sich nicht – wie in den meisten Khmer-Tempeln – im Zentrum, sondern ist nach Osten zurückversetzt und über eine 350 m lange, 9,5 m breite **Prozessionsstraße** zu erreichen, die von Schlangenleibern mit aufgerichtetem Kopf und gespreizter Haube begleitet wird. Die Straße weitet sich mehrmals seitlich zu *naga*-geschmückten Terrassen.

Der unbekannte Architekt des Angkor bediente sich mit der Rückversetzung des Tempelbergs eines Effektes, den auch die Griechen benutzt haben: Danach kommt ein Bauwerk voll zur Wirkung, wenn die Entfernung des Betrachters die doppelte Breite des Objektes ausmacht. In diesem Fall entsprechen die 350 m bis zur Tempelpyramide der zweifachen Breite der Westfassade des Angkor.

Auf halbem Weg liegen rechts und links zwei kleine Gebäude, sog. **Bibliotheken**, mit vorgelagerten Wasserbecken. Über ihre Verwendung herrscht genau so wenig Klarheit wie über ihre Erbauer. Es wäre denkbar, dass sie erst von den Mönchen, die den Angkor seit dem 15. Jh. längere Zeit okkupiert hat-

Oben und rechts: Apsaras im Angkor Wat – gestern und heute.

» Plan S. 124-125, Info S. 164-165

Foto: Robert Höbel

ten, gebaut wurden. Sie haben durch eine wenig geglückte Restaurierung viel von ihrem Charme verloren.

Schritt für Schritt nähert sich der Betrachter der dreistufigen **Pyramide**. Von Ost nach West und Süd nach Nord misst die unterste Stufe an der Basis 200 x 180 m bei einer Höhe von 4 m. Die zweite Stufe, an der Basis 115 x 100 m, ist 6 m hoch, die dritte mit 60 x 60 m Umfang ist 13 m hoch. Der **Hauptturm** erhebt sich auf der dritten Stufe in 23 m Höhe um weitere 42 m. Der Angkor Wat hat also eine Gesamthöhe von 65 m und erreicht damit etwa die Höhe der Kathedrale von Notre Dame in Paris, die zur gleichen Zeit errichtet wurde. Die drei Stufen sind umgeben von Galerien mit Ecktürmen und Pavillons in der Mitte der Treppen.

Der Hauptturm auf der dritten Stufe wird mit den Pavillons durch Galerien verbunden, deren gewölbte Überdachungen auf Pfeilern ruhen. Von einer Stufe zur anderen führen überdachte Treppenfluchten zur nächsten Pfeilergalerie. Die Außenwände der Kolonnaden und Galerien des Angkor Wat sind durch Balusterfenster – jedes besteht aus sieben gedrehten Säulchen – oder durch Pfeilerreihen ersetzt, auf denen die gewölbten Halbdächer ruhen. Der Lichteinfall erhellt die mit Reliefs geschmückten Innenwände, ohne grelles Sonnenlicht und Hitze einzulassen. Die Bauelemente – Türme, Galerien und Hallen – gab es schon an früheren Bauten; sie fanden am Baphuon-Tempel ähnliche Verwendung. Aber die Fülle und Vielfalt ist neu, überraschend und auf volle Wirkung bedacht angewandt.

Das Konzept von Angkor Wat wird von der Horizontalen bestimmt, aber aus ihr wächst die Pyramide auf, deren Höhe unterstrichen wird durch Rücksprünge der Unterbauten, wellenförmige Überdachungen der Galerien und die gezackten Türme.

Technik der Reliefs und des Dekors

Neben der großartigen Architektur tragen Baudekor und rund 600 m **Reliefs** zur Einmaligkeit des Angkors bei.

Foto: Sibylle Gradnitzer

Pfeiler, Mauerleisten, Stürze, Giebel, Paneele, Kapitelle und Simse sind mit Ranken, Laubgewinden, figürlichem Schmuck und Ornamenten bedeckt.

Ein einzigartiger Zauber geht von den unzähligen **Devatas** (Göttinnen) und halbgöttlichen **Apsaras** (Tänzerinnen) aus, die die Tempelwände schmücken. Einzeln oder in Gruppen, streng frontal, doch in harmonischer, gleitender Bewegung, mit hohen, filigranartigen Kronen und überreichem Schmuck angetan, gleicht keine völlig der anderen. Das entrückte, geheimnisvolle Lächeln ihrer vollen Lippen wird das „Lächeln von Angkor" genannt. Ihre am Angkor entwickelte vollendete Schönheit und Grazie ist an späteren Bauwerken nicht mehr erreicht worden.

Die Galerien der ersten Stufe sind auf einer Fläche von etwa 2000 m^2 von 2 m hohen Basreliefs bedeckt, auf die durch Pfeilerfronten und Balusterfenster Licht und Schatten fallen. Die Technik dieser – vor der Bearbeitung sehr wahrscheinlich vorgezeichneten – Reliefs ist von außerordentlicher Feinheit und Vollendung. Sie sind nur wenige Zentimeter, Dekors auch nur Millimeter tief in die aus großen Sandsteinquadern zusammengefügten, geglätteten Wände gemeißelt und wirken im weichen Nachmittagslicht wie Malerei oder lassen im Morgenlicht an Zeichnungen denken. Durch flachere oder tiefere Bearbeitung wurden Halbtöne erzeugt. Wahrscheinlich waren Götter- und Königsfiguren bemalt oder vergoldet.

Die schon an früheren Reliefs zu beobachtende plastische Wirkung von Personen oder Motiven durch Platzierung auf freien Flächen ist auch am Angkor zu bemerken – wenn auch nicht mehr so streng eingehalten wie am Bakheng und Baphuon. Die Hervorhebung der für eine Szene bedeutsamen Personen oder Tiere erfolgt, indem sie größer dargestellt werden als unwichtige. Gleiche Akteure sind, je nach ih-

Oben: Bescheidener Devotionalienhandel im Angor Wat. Rechts: Der Affengeneral Hanuman kämpft gegen Ravana, der Ramas Gattin Sita entführt hat (Südwest-Pavillon).

» Plan S. 124-125, Info S. 164-165

Foto: Berthold Schwarz

rer situationsbedingten Bedeutung, in verschiedenen Szenen unterschiedlich groß dargestellt. Das Vorhandensein einer Schlüsselfigur auf jeder Szene wahrt die Kontinuität. Auch unbekannte Themen werden verständlich durch die gleichbleibende Ikonografie und die streng gewahrte Typisierung guter und böser, schwacher und starker Charaktere, die Merkmale der Sieger und Besiegten und der sozialen Gruppen. Wichtige Abläufe werden räumlich über unwichtige gestellt, die Sieger des Kampfes groß und hoch über den Besiegten. Herrscher und Heerführer erscheinen über der Menge der Krieger auf Wagen, Pferde- oder Elefantenrücken. Die einzelnen Szenen reichen nur so weit, dass sie für den Betrachter, der in der schmalen Galerie nur wenige Schritte zurücktreten kann, überschaubar sind. Die gesamte Erzählung erstreckt sich an der Ost- und Westseite über 49 m, an der Süd- und Nordseite über 100 m.

Die Rundplastik erreicht, soweit sich das an den wenigen Stücken, die Kriege und Raubzüge überstanden haben, erkennen lässt, weder die Bedeutung der Architektur noch der Reliefkunst. Sakralgerät, Bronzen, Schmuck und Mobiliar gingen bis auf die Sammlungen in den Nationalmuseen in Phnom Penh und Bangkok sowie im Musée Guimet (Paris) verloren.

Die Reliefs der ersten Terrasse

Alle Inhalte der Reliefs, Paneele und Stürze zu beschreiben ist unmöglich, sie zu betrachten nimmt viel Zeit in Anspruch. Eine intensive Beschäftigung mit ausgewählten Objekten ist am sinnvollsten. Die Reliefs sind von unterschiedlicher Qualität. Die schönsten befinden sich in der West-, Süd- und Ostgalerie und den angrenzenden Eckpavillons.

– Westgalerie, südlicher Teil –

Westgalerie**, **südlicher Teil, vom Haupteingang nach rechts gehend zu erreichen: Auf dem 1,10 m hohen Sockel zeigen die 2,85 m hohen Reliefs

Foto: Berthold Schwarz

Szenen aus dem **Mahabharata-Epos** der indischen Vishnu-Mythologie. Der Zug der **Kauravas**, deren Armee von links anrückt, trifft auf die von rechts heran marschierenden **Pandavas** in der **Schlacht von Kurukshetra**.

Das in seinen Ursprüngen über 2000 Jahre alte Mahabharata besteht aus 18 Büchern und ist mit 110 000 Versen das längste Sanskritepos des alten Indien, es ist sowohl in Gedichtform als auch in Prosa verfasst. Die von zahlreichen Exkursen unterbrochene Haupthandlung erzählt von den Nachfahren des Bharata, den Kauravas und den Pandavas, deren Rivalität schließlich zu einem blutigen Thronfolgekrieg führt.

Ein endgültiger Sieg des Guten über das Böse ist für die indischen Philosophen nicht denkbar, die Welt besteht aus positiven und negativen Kräften, Ausgleich führt zu Harmonie. Ist sie gestört, kommen die Götter zu Hilfe: Beide Seiten bitten Krishna um seine Hilfe, der als Inkarnation des höchsten Gottes Vishnu niemandem einen Wunsch abschlagen kann. Also bietet er wahlweise all seine Soldaten und Waffen oder seinen Rat als Unterstützung. Die Kauravas wählen zuerst die militärische Unterstützung, die Pandavas hingegen bevorzugen den Rat Krishnas.

In der **Bhagavad Gita**, dem sechsten Buch des Mahabharata, spricht Krishna zu Arjuna, der angesichts der Verwandten in der gegnerischen Armee keinen Kampfeswillen verspürt, und offenbart sich ihm als höchster Gott Vishnu. In der Schlacht von Kurukshetra siegen folgerichtig die militärisch eigentlich unterlegenen Pandavas, dank der Ratschläge Krishnas.

Im ***oberen Teil*** ist nach rund 3 Metern zunächst der gemeinsame Großvater **Bhishma**, der erste Heerführer der Kauravas, zu sehen, der von zahllosen Pfeilen getroffen im Sterben liegt. Die Schlacht ist unterbrochen, und die verwandten Kriegsgegner betrauern ihren sterbenden Ahnherrn.

Rechts neben Bhishma sind die **Fünf**

Südgalerie, Ostflügel – oben: Aufstieg zum Himmel; rechts: höllische Strafen

» Plan S. 124-125, Info S. 164-165

Foto: Berthold Schwarz

Pandava-Brüder dargestellt, unter ihm die zahlreichen **Kaurava-Brüder**.

Der nächste Heerführer ist der gemeinsame Lehrer **Drona**, der in etwa gegenüber der neunten Säule der Galerie an seiner brahmanischen Haartracht zu erkennen ist. Auch er wird durch eine List Krishnas besiegt.

Nächster Heerführer ist **Karna**, der anschließend etwas unterhalb zu sehen ist, wie er versucht, seinen steckengebliebenen **Kampfwagen** wieder flott zu bekommen. Ein kurzes Stück weiter ist **Arjuna** mit seinem vierarmig dargestellten **Wagenlenker Krishna** zu erkennen, der Karnas Notlage ausnützt und diesen tötet.

– Südwest-Eckpavillon –

Nordflügel, östliche Wand: **Krishna** hält den **Berg Govardhana** über die **Kuhhirten** und ihr Vieh, um sie vor den Regengüssen des Indra zu schützen. Diese Darstellung illustriert den Bedeutungsverlust der alten vedischen Götter wie Indra gegenüber dem späteren Vishnu-Kult. Über dem Türsturz ist **Rama** zu sehen, wie er den goldenen **Hirsch** jagt, der ihn von Sita weggelockt hat. Die ***Westwand des Nordflügels*** zeigt die (an der Südostseite der umlaufenden Galerie großartiger dargestellte) **Quirlung des Milchmeeres**.

Westflügel: Die ***Nordseite*** ist nicht eindeutig identifiziert. Sie könnte eventuell **Shiva** als Bettelasket (Bikshatanamurti) zeigen, umringt von den Frauen der Rishis. Der ***Türsturz*** zeigt **Krishna** als kleines Kind, wie er an einen Mühlstein gebunden krabbelnd zwei Bäume entwurzelt und damit die beiden Söhne Kuberas vom Fluch des himmlischen Narada befreit. Die ***Südseite des Westflügels*** zeigt den tausendarmigen Dämon **Ravana** bei dem Versuch, den Berg **Kailash**, den Wohnsitz des Gottes Shiva, aus den Angeln zu heben. Shiva drückt den Berg wieder an seinen Platz und klemmt dabei die tausend Arme des **Dämons** ein, der anschließend 1000 Jahre Zeit, hat seine Tat zu büßen und Shiva zu preisen, damit ihn der große Gott schließlich segnet und erlöst.

» Plan S. 124-125, Info S. 164-165

Foto: Conrad Stein

Südflügel: Die ***Westwand*** zeigt **Parvati** bei einem listigen Versuch, die Aufmerksamkeit des **meditierenden Shivas** zu gewinnen. Als sie ihm einen Gebetskranz überreicht, schießt der Liebesgott **Kama** unten rechts dargestellt mit einem Bogen aus Zuckerrohr einen Blütenpfeil auf den Gott. Gegenüber ist der Zweikampf der beiden Affen **Bali** und **Sugriva** zu sehen, am Ende liegt der von Rama erschossene Bali sterbend in den Armen seiner Frau Tara.

Ostflügel: An der ***Nordwand*** sind zwei **Boote** übereinander dargestellt, auf denen **Familien** mit Kindern, **Schachspieler** und ein **Hahnenkampf** zu erkennen sind; gegenüber: Shiva als **Yogeshvara**, „Herr der Yogis".

– Südgalerie –

Das 90 m lange Relief im ***Westflügel der Südgalerie*** ist eine Hommage an den Erbauer Angkor Wats, **Suryavarman II.**, der sich dort selbst zweimal porträtieren ließ.

Oben: Steil ist die Treppe zur obersten Terrasse des Angkor Wat. Rechts: Weit oben dem Himmel näher – Mönche und Apsaras.

Am Anfang hält er Hof auf dem Berg Shivapada, auf einem **Thron** mit Nagafüßen sitzend, umrahmt von 14 **Ehrenschirmen** und zahlreichen Fächern und Fliegenwedeln. Er hält seine linke Hand erhoben, als ob er seinem Minister den Befehl erteilt, einen Bericht vorzulesen. Zwei weitere Höflinge knien neben ihm, ihren rechten Arm als Zeichen der Treue über dem Herzen haltend. Mehrere Offiziere verabschieden sich, ihre Hände vor der Stirn gefaltet, um an der im Anschluss folgenden **militärischen Prozession** teilzunehmen. Unterkönige, durch kurze Inschriften identifiziert, führen die einzelnen Bataillone an, ihr jeweiliger Rang in der kaiserlichen Armee ist durch die Anzahl der Ehrenschirme ausgedrückt.

In der Mitte des Reliefs ist der Oberkönig **Suryavarman II.** ein zweites Mal zu sehen, umgeben von 15 Ehrenschirmen, zahlreichen Fächern und Fliegenwedeln. Vor ihm trägt ein Höfling die königliche **Standarte**, die den vierarmigen Gott Vishnu auf seinem Reittier, dem Vogel Garuda zeigt.

Einen Meter weiter sind **heilige Männer** mit hochgestecktem Haar zu sehen, vor denen Diener das Staatsheiligtum auf einer Sänfte tragen. Wie die königlichen Würdenträger, so wird auch diese Sänfte von Ehrenschirmen und Bannern umrahmt.

Am Ende der Prozession marschiert eine Truppe **Barbaren**, ohne jede Ordnung, mit ungewöhnlicher Tracht und eigenwilligem Kopfschmuck. Eine mittlerweile zerstörte Inschrift bezeichnete diese als „Syam Kuk", so dass es sich hier um **Siamesische Söldner** im Dienste von Suryavarman II. handeln könnte.

Im ***östlichen Teil*** der Südgalerie ist auf 63 m Länge das **Totengericht** dargestellt. Am Anfang verläuft das Relief auf drei Ebenen, die **Himmel**, **Erde** und **Hölle** präsentieren. Etwa nach 15 Metern ist **Yama**, der vielarmige Toten-

» Plan S. 124-125, Info S. 164-165

Foto: Helmut Köllner

gott, auf einem Wasserbüffel sitzend zu sehen. Mit seinem linken Arm erteilt er offensichtlich den vor ihm knienden Dienern Anweisungen, wem die Todesstunde geschlagen hat. Vor ihm sind **Dharma** und **Citragupta** zu sehen, letzterer hat über die Taten eines jeden Verstorbenen Buch geführt. Höllenknechte führen die Verurteilten in die Hölle ab, das Relief verläuft anschließend lediglich auf zwei Ebenen, denn nach dem Tod gibt es nur noch Himmel oder Hölle.

Während die sich immer wiederholenden **Himmelsdarstellungen** von einer gewissen Einfallslosigkeit zeugen, so ist bei der Darstellung der **Höllenqualen** ein großer Ideenreichtum unübersehbar.

– Ostgalerie –

Den ***Südflügel der östlichen Galerie*** nimmt die großartige Darstellung von der **Quirlung des Milchmeeres** ein. Die Götter wollen dadurch ihre Unsterblichkeit zurückgewinnen. Um diese unglaublich schwere Aufgabe zu bewältigen, müssen sie die Hilfe ihrer Halbbrüder, der Dämonen in Anspruch nehmen. Die **Devas** auf der rechten und **Asuras** auf der linken Seite des Reliefs legen die riesige **Schlange Vasuki** als Seil um den **Berg Mantara**, der als Quirlstab dient. Der Gott **Vishnu** nimmt die Gestalt einer riesigen **Schildkröte** an, welche den Berg im Milchmeer stabilisiert. Bei der Quirlung kommen viele Wunder zum Vorschein, der **Mond** etwa, der **Elefant** Airavata oder die vielen himmlischen **Apsaras**, die über der Darstellung schweben. Zuletzt kommt der kosmische Arzt **Dhanvantari** mit dem begehrten Unsterblichkeitstrank **Amrita**, den sich die Götter schließlich sichern können. Im Zentrum, nahe dem Quirlstab, sind durch das Kirnen starke Strudel entstanden, welche die Meeresbewohner in Stücke reißen.

Die ***Nordseite*** zeigt den **Kampf der Dämonen gegen die Götter** und den **Sieg Vishnus** über die Asuras. Diese Darstellung stammt aus dem 16. Jahrhundert und belegt, dass Angkor nie völlig vergessen war. Die künstlerische

Foto: Berthold Schwarz

Qualität läßt sich jedoch nicht mit den älteren Reliefs vergleichen.

– Nordgalerie –

Die gesamte ***Nordgalerie*** stammt ebenfalls erst aus dem 16. Jahrhundert. Der ***östliche Teil*** zeigt **Krishna** und seine Verbündeten, die den Dämon **Bana** besiegten. Am Ende der Darstellung der Kampfszenen kniet Krishna vor dem Gott **Shiva**, der von seinem elefantenköpfigen Sohn **Ganesha** begleitet wird und bittet um Vergebung, dass er einen Anhänger des Shiva besiegt hat.

Anschließend folgt der Kampf der **Götter** gegen den **Dämon Kalanemi**, der mit tausend Armen und neun Köpfen dargestellt ist. Viele Götter sind aufgrund ihrer Reittiere und Symbole zu identifizieren: **Skanda** auf dem **Pfau**, **Indra** auf dem **Elefanten** Airavata mit vier Stoßzähnen oder **Vishnu** auf dem **Garuda**.

Oben: Vor allen größeren Tempeln gibt es „Cool Drinks". Rechts: Wem der Aufstieg zum Bergtempel Bakheng zu mühsam ist, kann sich dafür einen Elefanten mieten.

– Nordwest-Eckpavillon –

Im ***östlichen Flügel*** an der ***Südwand*** ist **Krishna** mit seiner Frau **Satyabhama** auf dem Garuda dargestellt. Nachdem der Dämon **Naraka** den Himmel angegriffen und – unter anderem – der Mutter von Indra die Ohrringe gestohlen hatte, rief Indra Krishna zu Hilfe, der Naraka schließlich tötete. Im Hintergrund ist der **Berg Maniparvata** zu sehen, auf dem Naraka 16 100 Frauen aus der Menschen- und Götterwelt gefangen hielt. **Soldaten** tragen Schätze aus der eroberten Stadt davon. Auf dem ***Türsturz*** ist das in einem Pakt resultierende Treffen von **Rama** und Lakshmana mit den Affen Sugriva und **Hanuman** zu sehen. An der ***Nordseite*** liegt **Vishnu** als Herrscher des Universums auf der Schlange **Ananta**, zu seinen Füßen die Göttin **Lakshmi**, verschiedene Planeten- und Himmelsrichtungsgottheiten ziehen auf ihren Reittieren an dem Gott vorbei: Auf mit einer Scheibe verzierten Wagen sind der **Mond-**, darunter der **Sonnengott** zu erkennen. Darüber zieht eine Prozession der **Himmelsrichtungsgottheiten** an Vishnu vorbei.

Im ***nördlichen Flügel*** ist an der ***Ostwand*** eine unidentifizierte **Palastszene** zu erkennen. Auf dem ***Türsturz*** raubt Viradha die **Sita** und wird von Rama und Lakshmana attackiert. Die ***Westwand*** zeigt die **Feuerprobe der Sita**, wobei die Figur der Sita kaum zu erkennen ist.

Der ***Westflügel*** zeigt an der ***Nordwand*** **Rama, Lakshmana und Sita** auf dem Heimweg nach Ayodhya in dem **Pushpaka-Wagen**, der von Hamsa-Vögeln gezogen wird. Der Sieg über Ravana ist vollbracht, die Affen feiern mit Bananen und Musik den Sieg. Der ***Türsturz*** zeigt den Bruder Ravanas, **Vibhishana**, der in das Heer Ramas überläuft. Die ***Südwand*** zeigt **Hanuman**, der sich mit dem Ring Ramas der gefangenen Sita zu erkennen gibt.

» Plan S. 124-125, Info S. 164-165

Südflügel: An der ***Westwand*** ist **Krishna im Wald**, umgeben von tanzenden **Gopis** dargestellt. Gegenüber ist die „Svayamvara" der **Draupadi** zu sehen: Viele Prinzen sind gekommen, um die Tochter des König Drupada bei einem **Bogenschießwettbewerb** zu gewinnen. **Arjuna** zielt auf das über einem Rad auf einer Säule befestigte Ziel und gewinnt Draupadi, seine vier Brüder sind rechts von ihm zu erkennen. Auf dem ***Türsturz*** kämpfen **Rama** und **Lakshmana** mit dem Dämon **Kabhanda**.

Foto: Andreas Neuhauser

– Westgalerie –

Der ***nördliche Teil der Westgalerie*** zeigt die **Schlacht um Lanka**, als Rama und die mit ihm verbündeten Affen Ravana und das Heer der **Dämonen** besiegen; nach etwa 20 m ist auf **Hanumans** Schultern stehend **Rama** porträtiert. Neben ihm sind **Lakshmana** und der mit Rama verbündete Bruder Ravanas, **Vibhishana**, zu sehen. Kurz nach der Mitte des Reliefs steht der große Widersacher **Ravana** mit seinen sieben Köpfen und tausend Armen in seinem von Löwen gezogenen **Kampfwagen**.

Kreuzförmige Terrasse

Zwischen der Galerie der ersten und der Basis der zweiten Terrasse liegt ein Hof. Zwei **Bibliotheken** genannte Gebäude stehen auf einem hohem Unterbau. Von der Nordwest- und der Südwestecke des Hofes hat man einen schönen Blick auf den zentralen Tempel. Der hohe Unterbau der zweiten Tempelstufe ist reich dekoriert.

Eine Treppe führt von der Westgalerie zu einer **kreuzförmigen Terrasse**, von drei sich schneidenden Galerien gebildet, auf halber Höhe zwischen der ersten und zweiten Stufe der Pyramide. Die Galerien bilden vier Höfe, deren Intimität mit Pfeilern, Treppenfluchten und zierlichen Balusterfenstern die Monumentalität des Bauwerkes vergessen lassen. Seine klaren, strengen Linien lösen sich auf in Rundungen und Schwünge, die sehr wahrscheinlich gedrechselten Säulen ähneln feinen Holzschnitzereien. In die vier Höfe sind gemauerte Becken eingelassen.

Eine Fülle von Paneelen zeigt schöne **Basreliefs** mit bekannten Motiven, dem Kirnen des Milchsees und Vishnu auf der Schlange ruhend. An den unteren Teilen der Säulen, teilweise von der Feuchtigkeit zerstört, sitzen betende Asketen unter Blumen. In der Nordwest-Ecke befindet sich eine Stele, die in der Nähe des Tempels gefunden wurde. Sie ist später zu datieren als der Bau des Tempels und enthält eine Lobrede auf fünf Priester, die mehreren Königen gedient haben.

Die zweite Terrasse

Über die Treppe der Nordgalerie ist die **zweite Terrasse** zu erreichen. Die Galerien sind schmal und nur vom Innenhof, der den zentralen Teil umgibt, fällt Licht ein. Vielleicht kamen die

» Plan S. 124-125, Info S. 164-165

Priester hierher zur Meditation, und die Türme an den Ecken der Galerien waren kleine Heiligtümer.

Die dritte Terrasse

Die letzte Stufe der Pyramide ist von einem engen Innenhof umgeben. Aus ihm erhebt sich atemberaubend steil der hohe, quadratische Unterbau der dritten Stufe der Pyramide mit dem majestätischen **Hauptturm**, umgeben von den **vier Ecktürmen**.

Der Blick folgt immer wieder dem scheinbar unerreichbar hoch aufragenden Mittelturm; es ist nicht leicht, das ganze Ensemble zu erfassen. Bei einem Rundgang erscheint der Tempelberg in verschiedener Beleuchtung, schimmert in verschiedenen Farben.

An allen vier Seiten führen sehr steile Treppen mit hohen, kurzen Stufen zum Hauptheiligtum. Die **südliche Treppe** ist die sicherste, mit zementierten Stufen und einem Handlauf. Sie führt zu einem Eingang mit einem Vestibül. Die äußeren offenen Galerien sind sehr schmal. Durch das Heiligtum führen Passagen, so dass vier kleine Höfe entstehen, zu den Toren an allen Seiten des Turmes.

Zu Füßen des Betrachters liegt die riesige Anlage – vom tropischen Regenwald bedrängt, der nur durch den monumentalen Wassergraben abgehalten scheint. Aus der Vogelperspektive lässt sich sehr gut der Weg durch die Höfe und Galerien verfolgen. Im Nordwesten liegt der waldbestandene Tempelberg Bakheng, rechts von ihm – unter hohen Bäumen versteckt – Angkor Thom. Im Nordosten ist Phnom Bok zu erkennen, dahinter die Höhenzüge des Phnom Kulen.

In dem Hauptturm haben buddhistische Mönche, die hier lebten, die offenen Seiten durch Mauern geschlossen, in die sie stehende Buddhas gemeißelt haben. Auch in diesem höchsten Turm konnten die französischen Forscher um 1908 leider nur noch feststellen, dass Schatzräuber alles Inventar längst ausgeräumt hatten.

Rechts: Ein „Muss" für Angkor-Besucher ist der Sonnenauf- oder untergang am Bergtempel Phnom Bakheng.

★★Bergtempel Bakheng

Angkorianische Periode
Stil von Bakheng 893-925
Erbauer: König Yasovarman I. (889-900)
Bauzeit: 893 als Shiva-Heiligtum
LAGE: 1,2 km vom Angkor Wat entfernt, 300 m vor dem Südtor von Angkor Thom auf einem steilen Hügel.

Yasovarman I. erbaute seine Hauptstadt Yasodhapura um einen natürlichen, 65 m hohen Hügel (*phnom*), auf dem er seinen Tempel errichtete. Drei schmale Fußwege führen zu der Plattform, auf der der mit Apsaras verzierte **★★Phnom Bakheng** 5 errichtet ist. Der direkte und steilste Aufstieg, von dessen Stufen wenig erhalten ist, wird von zwei Steinlöwen bewacht und beginnt an der Straße nach Angkor Thom. Die beiden anderen, gewundenen Wege können von Elefanten zur Beförderung von Touristen benutzt werden.

Auf allen Wegen strömen zur Zeit des **★★★Sonnenuntergangs** Besucher bergan. Er ist hier oben ein besonderes Erlebnis: Im Südosten erblickt man Angkor Wat, im Westen liegt der Westliche Baray, und in der Ferne, im Süden, Phnom Krom und der große Tonle Sap-See. Im Osten und Norden erstrecken sich riesige Wälder, aus denen Ta Keo und der Bayon herausragen.

Auf dem Hügel erhebt sich, in die Felsen geschnitten, die fünfstöckige Pyramide auf quadratischen Terrassen. Mit dem Erdboden und den Aufbauten ergaben sich sieben Ebenen. Der Wall um das Heiligtum ist kaum noch zu erkennen. Die untere Terrasse misst an der Basis 72 m, die fünfte, oberste 40 m. Auf der obersten Plattform erhoben sich fünf Türme (*prasat*), die erstmals in der Khmer-Architektur nicht aus Backstein, sondern aus Sandstein erbaut

» Plan S. 124-125, Karte S. 120-121, Info S. 164-165

Foto: Jürgen Bergmann

waren. An den Achsen führten Treppen zum Heiligtum.

Der Tempelberg folgte kosmologischen Regeln. Er ist ein steinerner Kalender und die Nachbildung des Götterberges Meru der indischen Mythologie. Die insgesamt 108 kleinen Heiligtümer umgeben das 109., den zentralen Prasat. Der indische Kalender mit vier Phasen von je 27 Mondaufgängen ergibt die Zahl 108. Auf den sieben Terrassen des Meru saßen 33 Götter. Der Betrachter, der frontal vor der Pyramide stand, sah nur 33 Heiligtümer, die anderen waren verdeckt.

★Baksei Chamkrong (Chang Krang)

Angkorianische Periode
Stil von Bakheng (893-925); Erbauer: König Harshavarman I. (900-922), Bauzeit: 921
LAGE: Neben dem Hügel Bakheng, 200 m vor dem Beginn der Naga-Balustrade von Angkor Thom, etwas zurückgebaut, links der Straße im Wald.

Von Harshavarman I. sind nur wenige Bauwerke bekannt. Die kleine perfekte, vierstufige Pyramide **★Baksei Chamkrong** **6** ist einer der letzten Backsteinbauten in Angkor. Der quadratische Bau misst 27 m an der Basis und 15 m an der vierten Stufe. Die oberste Plattform liegt 12 m hoch.

Die äußere Einfriedung ist verschwunden, nur an der Ostseite sind noch Reste eines Tores zu sehen. Ein Aufstieg über die schmalen, stark beschädigten Stufen ist an der Nord- und Südseite am leichtesten. Das Heiligtum öffnet sich nach Osten.

Die reich dekorierten Scheinportale und Paneele aus Sandstein sind von der Feuchtigkeit zerstört und lassen nur noch am Hauptportal das für die Zeit typische Motiv einer elefantenköpfigen Figur erkennen, die auf ihren Rüssel steigt.

Die Backsteinmauern waren mit Stuck überzogen, von dem aber nichts erhalten blieb und damit ist auch die Dekoration verschwunden. Eine Sanskrit-Inschrift von 948 über einem Türrahmen an der Nordseite stammt von König Rajendravarman und nennt Hindu-

Foto: Josef Beck

Götter und die Gründer des Reiches der Kambu, Pera und Kambu Svayambhuva. Sie berichtet weiter, dass der König an verschiedenen Stellen Phalli (*lingas*) aufstellen ließ.

Der Boden des kleinen Innenraums liegt tiefer als die äußere Terrasse, eine Eigenart, die an vielen Khmer-Tempeln zu beobachten ist. Auf dem Altar liegt ein Buddha aus späterer Zeit.

Prasat Bei, drei kleine, verfallene Backsteinheiligtümer, in Nordsüd-Richtung aufgereiht, stehen nahe am Graben von Angkor Thom.

★★★Die Stadt Angkor Thom

Angkorianische Periode
Stil von Baphuon 1010-1080
Erbauer: König Udayadityavarman II. (1050-1066)..
Erneuert in der post-angkorianischen Periode unter König Jayavarman VII. (1181-1219); im Stil von Bayon
LAGE: Das Südtor liegt 1,5 km von Angkor Wat entfernt.

Oben: Das Südtor von Angkor Thom ziert ein Geschichtsturm. Rechts: Der Bayon-Tempel besitzt die meisten Gesichtstürme.

★★★Angkor Thom („Große Stadt") deckt sich mit der Stadt des Königs Udayadityavarman II. Die meisten Bauwerke, der Stadtwall und die Stadttore stammen jedoch aus der Zeit von Jayavarman VII. Eine Stelen-Inschrift sagt: „Die Stadt, geschmückt mit einem Palast aus Edelsteinen, wurde von diesem König geehelicht, um das Universum zu zeugen."

Der Buddhist Jayavarman VII. baute, entsprechend dem Kosmos-Bild im Hindu-Epos Ramayana, seine Stadt als Mittelpunkt des Universums: Umgeben vom Ozean (symbolisiert durch die großen Wasserbecken) steht der Götterberg Meru (verkörpert durch den Bayon-Tempel) inmitten der Stadt.

Auch eine Episode des Ramayana, das **Quirlen** (Buttern, Kirnen) **des Milchozeans** zur Gewinnung des Unsterblichkeitstranks *soma* (auch *amritsa*; an vielen Bauten Angkors dargestellt), bezieht Stadt und Tempel mit ein: Vor den Toren der Stadt, mit dem Rücken zur ihr, sitzen zur Rechten die **54 Dämonen**, zur Linken die **54 Götter**, die die riesenhafte **Chaosschlange Vasuki** auf ihren Knien halten. Der Körper der Schlange, um den Bayon geschlungen, wird am anderen Ende ebenfalls von Steinriesen gehalten (zwischen Süd- und Nordtor ebenso wie zwischen Ost- und Westtor). Das Ziehen an der Schlange als Seil soll den Quirlstock, den Bayon, rotieren lassen.

Von Angkor Wat kommend erreicht man die **★★★Straße der Riesen** (s. Bild S. 55) vor dem **★★★Südtor** **7**. Ein ähnliches Bild bietet sich aus den anderen Richtungen: Angkor Thom besitzt fünf **Tore**, eines in der Mitte jeder Seite, das fünfte, das Siegestor, liegt 500 m nördlich vom Osttor („Tor der Toten"). Die Riesenstraßen führen auf Dämmen über den breiten Wassergraben, der die Stadt umgibt; am Ende der Straßen stehen die 20 m hohen Tore mit den 3

» Karte S. 120-121, Info S. 164-165

Foto: Richard Connors (Dreamstime)

m hohen Gesichtern, die nach allen vier Himmelsrichtungen blicken. Diese ★★★**Gesichtstürme** sind als Merkmal der Bauten von Jayavarman VII. am Bayon-Tempel und anderen Toren und Heiligtümern zu finden. Der König sah sich als Inkarnation des Bodhisattvas Avalokiteshvara (in Khmer: **Lokiteshvara**). Das Gesicht des Bodhisattva trägt die Züge des Königs, wie wir es von Statuen kennen. Wer Angkor Thom betritt, dem folgen die Blicke des Heiligen oder des Königs überall hin.

Zwischen den steinernen Gesichtern sind kleine weibliche Gestalten zu sehen und Gott **Indra** auf seinem dreiköpfigen **Elefanten**, der mit seinem Rüssel Lotosblüten pflückt.

Beim Durchschreiten der mächtigen Tore sieht man an beiden Seiten Nischen für die Stadtgötter oder die Wächter. Die unbearbeitete Decke lässt an noch erhaltenen Balken erkennen, dass sie mit Holz verkleidet war.

Die Tore führen durch den stellenweise 8 m hohen **Lateritwall**, mit dem Jayavarman VII. seine Stadt gegen die Angriffe der Cham schützen wollte. Auf seiner Innenseite ist ein Erdwall aufgeschüttet, auf seiner Kuppe führt ein 12 km langer Fuß- und Reitweg für die Wachen rund um die Stadt.

Reizvoll ist ein angenehm naturnaher, ca. 3 km langer ★**Wallspaziergang** zur Südwestecke mit Blick auf den enormen Wassergraben. Angkor Thom umfasst, den 100 m breiten Graben eingeschlossen, eine Fläche von 9 km^2. Ein großer Teil ist heute mit Wald und Gebüsch bedeckt.

Unter den 82 Baumarten gibt es einige in Kambodscha ansonsten ausgestorbene Spezies. Nur die Umgebung der Tempel und Palastruinen, die fast alle nördlich des Bayon liegen, wird freigehalten. Es ist schwer, sich an dieser Stelle eine von rund 100 000 Menschen bewohnte Stadt mit stroh- oder ziegelgedeckten Häusern vorzustellen, wie der chinesische Beamte Zhou Daguan (s. S. 27) schilderte. Sie war von Gärten sowie Wasserbecken und Kanälen umgeben, die die Reisfelder bewässerten und die Stadt versorgten.

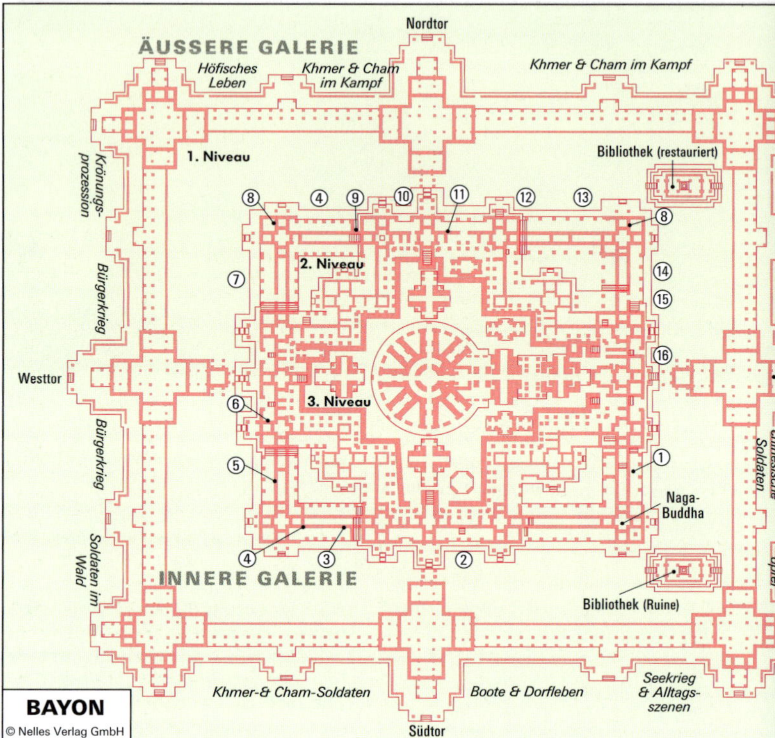

★★★Bayon-Tempel

Post-angkorianische Periode
Stil von Bayon (1177-1230)
Erbauer: König Jayavarman VII. (1181-1219); LAGE: In der geografischen Mitte der Stadt Angkor Thom.

Der ★★★**Bayon** ❽ (siehe auch Abb. S. 8 und S. 68) lässt erkennen, dass Thematik und Baukonzept mehrmals geändert wurden. Vielleicht wurde er auf den Grundmauern eines älteren Tempels erbaut. Noch vor der Fertigstellung waren die beiden oberen Terrassen vergrößert worden, was auch die Erweiterung der unteren Stufen erforderlich machte. Sicher ist hier auch einer der Gründe für den Einsturz einiger Teile der Terrassen zu suchen. Als der Bayon entstand, hatte der Hinduismus-Shivaismus, die Idee des Gottkönigtums, seine Bedeutung verloren. Jayavarman VII. suchte die bedrohte Königsmacht neu zu begründen, gestützt auf den Mahayana-Buddhismus. Der Bayon demonstriert eine neue Idee der Apotheose und sucht ihr Ausdruck zu verleihen. Er wurde zu einer „Manifestation des Gottesbegriffes."

Der Tempelberg ist eine dreistufige Pyramide mit dem Eingang nach Osten. Die untere, äußere Galerie dient gleichzeitig als Umfriedung. Aus dem inneren Hof erhebt sich die Pyramide. Sie misst an der Basis 160 x 140 m, die obere Plattform, auf der das 23 m hohe, zentrale Heiligtum steht, ist 70 x 80 m groß.

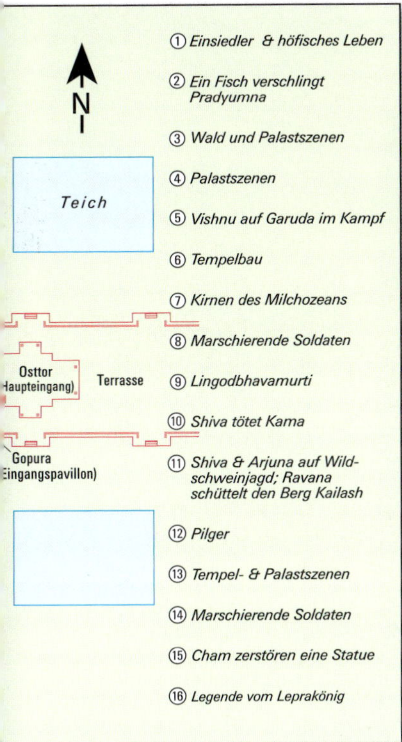

Die Pyramide insgesamt erreicht 43 m Höhe, wirkt aber wuchtig und flach. Die klaren Linien der angkoranischen Tempel fehlen, nur die Monumentalität dominiert.

Der Grundriss hatte die Form eines griechischen Kreuzes. Dessen äußere Winkel wurden später von Quergalerien geschlossen, so dass nach oben eine nahezu quadratische Fläche entstand, auf der sich das runde Zentralheiligtum und, strahlenförmig davon ausgehend, zwölf Nebenheiligtümer erheben, ein in Angkor ungewöhnliches Baukonzept. Der Zentralbau wird von **Gesichtstürmen** gekrönt. Insgesamt waren es am Bayon 54, davon blieben 37 erhalten. Von jedem Turm blicken 3-4,5 m hohe Gesichter in vier Himmelsrichtungen. Keines gleicht dem anderen und doch ist es immer das gleiche Gesicht: Bodhisattva Lokiteshvara mit den Zügen von Jayavarman VII.

Im Zentralheiligtum befand sich ein Naga-Buddha, eine im angkorianischen Buddhismus häufige Buddha-Darstellung. In tiefe Meditation versunken sitzt der Erleuchtete auf dem Körper einer aufgerollten Schlange, die ihre gespreizte Haube schützend über ihn breitet. Die Darstellung geht auf eine Legende zurück, nach der Buddha nicht bemerkte, dass ein Unwetter hereinbrach und der Fluss über die Ufer trat. Der Schlangenkönig trug ihn sicher über das Wasser.

Die Wände, Pfeiler und Stürze der oberen Terrasse sind reich geschmückt mit Apsaras, Devas, Ranken und Ornamenten. Die Feinheit der Reliefs des Angkor Wat erreichen sie nicht, und es fällt zudem schwer, sich auf sie zu konzentrieren, angesichts der steinernen Gesichter ringsherum, die bedrängen und beängstigen, deren wissendes, uralter Weisheit entspringendes Lächeln aber auch zu beruhigen vermag. Angkor Wat ist das Erlebnis der Kunst der Khmer, der Bayon die Zwiesprache mit ihrem größten König.

Vom Südtor kommend wird zunächst die mächtige Südfront des Bayon sichtbar. Der **Haupteingang** zum Tempel führt von **Osten** über eine auf Säulen ruhende Terrasse aus großen Steinplatten. Die seitlichen Vertiefungen werden als Wasserbecken bezeichnet. Die Reste eines Lateritwalles stammen aus späterer Zeit, ursprünglich besaß der Bayon, im Gegensatz zu allen anderen Khmer-Tempeln, keine Umfassungsmauer. Der Tempel sollte nach buddhistischer Sitte im Uhrzeigersinn umschritten werden.

Die Wände der **unteren, doppelten Galerie** sind reich mit **Basreliefs** geschmückt, die zu Lebzeiten des Königs nur teilweise fertiggestellt waren. Sie bleiben in ihrem künstlerischen Wert hinter den Basreliefs des Angkor Wat

» Plan S. 140-141, Info S. 164-165

Foto: Josef Beck

zurück, sind jedoch von großer historischer Bedeutung.

Am Bayon stehen der **König** und seine **Kriegszüge** im Mittelpunkt der Reliefszenen. Aber die Künstler müssen mehr Freiheiten besessen haben: Am Rand der Siegesparaden und Palastmotive stellen sie das bunte **Alltagsleben der Khmer** dar, Markt- und Jagdszenen, Wettkämpfe, Spiele und das Leben am Fluss. Menschen, ihre Kleidung und Haartracht, Waffen und Gerät, Wagen und Häuser erzählen, wie in einem Bilderbuch, von der Lebenswelt der Khmer des 12. und 13. Jh.

Folgt man der östlichen Galerie nach links, sind die unterhalb des Siegeszuges dargestellten **Gefangenen** Cham und Chinesen. Dann folgen einige **Palastszenen**, auf den Dächern sitzen Vögel, im Inneren sind Köche am Werk.

Besonders sorgfältig gearbeitet sind die Reliefs mit **Apsaras** und Göttern an den Wänden und Stürzen der Pavillons, die die Galerien unterbrechen.

Ein langes Relief zeigt Szenen am Flussufer. Es gibt allerlei Seegetier und **Fische**, die in den Zweigen der Bäume hängen, wie es alljährlich an den Großen Seen zu beobachten ist, wenn die Überschwemmung sich zurückzieht. Die Szenen sind humorvoll und lebendig dargestellt und zeigen intime Situationen wie eine **Frau** kurz vor der Niederkunft. Männer diskutierend bei einem **Hahnenkampf**, auf einem **Markt** streiten Händler und Käufer. **Fischer** gehen ihrer Arbeit nach, eine chinesische Dschunke ist zu sehen. **Bärenjagd** und **Ringer**, **Artisten** und **Bauern** wechseln ab mit **Palastszenen**. Immer wieder geben Durchbrüche den Blick auf das Zentralheiligtum frei.

Der Auf- und Abstieg zu den oberen Galerien ist nur auf den gesicherten Treppen ratsam. Von der Mitte der Südlichen Galerie durch den Innenhof erreicht man eine steile Treppe zur zweiten Terrasse. Deren innere Galerien

Oben: Beim Durchwandeln des Bayon bieten sich tolle Fotoperspektiven. Rechts: Basrelief am Bayon-Tempel – Kampf zwischen Khmer und Cham (links unten).

» Plan S. 140-141, Info S. 164-165

sind dunkel, in einem kleinen Pavillon auf der Südostecke befindet sich ein Naga-Buddha. Den Aufstieg zur **dritten Terrasse** erleichtert eine Leiter; hier ist man von den fantastischsten **Gesichtstürmen** umzingelt, und es bieten sich sehr interessante Durchblicke und Fotoperspektiven. Der Abstieg empfiehlt sich auf der Nordseite.

★★Baphuon-Tempel

Angkorianische Periode
Stil von Baphuon (1010-1080)
Erbauer: König Udayadityavarman II. (1050-1066); Bauzeit: 1060
LAGE: Nordwestlich vom Bayon, am Anfang des Großen Platzes vor dem Königspalast. Von der Straße führt eine Treppe nach Westen.

Der ★★**Baphuon** 9 („Kupferturm", Bild S. 62) war der Mittelpunkt der Stadt von Udayadityavarman II. Die Schönheit der Architektur, des Baudekors und der Reliefs der großen, dreistufigen Pyramide ließe sich, wäre sie besser erhalten geblieben, nur mit Angkor Wat vergleichen. Die äußeren Lateritwälle umfassten ein Rechteck von 425 x 125 m.

Der Baphuon war jedoch von allen Tempeln in Angkor am schlechtesten gebaut. Der im 11. Jh. übliche Einzug hölzerner Stützbalken in das Mauerwerk, die an einigen Stellen noch zu sehen sind, wirkte sich ebenfalls ungünstig aus, und das vergoldete Kupferblech lastete schwer auf dem Dach des Hauptturms, der vermutlich nicht aus Sandstein, sondern aus leichterem Material gebaut war. 1960 begann das große Archäologenpuzzle mit der Nummerierung der Einzelteile des Trümmerhaufens. Nach langer kriegsbedingter Unterbrechung begann man 1994 mit der aufwändigen Stabilisierung der Stufenpyramide und der mühsamen Rekonstruktion von Tempel und Reliefs mit Originalteilen (**Anastylose**), die erst 2011 erfolgreich abgeschlossen wurde.

Der Tempelberg muss einst mehr als 50 m hoch gewesen sein. Der Haupteingang im Osten ist von der Nordsüd-Straße über eine Treppe erreichbar. Hinter dem Tor führt der 200 m lange, auf Säulen ruhende erhöhte **Weg** zum Tempelberg. Er wird unterbrochen von einem **Pavillon** auf kreuzförmigem Grundriss, von dem Mauerreste mit **Reliefs** übrig blieben, die **Kampf- und Jagdszenen** zeigen.

Foto: Jürgen Bergmann

Die erste Stufe der Pyramide, 4 m hoch und 120 x 100 m an der Basis, trug eine Galerie, von der nur die axial ausgerichteten **Gopuras** (Eingangspavillons) samt Reliefs erhalten blieben. Tore und Pavillons des Baphuon haben große Vestibüle. Aus den Steinen der Galerie haben Mönche in neuerer Zeit im Westen der zweiten Etage einen großen **Liegenden Buddha** machen wollen, der nur teilweise erhalten blieb.

Die zweite Stufe hat zwei Simse, jeweils 4,30 m hoch und kann von allen vier Seiten bestiegen werden. Im Süden sind die hohen Treppenstufen durch Zementtritte halbiert worden. Eine schmale Galerie umgibt die zweite Etage, die von Türmen an den Achsen und an den

Ecken unterbrochen wird.

Der Tempel war ein **Shiva-Heiligtum**, Udayadityavarman II. ein überzeugter Shivait. aber in seinen Reliefs finden sich auch Motive aus den Vishnu-Epen. Die Reliefs sind von rechteckigen Rahmen eingefasst, neben- und übereinander gestellt und umrahmt von geometrischem und Pflanzendekor. Die Themen kommen aus dem **Ramayana- und Mahabharata-Epos**, stellen Einzelpersonen oder Szenen dar (Shiva überreicht Arjuna himmlische Waffen; Rama und Lakshmana; Krischna kämpft mit der Schlange Kaliya; Kamsas Tod). Sie zeugen von guter Beobachtungsgabe und Humor, wirken lebendig und volkstümlich. Die Figuren auf freibleibendem Hintergrund sind von großer Schönheit. Typisch sind Darstellungen von **Tierköpfen** in Quadraten, von denen einige am Eingang zur ersten Stufe erhalten blieben. Die **Ornamentik** ist die vollkommenste der Khmer-Kunst.

★★Der Große Platz

LAGE: Die Nordsüd-Straße durch Angkor Thom, zugleich die Siegesstraße von Jayavarman VII., führt über den Großen Platz, den Mittelpunkt der Stadt von Rajendravarman II. (944-968), Udayadityavarman II. (1050-1080) und Jayavarman VII. (1181-1219).

Der **★★Große Platz** 10 wird im Osten begrenzt durch die zwölf **Prasat Suor Prat** und den dahinter gelegenen **Nördlichen und Südlichen Khleang**, deren Funktion unklar ist. (s. S. 148).

Im Westen des Großen Platzes liegen die Königlichen Terrassen, dahinter der Königspalast. Er ist von einem doppelten Lateritwall umgeben, der sich 600 m von West nach Ost und 300 m von Nord nach Süd erstreckt. In manchen Beschreibungen wird er als Phimeanakas bezeichnet. Dieses ist jedoch strenggenommen nur der Name der kleinen Tempelpyramide in der Mitte des Palastes. Der äußere Wall ist stark beschädigt, sein östlicher Teil wird durch die königlichen Terrassen ersetzt. Der innere, gut erhaltene Wall ist stellenweise 6 m hoch. Zwischen beiden befinden sich spärliche Reste von Wasseranlagen.

Rechts: Die Elefanten-Terrasse in Angkor Thom – benannt nach ihrem Reliefschmuck, der eine Jagd zu Elefanten darstellt.

Das Palastgelände

Im Norden und Süden führen je zwei **Portale** in das **Palastgelände** 11. Zwischen den beiden nördlichen Toren gibt es noch einen kleinen Eingang. Diese nördlichen Zugänge verbinden den ersten und zweiten Hof des Palastes mit der Terrasse des Lepra-Königs und den Tempeln von Tep Pranam und Preah Palilay (s. S. 147).

Die südlichen Tore führen aus dem ersten und zweiten Hof in das Gelände des Baphuon-Tempels. Der Haupteingang im Osten hat zwei Seitentore und liegt auf dem Niveau der Elefanten-Terrasse. Über dem äußeren Mitteltor des Vestibüls befinden sich schön dekorierte Stürze. Die Inschriften seiner Innenseite enthalten die Eidesformeln für die Würdenträger und Vasallen von König Suryavarman II. (die Jahreszahl 933 *caka* entspricht dem Jahr 1011). Der Eid wurde in ähnlicher Form bis in das 20. Jh. abgelegt.

In den fünf großen Höfen blieben nur die Grundmauern mehrerer **Palastgebäude** erhalten. Die Aufbauten aller profanen Gebäude, auch des Königspalasts selbst, waren aus Holz und haben keine Spuren hinterlassen. Alle Stein-, Laterit- und Ziegelbauten dienten religiösen Zwecken. Im ersten, 70 m langen Hof mit drei Toren steht eines der Gebäude, die als **Bibliotheken** bezeichnet werden.

Der Palast muss im zweiten und größten, 280 m in die Tiefe reichenden Hof gelegen haben. Sicher hat er nicht – wie oft behauptet – auf einer der großen Terrassen am Großen Platz gestanden. Die später beschriebene Tempelpyramide Phimeanakas liegt im Mittelpunkt

» Karte S. 120-121, Info S. 164-165

Foto: Annaliese Wulf

dieses Hofes. Eine Terrasse im Südwesten könnte den Audienzpavillon des Königs getragen haben. Von hier führt ein Weg zum südlichen Hofausgang, an dem vier kleine rechteckige Gebäude aus Ziegel und Laterit mit einem Vestibül nach Westen stehen, deren Zweck nicht bekannt ist.

Der dritte, 150 m lange Hof ist unterteilt, so dass es insgesamt fünf Höfe sind. In diesen letzten beiden Höfen befanden sich die Wirtschaftsgebäude des königlichen Haushaltes, aber auch die Wohnräume der königlichen Familie, der Königin und Nebenfrauen, dazu Wasserbecken, zu denen Stufen hinunter führen. Der letzte Hof hat keinen direkten Ausgang nach außen. An einer kleinen Terrasse blieben mit Elefanten verzierte Paneele erhalten.

★★Terrasse der Elefanten

Erbauer: König Jayavarman VII. am Ende seiner Regierungszeit (Anfang des 13. Jh.).
LAGE: Westlich der Nordsüd-Straße am Großen Platz.

Auf der 350 m langen und 14 m breiten **★★Terrasse der Elefanten** 12, die das Palastgelände nach Osten abschließt, standen nach Schilderungen chinesischer Reisender des 13. Jh. Pavillons aus vergänglichem Material. Von hier konnte die königliche Familie den Prozessionen, Paraden und Spielen auf dem Großen Platz zusehen. Auch ein Beratungs- oder Audienzraum mit Spiegeln und goldenen Fensterrahmen wird beschrieben. Die Terrasse hat drei Plattformen von verschiedener Höhe, zu der fünf Treppen führen, die nördliche wurde wahrscheinlich später gebaut. Ihren Namen hat die Terrasse von den ausgezeichneten Darstellungen der **Elefanten** und einer Elefantenjagd, die den größten Teil der Friese einnehmen.

Es sind aber auch im Wechsel **Garudas** und **Löwen** zu sehen. **Balaha**, das **Pferd mit fünf Köpfen** (am inneren Gang der Nordost-Ecke), eine Inkarnation des Bodhisattva Lokiteshvara; sowie Gladiatoren, Artisten und Polospieler sind an der nördlichen Front dargestellt.

Foto: Jürgen Bergmann

★★Terrasse des Lepra-Königs
Erbauer: König Jayavarman VII. am Ende seiner Regierungszeit (1181- etwa 1220) oder König Jayavarman VIII. (1243-1295)
LAGE: Am Großen Platz, nördlich der Elefanten-Terrasse.

Zwischen der Elefanten-Terrasse und der **★★Terrasse des Lepra-Königs** 13 besteht keine Verbindung. Der Name der letzteren stammt von einer Plastik, die sich auf der Plattform befand, im Volksmund Lepra-König genannt – nach König Yasovarman, der zuerst in Angkor baute (899-910) und an Lepra starb. Diese Statue befindet sich heute im Nationalmuseum in Phnom Penh und stellt keinen König dar, sondern sehr wahrscheinlich den Todesgott Yama; analog zu dieser Deutung fanden auf dieser Terrasse wohl die rituellen Verbrennungen der Leichname der Königsfamilie und anderer hoher Würdenträger statt. Auch diese Plattform hat als Unterbau für einen Pavillon gedient.

Oben: Schwertschluckerin an der Terrasse des Lepra-Königs in Angkor Thom.

Die sechs oder sieben Reihen von **Basreliefs** – an einer Stelle deutlich erkennbar hintereinander angeordnet und damit ein Hinweis auf eine spätere Vergrößerung der Bauwerks – zeigen **Könige** mit dem Schwert in der Hand, die von ihrem **Hofstaat** umgeben sind. Den unteren Teil schmücken Nagas und Fische. Die Terrasse scheint bis an einen See gereicht zu haben, der den Großen Platz fortsetzte und später von Jayavarman VII. zugeschüttet wurde, um die Siegesstraße erbauen zu können. Die Palastszenen auf den Friesen ähneln denen auf den Reliefs des Bayon und gehören zu den schönsten und qualitätvollsten Kunstwerken der Khmer.

★★Phimeanakas
Mehrere Epochen der Angkorianischen Periode
Stil von Khleang (978-1010) und Stil von Baphuon (1010-1080).
Bauzeit: Begonnen von Jayavarman V. (968-1001), beendet von Udayadityavarman II. (1050-1066).
LAGE: Im Zentrum des zweiten Hofes des

» Karte S. 120-121, Info S. 164-165

Königspalastes. Zu erreichen durch das Osttor des Palastes.

Die Pyramide ★★**Phimeanakas** 14 misst an der Basis 35 x 28 m. Die Höhe der drei Stufen nimmt nach oben hin ab, die untere ist 4,60 m, die zweite 4 m und die dritte 3,40 m hoch. Auf der dritten Stufe stand ein kleines Gebäude auf kreuzförmigem Grundriss mit vier Eingängen nach allen Himmelsrichtungen, von dem nichts erhalten blieb, und erklärt den Namen: „Palast der Luft". Es wird berichtet, dass der Turm ein goldenes Dach hatte. Die gesamte Höhe der Pyramide, ohne die Aufbauten, beträgt nur 12 m, sie wirkt aber durch die steilen axialen Treppen bedeutend höher. Jede Stufe zieren an den Ecken Löwen und Elefanten. Die letzte Stufe ist umgeben von einer nur 1 m breiten Galerie aus Sandstein mit Balusterfenstern und kleinen axialen Türmen. Das gesamte Bauwerk wirkt sehr harmonisch. Der am Angkor-Hof 1296/1297 weilende chinesische Beamte Zhou Daguan berichtet, dass der König um Mitternacht im Turm des Tempels mit der Schlangenkönigin in Gestalt einer sehr schönen Frau zusammentraf. Der König schöpfte aus dieser Vereinigung Weisheit, die die Wohlfahrt des Landes garantierte.

★Tep Pranam

Angkorianische Periode
Erbauer: König Yasovarman I. (Ende des 9. Jh.)
LAGE: Durch den Nordausgang des ersten oder zweiten Hofes des Königspalastes oder hinter der Terrasse des Lepra-Königs auf einem schmalen Weg nach Westen zu erreichen.

Auf der 82 x 34 m großen Terrasse ★**Tep Pranam** 15 befindet sich ein 4 m großer **Sitzender Buddha**. Die Inschrift auf einem Stein, der vielleicht aus dem Östlichen Baray stammt, berichtet von einem Kloster. Auf der Terrasse stand eine aus vergänglichem Material erbaute Pagode. Um die Plattform blieben Fragmente von Beerdigungs-Stupas erhalten. Ein Stehender Buddha konnte aus Bruchstücken zusammengesetzt werden, nur das Gesicht fehlt.

Etwas weiter westlich liegt ein ausgetrockneter See, dessen nördliches Ufer mit Sandsteinen eingefasst war.

★Preah Palilay

Angkorianische und prä-angkorianische Periode (Mitte des 12. Jh.)
Erneuerungen von Jayavarman VII. (Anfang des 13. Jh.)
LAGE: Westlich von Tep Pranam.

Ein Weg führt vom Tep Pranam nach Westen zu einem Lateritwall von 50 x 50 m, der das ★**Preah Palilay** 16 umschließt. Dem **Turmheiligtum** ist eine zweiteilige Terrasse von verschiedener Höhe vorgelagert. An ihrer Osttreppe stehen Wächter und Löwen. Das Sehenswerte der Anlage ist – außer, dass hohe Bäume malerisch in den Straßen wurzeln – die Naga-Balustrade, eine der wenigen, die gut erhalten blieb. Der kleine Pavillon, durch den das Heiligtum zu erreichen ist, hat drei Passagen. Das Turmheiligtum besitzt eine ungewöhnliche Dekoration, seine ungewöhnliche Silhouette gleicht einem Kamin. Die Türstürze im Osten und Westen zeigen schöne Dekoration. Der figürliche Schmuck ist der hinduistischen und buddhistischen Ikonografie entnommen. Beim Betreten des Heiligtums sind noch große Holzbalken, die als Türangeln dienten, zu sehen.

Die Tempel im Osten des Großen Platzes

★Prasat Suor Prat

Erbauer: Wohl Jayavarman VII. (Anfang des 13. Jh.)

Die 12 kleinen Türme aus Laterit gegenüber der Elefanten-Terrasse im Osten des Großen Platzes werden oft als „Pavillons der Tänzerinnen" bezeichnet, die den König und seinen Hofstaat erfreuten. Der Volksmund gab ihnen den Namen ★**Prasat Suor Prat** 17 („Türme der Seiltänzer"), zwischen denen die Artisten Seile spannten. Sie stehen auf

Foto: Helmut Köllner

einer Nord-Süd-Achse in gleichen Abständen voneinander.

Die zweistöckigen Gebäude mit zwei Giebeln haben keine Treppe. Altäre und Götterbilder weisen auf religiöse Zwecke hin. Sie sind nach Westen offen, was sich mit ihrer Lage am Großen Platz erklären lässt. Es scheint, dass sie innen und außen nicht fertiggestellt wurden, nicht alle Sandsteineinfassungen sind bearbeitet, manche hatten vorher schon eine andere Verwendung.

★Nördliches und Südliches Khleang

Angkorianische Periode; Stil von Khleang (965-1010) unter König Jayavarman V. und Suryavarman II.
LAGE: Im Osten des Großen Platzes, unsichtbar im Regenwald hinter den Prasat Suor Prat. Von der Straße, die gegenüber der Elefanten-Terrasse zum Osttor führt, gehen schmale Wege nach links und rechts in den Dschungel.

Der heutige Name, **Khleang**, bedeutet „Warenlager", es handelt sich aber wohl um Sakralbauten, die von Höfen mit kleineren Gebäuden umgeben sind. Sie waren nach Westen – zum Großen Platz und Königspalast hin – offen und besaßen einst, was sich heute nicht mehr erkennen lässt, vorgebaute Terrassen.

Auf der Ostseite der Khleang lagen ebenfalls Terrassen und Höfe mit Gebäuden und Galerien. Am **★Nördlichen Khleang** 18 blieb ein kleines Heiligtum mit dekoriertem Unterbau und figurengeschmückten Friesen in einem östlichen Hof erhalten. Von den Gebäuden um das **Südliche Khleang** 19 sind heute nur noch Ruinen zu finden. In den Khleang befanden sich Altäre mit einem *linga* (Phallus) und mehrere Figuren. Buddhistische Relikte stammen aus späterer Zeit.

Das Nördliche Khleang ist besser erhalten. Beide Khleang haben im Westen und Osten Vorbauten und seitliche Galerien. Für den Bau fand Laterit und Sandstein Verwendung, die Steine sind sorgfältig geschichtet, der Innenraum mit Sandstein gepflastert.

Oben: Tempelbesucherinnen.

» Karte S. 120-121, Info S. 164-165

Die seitlichen Galerien waren holzgedeckt. Die Fassaden sind reich ornamentiert, aber nicht überladen. An den Eingangspavillons lässt sich eine Ähnlichkeit mit denen an der Tempelpyramide Ta Keo erkennen.

Vom Nördlichen Khleang führt ein schmaler Fußpfad zum Preah Pithu.

★Preah Pithu

Angkorianische Periode
Stil von Angkor Wat (Anfang 12. Jh., teilweise aus dem 13. Jh.)
LAGE: Auf der gleichen Höhe von Tep Pranam und Preah Palilay, aber östlich der Nord-Süd-Straße, oder über einen Fußweg vom Nördlichen Khleang zu erreichen.
Erbauer: Ein Nachfolger von Suryavarman II.

Die fünf kleinen Heiligtümer liegen unregelmäßig und stimmungsvoll in einem unübersichtlichen bewaldeten Gelände verstreut und sind stark zerstört. Alle Heiligtümer der **★Preah Pithu-Gruppe** 20 wären unzerstört wahre Kleinodien der Khmer-Kunst.

Rechts hinter dem Nördlichen Khleang befindet sich ein kleines, von einem Sandsteinwall umgebenes Heiligtum mit zwei Eingangspavillons im Osten und Westen. Eine Terrasse besitzt auf zwei Ebenen eine schöne Naga-Balustrade, die mit der von Preah Palilay vergleichbar ist. Das detailreiche **Dekor** an dem pyramidenförmigen Unterbau des Gebäudes ist besonders bemerkenswert. Das Kirnen des Milchsees wird mehrfach dargestellt, und verschiedene (niedere) Götter (*devatas, tevodas*) zieren die Ecken der Mauern.

Östlich des ersten liegt auf einem einstufigen Unterbau ein kleineres, verfallenes Heiligtum, umgeben von einem Wall mit reich dekorierten Mauern. Zwei Wächter sind von ihren Sockeln am westlichen Eingang gefallen. Am westlichen Wall finden sich Darstellungen des tanzenden, vielarmigen Shiva. Die beiden kleinen Tempel sind von einem Wasserbassin umgeben.

Im Osten führt ein Weg über das Wasserbecken zu einem dritten Heiligtum auf einem sehr einfachen, 3,6 m hohen quadratischen Unterbau von 35 m Seitenlängen. Der cella-artige Innenraum ist mit Buddha-Statuen geschmückt. Im Osten des Tempels liegt auf einem 1,40 m hohen Lateritwall eine Terrasse, die über eine Sandsteintreppe, flankiert von Wächtern und Nagas, zu erreichen ist.

Von einem Tempel lassen sich nur noch Spuren erkennen. Dass es sich um eine Restaurierung aus der Zeit der siamesischen Besatzung handelt, lässt sich gut an den typischen Merkmalen der Buddha-Statuen erkennen. Etwa 20 m entfernt an einer Treppe stehen zwei 1,50 m große Elefanten.

Der vierte Sakralbau liegt nördlich auf einem zweistöckigen Unterbau mit reich dekorierten Friesen. Das Gebäude ist recht einfach gestaltet, die Vorbauten am Eingang wurden erst nach der Fertigstellung hinzugefügt. An einigen der nicht ganz fertiggestellten Stürze lässt sich sehr gut die Arbeitsweise der Khmer-Bildhauer erkennen. Eine Umfassungsmauer reicht fast bis an den Großen Rundweg.

Der fünfte Tempel befindet sich weiter nördlich und unterscheidet sich von den vier bereits beschriebenen. Er gleicht den Gebäuden, die als Pilgerherbergen Jayavarmans VII. bezeichnet werden, wie sie in seinen großen Klosteranlagen zu finden sind. Es sind quadratische, turmförmige Gebäude mit einem langen, vorgebauten Raum. Die beiden Gebäude sind durch einen schmalen Gang verbunden. Die sehr schönen **Basreliefs** des Bauwerkes zeigen religiöse Szenen.

Die Tempel am kleinen Rundweg

★★Thommanon und ★Chau Say Tevoda

Angkorianische Periode
Stil von Angkor Wat (1100-1175)
Erbauer: König Suryavarman II. (1113-

Foto: Jürgen Bergmann

1150); LAGE: Der Kleine Rundweg beginnt am Siegestor von Angkor Thom. Beim Kilometerstein 2 liegt Thommanon auf der linken und Chau Say Tevoda gegenüber auf der rechten Straßenseite.

Mit diesen beiden, wohl gleichzeitig errichteten Heiligtümern versuchte wahrscheinlich der Architekt, mit geringen Abweichungen in Anlage und Dekoration des Hauptheiligtums unterschiedliche Effekte zu erzielen.

★★Thommanon 21, ein Vishnu-Heiligtum, ist von einem Wall umgeben, dessen Ost- und Westtor (*gopura*) erhalten blieben. Der zentrale, 32 m lange Gebäudekomplex ist ein Musterbeispiel für einen **Ein-Turm-Tempel**: Durch ein Portal betritt man eine große Vorhalle (*mandapa*), die durch einen kurzen Korridor (*antarala*) mit dem Allerheiligsten bzw. dem Hauptturm (*prasat*) mit drei Scheintüren an der Außenseite verbunden ist. Der Turm, mit einfachen Pilastern an den Ecken, hebt sich klar von den Seitenflügeln ab, die mit umlaufenden Friesen geschmückt sind. Dieses Konzept erfährt in Chau Say eine Änderung. Die Stürze, Friese und Pilaster sind reich geschmückt mit Szenen aus den Vishnu-Epen (v. a. dem Ramayana) und Apsaras, die stilistisch denen am Angkor Wat ähnlich sind.

Oben: Tänzerinnen (Apsaras) am Königshof von Angkor – Relief am Thommanon-Tempel. Rechts: Der Ta Keo Tempel in Angkor. Diese fünfstufige Pyramide hat im Gegensatz zu anderen Khmer-Bauten keinen Reliefschmuck.

★Chau Say Tevoda 22, das um 1160 fertiggestellt wurde, liegt gegenüber, 30 m von der Straße entfernt. Das Hauptheiligtum mit seinen vier Flügeln und die Halle stehen auf einer großen Plattform und sind nach Osten ausgerichtet. Der Tempelturm bildet, anders als im Thommanon, durch die umlaufenden Gesimse mit gleichem Dekor eine Einheit mit den Seitenflügeln und entspricht den Türmen des Angkor Wat.

Die Seitenflügel haben Balusterfenster, und die Dekoration der Fassaden täuscht das Vorhandensein von Stockwerken vor. Der Turm in seiner oberen Partie blieb unvollendet.

Die Vorhalle in ostwestlicher Richtung hat vier Türen und vier Scheinfenster. Das östliche Vestibül verbindet sie mit dem Hauptheiligtum, dessen Wände ebenfalls Scheinfenster mit Balustern besitzen.

Die Hauptgebäude, umgeben von zwei Bibliotheken und Toren, sind durch Terrassen mit Naga-Balustraden miteinander verbunden.

Chau Say ist ein Shiva-Heiligtum, in dem Linga- und Nandi-Plastiken gefunden wurden. Die Dekoration ist jedoch meistens Vishnu-Legenden entnommen.

Spean Thma

Spean Thma („Steinbrücke"): Ungefähr 700 m östlich vom Siegestor, an der Straße, blieben die Pfeiler einer Brücke (16. Jh.) aus Sandstein über den Siem Reap-Fluss erhalten (alle anderen bestanden aus Laterit). Als Schmuck besitzt sie eine Naga-Balustrade.

» Karte S. 120-121, Info S. 164-165

Foto: Josef Beck

★★Ta Keo

Angkorianische Periode
Im Stil von Khleang (965-1010) von Jayavarman V. 975 begonnen. Der Bau wurde bis in die Zeit Suryavarman II. (Stil von Angkor Wat) fortgesetzt, blieb jedoch unvollendet.
LAGE: Am kleinen Rundweg, etwa 1 km hinter dem Thommanon.

Einen Sonderplatz unter den Khmer-Bauten nimmt die fünfstufige Pyramide **★Ta Keo** 23 ein, weil sie kaum Reliefs oder sonstigen Schmuck aufweist. Das führte zur irrigen Behauptung, dass sie von den Cham ihres Schmuckes beraubt wurde. Wahrscheinlich waren es innenpolitische Probleme, die die Arbeiten an diesem imponierenden Bauwerk nicht zu Ende kommen ließen. Die für den Bau von Ta Keo verwendeten riesigen Quader aus hartem Sandstein ließen sich schwer bearbeiten. Die Silhouette wirkt einfach und kahl. Nichts lenkt von den klaren Linien der Architektur ab, von der Wirkung der eindrucksvollen Proportionen. Das gesamte Bauwerk sollte 50 m hoch werden.

Fünf Stufen dienen als Unterbau für das Zentrale Heiligtum, das von vier kleineren Türmen umgeben war. Die erste, 2,20 m hohe Terrasse misst an der Basis von Ost nach West 100 m, von Nord nach Süd 120 m. Axial angeordnete Pavillons führen zum Innenhof, aus dem weitere Stufen aufragen.

An der Ostseite des Hofes stehen zwei stark zerstörte kleine Gebäude, die als Bibliotheken, Schatzhäuser oder Pilgerherbergen interpretiert werden.

Die zweite Stufe, auf einer 80 x 75 m großen und 5,50 m hohen Basis, ist mit einer Galerie umgeben, die an den Achsen von Pavillons unterbrochen wird. Die dritte Plattform, 47 m im Quadrat und am Fuß von vier Pavillons umgeben, hat drei Unterbauten von 5,80, 4,5 und 3,60 m Höhe und trägt auf der Gesamthöhe von 22 m die fünf Türme.

Es gibt Ornamente an der Ostfassade in 12 m Höhe, die von oben nach unten gearbeitet wurden, und auf den Friesen zur zweiten Stufe. Inschriften bestätigen, dass Ta Keo als Shiva-Tempel gebaut wurde, es fanden sich Bruchstü-

» Karte S. 120-121, Info S. 164-165

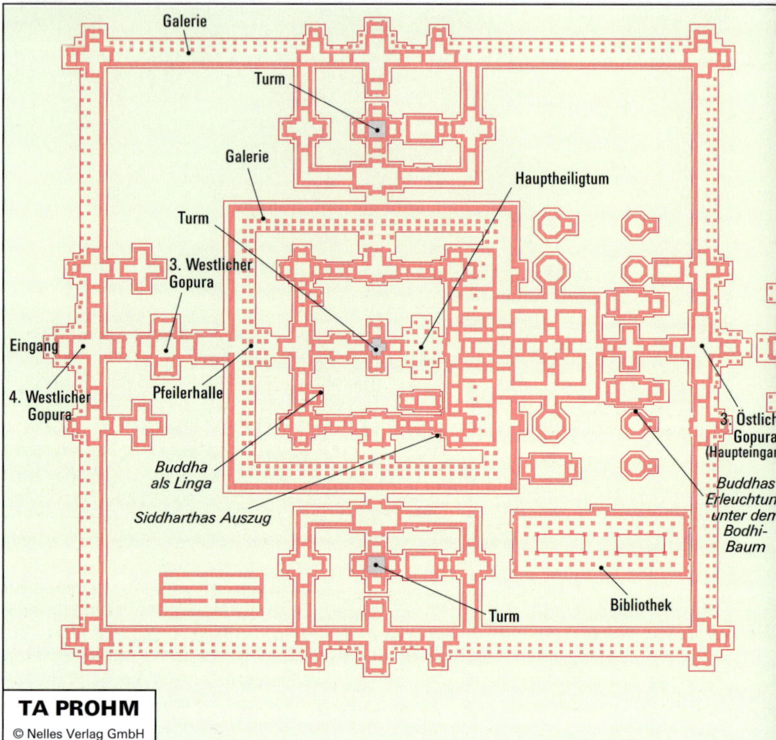

cke von Lingas und Nandi-Statuen. Die Buddha-Statuen stammen, wie auch in anderen Tempeln, aus einer späteren Zeit, als Mönche in Angkor lebten. Eine Inschrift berichtet von einem Hospital, das nahe des Tempels lag.

Von der obersten Terrasse kann man im Nordosten die Höhenzüge des Phnom Kulen erkennen.

★Prasat Ta Nei

Post-angkorianische Periode
Stil von Bayon (1177-1230); Erbauer: Jayavarman VII. (Anfang 12. Jh.)
LAGE: 900 m östlich von Ta Keo, auf einem Fußpfad zu erreichen.
Wall und Tore sind stark zerstört.

Typisch ist die Khmer-Bauweise des **★Prasat Ta Nei** 24 aus gemischtem Material, Laterit und Sandstein. Das buddhistische Hauptheiligtum liegt nach Westen versetzt in einem 36 x 35 m großen Hof. Das dahinter gelegene Tor führt zu den Galerien, die den Tempel umgeben. 80 m weiter befindet sich das Osttor mit einer Darstellung des Bodhisattva Lokiteshvara.

★★★Ta Prohm

Post-angkorianische Periode
Stil von Bayon (1177-1230)
Erbauer: König Jayavarman VII. (1181-1219), Baujahr: 1186
LAGE: Am Kleinen Rundweg, Eingang durch das Westtor bei Kilometerstein 4, Ausgang durch das Osttor.

» Karte S. 120-121, Info S. 164-165

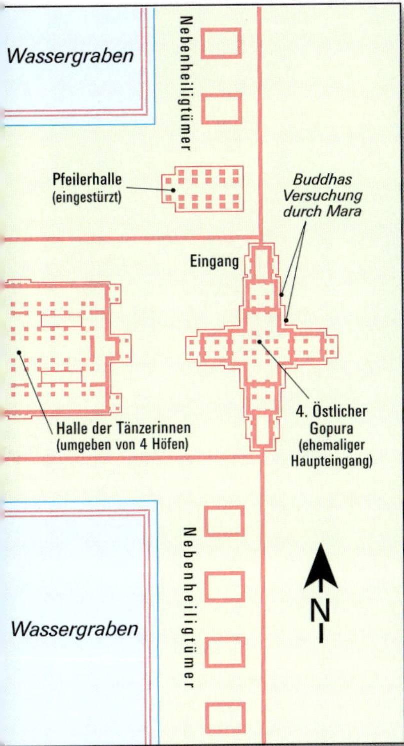

Kaum ein anderer Tempel lässt die Üppigkeit und zerstörerische Kraft der tropischen Vegetation so deutlich werden wie ★★★**Ta Prohm** 25 (Abb. S. 66 u S. 154). Als französische Forscher die Anlage entdeckten, ließen sie die Baumriesen und ihre mächtigen **Wurzeln**, die sich wie Riesenschlangen um die Tempel legten, ihr Mauerwerk durchdrangen und sprengten, stehen. Inzwischen musste, um den Tempel zu retten, ein Teil der Baumriesen beseitigt werden. Weltberühmt wurde er durch Angelina Jolie und ihren Film *Tomb Raider*.

Jayavarman VII. ließ das **Buddhistische Kloster** als Wohnsitz für seine als Prajnaparamita vergöttlichte Mutter errichten. Ta Prohm wirkt wie eine Verkleinerung von Angkor Thom. Der Lateritwall umgibt ein Gelände von 1000 x 700 m. Am Westtor blieb ein Gesichtsturm, wie er an den Toren von Angkor Thom und am Bayon zu sehen ist, am besten erhalten. Die **Wächter** (*dvarapala*), die Garuda und die Naga-Balustrade sind z. T. zerstört. Ein mit Sandsteinplatten gepflasterter Weg führt über den äußeren Graben zum Eingangspavillon des zweiten Walls. Das Hauptheiligtum liegt in der Mitte, überragt von hohen Feigenbäumen, die teils in der Anlage wurzeln.

Eine Inschrift aus dem 12. Jh., in einen Steinpfosten gemeißelt, berichtet von den Siegen des Königs über die Cham und über das Leben in Ta Prohm. Zum Kloster und Haushalt der Königin-Mutter gehörten 18 Oberbonzen und 2740 Mönche sowie 2232 andere Bewohner, darunter 615 Tänzer. Insgesamt waren 66 625 Männer und Frauen aus den umliegenden Dörfern mit dem Dienst für das Kloster befasst. Ungefähr 400 m tief muss der Besucher auf einem breiten Weg in den Dschungel eindringen, dann ist die Balustrade um den inneren Graben und der dahinter liegende Lateritwall erreicht, der den inneren Tempelbezirk umgibt.

Das Eingangsgebäude besteht aus einer großen Halle mit drei Kreuzgängen, daneben eine zweite mit quadratischen Säulen. Am Wall liegen ungefähr 100 Mönchszellen mit Laterit-Vorbauten. Weiter führt der Weg in einen großen Hof, dessen Wände mit Scheintoren dekoriert sind. Der Tempel (145 x 125 m) ist ein Labyrinth aus Gängen, Galerien, Hallen, das durch die von allen Seiten eindringende Vegetation noch unübersichtlicher wird.

Durch kleine Höfe und Galerien erreicht man das Hauptheiligtum, das sich in einem Hof, der 24 m im Quadrat misst, erhebt. Es ist stark zerstört, der Turm hat keine Dekoration, vielleicht war er mit Metallplatten belegt.

Die älteren Teile von Ta Prohm weisen

Foto: Helmut Köllner

sorgfältige Bearbeitung und vielfältiges Baudekor auf, tanzende Apsaras sind beinahe so häufig wie am Angkor Wat. Die späteren Teile sind etwas weniger qualitätvoll, wohl wegen der Eile, mit der der König seine zahlreichen Bauwerke vorantrieb.

Ta Prohm ist als Kloster für eine große Anzahl von Menschen erbaut, nicht wie die Tempel der Angkor-Periode als Verehrungsstätten der Götter und Gottkönige. Das erklärt die völlig andere Konzeption. Um den Hauptbau befinden sich viele kleine Pavillons, Gebäude, Zellen und Heiligtümer, auch Unterkünfte für Pilger. Der markierte Fußweg führt weiter zum Osttor, das seinen Gesichtsturm verloren hat.

★★Banteay Kdei

Post-angkorianische Periode
Stil von Bayon (1177-1230)
Erbauer: Jayavarman VII. (1181-1219)
Erbaut: 1181
LAGE: Vom Osttor von Ta Prohm zurück zum Kleinen Rundweg; diesen querend zum Westtor von Banteay Kdei.

★★Banteay Kdei 26 ist in der Konzeption Ta Prohm und Preah Khan ähnlich, so dass man bei begrenzter Zeit die Besichtigung auslassen kann. Doch hat es den Vorzug, überschaubarer und einheitlicher – auch in der Ausführung der Bildhauerarbeiten – zu sein. Es ist auch weitgehend von der Vegetation befreit und leichter begehbar. Jayavarman VII. ließ es als erste der drei großen Klosteranlagen in Angkor für seinen Lehrer erbauen.

Der äußere der beiden Wälle misst 700 x 500 m, die Eingangstore tragen Gesichtstürme. Der innere Tempelkomplex ist über einen 200 m langen Fußpfad zu erreichen und hat eine Ausdehnung von 320 x 300 m, der Haupttempel ist 63 x 50 m groß.

In den zwei kleinen Gebäuden im nordöstlichen und südöstlichen Hof sind sehr sorgfältig bearbeitete Devata-Figuren zu finden, die weibliche Gott-

Oben: Würgefeigen und Kapokbäume haben Ta Prohm erobert. Rechts: Blick über den Teich Srah Srang.

» Karte S. 120-121, Info S. 164-165

Foto: Wolfgang Hellige

heiten darstellen. Unter dem östlichen Gopura des inneren Heiligtums sitzt ein meditierender **Buddha**. Das **Osttor** von Banteay Kdei weist einen besonders schönen **Gesichtsturm** auf.

★Srah Srang

LAGE: Gegenüber dem Ostausgang von Banteay Kdei.

Der künstliche See **★Srah Srang** 27 entstand wohl zeitgleich mit Banteay Kdei. In das 350 x 700 m große Becken (*baray*) führen von Westen gemauerte Stufen. Auf der mit Löwenfiguren und Naga-Balustraden dekorierten, einst mit dem Tempel verbundenen Terrasse standen vermutlich Schatten spendende Pavillons aus vergänglichem Material.

In der Mitte des Sees blieb von einem früheren Gebäude nur ein Steinhaufen zurück. Im Volksmund wird der See auch als „Bad des Königs" oder „Bad des Mönchs" bezeichnet. Grün umrahmt, bietet er besonders bei Sonnenaufgang und in der Abendsonne einen sehr reizvollen Anblick.

Prasat Bat Chum

Angkorianische Periode
Stil von Koh Ker (921-944)
Bauzeit: Mitte 10. Jh.
LAGE: 1 km nordöstlich von Prasat Kravanh, 400 m südlich von Srah Srang.

Das kleine Dreiturmheiligtum **Prasat Bat Chum** 28 aus Backstein besitzt sehr schön gearbeitete Stürze und eine Löwenplastik aus Sandstein.

★★Prasat Kravanh

Angkorianische Periode
Stil von Koh Ker (921-944); Erbaut von einem Würdenträger um 921
LAGE: Zwischen Kilometer 7 und 8 am Kleinen Rundweg. (Taschenlampe nützl).

★★Prasat Kravanh 29, ein Vishnu-Heiligtum, ist einer der letzten großen Ziegelbauten und gehört noch zu der von Indravarman begonnenen Kunstrichtung. Er besitzt direkt in die Mauer gearbeitete Reliefs sowie Reste einer Ausmalung und besteht aus fünf großen, nebeneinander stehenden, fensterlosen Turmheiligtümern. Die Umrahmungen der Türen sind aus Sandstein

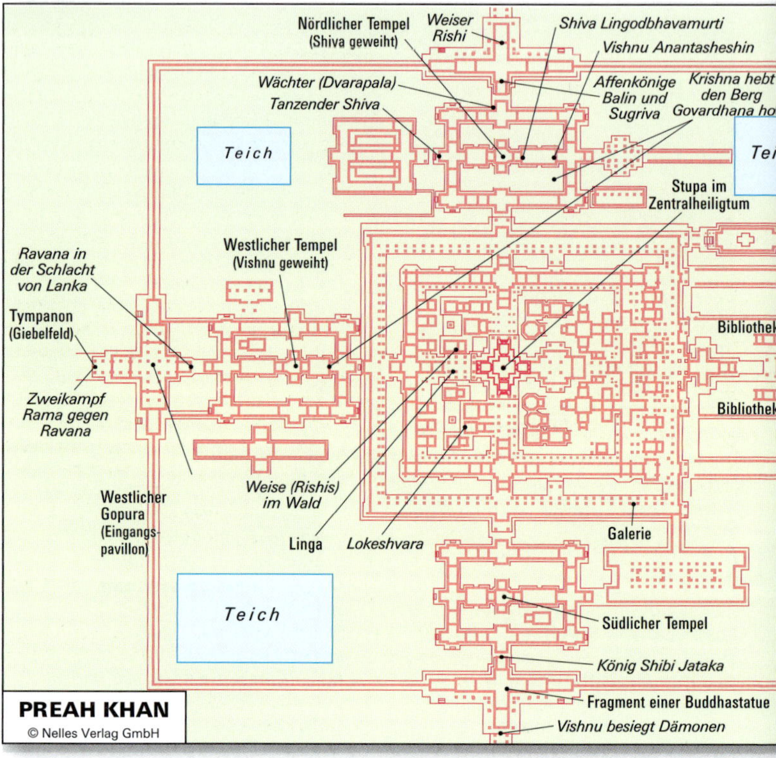

und zeigen Laubwerkdekor mit kleinen Reiterfiguren. Die Turmheiligtümer der Indravarman-Epoche haben keinen Innenschmuck; der Kravanh macht eine Ausnahme: Sein mittlerer Turm besitzt innen Reliefs, die direkt in das Mauerwerk gemeißelt sind. Am besten zu erkennen sind sie, wenn die Abendsonne schräg in den dunklen Innenraum fällt.

Die Tempel am großen Rundweg

★★★Preah Khan

Post-angkorianische Periode
Stil von Bayon (1177-1230)
Erbauer: Jayavarman VII. (1181-1219)
Bauzeit: 1191
LAGE: Der große Rundweg beginnt am Nordtor von Angkor Thom. Der Tempel Preah Khan liegt nordöstlich davon. Vom Nordeingang führt ein Fußweg am Tempel entlang zum Osteingang.

Das dritte Kloster von Jayavarman VII., für seinen Vater errichtet, heißt nach dem Schutzsymbol Kambodschas **★★★Preah Khan** 30 („Heiliges Schwert“). Es ist einer der größten Tempelbezirke Angkors, geschützt von vier Einfriedungen. Von Westen und Osten führt eine von steinernen Pfosten flankierte Straße zum Tempel. Der erste Wall misst ca. 800 x 700 m und ist von einem Graben umgeben, auf dem 7 m hohe **Garudas** wachten. An allen vier Seiten führt, wie in Angkor Thom, eine **Straße der Riesen** über den Graben.

 » Karte S. 120-121, Plan S. 156-157, Info S. 164-165

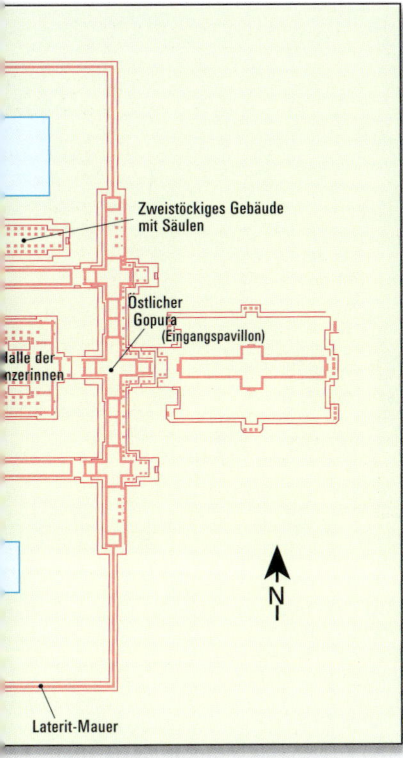

Der **Eingangspavillon** durch den äußeren Wall hat drei Passagen, jede mit einem sich verjüngenden Turm geschmückt, den eine Doppelkrone aus Lotosblättern ziert. Der mittlere Eingang war für die Elefanten bestimmt. Nur die beiden Seiteneingänge haben außen und innen Vorhallen, in denen vielleicht Götterbilder untergebracht waren. Innerhalb der Mauern führt ein Weg zu einer dem inneren Tempel vorgelagerten **Terrasse**, die mit Schlangen und Löwen geschmückt ist. Der Wall um das **Zentrale Heiligtum**, in dem ein kleiner **Stupa** steht, misst 175 x 200 m und wird unterbrochen von vier Eingangspavillons mit reich dekorierten Vorhallen.

Durch den zweiten hohen Lateritwall führen nur axiale Türen. Er ist 83 x 98 m lang und besaß eine Galerie, die aber nicht erhalten blieb. Ein Fülle von Dekor, Stürzen, Basreliefs, Tympanons, Friesen und Paneelen mit buddhistischen Motiven und Szenen aus den indischen Epen, aber auch Göttinnen, Tänzerinnen und Ornamente schmücken das Hauptheiligtum und die Nebengebäude. Im Nordtempel sind in Tympanons **Shiva** und **Vishnu** dargestellt. Auffällig ist in der Nordost-Ecke ein **zweigeschossiges Gebäude** mit runden **Säulen** aus dem 13. Jh., das keine Treppe aufweist und möglicherweise als Reisspeicher gedient hat. Die herumliegenden Steinblöcke und die Baumriesen, die fotogen in den Mauern wurzeln, verleihen der Tempelanlage morbiden Charme.

★★Neak Pean

Post-angkorianische Periode
Stil von Bayon (1177-1230)
Erbauer: König Jayavarman VII. (1181-1219)
LAGE: Am Großen Rundweg bei Kilometerstein 6, wenige Kilometer östlich vom Preah Khan-Tempel.

Der ★★**Neak Pean** 31 ist ein quadratisches Bollwerk von 350 m Länge. Er wurde aus Laterit erbaut und besitzt axiale Treppen, von deren Elefanten aus Sandstein nur einer an der Nord-West Ecke erhalten blieb. Neak Pean liegt auf einer **Insel** in einem See, inmitten eines größeren ausgetrockneten Stausees. Auf zwei Seiten führt der Große Rundweg über seine Deiche. Innerhalb der Mauern des Heiligtums lagen mehrere Wasserbassins. Das mittlere, umgeben von vier seitlichen, 25 m breiten Becken, in die gemauerte Treppen führen, blieb erhalten.

Die vier **Bassins** sind durch kleine Pavillons mit originellen **Wasserspeiern** (gut erhalten ist der im Osten) mit dem mittleren verbunden. Ihre gewölbten Dächer befinden sich in der Höhe eines gepflasterten Fußweges, der um das 70 x 70 m große Mittelbassin führt. Er

» Plan S. 156-157, Karte S. 120-121, Info S. 164-165

Foto: Josef Beck

diente als Wandelgang um das Heiligtum, das dem Bodhisattva Lokiteshvara geweiht war.

In der Mitte des zentralen Bassins steht ein kleiner **Sandsteintempel** auf einer runden Plattform mit 14 m Durchmesser, zu dem Stufen führen. Um den Sockel der Plattform winden sich zwei aufgerollte Naga, **Schlangen**, deren Oberkörper und Köpfe sich neben dem Osteingang aufrichten, während die Schwänze am Westeingang vertikal eingedreht sind – *neak pean* bedeutet „ineinander verschlungene Schlangen". Davor steht im Wasser das **Pferd Balaha**, eine Erscheinungsform Avalokiteshvaras, in der er Seeleute rettet. Der Tempel symbolisiert den See Anavatapta im Himalaya, aus dem die vier Ströme entspringen, die der Welt die heilige Kraft des Wassers spenden. Die Becken sind zur Regenzeit mit Wasser gefüllt.

Oben: Säulenbau im Preah Khan. Rechts: Inseltempel Neak Pean: Wer – in oder kurz nach der Regenzeit – das Pferd Balaha berühren möchte, muss durchs Wasser waten.

★★Ta Som

Post-angkorianische Periode
Stil von Bayon (1177-1230)
Erbauer: Jayavarman VII. (1181-1219)
LAGE: Beim Kilometerstein 8 am Großen Rundweg

Die Architektur und die Reliefs des relativ kleinen und deshalb überschaubaren, halb verfallenen **★★Ta Som** 32 ähneln den Anlagen von Banteay Kdei und Ta Prohm – atmosphärisch durchaus reizvoll. Gleich am Parkplatz, über dem westlichen Eingangstor, befindet sich ein **Gesichtsturm**; malerischer ist jedoch der über dem **Osttor**, der noch fest im Griff einer Würgefeige ist. An seinen Giebelfeldern sind Avalokiteshvara-Szenen eingemeißelt. Die Außenmauer ist 200 x 240 m lang.

★★Östlicher Mebon

Angkorianische Periode
Stil von Pre Rup (947-965)
Erbauer: König Rajendravarman II. (944-968), Bauzeit: 945
LAGE: Am Großen Rundweg zwischen Kilometerstein 10 und 11 im ausgetrockne-

» Karte S. 120-121, Info S. 164-165

ten Östlichen Baray.

Der ★★**Östliche Mebon** 33 liegt auf einer Insel im Östlichen Baray und wurde von Rajendravarman II. als Verehrungsstätte für seine Ahnen errichtet.

Der quadratische Untergrund aus Laterit misst 130 m und ist 3,40 m hoch. An seinen vier Ecken stehen **Elefanten** aus fein bearbeitetem Sandstein mit Glocken um den Hals. Gut erhaltene Elefanten befinden sich an der Ostseite.

Der Tempel wird der Epoche Indravarmans zugeordnet, die mit dem Bakong-Tempel in Roluos begann. Im Eingangspavillon des ersten Walls befindet sich eine Inschrift. Diese preist den König Rajendravarman II. und berichtet, dass Rajendravarman 8 Linga errichten ließ, außerdem Statuen von Vishnu und Brahma.

Im Hof stehen Ruinen kleiner Heiligtümer aus Laterit mit Vorbauten. Durch den zweiten Wall führen axiale Pavillons, die Terrasse ist von kleinen Ziegelbauten umgeben. Die Elefanten an ihren Ecken blieben weniger gut erhalten.

Die oberste Plattform ist 32 x 32 m groß und trägt das zentrale Heiligtum. Der Aufbau ähnelt der Pyramide von Ta Keo: vier **Türme** umgeben den mittleren **Hauptturm**. Der rötliche Ziegel wirkt wärmer, die Bearbeitung der Sandsteinumrahmungen, Säulen und **Türstürze** wurde äußerst sorgfältig ausgeführt. Unzählige Löcher im Mauerwerk lassen darauf schließen, dass die Ziegelmauern wohl mit Stuck umgeben waren.

★★Pre Rup

Angkorianische Periode
Stil von Pre Rup (947-965); Erbauer: König Rajendravarman II. (944-968), Bauzeit: 961
LAGE: Am Großen Rundweg bei Kilometerstein 12; im Zentrum einer neuen Residenz südlich des Östlichen Barays.

Der dreistufige Tempelberg ★★**Pre Rup** 34 besitzt auf der obersten Stufe ebenfalls vier Prasat, axial um das Hauptheiligtum. Er ist nach Westen ge-

Foto: Berthold Schwarz

richtet und wurde von König Rajendravarman II. als Stätte seiner posthumen Verehrung und als sein Mausoleum errichtet. Die Tempelpyramide gleicht dem benachbarten Östlichen Mebon, ihre Verwendung als Begräbnisstätte bietet einige Besonderheiten.

Die quadratische Pyramide misst an der Basis 50 m, die oberste Terrasse 35 m. Die fünf Turmheiligtümer wurden aus Backstein erbaut. An den Treppen stehen Löwen als Wächter. Auf zwei Terrassen befinden sich kleine Heiligtümer. Neuartig ist eine Galerie aus Stein an der unteren Terrasse, die mit Holzbalken und Ziegeln gedeckt ist und ihre hölzernen Vorgänger nachahmt.

Auf der zweiten Terrasse steht der steinerne Sarkophag des Königs, davor ein Linga. Zur Linken berichtet eine Stele die Baugeschichte des Tempels. Im Südwesten der Terrasse wurden in einem kleinen Gebäude die beim Verbrennen übrig gebliebenen Knochenreste des Königs aufbewahrt, seine Asche war im Hauptturm in einer goldenen Urne beigesetzt.

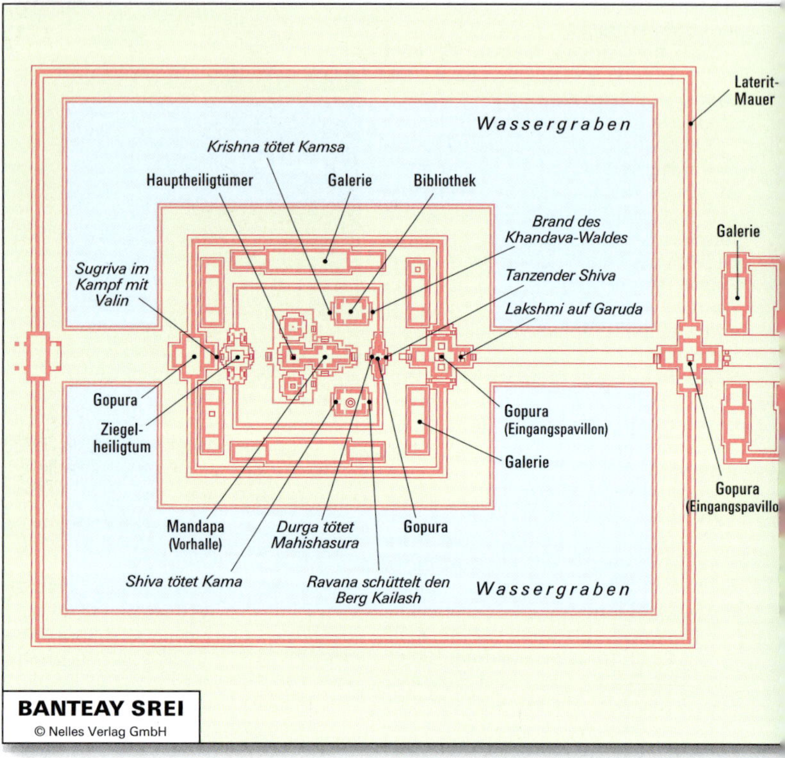

Prasat Leak Neang
Stil von Pre Rup (947-965); Erbauer: König Rajendravarman II. (944-968)
LAGE: An der Nordost-Ecke von Pre Rup

Das kleine Heiligtum **Prasat Leak Neang** 35 wurde im Jahr 960 errichtet. Ein Sandsteinsturz zeigt den Gott Indra auf seinem dreiköpfigen Elefanten.

Ausflüge von Siem Reap

★★Banteay Samre
Angkorianische Periode
Stil von Angkor Wat (1100-1175)
Erbauer Suryavarman II.
LAGE: An der Süd-Ost Ecke des Östlichen Baray. 2 km hinter dem Dorf Pradak, auf der rechten Seite.

Der **★★Banteay Samre** 36 weist in seinem zentralen Teil nur geringe Zerstörung und Verwitterung auf, der Bauplan und die Architektur sind übersichtlich und seine **Friese** und **Reliefs** sorgfältig gearbeitet. Das Hauptheiligtum wird als schönster ebenerdiger Tempel des Angkor-Wat-Stils angesehen.

Der erste Wall besteht aus einer Galerie, die nur nach innen offen ist. Ihre Holzdecke blieb nicht erhalten.

An der Südost-Ecke der Galerie bietet eine Mauerlücke Zutritt durch den zweiten Wall in den zentralen Teil des Tempels. Gut erhalten blieb der 37 x 35 m große Ostpavillon der inneren Galerie; Reliefs zeigen Szenen aus den Vishnu- und Krishna-Legenden.

» Karte S. 120-121, Info S. 164-165

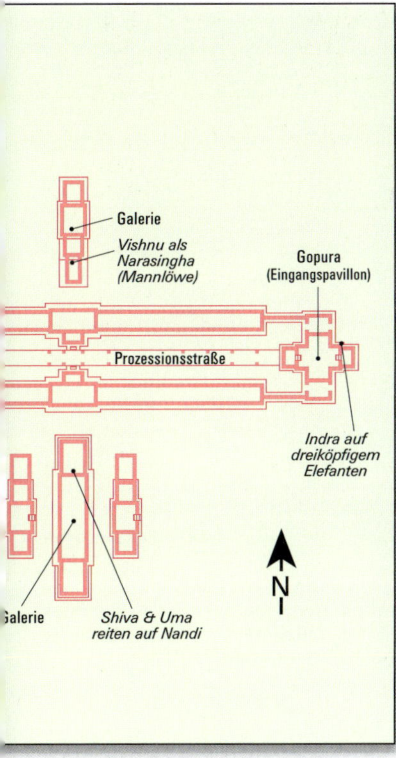

★★★Banteay Srei

Angkorianische Periode
Stil von Banteay Srei (965-1000)
Erbauer: Der Brahmane Vajnavaraha, königlicher Abstammung, Lehrer der Könige Rajendravarman II. und Jayavarman V. Bauzeit: 967
LAGE: 20 km nordöstlich von Angkor Thom (Asphaltstraße bis zum Tempel).

★★★Banteay Srei ist ein volkstümlicher Name und bedeutet „Zitadelle der Frauen". Der Shiva-Tempel hieß Tribhuvana Mahesvara und lag in Isvarapura, der Stadt Shivas. Wie alle nicht-königlichen Tempel ist Banteay Srei ein kleines Heiligtum und wurde von dem Brahmanen auf seinem eigenen Besitz erbaut, den ihm die Könige geschenkt hatten.

Dem doppelten Wall um den Tempel ist im Osten und Westen ein Wassergraben vorgelagert.

Der **Torbau** lässt schon die Vollkommenheit ahnen, die den Besucher hier erwartet: Die Harmonie der Architektur und die Schönheit und Fülle des Dekors sind einzigartig.

In der Mitte des inneren Hofes stehen drei **Turmheiligtümer** mit Vorhallen auf einem Sockel. Sie sind aus rosa schimmerndem Sandstein erbaut, dessen Farbwirkung zu der Verzauberung, die der Tempel bewirkt, beiträgt. Zwei **Bibliotheken** und mehrere langgestreckte Hallen drängen sich auf engem Raum.

Überreiches **Dekor** bedeckt die Mauern und Stürze, Giebel und Friese, ohne sich jedoch zu wiederholen. Die Treppen werden von **Wächtergestalten** mit Tierköpfen, die Löwen und Affen ähneln, flankiert.

Von besonderer Schönheit sind die dreieckigen **Giebel**, die aus dem Stil von Koh Ker übernommen sind und die mit Laubwerk ausgefüllten **Tympanons**. Die **Türstürze** gehören zu den schönsten der Khmer-Kunst.

Überraschend ist die geglückte Verbindung älterer Stile mit neuen Ideen, die sich erst ankündigen.

Die klaren Linien von Grundriss und Architektur geraten leicht in Vergessenheit angesichts der Fülle an fein gearbeiteten Details der Steinmetzarbeiten. Häufig dargestellt wird **Shiva**, aber auch Szenen der Krishna- bzw. Vishnu-Legenden, darunter **Vishnu** als Dämonen tötender Mann-Löwe **Narasimha**, und auch **Krishna**, wie er seinen Onkel **Kamsa** umbringt. Unbeschreiblich ist die Fülle der zierlichen **Göttinnen** und **Tänzerinnen**, die die Tempelwände schmücken.

Banteay Srei, die Ausführung des Spiels mit Form und Farbe, lässt sich nicht vergleichen mit den Monumentalbauten der Khmer-Klassik, aber es ist der liebenswerte Höhepunkt künstlerischer Fantasie.

Foto: Robert Höbel

★★Phnom Kulen

Der ★★**Phnom Kulen** (45 km von Siem Reap; 20 $ Eintritt) ist ein langgestreckter Bergrücken in über 400 m Höhe, auf dem sich von 802-850 *Mahendraparvata*, die Hauptstadt des sagenumwobenen Königs Jayavarman II. befand. Erst 2013 erkannte man durch Laserscanning die enormen Ausmaße Mahendraparvatas. Besonders an den Wochenenden besuchen viele die Heiligtümer und die schönen ★**Wasserfälle**, an denen man gut baden kann. Beeindruckend ist der 8 m lange **Transzendierende Buddha**, der von den Khmer sehr verehrt wird. Auch die Überreste des Bergtempels **Krus Preah Aram Rong Chen** aus dem 9. Jh. sind zu besichtigen. Für einen Besuch des Phnom Kulen sollte man früh aufstehen, die Anfahrt von Siem Reap dauert 2 Std. Es empfiehlt sich, für Exkursionen abseits der Hauptwege einen kundigen Führer mitzunehmen, da stellenweise noch **Minengefahr** herrscht.

Oben: Krishna tötet Kamsa – der Tempel Banteay Srei, das Werk eines Brahmanen, ist ein Kleinod der Bildhauerkunst. Rechts: Von Kunsträubern zerstörtes Relief im Dschungelfluss (Kbal Spean).

★★Kbal Spean

Der felsige Grund eines Bachbettes von ★★**Kbal Spean** in den westlich Kulen-Bergen wurde mit zahlreichen **Lingas** (phallische Symbole Shivas) verziert, über die heute kristallklares Bergwasser sprudelt. Das oberhalb eines kleinen Wasserfalls aus dem Wasser ragende **Felsrelief** (11. Jh.) zeigt u. a. den auf dem Schlangenbett ruhenden **Vishnu**, wie er gerade die Welt erträumt; aus seinem Nabel wächst eine Lotosblüte mit dem Schöpfergott **Brahma**. Rechts daneben reiten **Shiva** und seine Gattin **Parvati** auf dem Stier **Nandi**. Unterhalb des Wasserfalls findet sich noch ein weiteres Relief. Die Anfahrt erfolgt auf einer breiten Piste von Banteay Srei, dann ab dem bewachten Parkplatz (mit Restaurants) ungefähr 45 Minuten Aufstieg auf teilweise steilem Dschungelpfad.

» Karte S. 120-121, Info S. 164-165

Foto: Berthold Schwarz

★★Beng Mealea

★★Beng Mealea, östlich von Phnom Kulen (60 km von Siem Reap; 5 $ Eintritt), wurde um 1100 von Suryavarman II. im Angkor-Stil erbaut, bedeckte einst 1 km² und war einer der größten Tempel des Khmer-Reichs. Ursprünglich hatte er drei konzentrische Galerien und ein zentrales Turmheiligtum. Zwischen den fotogen von riesigen **Würgfeigen** überwachsenen Ruinen lugen **Reliefs** hervor, u. a. Apsaras und Indra auf dem dreiköpfigen Elefanten Airavata.

★Phnom Krom

Am Ufer des Tonle Sap-Sees liegt der 137 m hohe Berg **★Phnom Krom** mit **Tempeln** des Königs Yasovarman I. (spätes 9. - frühes 10. Jh.). Hier kann man abseits der Touristenströme einen stimmungsvollen **★Sonnenuntergang** mit Blick auf den See und die angrenzenden Reisfelder genießen. Phnom Krom liegt 12 km südlich von Siem Reap am Weg zu den Speedbooten.

★★Bootsfahrt auf dem Tonle Sap

Ein Kontrastprogramm zu den Tempelbesichtigungen ist ein Ausflug auf dem größten, fischreichsten See Südostasiens, dem **★★Tonle Sap**. Aufgrund seines einzigartigen Ökosystems erklärte die UNESCO das Gewässer 1997 zum Biosphärenreservat.

Was als individueller Bootsausflug mit Fischern zu den schwimmenden Dörfern, Fischfarmen und überfluteten Wäldern im Dorf **Chong Kneas** begann, ist zu überteuertem Massentourismus geworden. Weniger touristisch sind die **Rundfahrten** ab **Kompong Phlug** und **Kompong Kleang**. Immer beliebter werden mehrtägige Bootsausflüge auf dem Tonle Sap zu **★Schwimmenden Dörfern** (*floating villages*), überfluteten Wäldern und dem Naturschutzgebiet **Prek Toal Bird Sanctuary** am Nordwestende des Sees – ein Tipp für Vogelkenner, besonders in den trockenen Monaten Dezember-März. Man kann auch auf der Bootsfahrt nach Battambang hier einen Vogel-Stop einplanen.

» Karte S. 120-121, Info S. 164-165

SIEM REAP (☎ 063)

FLUGZEUG: Am Internationalen Flughafen Siem Reap erhält man bei Ankunft für 20 $ ein 4 Wochen-Visum. Flüge verbinden Siem Reap mit Bangkok und anderen Hauptstädten Südostasiens. Das Visum für Vietnam kann in Seam Reap besorgt werden. Inlandsflüge nach Phnom Penh ca. 100 $, nach Sihanoukville ca. 130 $.

BOOT: Über den Tonle-Sap-See und -Fluss gibt es bei ausreichend hohem Wasserstand eine Speedbootverbindung mit Phnom Penh (4-5 Std.); von März bis Juni ist der Pegel oft zu niedrig für große Boote. Täglich verkehren Boote nach Battambang (6-7 Std.). Tickets werden im Hotel verkauft.

BUS: Zahlreiche Busgesellschaften bieten die Strecke nach Phnom Penh über Kompong Thom an. Auch zu den meisten anderen Provinzhauptstädten gibt es Busverbindungen, sogar einen Nachtbus nach Sihanouk Ville. Der Busbahnhof liegt ca. 15 Minuten außerhalb des Stadtzentrums. Busse von Siem Reap nach Bangkok (mit Umsteigen an der Grenze) können in beiden Städten in Guesthouses und Reisebüros gebucht werden; Fahrzeit ca. 12 Std.

TRANSPORT ZU DEN TEMPELN: Motorradtaxi ab 9 $/Tag, Motorrad-Riksha für 2 Personen ab 12 $/Tag, Taxi ab 30 $/Tag, Fahrräder ab 2 $/Tag. Der Motorradverleih an Touristen ist nicht mehr erlaubt.

Das Ticket für alle Tempel im Angkor-Bereich, der **Angkor Temple Pass**, kostet für 1 Tag 20 $. 3 Tage 40 $, 7 Tage 60 $. Verkauf von 5-17.30 Uhr im **Ticket Centre** an der Apsara Road, Ecke Street 60, beim nordkoreanischen Grand Panorama Museum. 16.45 Uhr-17.30 Uhr Verkauf der Tickets für den nächsten Tag – diese sind aber schon ab 17 Uhr gültig, z. B. für den Sonnenuntergang! Einlass mit Ticket morgens ab 5 Uhr, Temple-Pass-Verkauf ab 5 Uhr. Auch Online-Kauf soll in Zukunft möglich werden.

Red Piano, gutes, geschmackvoll gestyltes Kolonialstil-Restaurant unter belgischer Leitung, angenehme Atmosphäre, gute Küche, originelle Cocktails wie z. B. *Tomb Raider* („Lara Croft was here"!), zudem Gästezimmer im 1. Stock, nordwestlich vom Alten Markt, Tel. 012/854150.

Haven Training Restaurant, gutes, von Schweizern geführtes Ausbildungsrestaurant für benachteiligte Jugendliche; auf dem Menü steht Züricher Geschnetzeltes ebenso wie Khmer-Curry; Sok San Street, Mo-Sa, Reservieren ratsam, Tel. +855 78 342 404, eat@havencambodia.com, www.haven-cambodia.com.

Phrom Roth Inn, nettes Gartenrestaurant, Nr. 72 Street 20, nahe Wat Bo Road.

Little India, ein kleines, solides indisches Restaurant, gutes Dal und Nan, empfehlenswert: die Thali-Platte; nördlich vom Markt, gegenüber von Blue Pumpkin.

Singing Tree Café, Khmer- und westliche Küche, Frühstück, vegetarische Speisen und „Seafood" aus dem Tonle Sap, Alley West, zwischen Pub Street und Old Market.

Tell, gepflegte europäische Küche, auch deutsche und schweizerische Gerichte, klimatisiertes Lokal, Sivatha St. 374 (nordwestlich vom Markt), Tel. 963289.

FCC Angkor, Ableger des Foreign Correspondent Club in Phnom Penh, gediegenes Ambiente, internationale und asiatische Küche, Bar, im Erdgeschoß Buchladen, Reisebüro und Spa, an der Pokambor-Straße am Fluss im alten französischen Viertel.

Blue Pumpkin, modern eingerichtet, westliches Restaurant, Sofa-Lounge mit Bar im 1. Stock, bekannt für gutes Frühstück (frisches Brot!), Snacks; Burger und Sandwich, hausgemachte Eiskrem, kostenloser Wi-Fi-Zugang ins Internet, nahe dem Alten Markt.

Khmer Kitchen war das erste Restaurant am Psah Cha in der sogenannten „Alley", das an 5 Tischen günstige Khmer-Speisen an die Touristen verkaufte und damit einen Boom auslöste. Heute gibt es dort Dutzende von Restaurants, die mit dem Namen „khmer" werben und direkt nebeneinander liegen.

Das Zentrum des Nachtlebens ist die **Pub Street** (oder Bar Street), auf diesen 100 Metern scheinen sich nachts alle Touristen und Expats zu treffen; besonders beliebt und entsprechend gut besucht sind: **Angkor What?**, das **Banana Leaf** (auch Khmer- und westliche Speisen) und der **Temple Club** (mit Thai-Food, DJ, Dancing und billigem Bier).

Elephant Bar, gepflegte Cocktails im luxuriösen

Raffles Grand Hotel d'Angkor – der Stolz des Baarkeepers ist der *Airavata*.

Apsara-Theater, in dem nach histor. Vorbild gebauten Khmer-Theater finden jeden Abend beim Dinner Aufführungen von klassischem Khmer- und Volkstanz sowie Schattentheater statt, sehr empfehlenswert, gegenüber Hotel Angkor Village.
Das Restaurant **Bayon II**, das **Grand Hotel** und das riesige **Restaurant Koulen II** bieten ebenfalls jeden Abend klassischen Khmertanz mit Dinnerbuffett an.

Minenmuseum: privat mit großem Engagement geführt, sehr interessant und besonders unterstützenswert. 6 km vor Banteay Srey, im Angkor Archaeological Park. **National Museum**: Hier befinden sich die kostbarsten Stücke der Bildhauerkunst aus der Angkor-Region sowie Miniaturen und Schmuck, tgl. 8.30 bis 18 Uhr, Eintritt 12 $.
Angkor Butterfly: Die zauberhafte Schmetterlingsfarm ist sehenswert. Dutzende Arten werden als Larven von Bauern erworben u. kommen im Freigehege zur Welt. 25 km von Siem Reap Richtung Banteay Srei; 2 km vor d. Minenmuseum, www.angkorbutterfly.com.

KUNSTHANDWERK: Zahlreiche Geschäfte bieten Handwerk von Behinderten oder betreuten Jugendlichen an.
Les Artisans d'Angkor, etwas versteckt in einer Seitenstraße des Sivatha Boulevard, tägl. 7.30-18.30. Hier kann man den Künstlern bei der Arbeit zusehen, große Verkaufsaustellung. Zu diesem Projekt gehört auch die **Silk Farm**, 15 km außerhalb der Stadt an der RN 6 in Richtung Sisophon. Dort kann der gesamte Prozess der Seidenverarbeitung von der Aufzucht der Raupen über Produktion und Herstellung der wertvollen Stoffe besichtigt werden, Mo-Fr. 7-11 und 14-17 Uhr, Sa. 7-11.30 Uhr.

FREIZEITPARK: **Cambodian Cultural Village**, NR 6, Svay Dangkum, an der Straße zum Flughafen, Tel.: 63 963 836, www.cambodianculturalvillage.com.

Das örtliche Krankenhaus für die Einheimischen ist in schlechtem Zustand; bei ernsthafter Erkrankung sofort nach Bangkok fliegen. Für Notfälle empfiehlt sich das **Royal Angkor International Hospital** (Zahlung mit Kreditkarte); es ist 24 Stunden geöffnet und kann auch Rettungsflüge organisieren. Tel. 063/761 888, an der Airport Road.

Das besonders unterstützenswerte, moderne **Kinderkrankenhaus Jayavarman VII.** des Schweizer Arztes Dr. Beat Richner ist kambodschanischen Kindern vorbehalten, Touristen werden nicht behandelt. Unterhaltsam und eindrucksvoll sind dienstags und samstags um 19.15 Uhr die **Infoabende** von **Beat Richner** („Beatocello"), mit Cello-Musik und Kabaretteinlagen (www.beat-richner.ch), Spenden für das Krankenhaus sind hochwillkommen!

Hauptpostamt, Pokambor St. (Stung Siem Reap St.), tgl. 7-17.30 Uhr.

SOUVENIRS: Die größte Auswahl an Mitbringseln findet man am zentralen Markt, dem **Psah Chah**.

GELD: Im Zentrum gibt es ATM (Geldautomaten) für Kredit- und Maestro-EC-Karten, die an Ausländer nur Dollars ausgeben (Gebühr bis zu 4 $). Dollars (und Thai-Bhat) werden überall gern genommen. Für Kleinbeträge unter 1 $, z. B. für „Cool-Drinks", Taxi-Kurzstrecken oder Trinkgelder, sind Riel allerdings günstiger. Auch an Wochenenden und Feiertagen kann man Geld wechseln.
Geldwechseln ist täglich am Psah Chas oder bei **Apsara** bzw. **Huy Keang Exchange** (sehr guter Euro-/Dollar-Kurs) in der Sivatha Straße möglich. Keine eingerissenen Dollarnoten mitnehmen oder annehmen, sie werden nirgends akzeptiert!
Eine der größten Banken, mit mehreren Bankautomaten, ist die **ANZ Royal Bank**. Hauptgebäude in der Samdech Tep Vong Street. Die Filiale am „Alten Markt" ist täglich von 13 bis 21 Uhr geöffnet.
Cambodia Commercial Bank u. **Mekong Bank**: Sivutha Blvd. Öffnungszeiten Mo-Fr 8-15, Sa 8-12 Uhr.

Paul Spierenburg

Der Mekong bei Luang Prabang

Zeit der frühen Reiche

3./2. Jt. v. Chr. Austronesische- oder altmalaiische Völker wandern in Indochina ein.
ab 5. Jh. v. Chr. Einwanderung deutero- oder jungmalaiischer Völker. Megalithkultur in der Ebene der Tonkrüge. Bronzezeitliche Dong Son-Kultur im Norden.
ab 1. Jh. n. Chr. Aufstieg des indisch beeinflussten Königreichs Fu Nan im Mekong-Delta.
2. Jh. Die Cham gründen das hinduistische Fürstentum Champa im Süden Vietnams.
6. Jh. Aufstieg des hinduistischen Reichs von Chen La.
Ab 7. Jh. Tai-Völker breiten sich von ihrem Königreich Nan Chao (Süd-China) über die Indochinesische Halbinsel aus.
9.-14. Jh. Das hinduistische Khmer-Königreich von Angkor beherrscht Süd-Laos.

Die laotischen Königreiche

1353 Fa Ngum gründet das erste laotische Königreich Lan Xang Horn Khao und erhebt den Theravada-Buddhismus zur Staatsreligion.
1373 Samsenthai besteigt den Thron und wehrt durch geschickte Diplomatie den Expansionsdrang der Nachbarländer ab.
1560 Setthathirath verlegt die königliche Residenz von Luang Prabang nach Vieng Chan (Vientiane).
1574 Die Birmesen erobern Vieng Chan.
1637-1694 Souligna Vongsa, der bedeutendsten Könige der Lan Xang-Dynastie. Nach seinem Tod zerfällt das Reich in drei konkurrierende Staaten: Luang Prabang, Vieng Chan und Champasak.
1753 und 1771 Die Birmesen erobern und plündern Luang Prabang.
1779 Die Siamesen bringen nach der Eroberung von Vieng Chan alle Gebiete des ehemaligen Lan Xang unter ihre Herrschaft.
1827 Die Siamesen zerstören nach dem Scheitern der Rebellion des laotischen Königs Anouvong Vieng Chan (Vientiane).

Französische Kolonialzeit

Ab 1866 Französische Expeditionen erforschen vom Mekong aus das Land.
1893 Vertrag zwischen England, Frankreich und Siam, mit dem dann Laos als Protektorat dem französischen Kolonialreich Indochina angegliedert wird.
1942-1945 Während der japanischen Besatzungszeit kämpft die Lao Issara um die Unabhängigkeit. Nach ihrer bedingungslosen Kapitulation im August 1945 müssen sich die Japaner aus Indochina zurückziehen.
1945 Kronprinz Phetsarath erklärt am 10. Oktober die Unabhängigkeit von Laos.
1946 1. Indochinakrieg: französische Truppen besiegen am 21. März die laotische Befreiungsarmee und errichten erneut ihre Kolonialherrschaft über Laos. Die Führer der Unabhängigkeitsbewegung fliehen nach Thailand. Sisavang Vong wird König von ganz Laos.

Foto: Jürgen Bergmann

Laotischer König beim Ausritt – Glasmosaik im Wat Xieng Thong in Luang Prabang.

1947 Laos wird eine konstitutionelle, demokratische Monarchie.
1949 Unabhängigkeit von Laos innerhalb der *Union Française*. Der radikale Flügel der Lao Issara beginnt als Pathet Lao unter Führung des „roten" Prinzen Souphanouvong den Untergrundkampf gegen die von den Franzosen gestützte königlich-laotische Armee.
1954 Die Niederlage der Franzosen in der Schlacht von Dien Bien Phu (Nord-Vietnam) am 7. Mai beendet die französische Kolonialepoche in Indochina.

Unabhängigkeit und Kalter Krieg

1954 Die Genfer Indochina-Konferenz bestätigt am 21. Juli die Unabhängigkeit von Laos.

1955-1961 Bürgerkrieg und wechselnde Regierungen. Kämpfe zwischen den von den USA unterstützten Royalisten und der Pathet Lao. Waffenstillstand am 4. Mai.

1962 Die zweite Genfer Indochina-Konferenz bestätigt im Juli die Unabhängigkeit und Neutralität von Laos.

1963 Zunehmende militärische Erfolge der kommunistischen Pathet Lao.

Foto: Jürgen Bergmann

Das „Siegestor" in Vientiane erinnert an die im Indochinakrieg gefallenen Royalisten.

1964 US-amerikanische Bombardements auf den von der Pathet Lao kontrollierten Ho-Chi- Minh-Pfad während des 2. Indochinakriegs.

1968 Die Tet-Offensive am 21. Januar entscheidet den Krieg zugunsten Nordvietnams.

1969 Die USA ziehen schrittweise Truppen aus Indochina ab und verstärken zugleich die verheerende geheime Bombardierung Laos'.

1973 Pariser Waffenstillstandsabkommen zwischen den USA und Nord-Vietnam. Friedensabkommen zwischen der Pathet Lao und den Kräften um Prinz Souvanna Phouma.

1974 Ministerpräsident Souvanna Phouma und sein Halbbruder Prinz Souphanouvong von der Pathet Lao bilden Koalitionsregierung.

Ende der Monarchie und jüngste Ereignisse

1975 Die Nordvietnamesen (Vietcong) erobern Saigon (Ho Chi Minh-Stadt). Pathet Lao kontrolliert ganz Laos. Abschaffung der Monarchie, Gründung der Demokratischen Volksrepublik Laos. Der Ex-Prinz Souphanouvong wird Staatspräsident, Kaysone Phomvihane Premierminister. Die marxistisch-leninistische Volkspartei LRVP wird allmächtig.

1977 Der „Vertrag über Freundschaft und Zusammenarbeit mit Vietnam" macht Laos zum Befehlsempfänger Vietnams.

1980 Der 1975 abgesetzte König Sisavang Vatthana stirbt in einem Umerziehungslager.

1983 Abkommen mit der UdSSR über wirtschaftliche und technische Zusammenarbeit.

1988 Wiederaufnahme der diplomatischen Beziehungen zwischen Laos und China. Beginn des Reformkurses. Werbung um ausländische Investitionen und Touristen.

1991 Wiederaufnahme der diplomatischen Beziehungen zwischen Laos und den USA.

1995 Tod des ehemaligen Staatspräsidenten Souphanouvong. Laos tritt der ASEAN bei.

1998 Der Vorsitzende der Laotischen Revolutionären Volkspartei General Khamtay Siphandone wird Staatspräsident.

2002 Khamtay Siphandone wird am 9. April vom Parlament als Staatspräsident bestätigt.

2004 ASEAN, die Vereinigung Südostasiatischer Länder, beschließt in Vientiane die Schaffung der weltgrößten Freihandelszone.

2005 Die Weltbank sichert Laos 3 Mrd. US-$ für Staudammbau am Nam-Theum-Fluss zu.

2006 Der 52-jährige Bouasone Bouphavanh wird Premierminister.

2010 Thongsing Thammavong wird Premierminister. Laos setzt auf Öko- und Ethnotourismus. Extrem seltenes Waldrind Saola gesichtet.

2011 Wasserkraftwerke am Mekong geplant.

2012 Flussbars in Vang Vieng nach tödlichen Unfällen von Touristen geschlossen.

2013 Beitritt zur Welthandelsorganisation WTO.

2016 Laos' Bevölkerung ist auf über 7 Millionen angewachsen.

Foto: Josef Beck

LAOS LANDESKUNDE

Laos ist Südostasiens einziger Binnenstaat, der mit rund 22 Einwohnern pro km^2 mit Abstand die dünnste Bevölkerungsdichte aller südostasiatischen Länder aufweist. Das Land ist reich an Edel- und Nutzholz, Wasserkraft und Mineralien, kann jedoch aufgrund mangelnder Infrastruktur diese Reserven bislang nur teilweise nutzen. Obwohl Laos zu den ärmsten Ländern der Welt zählt, gibt es kein sichtbares Elend wie Bettler oder Slums. Die Bauern, die den Großteil der Bevölkerung stellen, leben jedoch meist noch sehr einfach als Selbstversorger.

Gebirge, Bergland und Hochebenen nehmen mehr als 70 % der Landesfläche ein. Laos besitzt nur wenige alluviale Ebenen im Tal des Mekong, einige größere Becken bei Vientiane, Paksan-Pakding, Sebangfai, Sebanghiang-Sedone und Champasak sowie 1000 bis 1500 m hohe intramontane Plateaus auf Sandsteinen oder Basalten, die eine intensive landwirtschaftliche Nutzung und dichtere Besiedlung zulassen. Die parallel liegenden Gebirgsketten aus kristallinem Schiefer, Gneis und Granit mit hochaufragenden Karsttürmen sind Ausläufer des Himalaya und verlaufen, wie die tief eingeschnittenen, engen und steilen Zwischentäler, von Nordwesten nach Südosten. In der Provinz Savannakhet sind die laotischen Gebirgszüge sehr schmal und nur 52 km vom Meer entfernt.

Auf dem Subkontinent Südostasien ist Laos das einzige Binnenland. Über die flachen Meere zwischen Festland- und Insel-Südostasien, die einst eine Landbrücke bildeten, bestanden zu allen Zeiten bessere Verbindungen als auf Landwegen über die unwegsamen Gebirge.

Links: Mönch vor einer Naga (einer mythischen Schlangengottheit) in Luang Prabang.

Das Straßennetz ist mit derzeit etwa 13 000 km sehr weitmaschig, nur ein geringer Teil davon ist asphaltiert. Auch die Trans-Laos Nationalstraße 13 ist teilweise noch in schlechtem Zustand. Etwa 50 % aller Brücken in Laos müssten erneuert werden. Die Hälfte der ländlichen Bevölkerung hat bislang keinen direkten Zugang zu Überlandstraßen. Doch wird das Straßennetz nach und nach ausgebaut.

Vietnam reparierte etliche Passstraßen, um Laos politisch und wirtschaftlich an sich zu binden.

Für das isolierte Land beginnt die natürliche Verbindung mit der Außenwelt jenseits des Mekong in Thailand. Sie war seit 1975, durch die Einbindung Laos in das kommunistische Indochina, unterbrochen. Seit 1991 wurden sechs Grenzübergänge zwischen Laos und Thailand wieder geöffnet. Von der thailändischen Grenze führen Schnellstraßen und Eisenbahnlinien über die Hochebene von Korat oder durch das nördliche Thailand bis Bangkok mit seinem Überseehafen.

Die Finanzierung (30 Mio. US-$) der Freundschaftsbrücke über den Mekong, von Nong Khai in Nordost-Thailand nach Tha Nalang, 10 km südlich von Vientiane, wurde von Australien übernommen. 1994 war die Brücke fertiggestellt. Auf einer Länge von 1174 m hat sie neben zwei Fahrspuren auch zwei Gehwege. Sie soll Laos enger an die westliche Welt binden und ist zudem die erste Brücke, die den 4500 km langen Mekong in Laos überspannt. Die Wirtschaftshilfe Australiens gehört zu dem Engagement, mit dem der Fünfte Erdteil schon seit geraumer Zeit sein Interesse an dem ehemaligen Indochina bekundet. Auch eine zweite Mekong-Brücke bei Pakse ist inzwischen fertiggestellt.

Durch Abkommen in den Jahren 1962, 1963 und 1974 hatte China insgesamt etwa 1000 km wirtschaftlich und strategisch wichtige Landstraßen vom südchinesischen Yunnan in den Norden und Nordwesten von Laos gebaut

YUNNAN
CHINA
VIETNAM
MYANMAR
LAOS
THAILAND
CAMBODIA
Jinghong
Menghai
Menglian
Pangsang
Daluo
Monglar
Damenglong
Mong Yu
Mengkan
Mengban
Mengla
Phôngsali
Muangyo
Lantouy
Mu'ò'ng Tè
Lai Châu
Mu'ò'ng Lay
Muang Hat Hin
Nam Bai
PHU DEN DIN
Sop Nhom
Tây Trang
Điện Biên Phủ
Tuần Giáo
So'n La
Yên Bái
Sông Mã
Muong Lèo
Muang Het
Yên Châu
Mộc Châu
Kyaing Tong
Tarpin
Loi Mwe
Mekong
Muang Sing
Louang Namtha
Nateui
Xieng Kok
Möng Hpayak
Viangphoukha
Oudom Xay (Muang Xay)
Nale
Muang La
Pak Mong
Muang Peu
Xam Nua (Sam Neua)
Sôpka
Pakxeng
Möng Hsat
Tachilek
Mae Sai
Houayxay (Huai Sai)
Ban Ta Fa
Chiang Khong
Ban Kheun
Phou Lao
Louangphrabang (Luang Prabang)
Phousoung Noy
Muang Hiam (Viang Thong)
Ban Thamnou
Xiang Ngeun
XIANGKHOUANG PLATEAU
Muang Kham (Chom Thong)
Mu'ò'ng Xén
Phônsavan
Muang Khoun
Phou Khoun
Muang Nan
Xayabouri
Ban Thieng
Ban Taviang
Con Cuông
Hat Diat
Vang Vieng
Pha Volo
Nam Ngum Reservoir
Muang Pakxan (Paksane)
Viang Thong
Phôn Hông
Ban Keun
Ban Thabôk
Bueng Kan
Nadi
Pak-Lai
Chiang Khan
VIANGCHAN (VIENTIANE)
Phao
Nong Khai
Ban Phaeng
Thakhek
Fang
Chai Prakan
Chiang Rai
Thoeng
Ban Pakkhop
Muang Ngeun
Phan
Chiang Kham
Song Khwae
Phrao
Phayao
Ngao
Chae Hom
Mae Tha
Lampang
Nan
Tha Wang Pha
Wiang Sa
Song
Nam Pu
Rong Kwang
Phrae
Den Chai
Sirikit Dam
LOUANG PHRABANG RANGE
Ban Nafe
Thoen
Uttaradit
Nam Pat
Tha Li
Loei
Ban Phu
UDON THANI
Phang Khon
Khammouan
Nakhon Phanom
Kham Bi
Nam Un Dam
Sakhon Nakhon
That Phanom
Huay Luang Dam
Nong Bua Lam Phu
Non Champa
KHORAT
Wang Sam Mo
Somdet
Savannakhét
(Muang Khanthabuli)
Mukdahan
Lam Pao Dam
Phichai
Sukhothai
Nakhon Thai
Pong Chi
PHANG HOEI R.
PHITSANULOK
Lom Sak
Khon San
Ubon Rat Dam
KHON KAEN
Kalasin
Tak (Rahaeng)
Wang Chao
Kamphaeng Phet
Phichit
Taphan Hin
Phetchabun
Phu Khieo
Maha Sarakham
Roi Et
Loeng Nok Tha
Borabu
PLATEAU
Yasothon
Salok Bat
Ban Khao Sai
Chumsaeng
Ban Nong Chaeng
Chaiyaphum
Phon
Mae Phong
NAKHON SAWAN
Uthai Thani
Si Thep
Bua Yai
Phutthaisong
Prathai
Suwannaphum
UBON RATCHATHANI
Tak Fa
Takhro
Satuek
Tha Tum
Nong Bua
Chai Nat
Phimai
Buri Ram
Si Sa Ket
Ban Rai
NAKHON RATCHASIMA (KHORAT)
Chakkarat
Surin
Chan Yai
Srinakarin Dam
Sing Buri
Lop Buri
Bu Sano
Dan Chang
Ang Thong
Saraburi
Chok Chai
Lam Phra Phleong Dam
Sangkha
Nang Rong
Prakhon Chai
O'smach
DANGREK MTS
Ba Dan
Samrong
Anlong Veng
PHRA NAKHON SI AYUTTHAYA
Prachin Buri
Thung Faek
Ta Phraya
LAOS
0 50 100 km
© Nelles Verlag GmbH

und an die Straße 1 angeschlossen. 1978, nach dem Ausbruch des Dritten Indochinakrieges, musste China auf Intervention Vietnams alle Bauarbeiten, Hilfeleistungen und politischen Beziehungen einstellen. Sie wurden jedoch 1991, im Zug einer neuen laotischen Politik, die sich nicht mehr ausschließlich von Vietnam abhängig macht, wieder aufgenommen.

Größe und Gestalt

Mit 236 800 km² Bodenfläche ist Laos um etwa 56 000 km² größer als Kambodscha. Es erstreckt sich fast 1000 km von Nordwesten nach Südosten und liegt zwischen 22° und 14° nördlicher Breite und 100° bis 108° östlicher Länge.

Der gebirgige Norden zwischen Mekong und Rotem Fluss besteht aus einer nahezu runden Fläche mit vielen Ausbuchtungen. Die Gebirge im nördlichen Landesteil sind durchschnittlich 2000 m hoch; die höchste Erhebung des Landes, der Phu Bia mit 2850 m, liegt am Südrand des Xieng Khouang- (Tranh Ninh-) Plateaus mit der Ebene der Tonkrüge (1200 m).

Ein schmaler Landstreifen mit einem Gebirgsrücken zieht sich zwischen dem Mekong und dem Nachbarland Vietnam nach Südosten bis an die kambodschanische Grenze. Bei Paksane befindet sich mit 120 km die schmalste Stelle des Landes. An der Westseite des 500-2000 m hohen Gebirgsstreifens, bei Savannakhet, beginnt die Ebene, die sich jenseits des Mekong durch Thailand bis zum Menam fortsetzt. Östlich von Pakse steigt das von Basalt bedeckte Boloven-Plateau bis 1716 m Höhe (Phu Phiamay) an.

Im Norden grenzt Laos an China, im Osten an Vietnam und im Süden an Kambodscha. Der Mekong bildet im Nordwesten mit 200 km Länge die Grenze zwischen Myanmar (Birma) und Laos. Über weite Strecken ist er auch Grenzfluss zu Thailand.

Foto: imageBROKER (Arco Images)

Der Mekong

An dem annähernd 4500 km langen Mekong haben außer Laos noch weitere fünf Länder Anteil: China (mit Tibet und Yunnan), Myanmar, Thailand, Kambodscha und Vietnam. Ein Drittel seines Weges (1500 km) fließt der Mekong durch Laos. Zusammen mit seinen 15 großen Nebenflüssen durchzieht er das Land mit 2400 km Wasserstraßen. Davon sind aber nur etwa 850 km ganzjährig schiffbar, ein Teil kann nur 6 Monate des Jahres und auch nur mit flachen Booten befahren werden. Viele Abschnitte sind lediglich von lokaler Bedeutung. Charakteristisch für den Oberlauf des Mekong sind mehrere Katarakte. So reichte der Einfluss der verschiedenen Stammeshäuptlinge und Fürstentümer bis in die Neuzeit nur von Stromschnelle zu Stromschnelle.

Wenn in den Gebirgen die Schneeschmelze einsetzt und im Tiefland die Regenzeit beginnt, trägt der Fluss große Mengen fruchtbarer Schwemmstoffe in die Ebene (begünstigt auch durch die Erosion). In der Trockenzeit gibt er alluviale Uferränder und Inseln frei, auf denen temporär Gemüse angebaut wird. An manchen Stellen lohnt der Flusssand die mühevolle Arbeit des Goldwaschens.

Oben: Elefanten arbeiten in den Teakholzwäldern. Rechts: Die jungen Reispflanzen werden zum Aussetzen verzogen.

Das Stromtal erweitert sich an der Mündung des linken Nebenflusses Nam Khan. Mit ihm bildet der Mekong eine Halbinsel, auf der die Königsstadt Luang Prabang liegt. Stromabwärts, bis Vientiane, erschweren Katarakte wie der Keng Lang, der „König der Wasserstrudel", den Personen- und Frachtverkehr auf dem Mekong. Um das Hindernis zu umgehen, wurde in der Kolonialzeit eine Kleinbahn gebaut.

Von Vientiane flussabwärts bis Champasak ist der Mekong immer schiffbar. Erst die Wasserfälle nahe der kambodschanischen Grenze sind dann ein unüberwindliches Hindernis, das zur Kolonialzeit der Erschließung Laos' von Süden her einen Riegel vorschob – die Franzosen erwogen sogar eine Sprengung der Mekongfälle (auf Laotisch: *Khong Phapheng* – „Getöse des Mekong").

Hochwasser und Überflutungen des Mekong waren bislang berechenbar, Katastrophen selten. Während der verheerenden Überschwemmung in Vientiane 1966 wurde der Deich erhöht. Die katastrophalen, wiederkehrenden Überschwemmungen der Reisfelder in den Provinzen Pakse und Savannakhet und im nördlichen Laos seit 1991 sind ein alarmierendes Zeichen des gestörten Wasserhaushaltes, hervorgerufen durch den Kahlschlag in den laotischen Bergen. In der Provinz Savannakhet betrug der Waldbestand 1971 noch 72 %, heute nur noch 48 %. Aus anderen Provinzen liegen ähnliche Meldungen vor.

Überschwemmungen und Rattenplagen, andernorts auch Dürre, verursachen Ernteschäden und Versorgungs-

Foto: Wolfgang Röhl (Mainbild)

schwierigkeiten, so dass Getreide importiert werden muss.

Bei Vientiane ist der Mekong etwa 2 km breit, sein Strombett liegt kaum 400 m hoch, bis zum Meer sind es aber noch 1600 km. Er fließt daher ruhig und ist mit Booten leicht zu überqueren, besonders in der Trockenzeit, wenn große Inseln auftauchen.

1967 wurde ein Internationales Komitee gegründet, das sich für den Mittel- und Unterlauf des Mekong eine bessere Nutzung der Wasserkraft, den Bau von Staudämmen, Kraftwerken, Bewässerungsanlagen, Korrekturen des Flusslaufs, Flutkontrolle, Neugewinnung von bewässertem Reisland etc. zur Aufgabe machte, aber auch, um den Fluss von seiner Mündung bis Laos schiffbar zu machen. Die Arbeit des Mekong-Komitees wurde durch politische Differenzen, Kriege und Finanzierungsprobleme behindert. In Laos ist bisher v. a. der – ökologisch bedenkliche – Bau von Staudämmen und Kraftwerken begonnen worden, um Strom nach Thailand und Vietnam verkaufen zu können.

Flora und Fauna

Die Länder Südostasiens besitzen die gleiche, vom Monsunklima beeinflusste Flora und Fauna, die durch lokale klimatische Bedingungen – Feuchtigkeit, Temperatur, Höhenlage und Bodenbeschaffenheit – nur geringe Abwandlungen erfährt. In den Bergen sind die Temperaturen gemäßigt. Auf der Luv-Seite der Berge, bei 1200-3000 mm, an exponierten Stellen bis 4000 mm Niederschlag, wächst immergrüner tropischer Bergwald, vermischt mit Laubwald in geschützteren Lagen und Monsunwald mit Hart- und Edelhölzern in größeren Höhen. Im Norden gibt es Mischwälder, immergrüne Eichen und subtropische Kiefern. An der Lee-Seite treten Gras-Savannen auf. In tieferen Lagen werden Brandrodungs- oder Hackbau betrieben, Bergreis, Mais, Taro, Kassava, Kaffee und Tee angebaut und Kräuter gesammelt.

In den Tälern und Ebenen gedeihen Kulturpflanzen – bewässerter Reis, Zuckerrohr, Hirse, Mais, Gemüse, Baumwolle, Kautschuk und Obst. Die Bergvölker können Werkzeuge, Waffen und Gebrauchsgegenstände, Häuser, Kleidung, Nahrung, Kultgegenstände und Schmuck aus Pflanzen gewinnen oder herstellen.

In den laotischen Bergen leben seltene Tierarten, außerdem werden – wie in allen Ländern Südostasiens – Elefanten gezähmt. Sie sind in den Bergwäldern zum Abschleppen der riesigen Baumstämme bis an die Flüsse oder Straßen unentbehrlich. Bis in jüngere Zeit dienten sie als Reittiere, Kriegselefanten und Transportmittel. Noch in den Indochinakriegen schleppten sie Kriegsmaterial für Vietnamesen, Franzosen und Amerikaner.

Heute werden Elefanten trainiert, um sie an chinesische Zirkusse zu verleasen, und ihr Bestand ist deshalb stark gefährdet. An Elefanten in Laos interessierte Touristen sind eine Einkommensquelle und tragen so dazu bei, den Bestand im Land zu erhalten.

Wasserbüffel und Zebus (indische Buckelrinder), finden in der Ebene als Arbeits-, Zug- und Tragtiere Verwendung. Lasten werden in Laos nicht wie im chinesischen Kulturkreis an Bambusstangen getragen, sondern auf Tieren befördert – nur die Wasserkrüge tragen die Frauen wie in Indien auf dem Kopf. Die Aggression der Wasserbüffel gegen Ausländer, die sie „nicht riechen können", wurde auch bei kriegerischen Auseinandersetzungen genutzt.

Für die Minderheiten in den Bergen ist die Jagd von großer Bedeutung. Schweine und Hühner wurden früher von den Bauern nur als Opfertiere für Natur- und Ahnengeister gehalten.

Bevölkerung

Nach dem Ende der Bürger- und Indochinakriege (1980-1987) betrug die Zuwachsrate 2,9 %, die Säuglingssterblichkeit 12,3 %. 2010 lebten ungefähr 7 Mio. Menschen in Laos (zum Vergleich: etwa 87 Mio. in Vietnam und 66 Mio. in Thailand). Etwa 75 % der Bevölkerung sind jünger als 25 Jahre. Die durchschnittliche Lebenserwartung beträgt 64 Jahre. Mit 27 Einwohnern pro km² ist Laos sehr dünn, aber sehr ungleichmäßig besiedelt. In den fruchtbaren Ebenen – nur rund einem Fünftel der Landfläche, vor allem im Süden – leben zwei Drittel der Bevölkerung, die 70 % der Reisernte erwirtschaften.

Der Anteil der Stadtbevölkerung ist mit 18 % niedrig. Besonders in den Städten machen sich Arbeitslosigkeit und Unterbeschäftigung bemerkbar. 82 % der Bevölkerung leben als Bauern – zumeist selbstversorgend – auf dem Land. Es fehlt überall an ausreichender ärztlicher Versorgung und an Bildungsmöglichkeiten.

Südostasien ist seit Jahrtausenden Durchzugsgebiet und Schmelztiegel der Völker, Kulturen und Religionen. Die Wanderzüge von Norden nach Süden folgten den Stromtälern, nur wenige Bergstämme zogen über die Gebirge. *Die* Laoten gibt es nicht. Eines der größten Probleme des Landes ist die Uneinheitlichkeit seiner Bevölkerung durch ethnische Vielfalt.

Drei Hauptgruppen der Bevölkerung unterscheiden sich durch die Höhenlage ihrer Siedlungen, den Zeitpunkt ihrer Ankunft in Laos und ethnische, kulturelle und traditionelle Merkmale. Die Gruppen und Untergruppen mischen sich selten miteinander.

Die Lao Lum

Die **Lao Lum** („Tieflandbewohner") sind mit einem Bevölkerungsanteil von 55 % das Staatsvolk. Als Reisbauern leben sie im Flachland und bauen bewässerten Reis an. Die Laoten gehören ebenso wie die benachbarten Thailänder zur großen Gruppe der T'ai-Völker, die im Verlauf mehrerer Jahrhunderte von Yunnan nach Südostasien einwan-

Rechts: Hmong aus den Bergdörfern im Umkreis von Luang Prabang.

Foto: Hansjörg Keller

derten. Die größte Gruppe der Laoten lebt deshalb nicht in Laos, sondern im Isan, dem Nordosten Thailands. Die Untergruppe der Lao T'ai, deren verschiedene Stämme nach der Farbe der Kleidung ihrer Frauen als Weiße, Rote und Schwarze T'ai bezeichnet werden, hat dieselbe Abstammung. Die Lao T'ai leben grenzüberschreitend in höher gelegenen Tälern und bauen Bewässerungsreis, aber auch Bergreis an. In Laos sind die T'ai-Dam („Schwarze T'ai") die einzigen Bergbewohner der Lao T'ai-Gruppe. 90 % der Lao Lum sind Anhänger des Hinayana-Buddhismus, verehren aber auch Naturgötter und Geister (*phi*). Unter den Lao T'ai gibt es Anhänger der alten Stammesreligionen.

Die Sprache der Lao Lum gehört zu den sinisierten T'ai-Sprachen und besteht aus einsilbigen Wörtern, deren sechs verschiedene Tonhöhen sehr unterschiedliche Bedeutungen haben. Das Lao hat 27 Konsonanten und 32 Vokale, aber eine einfache Grammatik. Es gibt zahlreiche Dialekte; als Staatssprache gilt der in Vientiane gesprochene Dialekt, der von den meisten Laoten verstanden wird. Die Lao Lum haben, wie alle T'ai-Völker, keine eigene Schrift entwickelt und erst in ihrem heutigen Siedlungsraum von den Khmer ein alt-indisches Alphabet übernommen, dem, um die Tonhöhen anzugeben, Zeichen hinzugefügt wurden. Zwischen der laotischen und der thailändischen Sprache, besonders dem in Nordost-Thailand beheimateten Isan-Dialekt, besteht soviel Verwandtschaft, dass eine Verständigung problemlos möglich ist. Als Fremdsprache wird Französisch, zunehmend aber auch Englisch gesprochen. Viele junge Lao haben in Moskau studiert und sprechen Russisch, Deutsch wird seltener verstanden.

Die Lao Lum sind ein Mischvolk, viele haben runde, volle Gesichter, breite, flache Nasen, schwarzes, starkes Haar und braune Augen, häufig mit einer Mongolenfalte, aber es sind auch längliche Gesichter mit feinen, schmalen Nasen zu beobachten. Das Wesen ist gekennzeichnet durch freundliche Zurückhaltung, Harmonie, Individualität und

Foto: Hansjörg Keller

Kompromissbereitschaft. Ein laotisches Sprichwort sagt: „Lass den Hund bellen, lass die Karawane vorüberziehen." Die Lao Lum leben in Familienverbänden in Streusiedlungen, undWeilern, ohne straffe Organisation und Gemeinschaftsarbeit. Dagegen wird Nachbarschaftshilfe von Fall zu Fall abgesprochen. Der Versuch, die Landwirtschaft nach 1975 zu kollektivieren, schlug fehl, da eine dörfliche Organisation als Ansatzpunkt fehlte.

Die Pfahlbauten und die Kleidung der Lao Lum ähneln denen der Kambodschaner. Frauen tragen einen Wickelrock (*sinh*; thailändisch *phasin*) und Blusen aus Baumwolle oder Seide, neuerdings auch aus Importstoffen, Männer eine lange Hose und ein offenes Hemd. Der Silbergürtel ist der Stolz jeder Laotin und wird heute in Thailand nachgeahmt. Die Lao Lum tragen keine Hüte oder Kopfbedeckungen. Die kleidsame, traditionelle Frisur der Frauen und Mädchen, ein seitlicher Haarknoten mit Perlen- oder Blumenschmuck, ist dagegen häufig zu sehen.

Oben: Familienszene vor einem Haus in der alten Königsstadt Luang Prabang.

Die Lao Theung

Die **Lao Theung** („Hochlandbewohner") stellen die zweitgrößte Gruppe mit 27 % der Bevölkerung. Sie siedeln 100 bis 1000 m hoch an Berghängen und auf den Hochebenen, vornehmlich im Norden und Osten des Landes. Die Bezeichnung Lao ist, wie auch für die dritte Bevölkerungsgruppe, ethnologisch irreführend; sie deutet nur auf die Staatszugehörigkeit hin. Lao Theung gehören größtenteils zu den Mon-Khmer-Völkern und gelten als die älteste Bevölkerungsgruppe des Landes. Diese frühen Siedler wurden einst von den einwandernden Lao-Stämmen aus dem Tiefland verdrängt und *kha* (Sklaven) genannt. Die Urnen auf der Ebene der Tonkrüge waren wohl ihre Schöpfungen. Angehörige von Stämmen der Lu, Lamet und Kamu stellten die Bediensteten der Fürsten und sind noch heute oft als schlecht bezahlte Arbeiter tätig.

Einige Stämme der Lao Theung nahmen die laotische Sprache und den Buddhismus an, andere blieben Animisten. Sie leben von der Jagd und von Brandrodungsbau. Manche sind sesshaft geworden und bauen Reis, Tabak, Baumwolle, Tee und Kaffee unter Benutzung einfacher Gerätschaften an oder betreiben Viehzucht. Ihre Dörfer und Familien-Clans sind meist straffer organisiert. Die Lao Theung leben vielfach als Großfamilien in langgestreckten Pfahlbauten, jede Familie an einer eigenen Feuerstelle. Zu den Siedlungen gehören Speicher, Junggesellen- und Versammlungs-, Geister- und Totenhäuser. Die Bauten sind sorgfältig, dauerhaft und kunstfertig aus Holz, Bambus und Flechtwerk errichtet und haben hohe, steile Dächer. Leim, Nägel und Geräte aus Metall waren ursprünglich unbekannt. In den Dörfern werden Schweine, Hühner und Büffel gehalten.

Die Lao Soung

Die **Lao Soung** („Bergvölker") die dritte Gruppe mit 15 % Bevölkerungsanteil, siedeln über 1000 m hoch auf den Bergkuppen. Wenn sie tiefer gelegene Felder bewirtschaften, kehren sie abends in ihre Bergdörfer zurück. Sie leben in den nördlichen und nordöstlichen Landesteilen und in der Provinz Xieng Khouang. Ethnisch sind die Lao Soung am stärksten differenziert. Zu ihnen gehören Yao, Mien, Ho, Lolo, Man und die Hmong; letztere kamen größtenteils erst in den letzten Jahrhunderten von Südchina und Tibet aus nach Laos und werden abwertend auch Meo oder in China Miao genannt.

Die Bergvölker werden daher auch als Chinesische Gruppe bezeichnet. Aus ihren früheren Siedlungsgebieten haben sie Anbaumethoden, Geräte, Äxte und handwerkliche Kenntnisse mitgebracht, viele Stämme stellen Webwaren und Silberschmuck her. Neben nomadisierenden Stämmen, die Brandrodungs- und Wanderfeldbau betreiben, gibt es sesshafte, die Bergreis, Zuckerrohr, Mais, Tapioka, Yamswurzeln, Salat und Mohn zur Gewinnung von Opium anbauen und Hunde, Hühner, Büffel, Rinder und auch Pferde züchten. Für viele ist der Opiumhandel, der der Regierung viele Probleme verursacht hat und nun offiziell bekämpft wird, die einzige Einnahmequelle.

Hausbau und Kleidung sind von Stamm zu Stamm unterschiedlich. Manche Pfahlbauten ruhen auf massiven Holzpfeilern, die Wände bestehen aus Brettern oder Flechtwerk. Die Hmong bauen ihre Häuser stets ebenerdig. Nomadisierende Stämme bauen weniger solide, haben aber bessere Kleidung und Schmuck.

Die Frauen tragen meist Röcke, lose Jacken, Kopfbänder oder Mützen, Stoffgamaschen gegen Dornen und besitzen reichen Silberschmuck. Früher wurden Faserstoffe hergestellt, heute finden Baumwoll- und Importstoffe Verwendung. Manche Stämme durchbohren die Ohrläppchen, das Feilen der Zähne kommt selten vor. Dagegen ist Tatauierung (Tätowierung), nicht aber Narbenschmuck verbreitet. Die Lao Soung sind Animisten und verehren ihre Ahnen. Jede Tätigkeit, alles Geschehen des Alltags, wird unter religiösen Aspekten betrachtet. Entsprechend vielfältig sind die Kulte. Ihre Priester sind gleichzeitig Magier, Wahrsager, Astrologen, Heiler und Geisterbeschwörer. Das Leben dieser Stämme ist einfach und schwer, für ihre Erziehung und Ausbildung wurde von Seiten der Regierung bisher kaum etwas getan.

Unter den Lao Soung nehmen die Hmong eine besondere Stellung ein. In Indochina leben sie nördlich des 21. Breitengrades; während der Kolonialzeit wurden sie gegen die Tieflandbewohner ausgespielt. Im Zweiten Indochinakrieg kämpften viele für die USA gegen die Pathet Lao, waren aber in deren Reihen ebenfalls zu finden.

Foto: Jürgen Bergmann

Minderheiten

Die Lao stellen nur gut die Hälfte der Bewohner, den Rest bilden 68 Minderheiten aus fünf großen Sprachgruppen, die mehr als 80 % des Landes einnehmen. In Laos wohnen mehr Minderheiten als in den Nachbarländern. (In Vietnam gibt es 53, die knapp 10 % der Bevölkerung ausmachen, in Kambodscha leben 10 Minderheiten). Die Bergvölker leben grenzüberschreitend auch in anderen Ländern Südostasiens und in China.

Bei allen Minderheiten, die durch die modernen Kommunikations- und Verkehrsmittel verstärkt mit der Außenwelt in Berührung kommen, ist ein sehr schneller Wandel der Lebensweise zu beobachten.

Etwa 46 000 Protestanten und 35 000 Katholiken leben zwar überwiegend in den Städten, stammen jedoch oft von Minoritäten ab.

Die chinesische Minderheit (3-4 %), lebt meist in Städten als Besitzer von Restaurants und Handwerksbetrieben sowie als Groß- und Kleinhändler. In diesen Berufen ist vor allem in den Grenzgebieten die Minorität der Vietnamesen (ca. 1 %) zu finden; seit der Zeit der französischen Kolonialisierung hatte sich ihr politischer und wirtschaftlicher Einfluss in Laos verstärkt.

Es gibt eine schnell wachsende Anzahl von Thailändern, die in Laos investieren, Inder und Bangla Deshi, die Läden und Gewerbebetriebe unterhalten, dazu etwa 4,6 % Khmer, meist im Süden des Landes, und ein paar hundert Europäer, die meist nur für begrenzte Zeit in Laos arbeiten.

Oben: Garküche auf dem Markt in Luang Prabang.

Wirtschaft

Laos gehört zu den „Hungerleidern auf dem Goldschatz". Das Land besitzt reiche Ressourcen: Nutz- und Edelholz, Wasserkraft und Bodenschätze. Es ist nur schwach besiedelt, so dass es theoretisch die Versorgung seiner Bevölkerung sicherstellen könnte.

Von 1955-1973 haben die USA an Laos pro Kopf mehr Entwicklungshilfe gezahlt als an irgendein anderes Land. Nur wurden die Gelder von Kriegen, Bürgerkriegen und Korruption aufgezehrt, so dass der wirtschaftliche Erfolg, auch später bei der von den Ostblockstaaten geleisteten Wirtschaftshilfe, ausblieb. Die Verschuldung des Landes ist weiterhin hoch. Laos empfängt auch in der Gegenwart Entwicklungshilfe von verschiedenen Ländern, die die Handelsdefizite teilweise ausgleicht. Die USA hatten ihre Beziehungen zu Laos zwischen 1975-1985 weitgehend eingefroren, aber nicht abgebrochen. Nachdem Laos die Drogenbekämpfung zugesagt und sich bereit erklärt hat, bei der Suche nach verschollenen amerikanischen Soldaten mitzuwirken, wurden die diplomatischen Beziehungen 1991 wieder aufgenommen. Seit 1997 ist Laos Mitglied der ASEAN.

Seit 1991 leistet auch China wieder Wirtschaftshilfe im Straßenbau, aber auch auf dem Erziehungs- und Ausbildungssektor und beim Aufbau der Industrie. 1992 regelte ein Abkommen zwischen Myanmar, Laos und China strittige Grenzen, besonders im Gebirge, die nun vermessen und mit Grenzpfählen gekennzeichnet werden sollen.

Die beträchtlichen Hart- und Edelholzreserven in den Bergwäldern haben erhebliche Einnahmen gebracht. Forstwirtschaft und Aufforstung konnten jedoch nicht Schritt halten mit dem Holzeinschlag und Holzhandel, meist von Thailändern betrieben. In jedem Jahr gehen über 300 000 ha Bergwald durch Holzeinschlag und den Brandrodungsbau der Minderheiten verloren.

Die Böden in den Bergen sind unfruchtbar, und auch nach Düngung mit der Asche der verbrannten Wälder können nur ein oder zwei Ernten erwirtschaftet werden, dann ziehen die Bergbewohner weiter. Die kahlen Berghänge sind dann der Erosion preisgegeben und erfahren eine katastrophale Austrocknung. Zudem wird das Wasser nicht mehr durch Wälder zurückgehalten, sondern schießt ins Tal und überschwemmt die Reisfelder. Beschlüsse und Erlasse der Regierung, den Raubbau an den Wäldern zu unterbinden, zeigten bislang ebenso wie Nationale Forstkonferenzen wenig Wirkung. 1991 erließ man ein Exportverbot für Rundhölzer und strikte Beschränkungen für Holzeinschlag. Die Minderheiten sahen sich in ihrer Existenz bedroht, so dass die Regierung zunächst auf eine Kontingentierung ausweichen musste und auf internationale Hilfe für ihre Forstwirtschaft angewiesen ist.

Wasserkraft und Bodenschätze

Das riesige Potential an Wasserkraft wird mittlerweile durch große Staudämme und Elektrizitätswerke genutzt. Zwischen 1972 und 1975 wurde im Zuge eines internationalen Mekong-Projekts 90 km von Vientiane entfernt der Nam Ngum-Staudamm errichtet und ein Kraftwerk gebaut.

Der erzeugte Strom wird größtenteils – als bester Devisenbringer – über den Mekong in das benachbarte Thailand exportiert. Auch dieser wichtigste Exportartikel wurde durch die Abholzung der Bergwälder schwer beeinträchtigt. Die wegen der Rodungen nun zu schnell abfließenden Wassermassen können in der Regenzeit von den Stauseen nicht aufgefangen werden, und später – in der Trockenzeit – ist der Wasserstand dann zu niedrig. So wurden 1991 am Nam Ngum-Stausee fast 17 % weniger Strom erzeugt. Das bedeutete einen drastischen Rückgang der Stromexporte nach Thailand um ungefähr 18 Mio. US-$.

Ein Kraftwerk am Nam Dong versorgt Luang Prabang, ein anderes am Xeset Dam auf dem Boloven-Plateau den Süden mit Strom. Weitere große Anlagen konnten gebaut werden oder sind für die nächsten Jahre geplant.

Nur wenige Bodenschätze werden abgebaut. Eisenerz, Kohle, Kupfer, Blei,

Foto: Hansjörg Keller

Mangan, Gold und auch Erdöl warten auf die Erschließung. Die Abgelegenheit der bodenschatzreichen Gebiete und die damit verbundenen Erschließungs- und Transportkosten machen den Abbau für ausländische Investoren unrentabel.

Landwirtschaft und Industrie

Das dünn besiedelte Land nutzt seine landwirtschaftlichen Anbauflächen nur zu 7 %. Auf zwei Dritteln des kultivierten Bodens wird Reis angebaut. Auch in den Ebenen fehlt es an Bewässerung, so dass vielfach nur eine Reisernte, der „Monsunreis", eingebracht wird. Die Produktion erfolgt fast ausschließlich durch Familienbetriebe; Kooperativen und überregionale Genossenschaften fallen kaum ins Gewicht.

Die Naturkatastrophen der letzten Jahre machten Reisimporte notwendig. Auf den Hochebenen soll die Viehzucht intensiviert werden. Moderne Anbaumethoden, intensive Bewässerung, Düngung und besseres landwirtschaftliches Gerät könnten höhere Erträge bewirken. Die Bevölkerung ist für Neuerungen jedoch schwer zu gewinnen. Die Bauern beharren auf ihren Traditionen.

Die Industrie beschränkt sich im wesentlichen noch auf etwa 250 staatseigene Betriebe und kleine Familienunternehmen. Mit einer Erweiterung der Privatwirtschaft wurde erst 1992 durch Verkauf von Staatsbetrieben begonnen. Ein laotisches Management fehlt noch. Bisher gibt es Unternehmen der Textil- und Lederbranche, Papier- und Nahrungsmittelfabriken, Sägewerke, Glas-, Metallwaren-, Chemie- und Arzneimittelbetriebe sowie holzverarbeitende und Kunstgewerbe-Werkstätten.

Trotz politischer Debakel ist Thailand inzwischen zum wichtigsten Handelspartner und Investor geworden, Vietnam wurde aus seiner Führungsrolle verdrängt. Auch Australien und Japan engagieren sich stark, China und die

Oben: Tropenholz ist wertvoll. Rechts: Nationalheiligtum Pha That Luang in Vientiane.

USA sind erneut aktiv geworden.

Die Bundesrepublik Deutschland hat teilweise die Verpflichtungen der DDR übernommen, die vor allem aus Hilfeleistung im Bildungswesen und auf dem Gebiet der Forstwirtschaft, Kaffeeproduktion und Elektrizität besteht.

LAOTISCHE GESCHICHTE

Spuren aus der Frühzeit der Menschheit, der Völker und Stämme, die seit der Eiszeit unablässig von Norden nach Süden gewandert sind, lassen sich in Laos etwa 10 000 Jahre zurückverfolgen. Im gesamten Durchzugsgebiet der Halbinsel Hinterindien hat sich kein Volk rein erhalten. Kulturen und Religionen sind sich seit Jahrtausenden begegnet, haben sich voneinander abgegrenzt oder miteinander vermischt.

Die Lao gehören zu der großen Völkergruppe der T'ai. Sie kamen aus Süd-Sibirien und sind mit den Yueh, den Vorfahren der Vietnamesen, verwandt. T'ai- und Lolo-Stämme gründeten auf ihrem Zug nach Süden im 7. Jh. in Yunnan, im südlichen China, das Reich Nan Chao. Es verbündete sich mit dem damals mächtigen Tibet, und die chinesische Tang-Dynastie musste nach empfindlichen Niederlagen das Reich Nan Chao im Jahr 728 anerkennen.

Archäologen und Historiker glauben, dass die T'ai-Stämme nur eine untergeordnete Rolle in Nan Chao gespielt haben und sehen tibeto-birmanische Völker als Gründer und Träger des Staates an. Nachweisen lässt sich, dass T'ai-Stämme im 13. Jh., nach dem Ende des Reichs Nan Chao, in großen Gruppen aus dem südlichen China in ihre heutigen Siedlungsgebiete eingewandert sind und Reiche gegründet haben, deren Nachfolgestaaten heute noch bestehen. Die T'ai gehörten zu den sinisierten Völkern am Rand des chinesischen Reichs. Kleine Gruppen und Stämme kamen unter dem Druck der nach Süden drängenden Han-Chinesen schon ab dem 11. Jh. an den oberen

Foto: Jürgen Bergmann

Menam und Mekong, wurden aber von den Mon und Khmer, die sich damals auf der Höhe ihrer Macht befanden, aufgesogen.

Als der Mongolen-Herrscher Kublai Khan, ein Enkel von Dschingis Khan und Gründer der Yuan-Dynastie in China, das Reich Nan Chao 1253 eroberte und zerstörte, setzte er damit in Südost-Asien eine neue Völkerwanderung in Bewegung. Die T'ai wichen nach Hai Nan, Vietnam und Assam aus; die Shan (Chan) ließen sich in Myanmar (Birma) nieder. Im Norden des Mon-Reichs Dvaravati, in der Gegend von Lamphun, bildeten sich erste Machtzentren der T'ai. Lao-Stämme zogen an den Ober- und Mittellauf des Mekong und drängten die dort ansässigen Khmer nach Süden oder vermischten sich mit ihnen.

Aus dem Zusammenschluss von T'ai-Fürstentümern (*muong*) im Raum des heutigen Luang Prabang, Bhamo, Chiang Sen und Chiang Mai entstand das erste große T'ai-Reich: Sukhothai. Die Reiche der T'ai wurden Siam (Syam), ihre Bewohner Siamesen genannt. Thai

(„die Freien“) nannten sie sich erst, nachdem ihr Land während der Kolonialzeit unabhängig geblieben war.

Die T'ai-Völker brachten aus Nan Chao ein Feudalsystem mit, wie es sich bei den Shan in Myanmar und den Muong in Nordvietnam erhalten hat. Wahrscheinlich verfügten sie über Eisenpflüge, Kenntnisse des Bewässerungsreisanbaus und handwerkliche Fähigkeiten, darunter die Herstellung von Seladon-Keramik. Vermutlich kamen sie durch ihren Kontakt zu den Mon-Völkern in Thailand zur buddhistischen Religion. Eine eigene Schrift besaßen sie nicht. Manche Forscher bezeichnen sie als unzivilisierte Stämme, die ve4rmutlich erst von den Mon und Khmer Reisanbau und Handwerk lernten.

Die drei Königreiche

Legenden der Lao berichten von dem vergöttlichten Häuptling Khuon Borom, der sein Reich unter seinen sieben Söhnen aufteilte. Zwischen der Vernichtung des Reichs Nan Chao und der Gründung eines Lao-Reichs am Oberen Mekong liegen hundert Jahre. Aus den vielen kleinen Residenzen (*muong*) unter der Herrschaft von Häuptlingen (*chao*) kristallisierten sich drei heraus, aus denen sich das heutige Laos entwickelt hat: Muong Soua (Luang Prabang), Muong Phu Eun und Viang Chan (Vientiane).

In Muong Soua hatten bereits 33 namentlich bekannte Herrscher regiert, bevor ein gestürzter Fürst, Phi Fa, und sein Sohn Fa Ngum Mitte des 14. Jh. am Hof der Khmer in Angkor Hilfe suchten. Fa Ngum heiratete eine Khmer-Prinzessin. Es gelang ihm 1353, sein Fürstentum Muong Soua mit Unterstützung der Khmer zurückzuerobern. Zu dieser Zeit war der Hinduismus der Gottkönige in Angkor schon vom Theravada-Buddhismus abgelöst worden; nur das brahmanische Hofzeremoniell hatte sich gehalten. Fa Ngum übernahm den Theravada-Buddhismus, indische Kultur, Schrift, Literatur und Kunst sowie das brahmanische Hofzeremoniell. Die Khmer-Prinzessin brachte Priester und einen goldenen Buddha, den Phra Bang (laotisch Pha Bang), mit, nach dem Königreich und Hauptstadt Luang Prabang (Louang Phra Bang) benannt wurden.

Die Lao übernahmen den Buddhismus, hielten aber auch an ihren Natur- und Fruchtbarkeitsgöttern fest. Besonders die Geister der Erde (*phi*) und die Wassergeister (*naga*) spielen bis heute im Leben der Lao eine große Rolle.

Mit Fa Ngum beginnt 1353 die Geschichte der drei Königreiche, die erst als französisches Protektorat den Namen Laos erhielten.

Seit ihrer Gründung ist die bis heute unveränderte Problematik erkennbar: Innenpolitisch verhinderten die geografische Zerrissenheit des Landes, das sich nur „von Stromschnelle zu Stromschnelle“ beherrschen ließ, und die Vielfalt der Völker und Zersplitterung in differente ethnische Gruppen die Entstehung einer Nation.

Einflussnahme der Nachbarstaaten

Außenpolitisch konnte sich das in kleine Herrschaftsgebiete unterteilte Land der Einflussnahme seiner Nachbarn China, Siam, Myanmar, Dai Viet (Vietnam) und der Khmer nicht erwehren. Die laotischen Königreiche brauchten Verbündete, gerieten aber schnell in deren Abhängigkeit. Da die Nachbarn untereinander verfeindet waren, bedeutete jedes Bündnis mit dem einen zugleich die Feindschaft eines anderen. Versuche, Neutralität zu wahren, scheiterten. Als hilfloser Spielball divergenter Interessen geriet Laos in das Räderwerk der Weltpolitik.

1353 konnte Fa Ngum Muong Soua mit dem Fürstentum Muong Chan (Viang Chan) vereinigen und nannte das

Rechts: Im 14. Jh. übernahmen die Lao den Buddhismus. Liegender Buddha im Wat Phrabat Tai, Luang Prabang.

Foto: Sibylle Gradnitzer

Reich Lane Xang (Lan Chang), „Land der Millionen Elefanten". Lane Xang mit der Hauptstadt Muang Soua erstreckte sich von Nord-Kambodscha bis an die Südgrenze von Yunnan, im Westen bis zur Grenze Siams und im Osten bis zum Reich Dai Viet. Fa Ngum musste unaufhörlich Kämpfe führen und wurde schließlich von seinen kriegsmüden Beamten abgesetzt. Sein Sohn wurde nach dem ersten Zensus des Reichs von 1376 König über 300 000 Männer der T'ai-Stämme. Er konsolidierte das Reich und die Armee und heiratete eine siamesische Prinzessin aus Ayutthaya. Damit gewann Siam Einfluss in Lane Xang.

Die guten Beziehungen mit dem benachbarten Dai-Viet wurden 1428 auf Jahrzehnte getrübt. Der König hatte den Vietnamesen Hilfe gegen die chinesische Ming-Dynastie angeboten, aber seine Soldaten liefen zu der größeren Armee der Chinesen über. Die Vietnamesen schlugen zunächst die Ming-Dynastie, 1471 das Reich Champa, das ihre Südgrenze bedrohte, und nahmen erst 1478 späte Rache an dem laotischen Nachbarn, eroberten Luang Prabang und vertrieben den König. Unter seinen Nachfolgern herrschte lange Frieden zwischen Lane Xang und Dai Viet.

König Vixun Harath heiratete eine Prinzessin von Chiang Mai. Sein Sohn, Pothisarat (1521-1547), verlegte seine Hauptstadt zeitweilig nach Viang Chan („Befestigte Stadt des Mondes"), das von den Franzosen schließlich Vientiane genannt wurde. Als 1545 im benachbarten Reich Chiang Mai Thronstreitigkeiten ausbrachen, intervenierte Pothisarath, der mütterlicherseits Anspruch auf den Thron hatte. Sein ältester Sohn, Setthathirat, wurde 1548 in Chiang Mai zum König gekrönt. Als er noch im gleichen Jahr das Erbe seines verstorbenen Vaters in Luang Prabang antrat, nutzten die Birmanen seine Abwesenheit von Chiang Mai: 1556 eroberten sie das Reich. Setthathirat musste 1560 ihre Oberhoheit anerkennen und verbündete sich mit dem Reich Ayutthaya. Seine Hauptstadt verlegte er nach Viang Chan. Er hatte aus Chiang Mai einen berühmten Buddha, den Phra Keo (la-

Foto: Annaliese Wulf

otisch Pha Kaeo, „Smaragd-Buddha"), eine 60 cm große Statue aus grünem Nephrit mitgebracht und errichtete ihr einen Tempel in Viang Chan.

1654-1712, unter König Soligna Vongsa, erlebte Luang Prabang einen erneuten Aufschwung. Nach dem Tod des Königs – er hinterließ keinen Thronerben – konnte sein Neffe, unter vietnamesischer Oberherrschaft, das Reich bis Viang Chan ausdehnen und ihm auch die Nord- und Nordost-Provinzen hinzufügen.

Infolge weiterer Thronstreitigkeiten trennten sich die Königreiche Viang Chan und Luang Prabang 1707. Während der langen Kämpfe zwischen dem birmanischen Reich von Ava und dem siamesischen Reich von Ayutthaya gerieten sie jeweils unter die Oberhoheit des Siegers. 1767 zerstörten die Birmanen Ayutthaya.

Oben: Erewan, Symbol der drei Königreiche, am Palast in Luang Prabang. Rechts: Das Neujahrsfest (boun pimai) wird in Luang Prabang besonders feierlich begangen.

Kaum hatte sich Siam erholt, überfiel es 1779 Viang Chan, das den Birmanen beigestanden hatte. Die Eindringlinge nahmen den Phra Keo-Buddha mit. Als die Chakri-Dynastie, das heutige thailändische Königshaus, 1782 das Rattanakosin-Reich von Bangkok gründete, errichtete sie dem Phra Keo einen Tempel im königlichen Palast, in dem die Statue bis heute als „Smaragd-Buddha" hoch verehrt wird.

1826 griff Viang Chan die Siamesen an, diese schlugen 1828 zurück und zerstörten die Stadt. Mit dieser Niederlage endete auch das Königreich Viang Chan, die Königswürde fiel an Luang Prabang; der König von Luang Prabang nahm bis zum Ende der Monarchie 1975 eine den drei laotischen Königen übergeordnete Stellung ein. 1866 entdeckte ein französisches Expeditionskorps die Ruinen von Viang Chan im Dschungel.

Luang Prabang geriet 1752 unter birmanische und 1778 unter siamesische Oberhoheit und wurde 1792 von den Siamesen erobert und stark zerstört, aber wieder aufgebaut. Mit Hilfe Vietnams konnte Luang Prabang sein Reich bis Viang Chan ausdehnen.

Um 1800 entstanden unter streitenden Prinzen drei Königreiche: Luang Prabang, Viang Chan und im Süden Champasak, das zu Kambodscha gehört hatte. China und Vietnam übten kurze Zeit die Oberhoheit aus. Chinesische Banden, als Gelb-, Rot- und Schwarzfahnen bekannt, terrorisierten im 19. Jh. das Königreich Luang Prabang. Zu Beginn der Kolonialepoche standen alle drei Königreiche unter siamesischer Oberhoheit.

Das Protektorat Laos

Um die Mitte des 19. Jh. suchten europäische Länder in Asien Rohstoffquellen und Absatzmärkte für ihre aufblühende Industrie und glaubten, sie in dem riesigen, volkreichen Kaiserreich China finden zu können. Während England den Weg über das Meer und den

Foto: Günther Deichmann (Mainbild)

südchinesischen Hafen Kanton nahm und den Opiumkrieg (1840-1842) inszenierte, versuchte Frankreich, über den Mekong und später über den Roten Fluss zu den Märkten Südchinas vorzudringen. An den Stromschnellen des Mekong endeten die Erkundungsfahrten; über den Roten Fluss ließ sich der China-Handel ebenfalls nicht abwickeln. Aber Vietnam, Kambodscha und die laotischen Königreiche besaßen Rohstoffe, eigneten sich für Baumwoll- und Kautschuk-Plantagen und boten Frankreich zudem ein Äquivalent für den Verlust seines indischen Kolonialbesitzes an die Britische Kronkolonie Indien.

Nach der Einnahme von Vietnam und Kambodscha wollte Frankreich seine kolonialen Eroberungen mit dem Reich Lane Xang abrunden. Dazu musste es in langwierige Verhandlungen mit England und Siam eintreten und in Oberlaos einen Kleinkrieg mit den Siamesen und chinesischen Banden führen. Unterstützt durch eine Demonstration französischer Kriegsschiffe vor Bangkok und die Abtretung des rechten, von Laoten besiedelten Mekong-Ufers (heute der thailändische Isan) an Siam, konnte Frankreich 1893 die drei laotischen Königreiche zum französischen Protektorat Laos mit der Hauptstadt Luang Prabang vereinigen. Den Protektoratsvertrag unterzeichnete Frankreich allerdings mit den Siamesen, nicht mit dem König von Laos!

Französische Kolonialpolitik

Zum französischen Kolonialreich Indochina gehörten nun die französische Kolonie Cochin-China (das Mekong-Delta) und die Protektorate Tongking (Nord-Vietnam), Annam (Zentral-Vietnam) und Kambodscha sowie das neuentstandene Laos unter einem französischen Generalgouverneur in Saigon, später in Hanoi. Für Laos wurde ein Resident ernannt. Die drei Königreiche blieben bestehen. Häuptlinge und Stammesfürsten, die mit Frankreich kollaborierten, konnten ihre Macht ausbauen. Die Kolonialregierung schürte

Foto: dpa

den Streit unter Königen, Stammeshäuptlingen und Minderheiten und spielte sie gegeneinander aus. Untere Beamtenstellen wurden mit Vietnamesen besetzt. Verwaltung, Schulwesen und medizinische Versorgung machten in der Kolonialzeit kaum Fortschritte.

Hohe Besteuerung und Repressalien durch Steuereinnehmer und Beamte waren die häufigste Ursache für Aufstände und Revolten. In den Ebenen unter den Lao Lum ließen sich die Unruhen dank der überlegenen Waffen der Franzosen schnell beenden.

Die Revolten der straff organisierten Lao Theung dauerten länger. Auf den Hochebenen Boloven und Xieng Khouang erwies sich der Einsatz schwerer Waffen als schwierig. Bei den Lao Soung auf den höchsten Bergkuppen gelang eine zeitweise Beruhigung oft nur durch Lebensmittelblockaden oder Steuernachlässe. Ein landesweiter Widerstand kam jedoch nicht zustande, die geografische und ethnische Spaltung erwies sich als unüberwindbar.

Oben: Kämpfe zwischen Freiwilligen und Rebellen (1967).

1941 besetzten die Japaner Indochina, nach Laos kamen sie erst im April 1945, übernahmen die Herrschaft und internierten die Franzosen. Die Hoffnung der Völker Asiens auf die Hilfe Japans erfüllte sich jedoch nicht. Das japanische Regime erwies sich als noch unerträglicher, als es das französische gewesen war. Im August 1945 brach in Laos der Widerstand los, zunächst in Vientiane, dann in anderen Provinzhauptstädten.

Zu dieser Zeit regierte in Luang Prabang König Sisavang Vong, der in Frankreich studiert hatte und im Jahr 1904 von der Kolonialregierung eingesetzt worden war. Er war seinen Neffen, den Regenten Prinz Phetsarath in Vientiane und Prinz Boun Oum in Champasak, übergeordnet. Seit 300 Jahren repräsentierte der König von Luang Prabang – mit nur kurzen Unterbrechungen – das ganze Land. Seine Befugnisse waren aber mit Ankunft der Franzosen geschrumpft.

Unabhängigkeitsbestrebungen

Nach der Kapitulation der Japaner im Herbst 1945 erklärten der König in Luang Prabang und Prinz in Vientiane die Unabhängigkeit des Landes. Der Prinz gründete die Lao Issara (*Laotische Befreiungsfront*) als Sammelbecken aller Widerstandskräfte. Das war der erste Versuch, die unterschiedlichen Auffassungen und politischen Ideologien einem gemeinsamen Ziel – der Befreiung des Landes – unterzuordnen.

Prinz Souvannouvong (Souvanna Phong), der jüngste Bruder von Prinz Phetsarath, begegnete in Vietnam den Revolutionären um Ho Chi Minh. 1945, nach der Rückkehr Frankreichs nach Indochina, begann er, in Laos eine revolutionäre Bewegung nach dem Vorbild der Vietminh aufzubauen. Er arbeitete mit Kaysone Phomvihan, dem späteren Generalsekretär der *Laotischen Kommunistischen Partei*, zusammen.

1945 waren die Meinungen im Land und unter den königlichen Prinzen geteilt. Prinz Phetsarath und Prinz Souvanna Phouma waren zunächst bereit, Laos als unabhängigen Staat der *Union Française* einzugliedern. Es gab Stimmen, die zum Anschluss an Thailand aufriefen, andere forderten absolute Neutralität und Unabhängigkeit. Prinz Souvannouvong wollte das Land enger an Vietnam binden. Als Frankreich sich anschickte, Laos zurückzuerobern, stellte die Lao Issara unter Führung von Prinz Phetsarath eine Gegenregierung auf. Im ganzen Land bildeten sich nach dem Vorbild Vietnams, das den Kampf gegen die Franzosen aufgenommen hatte, Widerstandsgruppen.

Prinz Souvannouvong erlitt im Kampf um die Stadt Thakhet am Mekong blutige Verluste, konnte sich aber mit einem kleinen Teil seiner Truppe nach Thailand retten. Nach fünf Monaten kontrollierten die Franzosen die wichtigsten Städte. Die provisorische Regierung in Vientiane mit Prinz Phetsarath und Prinz Souvanna Phouma floh nach Thailand und regierte von dort aus. König Sisavang Vong in Luang Prabang wurde von den Franzosen zum König über ganz Laos ernannt. Als einziges Mitglied der provisorischen Regierung kehrte Prinz Souvannouvong nach Laos zurück und begann im Untergrund die Neuorganisation des Widerstandes.

1947 wurde Laos in eine konstitutionelle demokratische Monarchie umgewandelt, und 1949 bot Frankreich dem Land die Unabhängigkeit innerhalb der *Union Française* an. Souvanna Phouma kehrte nach Vientiane zurück, die provisorische Regierung in Bangkok löste sich auf.

Das Schicksal von Laos war vom Ausgang des Ersten Indochinakrieges abhängig. 1953 erhielt das Land die vollständige Unabhängigkeit von Frankreich. 1954 erreichte der Unabhängigkeitskampf Vietnams die Endphase. Die vietnamesische Armee eroberte die für unbesiegbar gehaltene Bergfestung Dien Bien Phu nahe der laotischen Grenze, die zur Beherrschung von Laos, China und Nord-Vietnam erbaut worden war. Das französische Expeditionskorps verlor seine Elitesoldaten und Frankreich sein Kolonialreich Indochina.

Der Zweite Indochinakrieg

Die Genfer Friedenskonferenz im Juli 1954 sollte den Indochinakrieg beenden und verhindern, dass Laos, Kambodscha und Südvietnam in das östliche Bündnissystem integriert wurden. Laos, der Welt bis dahin kaum bekannt, wurde zu einem Brennpunkt der Weltpolitik. Den Vorsitz auf der Genfer Konferenz führten Großbritannien und die UdSSR. Nord- und Südvietnam, China und Frankreich waren als Teilnehmerstaaten vertreten, die USA sandten Beobachter. Wichtigste Punkte des Protokolls waren die Einsetzung einer *Internationalen Kommission zur Wahrung der Unabhängigkeit der Länder Indochinas* und die Durchführung freier Wahlen. Die Länder sollten von allen

Foto: dpa

fremden Truppen geräumt werden und keine Abkommen tätigen dürfen, die ein Militärbündnis einschlossen, keine weiteren Kampfhandlungen unternehmen oder innerhalb ihrer Landesgrenzen dulden und militärische Hilfe und Berater nur soweit zulassen, als sie zur Verteidigung des Landes unerlässlich waren. Frankreich erklärte sich bereit, seine Truppen zurückzuziehen. Die Konferenzteilnehmer bestätigten die Unabhängigkeit und Souveränität der drei Staaten Indochinas.

Doch in Indochina begegneten sich die divergenten Interessen der USA, UdSSR und Chinas. In der kleinen Bar des *Lane Xang Hotel* in Vientiane wurde Weltpolitik gemacht; Laos wurde Tummelfeld der Geheimdienste und Journalisten. Es war aber jahrelang auch die einzige Stelle, an der zwischen Ost und West überhaupt noch Gespräche stattfanden.

Auch nach 1954 vertrat der König von Luang Prabang weiter das ganze Land, aber Regierungschef war der neutralistische Prinz Souvanna Phouma in Vientiane. In Pakse bildete Prinz Boun Oum von Champasak den rechten Flügel, der zu Thailand und später zu den USA tendierte. Prinz Souvannouvong blieb Führer des linken Widerstandes, der sich in der Pathet Lao („Land der Lao") zusammenfand.

1955 wurde die *Laotische Volkspartei* gegründet, die 1972 in *Laotische Revolutionäre Volkspartei* (LRVP) umbenannt wurde. Sie entstand nach der Auflösung der KPI, der *Kommunistischen Partei Indochinas*, die der Führung Ho Chi Minhs unterstanden hatte. Bis heute ist die LRVP Führungsorgan des Landes geblieben. Hervorgegangen aus dem gemeinsamen Freiheitskampf, hat sie bis zum Beginn der 1990er Jahre auch ihre enge Bindung an Vietnam beibehalten.

Trotz aller ideologischen Differenzen entstand eine neue Koalitionsregierung, angeführt von den drei Prinzen. Kein Teilnehmerstaat der Genfer Konferenz von 1954 hielt sich an die Kon-

Oben: Laotische Soldaten warten auf ihren Einsatz.
Rechts: US-Panzer in Laos.

ferenzbeschlüsse. Wahlen wurden nur in Kambodscha unter Prinz Sihanouk abgehalten. Ab 1955 unterstützten und finanzierten die USA die rechtsgerichteten Kräfte in Laos; die linksgerichteten stützten sich auf Vietnam, die UdSSR und die Volksrepublik China.

Bürgerkrieg

König Savang Vathana wurde 1959, nach dem Tod seines Vaters, der letzte König in Luang Prabang. Nach einem Militärputsch 1960 mischten Abenteurer und Militärs in der Politik mit. Die Meldungen überstürzten sich, in Laos herrschte Bürgerkrieg.

Die Minderheit der Hmong kämpfte unter ihrem General Vang Pao in amerikanischen Diensten, in den Reihen des Geheimdienstes CIA und in den Truppen der Regierung in Luang Prabang, war aber auch in den Verbänden der Pathet Lao zu finden.

Infolge eines Regierungswechsels entstand 1961 eine Krise. Die Neutralisten wandten sich gemeinsam mit der Pathet Lao gegen die Parteigänger der USA und Thailands, das Hilfstruppen gesandt hatte. Die Pathet Lao kontrollierte drei Fünftel des Landes.

1962 fand in Genf eine zweite Laos-Konferenz statt, auf der 14 Staaten die laotische Neutralität garantierten. Eine Beendigung des Kriegs war jedoch auch dadurch nicht absehbar. Schon 1960 hatte Nord-Vietnam begonnen, auf laotischem Gebiet den wichtigen Ho Chi Minh-Pfad als Hauptnachschublinie für den Vietcong im Süden einzurichten, nachdem die gut befestigte McNamara-Linie rund 90 km nördlich von Hue eine Infiltration des Südens auf vietnamesischen Gebiet unmöglich gemacht hatte.

Diese Beschneidung der laotischen Souveränität spaltete die laotische Gesellschaft endgültig in drei Lager. Unter der Führung der drei Prinzen entstand zwar wieder eine Troika-Regierung, doch fortan kontrollierte jeder nur seinen Landesteil. Da die Pathet Lao das Grenzgebiet nach Vietnam beherrschte, konnten die Nordvietnamesen dort den strategisch wichtigen Ho Chi Minh-Pfad ungehindert ausbauen.

Foto: dpa

1964 wurde Laos schließlich durch die Entsendung von US-Beratern und den ersten Bombenabwürfen der B-52 endgültig in den Sog des Vietnam-Krieges gezogen. Die Maschinen starteten von Nordost-Thailand und warfen auf die laotischen Nord-Provinzen Xieng Khouang, Sam Neua und Phong Saly insgesamt mehr Bomben, als im Zweiten Weltkrieg auf Europa fielen. Offiziell galten die Bombardements dem Ho Chi Minh-Pfad, den Nord-Vietnamesen und ihren laotischen Verbündeten, der Pathet Lao, aber die unzähligen Bomben trafen natürlich auch die laotischen Dörfer und Städte, zerstörten unzählige Wohnhäuser und Tempel und verwandelten Reisfelder in Kraterlandschaften, die bis heute vom Flugzeug aus sichtbar sind. Wieder gingen die Meinungen über den besten Weg für Laos weit auseinander. Prinz Souvanna Phouma woll-

Foto: dpa

te Frieden und Neutralität, Prinz Boun Oum von Champasak sah den Frieden am Besten durch ein Zusammengehen mit Thailand gesichert, und Prinz Souvannouvong suchte ihn an der Seite Vietnams.

Das Ende der Monarchie – Laos nach 1975

1972/1973 kam es zu einem Waffenstillstand in Laos, dem Abzug der amerikanischen und thailändischen Truppen sowie zu Verhandlungen mit der Pathet Lao und der LRVP, die zu einem Kompromiss führten, der einen Status quo bedeutete: Jeder Landesteil verblieb unter seiner derzeitigen Regierung. Nach erneuten Kämpfen konnten die laotischen Kommunisten endgültig den Sieg erringen.

Am 2. Dezember 1975 endete in Laos nach 622 Jahren die Monarchie. Der König wurde in eines der „Seminare" im Norden des Landes geschickt, in denen die LRVP Andersdenkende zu bekehren suchte, und starb dort. Die LRVP, auf 20 000 Mitglieder angewachsen, übernahm die Regierung der *Demokratischen Volksrepublik Laos*. Gesteuert wurde sie bis zum Ende der 1980er Jahre von Vietnam. China suchte ebenfalls in Laos Einfluss zu gewinnen und die Vietnamesen und die UdSSR zu verdrängen.

An die Stelle der westlichen Berater traten nach 1975 die östlichen Spezialisten; die UdSSR und China trugen ihre Differenzen auch durch ihre Satellitenstaaten in Indochina aus. Die chinesische Regierung unterstützte die Roten Khmer in Kambodscha, Vietnam zog Ende 1978 gegen Pol Pot in den Dritten Indochinakrieg. Damit endete der chinesische Einfluss in Laos. Erst seit 1991 haben sich die Beziehungen zwischen Laos und China wieder verbessert.

Kambodscha und Laos waren seit 1977 durch zahlreiche Freundschafts- und Beistandspakte eng mit Vietnam und mit der UdSSR verbunden und damit in den fast 2000-jährigen Konflikt zwischen China und Vietnam geraten.

Laos ist seit 1975 eine Volksdemokratie, die ihr Entstehen der LRVP, der *Laotischen Revolutionären Volkspartei*, verdankt, deren absolute Führungsrolle in der 1991 verabschiedeten Verfassung erneut bestätigt wurde. 1979 wurde die *Laotische Front für den Nationalen Aufbau* (LFNC) mit Prinz Souvannouvong als Präsidenten gegründet, in der alle Massenorganisationen – Gewerkschaften, Jugend- und Frauenverbände etc. – zusammengefasst wurden.

Der Prinz war seit 1975 auch Staatspräsident. Als er 1983 in den Ruhestand trat, folgte ihm Kaysone Phomvihan, der Generalsekretär der LRVP, der den Parteivorsitz 35 Jahre lang ausübte.

Kaysone Phomvihan starb 1992, und mit seinem Tod endete eine Ära in Laos. Seine Ämter wurden an zwei Nachfolger vergeben. Staatspräsident wurde

Oben: Truppen der Pathet Lao während des Vietnam-Krieges. Rechts: Kaysone Phomvihan, früherer Vorsitzender des Ministerrates und Generalsekretär der LRVP.

Nouhak Phoumsavan. Fünf Jahre älter als Kaysone, konnte er auf eine ebenso lange Tätigkeit in Partei und Widerstand zurückblicken.

Neuer Generalsekretär der LRVP, bisher der dritte in der Rangfolge, ist seit 1998 Kamthay Siphandone. Sowohl Phoumsavan als auch Siphandone sind weniger stark an Vietnam gebunden als Kaysone, Sohn eines vietnamesischen Vaters, der auch seine Ausbildung in Vietnam absolviert hatte.

Politische Gliederung und Staatsideologie

Laos besteht aus 16 Provinzen (*khouang*) und einer unabhängigen Präfektur (*kamphaeng nakhon*) Vientiane. Die Provinzen sind in 133 Kreise (*muang*) unterteilt, diese wiederum in Dörfer (*ban*).

Eine Lockerung der laotischen Politik war im Einklang mit den Veränderungen in der östlichen Welt und – wenn auch zögernder – in Vietnam, seit Beginn der 1990er Jahre absehbar. Schon seit 1985 wird verstärkt auf marktwirtschaftliche Reformen und eine liberale Wirtschaftspolitik, die auch ausländischen Investoren Chancen in Laos bietet, gesetzt. *Chintanakaan May* („Neues Denken") heißt dieser Reformkurs.

Am 15. August 1991 wurde, nachdem die Volksrepublik Laos 16 Jahre bestand, erstmals eine Verfassung in Kraft gesetzt. Sie besteht aus 80 Artikeln und bezieht sich in der Präambel auf das polyethnische Volk in einem mehr als 600-jährigen Reich sowie die Führung durch die frühere *Kommunistische Partei Indochinas* und die jetzige *Laotische Revolutionäre Volkspartei*.

In der Volksdemokratischen Republik Laos liegt – theoretisch – alle Macht beim Volk. Alle Minderheiten besitzen gleiche Rechte.

Die Nationalversammlung (NV), früher Volksversammlung genannt, ist das in allgemeiner, gleicher, direkter und geheimer Wahl gewählte Vertretungsorgan des Volkes, gebildet und handelnd auf der Grundlage der Prinzipien des demokratischen Zentralismus. Im Abschnitt 4 der Verfassung wird die Nationalversammlung als Gesetzgebendes Organ vorgestellt und gleichzeitig als Kontrollorgan der Exekutive und Judikative.

Foto: dpa

In der Folge werden fast alle Rechte der Bürger einer Demokratie aufgezählt: Wahlrecht, bürgerliche Freiheiten, freie Wahl des Wohnsitzes, Recht auf Arbeit und Bildung, Unterstützung im Alter und bei Arbeitsunfähigkeit, die Gleichstellung von Mann und Frau sowie aller Volksschichten und Minderheiten, die Unverletzbarbeit der Person und des Eigentums, Recht auf freie Rede und Schrift, Versammlungs- und Demonstrationsrecht. Aber Rechte und Pflichten werden am Ende fast jeden Artikels durch den Hinweis ergänzt: „sofern dies nicht dem Gesetz widerspricht", oder: „mit Ausnahme der Fälle, die durch das Gesetz festgelegt sind". Es gibt noch ähnlich geschickte Formulierungen wie: „erfolgt die Marktwirtschaft entsprechend dem Mechanismus der

Marktwirtschaft bei Regulierung durch den Staat". Artikel 30 garantiert die Religionsfreiheit. Kurzum, für jedes verfassungsmäßig bescheinigte Recht gibt es ein Gesetz, das es einschränkt, ungültig macht oder auch ins Gegenteil kehrt. Wer kennt alle Gesetze? In Laos gibt es 27 % Analphabeten und sicher einen hohen Bevölkerungsanteil, der nichts von einer Verfassung und den Rechten weiß, die sie ihm garantiert und durch Gesetze wieder nimmt.

Schon öfter hat die Regierung ausländische Gesprächspartner wissen lassen, dass sie Menschenrechte, Pressefreiheit, Gleichberechtigung der Frau und andere demokratische Freiheiten auf „laotische Weise" zu regeln gedenkt.

Innenpolitische Probleme

Zu den Problemen des laotischen Staates gehören neben den bereits angeschnittenen Fragen der Rettung der Wälder, der Unterstützung der Landwirtschaft, des Aufbaus der Industrie und der Steuerung der Arbeitslosigkeit und Unterbeschäftigung auch der Abbau des Analphabetentums und Lehrermangels, der durch schlechte Ausbildungsmöglichkeiten und niedrige Bezahlung der Pädagogen erschwert wird.

Insbesondere auf dem Land besuchen zahlreiche Kinder höchstens in der Trockenzeit eine Schule, da sie während der Ernte als wichtige Arbeitskräfte gebraucht werden.

Zu Klagen Anlass geben auch die katastrophalen Zustände im Gesundheitswesen. Es werden immer wieder Masernepidemien, Ansteigen der Malaria und anderer Krankheiten gemeldet, verbunden mit akutem Mangel an Ärzten, medizinisch ausgebildetem Personal, Krankenhäusern und ambulanten Versorgungsstellen. Betroffen sind vor allem die ländlichen Gebiete und die Bergregionen. Internationale, private und kirchliche Hilfsorganisationen versuchen seit vielen Jahren, wenigstens eine medizinische Grundversorgung der Bevölkerung zu etablieren.

Rechts: Eine laotische Dorfschönheit mit dem typischen Asiatischen Kegelhut aus Reisstroh.

Die Hmong und die Beziehungen zu Thailand

Die Hmong haben als Rebellen an der thailändisch-laotischen Grenze und somit in den politischen Beziehungen beider Staaten öfter für Unsicherheit gesorgt und waren schon vor 1975 ein Unruhefaktor im Land. Neben ihren berechtigten Beschwerden über mangelnde Ausbildungsmöglichkeiten und medizinische Versorgung sind es das Verbot des Brandrodungsbaues und der Drogenproduktion, die die Hmong zu aktivem Widerstand veranlassen. Als die Regierung es mit der Umsiedlung der unruhigen Stämme in tiefer gelegene, leichter kontrollierbare Gebiete versuchte, sahen die Hmong nun auch ihre Freiheit in Frage gestellt und zudem ihre Gesundheit im ungewohnten Tiefland bedroht. Auch unter den Lao Lum gab es Widerstandsbewegungen.

Seit 1975 sind etwa 360 000 Laoten, vor allem Hmong, aber auch viele Angehörige der Intelligenz aus allen ethnischen Gruppen, nach Thailand geflüchtet. Unter dem daraus entstandenen Mangel an gut ausgebildeten Fachkräften leidet Laos noch heute.

Über 200 000 Hmong wanderten von Thailand in die USA und andere westliche Länder aus. Laos erhob die zutreffende Beschuldigung, dass es sich zumindest bei den ca. 8000 Rebellen in grenznahen Lagern um „rechtsgerichtete ehemalige Verbündete Thailands und der USA" handele, die zum Teil amerikanische Pässe besitzen. 1992 einigten sich Thailand und Laos, gemeinsam gegen die Aufständischen vorzugehen. Diese operierten von thailändischem Boden aus gegen Laos, so dass es zu Überfällen auf laotische Dörfer und laotische Siedler in thailändischen Grenzdörfern und mehrmals zu Artilleriege-

Foto: Paul Spierenburg

fechten an der Grenze kam, bei denen Bewohner beiderseits der Grenze zu Schaden kamen. Die Hmong-Rebellen haben die thailändisch-laotischen Beziehungen jahrzehntelang strapaziert.

Viele ausgewanderte Hmong sind in ihrer neuen Heimat USA zu Wohlstand gekommen. Sie unterstützen ihre Angehörigen, auch die Rebellen, in Thailand. Das wirkt sich auf alle Versuche aus, die Rückführung der Flüchtlinge voranzubringen. Um den zwischen Laos und Thailand geschlossenen Freundschafts- und Kooperationsvertrag, der die gemeinsame Geschichte und die ethnische Verwandtschaft betont, nicht zu gefährden und den Ausbau der wirtschaftlichen Beziehungen nicht zu stören, soll das Flüchtlingsproblem durch Repatriierung der Hmong gelöst werden, wobei Thailand verlangt, dass die Zurückgekehrten in Laos nicht bestraft werden. Als „Amerikas vergessene Krieger" im Kampf gegen die Kommunisten werden die Hmong jedoch von den Militärs der Volksrepublik Laos nach wie vor drangsaliert.

Jüngste Ereignisse

Die Regierung von Boungnang Vorachith plante im Sommer 2002 die Umsiedlung von verschiedenen Ethnien der Bergvölker im Nordwesten des Landes. Grund ist der Bau einer 1300 km langen Straße, die Kunming in China mit Chiang Mai in Thailand verbinden soll und in Laos über Luang Namtha in der gleichnamigen Provinz führt. Die Behörden erklärten, dass die durch den Straßenbau bedingte Umsiedlung der Bevölkerung ohne Gewalt durchgeführt werden soll.

2004 fand in Vientiane der ASEAN-Gipfel statt, an dem die zehn südostasiatischen Staaten und sechs weitere Länder teilnahmen. Bis 2020 sollen Importzölle innerhalb der Gemeinschaft abgeschafft und so die größte Freihandelszone der Welt geschaffen werden.

2005 sicherten die Weltbank und weitere Banken Laos einen Kredit von 3 Mrd. US-$ für den Bau des – wegen der ökologischen Folgen umstrittenen – Staudamms am Nam-Theum-Fluss

Foto: Digitalpress (Dreamstime)

zu. Mit dem erzeugten Strom, der v. a. nach Thailand exportiert werden soll, erhofft sich die Regierung jährliche Einnahmen von etwa 220 Mio. US-$. 2011 verlautbarte, dass am Mekong weitere Staudämme entstehen sollen, und 2013 begannen die ersten Vorarbeiten.

LAOTISCHE KUNST UND KULTUR

Die Kultur Asiens schöpft aus Religion und Tradition; asiatische Kunst ist religiöse Kunst. Sie wurde vielfach aus vergänglichem Material geschaffen, war einem aggressiven Klima und ständigen Kriegen ausgesetzt.

Die laotische Kultur und Kunst entwickelte sich seit dem 14. Jh. in den Königreichen Luang Prabang und Viang Chan. Laos gehört zum **Indischen Kulturkreis**, hatte aber nie direkten Kontakt mit Indien.

Oben: Hmong-Frauen bei der Tabakernte. Rechts: Viele Jungen gehen zur religiösen Unterweisung eine Zeit lang ins Kloster.

Religion

Als die Lao mit dem Khmer-Reich in Berührung kamen, war der – indisch geprägte, ab 300 n. Chr. in Südostasien durch eingewanderte Brahmanen verbreitete – Hinduismus der Gottkönige von Angkor ebenso wie der Mahayana-Buddhismus bereits im Schwinden begriffen. Der puristischere Theravada-Buddhismus (die einzige noch heute praktizierende Schule des ursprünglichen Hinayana-Buddhismus) war nun zur Volksreligion in ganz Hinterindien geworden, der auch die Könige anhingen. Nur in Vietnam blieb der Mahayana-Buddhismus chinesischer Prägung die vorherrschende Religion.

Theravada, die „Lehre der Ordensältesten", entstand während der 3. buddhistischen Synode von Pataliputra und ist seit dem 3. Jh. v. Chr. in Sri Lanka Staatsreligion. Die Lehre ist im dreiteiligen *tipitaka*, einer auch Pali-Kanon genannten Schriftensammlung niedergeschrieben. Das mittelindische Pali, die Sprache des Theravada-Buddhismus,

Foto: Paul Spierenburg

löste in Hinterindien das Sanskrit des Hinduismus ab. Ziel des Theravada-Buddhismus ist es, ein vollkommen erleuchteter Arhat zu werden, was jedoch nur sehr wenigen Mönchen gelingt. Die meisten Laienanhänger begnügen sich deshalb damit, in ihrem Leben viele Verdienste zu sammeln, um eine bessere Wiedergeburt zu erlangen. Der Theravada-Buddhismus duldet neben seiner Lehre auch Natur-, Fruchtbarkeits- und Ahnenkulte der vorhinduistischen Periode Hinterindiens sowie Götter des hinduistischen Pantheons.

Die laotische Kultur und Kunst kann daher aus drei verschiedenen religiösen Quellen schöpfen: den vorbuddhistischen **Stammesreligionen** mit dem Ahnenkult, dem **Hinduismus** und dem **Theravada-Buddhismus**, der sie am stärksten motiviert und geprägt hat. Letzterer entspricht der friedfertigen und genügsamen Mentalität der Lao und richtet ihr Denken auf eine kommende Wiederverkörperung und *nibbana* (Sanskrit *nirwana*), das Ende der Wiedergeburten.

Die drei Pfeiler des Theravada-Buddhismus sind: Buddha, seine Lehre, (dharma) und die Gemeinschaft der Mönche (*sangha*). Für jeden Mann, ob König oder Bauer, ist es verdienstvoll, ein Jahr seines Lebens oder in jedem Jahr während der Regenzeit drei Monate in einem Kloster zu verbringen. Heute beschränken sich viele Buddhisten auf ein paar Wochen klösterlichen Lebens. Kinder werden zur Unterweisung eine Zeitlang in ein Kloster gebracht oder besuchen Klosterschulen.

Die Mönche haben eine – wenn auch geringe – Chance auf das Erreichen des **Nirwana**. Das religiöse Streben der Laien richtet sich vor allem auf eine bessere Wiedergeburt. Diese kann durch das Beachten der fünf Tugenden und durch Großzügigkeit gegenüber der buddhistischen Gemeinde erreicht werden. Der Spender hat den Mönchen zu danken, dass sie seine Gaben annehmen, aus denen ihm Verdienste erwachsen. „Tausend Buddhas stiften" bedeutet: tausendfache Verdienste erwerben. Längst nicht jede fromme Stiftung ist

Foto: Jürgen Bergmann

ein Kunstwerk im westlichen Sinn. Hier handelt es sich nicht um den schöpferischen Akt einer individuellen Künstlerpersönlichkeit, sondern um die möglichst getreue Abbildung einer vorgestellten Welt, wobei die genaue Kopie eines als perfekt angesehenen Werks besonders verdienstvoll ist. Viele Objekte sind daher Devotionalien, Kunsthandwerk oder gute Handwerksarbeit.

Bildende Kunst

Die frühesten unzerstörten Zeugnisse der Baukunst und Bildhauerei der Lao stammen aus dem 16. Jh. Die Hauptstädte Vientiane (Viang Chan) und Luang Prabang wurden immer wieder erobert und zerstört, so dass wenige Originale, jedoch einige Rekonstruktionen, die der Tradition folgten und frühe Werke nachbildeten, erhalten blieben.

Die laotische Kunst hat keine großen, eigenschöpferischen Leistungen hervorgebracht, vergleichbar den Hochkulturen der Khmer und Cham. Sie geht nicht direkt auf das indische Vorbild zurück, sondern empfing ihre Anstöße von den indisierten Reichen der Mon von Dvaravati, der Birmanen und der Khmer. Die engste Verbindung besteht mit der **Kunst Thailands**. In den Kunstbetrachtungen werden der laotischen Kunst, falls sie überhaupt erwähnt wird, nur wenige Zeilen gewidmet, sie wird meist als regionale Thai-Kunst behandelt.

Im 17. Jh. entstanden in Laos Werke, die die verschiedenen Einflüsse verarbeiteten und zu eigenständigen lokalen Stilen entwickelten und als typisch laotisch bezeichnet werden können.

Die Publikationen des französischen Architekten Henri Parmentier, der von 1922 bis 1927 Bauwerke und Statuen erforschte und in einer Geschichte der laotischen Kunst zusammengestellt hat, vermitteln auch Kenntnisse von Pagoden und Plastiken, die seit dieser Zeit zerstört oder stark beschädigt wurden.

Oben: Die Vorhalle des Wat Mai in Luang Prabang.
Rechts: Wat Xieng Thong in Luang Prabang.

Foto: imageBROKER (Arco Images)

Architektur

Die Tempel wurden anfänglich aus Holz und anderem vergänglichen Material gebaut. Verwendung von Ziegeln und Stuck geht auf den Einfluss der siamesischen Architektur von Ayutthaya zurück. Die Sandsteinbauweise der Khmer wurde von Laos nicht übernommen. Die Verwendung von Gold und Silber sowie von Stempeln (*pork kham*) für den Aufdruck dekorativer Elemente auf Holz ist traditionell, die vielfarbigen Mosaiken (*tit keo si*) in Luang Prabang sind neueren Datums.

Zu einem Tempelkomplex gehört der *vihara* (aus dem Pali), in der laotischen Sprache *sim* genannt. In ihm ist das Buddha-Bild aufbewahrt; er gilt als das heiligste Gebäude.

Die Bauwerke sind meist von einer Galerie umgeben oder eine offene Säulenhalle ist ihnen vorgebaut. Die elegant geschwungenen, drei-, fünf- oder siebenfach übereinander gelagerten **Dächer** – ungerade Zahlen sind Glückszahlen in Asien – ruhen auf Backsteinsäulen. Spannbalken des Dachgebälks verteilen das Gewicht. Die Dächer laufen aus in nach oben gebogenen Enden, *chao fa* („Fürsten des Himmels"), an denen sich die bösen Geister verfangen sollen. Die Giebel sind reich mit geschnitzten Holzpaneelen oder Stuck verziert.

Besondere Aufmerksamkeit verdienen die geschnitzten **Türflügel** mit pflanzlichem und figürlichem Schmuck, der die Flächen harmonisch ausfüllt. Auch bei neueren Arbeiten und an rekonstruierten Tempeln zeigen Giebel und Türen häufig hervorragende Schnitzarbeit. Fresken und Wandgemälde besitzen nur selten mehr als volkskundlichen Wert.

Die **Sim** (*vihara*) lassen sich nach Grundriss und Aufbauten in drei Typen einteilen, deren Benennung nach dem Kunstzentrum, in dem sie am häufigsten vorkommen, erfolgte:

Der **Stil von Vientiane** ist stark beeinflusst von den späten Thai-Stilen in Ayutthaya und Bangkok. Der relativ hohe Vihara hat vier gleichmäßig hohe

Seitenwände. Er ist mit einem einfachen oder mehrfach gestaffeltem Satteldach gedeckt, seltener sind schmale Pultdächer an allen vier Seiten. Die Säulen der Vorhalle sind quadratisch.

Der **Stil von Luang Prabang** ist erkennbar an den niedrigen Längsseiten und höheren Frontseiten des Sim. Zwei oder mehr übereinander gestaffelte Satteldächer entsprechen dem Grundriss. Die Säulen sind rund. Dieser schönste Stil des Landes weist Ähnlichkeiten mit dem Lan Na-Stil Nord-Thailands auf.

Der **Stil von Xieng Khouang** hat ebenfalls niedrige Längsseiten. Das hohe Satteldach ist seitlich tief herabgezogen und wirkt imposant. Die Säulen sind rund. Der Einfluss der Kunst von Chiang Mai macht sich bemerkbar. Die schönsten Beispiele dieses Stils auf der Hochebene von Xieng Khouang sind den amerikanischen Bomben im Zweiten Indochinakrieg zum Opfer gefallen.

Bibliotheken (*hao trai*) sind kleine, fensterlose Gebäude, die ihre Vorbilder im nördlichen Thailand haben. Sie wurden auf Sockeln aus Steinen oder Ziegeln aus Holz erbaut und mit Stuck oder Holzschnitzereien verziert.

Einige dieser Bauwerke aus dem 16. und 17. Jh., der Zeit der Oberhoheit Birmas, weisen birmanische Stilelemente auf. Ursprünglich dienten die *hao trai* der Aufbewahrung der heiligen Bücher des Pali-Kanon, der *tipitaka*. Heute sind sie oft mit einem Buddha-Bild ausgestattet. Mit den Khmer-Bibliotheken haben sie wenig Ähnlichkeit.

That – der laotische Name für Stupa – sind typisch für die laotische Architektur und gleichen den thailändischen Chedi. Sie stehen oft auf hohen Unterbauten, können glockenförmig sein oder einer Halbkugel gleichen. und werden von einer Spitze bekrönt.

Der Bau der That orientiert sich am Stil von Sukhothai im Norden Thailands. Ursprünglich wurden sie zur Aufbewahrung von Reliquien erbaut, dienen auch der Aufnahme der Asche Verstorbener; ihre Errichtung wird als verdienstvolles Werk angesehen.

Kuti sind einfache Wohnräume für die Mönche. Ihre Konstruktion ist häufig simpel, sie können aber auch eine schöne Architektur aufweisen.

Plastik

Die laotische **Plastik** zeigt Einflüsse des nord-thailändischen Chian Saen- und des Sukhothai-Stils, darüber hinaus der birmanischen Kunst sowie des kulturellen Erbes der Khmer. Die starke geometrische Stilisierung der Formen – gleich lange Finger und Zehen, Adlernase und schneckenförmige Ohren – verleihen den Buddha-Bildern rein laotische Züge. Typisch sind neben den **klassischen Handhaltungen** (*mudras*) die „Herbeirufung des Regens“ (Buddhas Hände zeigen parallel zum Körper zur Erde) sowie die „Betrachtung des Baumes der Erkenntnis“ (Buddhas Arme sind vor der Brust gekreuzt). Die Gewänder fallen vom Halsansatz in Falten herab und werden von einem Gürtel gehalten.

Schreitende Buddhas haben, um die Vorwärtsbewegung zu betonen, Gewänder, die an den Oberschenkeln eng anliegen, seitlich hochgebogen sind und sich an den Schultern bauschen.

Die meisten laotischen Buddhas wirken in ihre Gewänder eingezwängt, ihre überlangen Arme hängen seitlich steif bis unterhalb der Knie herab. Vollendete Kunstwerke sind selten, lassen sich aber auch unter lokalen Varianten finden. Die schönsten Beispiele befinden sich im Wat Phra Keo und im Wat Sisaket in Vientiane sowie im königlichen Palastmuseum in Luang Prabang, in dem der **Phra Bang-Buddha** aufbewahrt wird, der vielen Statuen als Modell gedient hat.

Tierplastiken, die häufig als Wächterfiguren Verwendung finden, unterliegen ebenfalls einer starken Stilisierung.

Rechts: Vierköpfige Naga am Wat Ho Prabang in Luang Prabang.

Foto: Jürgen Bergmann

Foto: Digitalpress (Dreamstime)

VIENTIANE – AUF DEM WEG ZUR METROPOLE

★★VIENTIANE

★★Vientiane ❶ (**Vieng Chan**), seit 1975 Hauptstadt des Landes, ist eine der ruhigsten Hauptstädte Asiens mit bescheidenem Nachtleben und nur rd. 350 000 Einwohnern. In der Präfektur Vientiane leben nur rd. 650 000 Menschen, womit der etwa 4000 km^2 große Verwaltungsbezirk die dichtbesiedeltste Region des Landes ist, das insgesamt nur etwa 7 Millionen Einwohner hat.

Vientiane ist eine weitläufige Stadt mit breiten Straßen, einigen Kolonialbauten und dem Charme einer Kleinstadt. Entlang dem Fluss und im Zentrum finden sich Biergärten; Restaurants bieten neben laotischen Gerichten auch internationale, v. a französische Küche an.

Schön ist die Stimmung beim **Sonnenuntergang am Mekong**; hierfür empfehlen sich Lokale wie das *Smile Dee*, *Moon the Night* oder *Spirit House*. Abends locken auf dem **Nachtmarkt** im neu gestalteten **Mekong River Park** (Chao Anaouvong) T-Shirt- und Souvenirstände. Jogger, Radler und Spaziergänger beleben die gepflegte Promenade des Parks, es wird Aerobic für Alle und gelegentlich auch Chinesische Oper geboten.

Links: König Setthathirat thront vor dem Pha That Luang in Vientiane, dem laotischen Nationalheiligtum.

Bevor die Laoten im 14. Jh. von dem Land Besitz ergriffen und am Mekong einen Fürstensitz (*muong*) gründeten, reichte der Khmer-Einfluss unter Jayavarman VII. (1181-1220) bis in diese Gegend. Der laotische König Setthathirat (1548-1571) verlegte 1560 die Hauptstadt des Reichs Lan Xang von Luang Prabang hierher und umgab die Stadt mit einem doppelten Wall. Eine Legende berichtet von der blühenden Stadt Chanthaburi Si Satthanak Maha Nakhorn, der „Mondstadt des erhabenen Schlangenkönigs“. Der siebenköpfige Schlangenkönig soll König Setthathirat den Platz für seine Hauptstadt angewiesen haben. Chanthaburi lag am Ostrand der heutigen Stadt, ein Vorort heißt heute noch Si Satthanak, und der Name *Vieng Chan* bedeutet „Befestigte Stadt des Mondes“. 1827 wurde Viang Chan von den Siamesen zerstört. Die Franzosen fanden 1860 überwucherte Ruinen und ein Fischerdorf vor, das aber wegen seiner günstigen Verkehrslage bald wuchs. Erst 1938 kam das erste Auto nach Vientiane.

Der Mekong (*Me Nam Khong*), beschreibt bei Vientiane einen 3 km langen Bogen. Aus dem 2 km breiten Flussbett taucht in der Trockenzeit eine große Insel, Don Chanh, auf. Der Mekong erscheint dann als schmales Rinn-

» Karte S. 172-173 u. S. 204-205, Stadtplan S. 208-209, Info S. 215

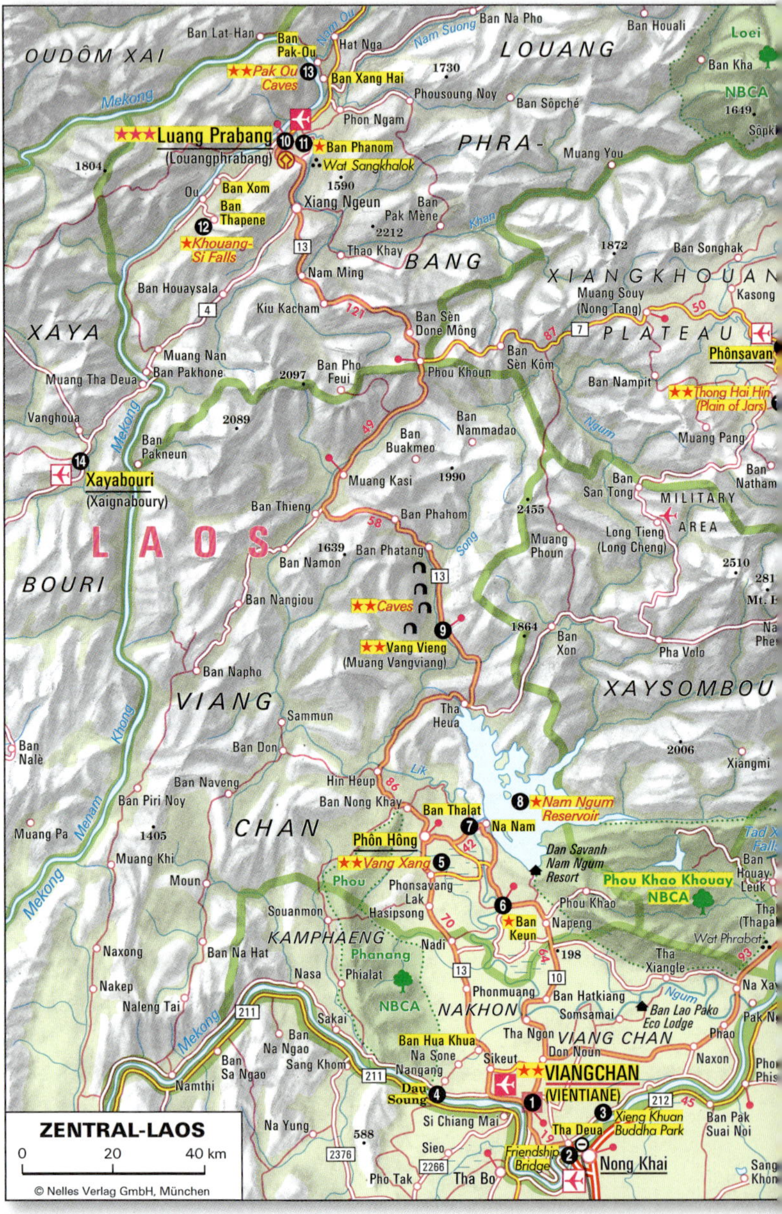
ZENTRAL-LAOS
0 20 40 km
© Nelles Verlag GmbH, München
OUDÔM XAI
LOUANG
PHRA-
BANG
XIANGKHOUAN
PLATEAU
XAYA
BOURI
LAOS
VIANG
CHAN
XAYSOMBOU
KAMPHAENG
NAKHON
VIANG CHAN
MILITARY AREA
Ban Lat-Han
Ban Pak-Ou
Hat Nga
Ban Na Pho
Ban Houali
Loei
Ban Kha
NBCA
★★Pak Ou Caves
Ban Xang Hai
1730
Phousoung Noy
Ban Sôpché
Mekong
Nam Ou
Nam Suong
Phon Ngam
★★★Luang Prabang
(Louangphrabang)
★Ban Phanom
Wat Sangkhalok
Muang You
1804
1590
Ou
Ban Xom
Ban Thapene
Xiang Ngeun
Ban Pak Mène
2212
Khan
★Khouang-Si Falls
Thao Khay
1872
Ban Songhak
Nam Ming
Ban Houaysala
Kiu Kacham
Muang Souy (Nong Tang)
Kasong
Ban Sèn Done Mông
Ban Sèn Kôm
Phônsavan
Muang Nan
Ban Pakhone
Muang Tha Deua
2097
Ban Pho Feui
Phou Khoun
Ban Nampit
★★Thong Hai Hin (Plain of Jars)
Vanghoua
2089
Ban Nammadao
Ban Buakmeo
Ngum
Muang Pang
Ban Pakneun
Xayabouri
(Xaignaboury)
Muang Kasi
1990
Ban San Tong
Ban Natham
Ban Thieng
Ban Phahom
2455
Long Tieng (Long Cheng)
1639
Ban Phatang
Ban Namon
Song
Muang Phoun
2510
Ban Nangiou
★★Caves
1864
Ban Xon
★★Vang Vieng
(Muang Vangviang)
Pha Volo
Ban Napho
Tha Heua
Sammun
Khong
Ban Nalè
Ban Don
2006
Xiangmi
Ban Naveng
Hin Heup
Lik
Ban Piri Noy
Ban Nong Khay
Ban Thalat
★Nam Ngum Reservoir
Na Nam
Muang Pa
Menam
1405
Phôn Hông
Dan Savanh Nam Ngum Resort
Muang Khi
★★Vang Xang
Phou Khao Khouay NBCA
Moun
Phou
Phonsavang Lak
Phou Khao
Souanmon
Hasipsong
★Ban Keun
Napeng
Wat Phrabat
Naxong
Phanang
Nadi
198
Tha Xiangle
Ban Na Hat
Nakep
Nasa
Phialat
Phonmuang
Ban Hatkiang
Naleng Tai
Somsamai
Ban Lao Pako Eco Lodge
Sakai
Tha Ngon
Don Noun
Ban Na Ngao
Ban Hua Khua
Na Sone
Phao
Ban Sa Ngao
Sang Khom
Nangang
Sikeut
★★VIANGCHAN
(VIENTIANE)
Naxon
Namthi
Dau Soung
Xieng Khuan Buddha Park
Tha Deua
Ban Pak Suai Noi
Na Yung
588
Si Chiang Mai
Sieo
Friendship Bridge
Nong Khai
Pho Tak
Tha Bo

VIENTIANE – AUF DEM WEG ZUR METROPOLE

VIENTIANE
AUSFLÜGE

★★VIENTIANE

★★Vientiane ❶ (Vieng Chan), seit 1975 Hauptstadt des Landes, ist eine der ruhigsten Hauptstädte Asiens mit bescheidenem Nachtleben und nur rd. 350 000 Einwohnern. In der Präfektur Vientiane leben nur rd. 650 000 Menschen, womit der etwa 4000 km² große Verwaltungsbezirk die dichtbesiedeltste Region des Landes ist, das insgesamt nur etwa 7 Millionen Einwohner hat.

Vientiane ist eine weitläufige Stadt mit breiten Straßen, einigen Kolonialbauten und dem Charme einer Kleinstadt. Entlang dem Fluss und im Zentrum finden sich Biergärten; Restaurants bieten neben laotischen Gerichten auch internationale, v. a französische Küche an.

Schön ist die Stimmung beim **Sonnenuntergang am Mekong**; hierfür empfehlen sich Lokale wie das *Smile Dee, Moon the Night* oder *Spirit House*. Abends locken auf dem **Nachtmarkt** im neu gestalteten **Mekong River Park** (Chao Anaouvong) T-Shirt- und Souvenirstände. Jogger, Radler und Spaziergänger beleben die gepflegte Promenade des Parks, es wird Aerobic für Alle und gelegentlich auch Chinesische Oper geboten.

Links: König Setthathirat thront vor dem Pha That Luang in Vientiane, dem laotischen Nationalheiligtum.

Bevor die Laoten im 14. Jh. von dem Land Besitz ergriffen und am Mekong einen Fürstensitz (*muong*) gründeten, reichte der Khmer-Einfluss unter Jayavarman VII. (1181-1220) bis in diese Gegend. Der laotische König Setthathirat (1548-1571) verlegte 1560 die Hauptstadt des Reichs Lan Xang von Luang Prabang hierher und umgab die Stadt mit einem doppelten Wall. Eine Legende berichtet von der blühenden Stadt Chanthaburi Si Satthanak Maha Nakhorn, der „Mondstadt des erhabenen Schlangenkönigs". Der siebenköpfige Schlangenkönig soll König Setthathirat den Platz für seine Hauptstadt angewiesen haben. Chanthaburi lag am Ostrand der heutigen Stadt, ein Vorort heißt heute noch Si Satthanak, und der Name *Vieng Chan* bedeutet „Befestigte Stadt des Mondes". 1827 wurde Viang Chan von den Siamesen zerstört. Die Franzosen fanden 1860 überwucherte Ruinen und ein Fischerdorf vor, das aber wegen seiner günstigen Verkehrslage bald wuchs. Erst 1938 kam das erste Auto nach Vientiane.

Der Mekong (*Me Nam Khong*), beschreibt bei Vientiane einen 3 km langen Bogen. Aus dem 2 km breiten Flussbett taucht in der Trockenzeit eine große Insel, Don Chanh, auf. Der Mekong erscheint dann als schmales Rinn-

» Karte S. 172-173 u. S. 204-205, Stadtplan S. 208-209, Info S. 215

ZENTRAL-LAOS
0 20 40 km
© Nelles Verlag GmbH, München
LAOS
OUDÔM XAI
LOUANG
PHRA-
BANG
XIANGKHOUAN
PLATEAU
XAYA
BOURI
VIANG
CHAN
XAYSOMBOU
KAMPHAENG
NAKHON
VIANG CHAN
★★★Luang Prabang
(Louangphrabang)
★★Pak Ou Caves
Ban Pak-Ou
Ban Xang Hai
★Ban Phanom
Wat Sangkhalok
Ban Xom
Ban Thapene
★Khouang-Si Falls
Xiang Ngeun
Xayabouri
(Xaignaboury)
Phônsavan
★★Thong Hai Hin (Plain of Jars)
MILITARY AREA
Long Tieng (Long Cheng)
★★Caves
★★Vang Vieng
(Muang Vangviang)
★Nam Ngum Reservoir
Ban Thalat
Na Nam
Phôn Hông
★★Vang Xang
Dan Savanh Nam Ngum Resort
Phou Khao Khouay NBCA
★Ban Keun
Phou Phanang NBCA
Ban Hua Khua
Ban Lao Pako Eco Lodge
★★VIANGCHAN
(VIENTIANE)
Xieng Khuan Buddha Park
Tha Deua
Friendship Bridge
Nong Khai
Dau Soung
Mekong
Loei
NBCA

sal, ein breiterer Arm fließt jenseits der Insel auf der thailändischen Seite. Nur mit viel Fantasie ist in dieser Jahreszeit der breite Strom vorstellbar, der in der Regenzeit das Flussbett bis an den Uferweg füllt. Nachts schimmern am anderen Ufer die Lichter der thailändischen Stadt Nong Khai.

Die Klöster (*wat*) und Stupas (*that*) in Vientiane gehen auf frühe Gründungen zurück, sind aber fast ausschließlich rekonstruiert. Es gibt in Laos kaum Tempel, die nicht auch ein Kloster besitzen oder besessen haben. Daher werden sie als *wat* (*vat*) bezeichnet.

STADTRUNDGANG

Das Stadtzentrum von Vientiane kann gut zu Fuß erkundet werden. Straßenschilder sind meist nicht nur in laotischen, sondern auch in lateinischen Buchstaben beschriftet, was die Orientierung wesentlich erleichtert. Das laotische Wort für Straße ist *thanon*.

★Thalat Sao (Morgenmarkt)

Der ★**Thalat Sao** ① (**Morgenmarkt**), inzwischen ein modernes Shopping Center, liegt im Osten des Stadtzentrums (Ecke Thanon Lane Xang und Thanon Khu Vieng) und ist ganztags geöffnet. Im Erdgeschoss gibt es Kleider, schöne Stoffe, Elektrogeräte und CD; im 1. Stock Schmuck; im 2. Stock Speisen und Frischwaren. Viele Waren kommen aus Thailand, aber auch laotisches Kunsthandwerk, Antiquitäten, Keramik, Web- und Flechtwaren sowie Silberschmuck werden angeboten. Viele Geschäfte mit Kunsthandwerk findet man auch entlang der Setthathirat Road.

Neben dem Thalat Sao, auf dem **Thalat Khua Dinh** ② in der Thanon Mahasot, gibt es Blumen, Gemüse, Obst sowie Fleisch und andere Lebensmittel.

Das **Postamt** ③ mit einem Schalter für Sonderbriefmarken befindet sich gleich neben der Markthalle am Thalat Sao.

Foto: Donyanedomam (Dreamstime)

★★Wat Ho Phra Keo

Der **★★Wat Ho Phra Keo** ④ (Pha Kaeo) an der Thanon Setthathirat ist als Museum deklariert worden. König Setthathirat ließ ihn 1565 für den Phra Keo, den Smaragd-Buddha, erbauen, den 1778 die Siamesen erbeuteten. Der Tempel befand sich innerhalb des Palastgeländes, das sich über die jetzige Hauptstraße hinweg erstreckte. Von dem zerstörten Tempelkomplex wurde 1937-42 in einem kleinen Hof nur der *sim* rekonstruiert, von dem zwei Türen und ein Seiteneingang erhalten waren.

Im Vientiane-Stil erbaut, steht der Wat auf einem hohen Unterbau und ist von einer Galerie und einer vorgebauten Säulenhalle umgeben. Jeweils sechs Portale befinden sich an den Giebelfronten. An den **Türen** der Vorderfront ging das Dekor in rotem und schwarzem Lack verloren, während es an der Rückfront erhalten blieb. Die Darstellung Buddhas in Gesellschaft von Vögeln und Blumen sind exzellente Beispiele für die hochwertige Holzschnitzkunst in Laos. Die Seitenwände werden von zehn Fenstern unterbrochen. In der umlaufenden **Galerie** sind beschriftete Steintafeln und verschiedene **Buddha-Statuen** ausgestellt, die u. a. auch nur die beiden in Laos vorkommenden Handhaltungen (*mudras*) Buddhas zeigen: „Buddha den Baum der Erleuchtung betrachtend" und „Buddhas Bitte um Regen".

Im **Garten** hinter dem Sim steht eine der kleineren Urnen von der Ebene der Tonkrüge.

Das Innere des Sim besteht aus einem einfachen, großen Raum. Auf einem hohen Altar steht im Hintergrund der Reliquienschrein mit einer Nachbildung des **Smaragd-Buddha**. Gezeigt werden ein goldener Thron sowie andere Erinnerungen aus dem Königspalast, Statuen des Erleuchteten, die Nachbildung des Phra Bang von Luang Prabang, Palmblattmanuskripte und wertvolle Buddhaminiaturen.

★★★Wat Sisaket

★★★Wat Sisaket ⑤ wurde erst 1818 geweiht. Er überlebte als einziger die Zerstörung von 1827 und ist somit heute das älteste Kloster in Vientiane. Es ist denkbar, dass er bewusst von den Siamesen verschont wurde, weil er im Bangkok-Stil erbaut ist. Wat Sisaket ist ebenfalls Museum und liegt an der Thanon Setthathirat gegenüber dem Präsidentenpalais.

Der Tempelkomplex lässt die Anlage eines laotischen Wat erkennen. Er ist mit einer Mauer umgeben. An deren Innenseite, in einer umlaufenden Galerie, sind hunderte **Buddha-Statuen** aus verschiedenen Materialien – Stein, Bronze und Holz – ausgestellt: Sitzende, Stehende und Schreitende. Aus Tempeln in Vientiane und Luang Prabang stammen die meisten, manche sind

Oben: Er zieht die Vientiane-Besucher magisch an – der Sonnenuntergang am Mekong. Rechts: Buddha-Statuen am Wat Sisaket.

» Stadtplan S. 208-209, Info S. 215

Arbeiten aus Dörfern, darunter auch solche im Khmer-Stil.

Der *sim* im Bangkok-Stil, von dem der Vientiane-Stil abgeleitet ist, besitzt eine umlaufende Veranda und eine vorgebaute Säulenhalle. In deren Nischen sind noch Originale der Wandbilder aus dem 19. Jh. mit Themen der *Jatakas*, den Erzählungen aus dem früheren Leben Buddhas, erhalten geblieben; ein Teil wurde 1913 restauriert. Das Blumenmuster der Decke zeigt französischen Einfluss, der aus der dekorativen Kunst des Thai-Reichs von Ayutthaya übernommen wurde. Der linke, stehende Bronzebuddha auf dem oberen Altar trägt die Züge des Stifters Chao Anou, Fürst von Viang Chan (1805-1828). Ein Kerzenständer aus vergoldetem Holz stammt von 1819. Auf der Veranda ist ein Wasserspender (*hang song nam pha*) zu sehen, der zum Waschen der Buddha-Statuen an Festen dient.

Die Bibliothek im Hof hat ein Dach in birmanischem Stil. Die Tripitaka (Pali-Kanon), den sie einst bewahrte, verbrachten 1827 die Thai nach Bangkok. Von den drei Türen des Gebäudes ist noch eine original.

Foto: Jürgen Bergmann

That Dam

Der **That Dam** ⑥ („Schwarzer Stupa") steht in der Mitte der Thanon Bartoloni. Er erinnert an die nordthailändischen Stupa in Chieng Saen und könnte aus der frühen Zeit des Reichs Lan Xang stammen. Die Legende berichtet, dass in dem That ein siebenköpfiger Drache ruht, der aufwacht, wenn die Stadt bedroht ist.

Laotisches Nationalmuseum

Das ehemalige Revolutionsmuseum in der Thanon Samsenthai heißt heute **Laotisches Nationalmuseum** ⑦. Im Erdgeschoss werden Artefakte der Megalithkultur, Dinosaurierknochen aus der Provinz Savannakhet und Khmer-Skulpturen (u. a. Reliefs, ein Vishnu-Kopf und eine Ganesha-Figur) gezeigt. Fotos, Dokumente, Modelle etc. informieren über die laotische Geschichte von der Lan Xang-Zeit (16. Jh.) über die siamesische und französische Ära bis zu den Indochinakriegen und der Pathet Lao. Im Garten hinter dem Museum sind drei große Urnen von der Ebene der Tonkrüge aufgestellt sowie riesige Eisenholzstämme aus den laotischen Bergen. Der Umzug in einen Neubau steht bevor.

Kulturhalle

An der Thanon Samsenthai erhebt sich die monumentale neue **Kulturhalle** ⑧, in der gelegentlich Ausstellungen oder Kulturveranstaltungen stattfinden.

Nationalbibliothek und Nam Phou

Ein reizvolles Kolonialgebäude beherbergt die **Nationalbibliothek** ⑨ in der Thanon Settathirat. Neben der Sammlung kostbarer Palmblattmanuskripte und französischer Bücher über Indochina ist das Archiv für traditionelle

» Stadtplan S. 208-209, Info S. 215

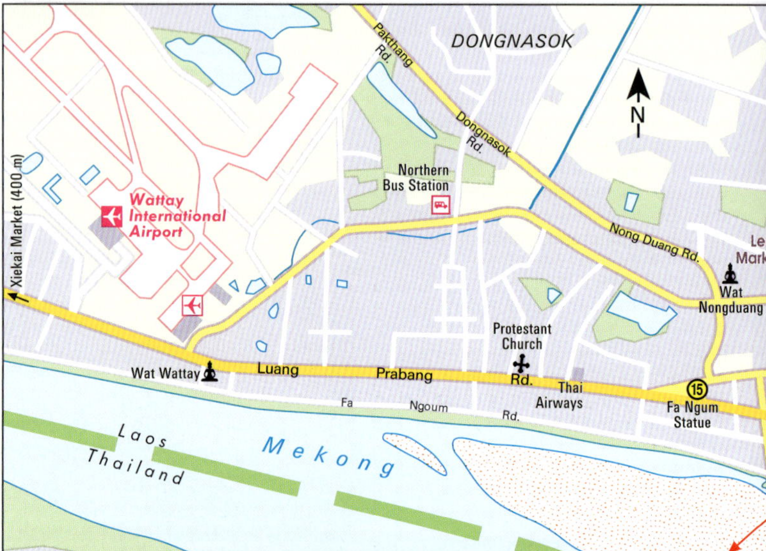
DONGNASOK
Pakthang Rd.
Dongnasok Rd.
N
Xiekai Market (400 m)
Northern Bus Station
Wattay International Airport
Nong Duang Rd.
Wat Nongduang
Protestant Church
Wat Wattay
Luang Prabang Rd.
Thai Airways
15
Fa Ngum Statue
Fa Ngoum Rd.
Laos
Thailand
Mekong

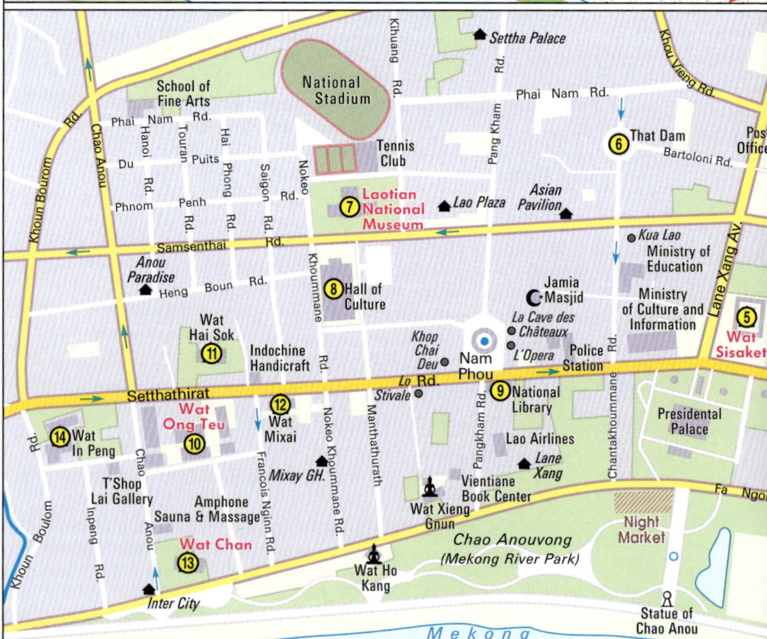
Settha Palace
Khou Vieng Rd.
Kihuang Rd.
National Stadium
School of Fine Arts
Phai Nam Rd.
Phai Nam Rd.
Khoun Bourom Rd.
Chao Anou
Hanoi Rd.
Touran Rd.
Hai Phong Rd.
Saigon Rd.
Nokeo
Du Puits Rd.
Phnom Penh Rd.
Tennis Club
Pang Kham
6 That Dam
Bartoloni Rd.
Post Office
7 Laotian National Museum
Lao Plaza
Asian Pavilion
Samsenthai Rd.
Kua Lao
Ministry of Education
Lane Xang Av.
Anou Paradise
Heng Boun Rd.
Khoummane
8 Hall of Culture
Jamia Masjid
Ministry of Culture and Information
La Cave des Châteaux
L'Opera
Khop Chai Deu
Nam Phou
Police Station
5 Wat Sisaket
Wat Hai Sok
11
Indochine Handicraft
Setthathirat Rd.
Lo Stivale
9 National Library
Chantakhoummane Rd.
Presidential Palace
12 Wat Mixai
Wat Ong Teu
10
14 Wat In Peng
Chao Anou
Francois Nginn Rd.
Nokeo Khoummane Rd.
Manthathurath
Pangkham Rd.
Lao Airlines
Lane Xang
Mixay GH.
T'Shop Lai Gallery
Amphone Sauna & Massage
Wat Xieng Gnun
Vientiane Book Center
Fa Ngou
Khoun Boulom
Inpeng Rd.
Wat Chan
13
Wat Ho Kang
Chao Anouvong (Mekong River Park)
Night Market
Inter City
Statue of Chao Anou
Mekong

Southern Bus Station (5,5 km)
20 Wat Phong Khan
Army Museum
NONGBOUA-THONG
Savang Rd.
Thong Sang Nang Rd.
Wat Thong Sang Nang
Phai Exclusive
Thongkhankham Rd.
Nikone Textiles
Sibounheuang Rd.
CHANTHABOURI
Phon Keng Rd.
National Assembly
Monument of the Members of the Resistance
19
Pha That Luang
21
Monument of King Setthathirat
Wat Hong Kha
Wat Thongtoum
Wat Dong Mieng
Dong Mieng Rd.
Ong Kha Rd.
Sidamduan Rd.
Wat Sidamduan
Thailand
Malaysia
That Luang Rd.
Wat Nong Bon
22
That Luang Market
17
Thong Khang Market
Service Géographique d'Etat
Vietnam
Patuxai (Anousavali)
18
Wat Phonxai
THONGKHAM
Khoun Boulom Rd.
Chao Anou
Lane Xang Av.
Sisangvon Rd.
Nong Bon Rd.
Laotian National Museum
That Dam
Samsenthai Rd.
Morning Market
Wat Naxai
Hong Ke
XAISETTHA
Wat Ong Teu
Setthathirat Rd.
Wat Sisaket
Mahosot Rd.
Khua Dinh Market
Dong Palan Rd.
Presidential Palace
Wat Ho Phra Keo
International Hospital
Wat Si Muang
23
Sisavangvong Statue
Wat Dong Palane
Khou Vieng Rd.
Green Park
24
COPE Visitor Center
Phontan Rd.
Saphanthong Tai Rd.
Don Chan Palace
Simuang Market
Thadeua Rd.
1
Morning Market (Talat Sao)
Talat Sao Mall
Khua Dinh Market
2
Central Bus Station
Khou Vieng Rd.
Handicraft Products of Ethnic Groups
Samsenthai Rd.
Mahosot Rd.
France
Setthathirat Rd.
Wat Ho Phra Keo
Mahosot Hospital
Rd.
N
0 200 m
© Nelles Verlag GmbH
Loie Sam Rd.
Wat Sok Pa Luang
25
Nonpapao Rd.
Sokpaluang Rd.
Germany
Cambodia
Thailand
Laos
DONNOKKHOUM
Wat Si Amphon
26
Burma
UNICEF
Wat Nak
China
VIENTIANE
0 250 500 m
© Nelles Verlag GmbH

6 Vientiane

Musik in Laos von Bedeutung. Es enthält über 1000 Musikproben der verschiedenen Ethnien des Landes.

Der runde Platz **Nam Phou** gegenüber ist mit seiner **Musikfontäne** das Herz des Stadtzentrums und wird abends von **Food Stalls** gesäumt.

★Wat Ong Teu und weitere Wats im Stadtzentrum

Der **★Wat Ong Teu** ⑩ („Schwerer Buddha") liegt an der Thanon Setthathirat. Der Name bezieht sich auf die große, sitzende Statue, die eine der drei ältesten in Laos sein soll. Auch diesen wohlproportionierten Wat gründete König Setthathirat. 1828 wurde er zerstört und im 19. Jh. rekonstruiert. Die schönen Holzschnitzereien des Bauwerks, auch die des Giebels, sind exzellente Handwerksarbeit. Der Wat ist Sitz des zweiten Patriarchen des laotischen Buddhismus, des Houng Sangharat. Er beherbergt auch eine Schule für etwa 300 Mönche, die aus dem ganzen Land kommen.

Der **Wat Hai Sok** ⑪ liegt dem Wat Ong Teu gegenüber und besitzt ein siebenfaches Dach.

Den Eingang zum **Wat Mixai** ⑫ schützen zwei Wächterfiguren. Auf dem Tempelgelände befindet sich auch eine öffentliche Schule.

Der **★Wat Chan** ⑬, in der Thanon Fa Ngum am Mekong, besitzt einen Bronze-Buddha, um den der Sim neu gebaut wurde. Er ist schön verziert; bemerkenswert sind die feinen Holzschnitzereien am Giebel.

Der **Wat In Peng** ⑭ (Wat Oupmuong), ein kleines Kloster, liegt hinter der Abzweigung zum Flughafen in der Thanon Luang Prabang und wurde 1940 rekonstruiert. Die ebenfalls erneuerten Fresken sind ein Beispiel der Volkskunst und stellen Szenen aus dem indischen Ramayana-Epos dar.

Rechts: Parkblick vom besteigbaren Siegestor Patuxai.

Fa-Ngum-Statue

Etwa 1 km westlich des Zentrums, an der Thanon Luang Prabang, steht seit 2003 die **Statue des Fa Ngum** ⑮, des Gründers des ersten laotischen Königreichs Lan Xang (1353-1707).

Thalat Leng und Thalat Thong Khang

Ein großes Kaufhaus mit chinesischen Billigimporten ist der täglich von 8-18 Uhr geöffnete **Thalat Leng** ⑯ (Abendmarkt).

Der **Thalat Thong Khang** ⑰ liegt in Ban (Dorf) Thong Kham 1 km nördlich des Zentrums und bietet neben Lebensmitteln auch einige Essensstände.

★Patuxai und Thanon Phon Keng

★Patuxai ⑱ („Siegestor"; Abb. S. 169; oft nur *Anousavali*-„Denkmal" genannt) bildet den Abschluss der Prachtavenue **Lane Xang**. Die Nachahmung des Pariser Triumphbogens vereint indische, laotische sowie europäische Elemente und wurde Ende der 1950er zu Ehren der im Indochinakrieg gefallenen königlichen Truppen errichtet. Zementlieferungen, die von den Amerikanern zum Bau eines Militärflughafens gedacht waren, sollen dafür abgezweigt worden sein. Von oben hat man einen schönen **★Ausblick** auf den von China gestifteten neuen **Park** mit **Musikfontäne** und die Stadt.

Beim Patuxai beginnt die Thanon Phon Keng. An ihrer linken Seite liegt das **Museum der Laotischen Volksarmee**, etwas weiter rechts das **Denkmal der Widerstandskämpfer** ⑲, das Neue Monument genannt, für die zwischen 1964 und 1973 gefallenen Revolutionäre. Es hat die Form eines That.

Wat Phong Khan ⑳ war völlig zerstört, nur ein großer Buddha blieb erhalten. Für ihn wurde ein neuer Sim errichtet. Er liegt an der Thanon Phon Keng, hinter dem Neuen Monument.

 » Stadtplan S. 208-209, Info S. 215

Foto: Danielal (Dreamstime)

★★★Pha That Luang

Der ★★★**Pha That Luang** ㉑ (s. Bild S. 202) wurde 1566 von König Setthathirat über einem älteren Stupa errichtet. Der Legende zufolge hat König Ashoka, der große Förderer des Buddhismus in Indien, eine Reliquie des historischen Buddha Shakyamuni gesandt, für die im 3. Jh. v. Chr. eigens ein Stupa errichtet wurde. Die Khmer sollen im 11. und 12. Jh. an dieser Stelle einen Stupa erbaut haben. Von dem ersten Bau aus dem 3. Jh. ist hinter dem That ein Modell zu sehen.

Westlich vor dem That steht das **Denkmal für König Setthathirat**, den hier breitbeinig sitzend dargestellten Gründer der Stadt.

Pha That Luang, **Nationalheiligtum** und Wahrzeichen der Stadt zugleich, ist ein großer, goldfarben bemalter **Stupa**, der auf drei quadratischen Terrassen ruht. Europäische Reisende berichteten Mitte des 17. Jh., dass der That mit fast 500 kg Blattgold bedeckt war. 1827 wurde auch der Pha That Luang zerstört und erst um 1900 rekonstruiert. In den 1930er Jahren erhielt der Pha That Luang nach einer neuerlichen Rekonstruktion endgültig seine heutige Form. Über den künstlerischen Wert der Rekonstruktion gehen die Meinungen auseinander. Fest steht, dass sie den Laoten gefällt und von ihnen nicht nur als Zeugnis des Buddhismus, sondern auch als Nationalheiligtum und Symbol ihres unabhängigen Staates angesehen wird.

Die Galerie, die die Anlage umgibt, misst 85 x 85 m. Sie besitzt nur kleine Fenster und wurde dem Bauwerk Anfang des 19. Jh. als Schutz gegen Invasoren hinzugefügt. Am Eingang stehen Statuen aus Laos und Kambodscha. Am That Luang-Fest (s. u.) kleben Besucher kleine Reiskugeln zum Gedenken an König Setthathirat an die Wände. Treppen führen über die drei Terrassen bis an den Fuß des Stupa. Die erste Terrasse misst 69 x 69 Meter. Sie ist besetzt mit 323 Ordinationssteinen (*sima*), die den heiligen Bezirk abgrenzen. Auf jeder Seite befindet sich ein überwölbtes Gebetstor (*hao wai*), durch das die Treppe

Foto: Oscar Espinosa (iStockphoto)

zur zweiten Terrasse führt. Sie misst 48 x 48 m, besitzt 288 Sima und 30 kleine Stupa. Jeder Stupa ist mit einem Namen beschriftet, der sich auf die zur Erkenntnis nötigen 30 Perfektionen bezieht. Die Terrasse dient für Prozessionen beim Frühlings- und Herbstfest.

Durch gewölbte Gebetstore führt die nächste Treppe auf die dritte, 30 x 30 m große Terrasse. Auf ihr ruht der halbkugelförmige Stupa, der an frühe indische Bauten erinnert. Von ihm erhebt sich, von Lotos umgeben, ein pfeilartiger Turm mit einer bestechend klaren, harmonischen Kontur mit einer stilisierten Bananenblüte oben an der Spitze.

Der That war umgeben von vier Klöstern. Zwei davon blieben erhalten: im Norden **Wat Luang Neua** und im Süden **Wat That Luang Thai**, heute die Residenz des Pha Sangharat, des Patriarchen der laotischen Buddhisten.

Pah Vet, das **That Luang-Fest**, verbunden mit einem einwöchigen Pagodenmarkt, findet bei Vollmond im letzten Mondmonat, Ende November, zu Ehren aller That in Laos statt. Das dreitägige Fest beginnt am Sonntagmorgen um 6 Uhr mit Gebeten und Spenden. Abends, als Höhepunkt des Festes, zieht eine Prozession mit Kerzen (*wien tien*) um den That. Die Mönche schießen kleine, selbstgebastelte Raketen zum Himmel, anschließend findet ein Feuerwerk statt. Tausende von Besuchern kommen zu dem einwöchigen Pagodenmarkt, um die Spiele mitzuerleben, z. B. eines, das dem Polospiel ähnelt, jedoch ohne Pferde gespielt wird.

Nahe dem Stupa findet täglich der **That Luang-Markt** ㉒ statt. Die Thanon That Luang führt direkt zum Pratuxai.

★Wat Si Muang

Das lebendigste Kloster Vientianes, **★Wat Si Muang** ㉓ („Kloster der verehrungswürdigen Stadt", auch Wat Phya genannt), wurde 1563 von König Settathirat als erster Tempel für den Schutzgeist seiner neuen Hauptstadt gebaut.

Oben: Um Segen bittende Laoten im Wat Si Muang. Rechts: Im Buddhapark.

» Stadtplan S. 208-209, Info S. 215

Der Sim ist eine Rekonstruktion aus dem Jahr 1915. In der Mitte des Altars steht eine stoffverkleidete Steinsäule aus der Khmer-Epoche; sie soll noch von dem allerersten Tempelbau stammen.

Eine Legende berichtet, dass die steinerne **Stadtsäule** (*lak muang*) über einem freiwilligen Menschenopfer aufgestellt wurde. Ein schwangeres Mädchen sprang in die Grube, in die dann die Säule eingelassen wurde. Auf dem Altar steht ein einfacher, steinerner Buddha, der die Zerstörung von 1827 leicht beschädigt überstanden hat. Er wird nun als Wunschbuddha angesehen und ist mit blinkenden bunten Glühbirnen umgeben. Erfüllt sich ein Wunsch, müssen dem Buddha Kokosnüsse und Bananen geopfert werden. An diesem Tempel werden zugleich Buddha und die Naturgeister verehrt.

★COPE

Gegenüber dem Green Park Hotel informiert das **★COPE Visitor Centre** ㉔ über die Problematik der nicht explodierten Sprengkörper aus dem Vietnamkrieg. Das Besucherzentrum gibt einen guten Einblick in die Schwierigkeiten um die Beseitigung der Tretminen und die Situation der Opfer. COPE versorgt Amputierte mit Prothesen – mit einem Einkauf oder einer Spende kann man hier etwas Gutes zu tun.

★Wat Sok Pa Luang und Wat Si Amphon

★Wat Sok Pa Luang ㉕ (Wat Mahaphuutthavonsa Pa Luang Pa Yai) bietet eine Kräutersauna und eine Massage. Es finden auch Meditationsübungen (*vipassana*) statt, die ein Mönch leitet, der 1932 aus Thailand gekommen ist. Das Kloster liegt in der Thanon Sok Pa Luang südlich des Zentrums.

Wat Si Amphon ㉖ in der selben Straße ist ebenfalls bekannt für seine Kräutersauna.

Foto: Chrishowey (Dreamstime)

AUSFLÜGE VON VIENTIANE

Von der Grenzstation am Hafen **Tha Deua** (Tha Nalang), etwa 10 km südlich von Vientiane, überspannt die **Freundschaftsbrücke** ❷ den Mekong nach Nong Khai in Thailand (Grenzübertritt ist möglich). Nahe der Freundschaftsbrücke informiert der **Kulturpark der laotischen Völker** über traditionelle Haustypen und Gebräuche der verschiedenen ethnischen Gruppen.

Den **★Xieng Khouan Buddha Park** ❸, 25 km von Vientiane am Mekong, legte der Mönch Boun Leun von 1958-1975 an. Die Tempel, Hindugötter- und Buddha-Statuen muten wie ein „buddhistisches Disneyland" an; ein Superlativ ist der 119 m lange **Liegende Buddha**.

Der Stausee Nam Ngum ist auf zwei Wegen zu erreichen. Die alte, kürzere **Nationalstraße 13** (82 km) ist schlechter, die Fahrzeit länger, aber man passiert zahlreiche Ortschaften.

20 km nördlich von Vientiane, an der Straße 13, zweigt vor der Brücke

» Stadtplan S. 208-209, Info S. 215

Foto: Worakit Sirijinda (Dreamstime)

am Ortsausgang von **Ban Hua Khua** ein Fahrweg nach links ab. Er führt durch die Ortschaften Na Sone und Nangang und erreicht nach 6 km den Hügel **Dau Soung** ❹, nicht weit vom Mekong entfernt. Nach rechts führt ein Weg (0,5 km) zu einer **Pagode**. In einer fantastischen Fels- und Waldlandschaft liegen versteckt buddhistische **Höhlen** und **Buddha-Statuen**. Von den Felsen bietet sich eine gute Aussicht auf die Mekong-Landschaft.

Zum schönen **★★Vang Xang** ❺ („Elefantenteich") im Dorf **Ban Phnom Kham** (61 km nördlich von Vientiane; Nationalstraße 13) führt ein Fußweg durch eine abwechslungsreiche Landschaft. An den Ufern des Teichs befanden sich im 10.-12. Jh. buddhistische Heiligtümer, von denen **Buddha-Statuen** im Khmer-Stil an einer Felswand erhalten blieben. Man sollte einen Ortskundigen aus dem Dorf mitnehmen.

Beim Dorf **★Ban Keun** ❻ wird Salz gewonnen; nicht weit von der Straße wurde ein **Zoo** mit einheimischen Tieren angelegt.

Oben: Am Nam-Xong-Fluss bei Vang Vieng; Karstlandschaft mit Hotelbungalows.

Ban Thalat ❼ ist ein **Marktplatz** auch für die Bergstämme, am Zusammenfluss des Nam Ngum und Nam Lik, auf dem unter anderem Tiere des Waldes wie Rotwild oder Ratten verkauft werden.

Von hier führt die Straße zum großen **★Stausee Nam Ngum** ❽ (150-MW-Kraftwerk), auf den die Laoten stolz sind. Im Fischerdorf **Na Nam** kann man Boote mieten. Auf zwei der vielen **Inseln** im See befanden sich nach 1975 Umerziehungslager für Tausende politische Gefangene.

Südöstlich des Sees erstreckt sich das artenreiche Naturschutzgebiet **Phou Khao Khouay**.

★★Vang Vieng

165 km nördlich von Vientiane liegt die Kleinstadt **★★Vang Vieng** ❾ idyllisch am **Nam-Xong-Fluss**, mit einem bunten Tagesmarkt. Im 2. Indochinakrieg besorgten die Amerikaner von hier den Nachschub für die Hmong. Heute ist Vang Vieng ein Backpacker-Dorado, mit Guesthouses und Bars am Fluss. Beliebt ist das **Tubing** mit LKW-Schläuchen auf dem Nam-Xong. Ein Tipp für alle, die mehr als Party und Schlauchrafting machen möchten: Natur und Landschaft der **Umgebung** sind großartig; bizarre **Karstfelsen** mit Tropfsteinhöhlen (*tham*) dominieren die Gegend. **★★Tham Pou Kham** birgt einen Liegenden Buddha; vor dieser Karsthöhle wird in der *Blue Lagoon* gebadet. Die Wasserhöhle **Tham Nam** eignet sich sogar zum Tubing. Das Hinterland von Vang Vieng lässt sich auch beim Kayaking, Trekking, Klettern und Biken erleben. Mit dem **Fahrrad** (oder Motorrad; Verleih vor Ort) kann man landschaftlich lohnenden Pisten in die Karstberge folgen, durch Gebiete mit traditioneller Landwirtschaft und üppiger Tropenvegetation.

» Karte S. 204-205, Info S. 215

VIENTIANE (☎ 021)

FLUG: Vientiane wird von Bangkok, Chiang Mai, Hanoi, Saigon (Ho Chi Minh-Stadt), Phnom Penh, Kuala Lumpur, Kunming und Rangoon aus angeflogen. Flughafen Wattay 4 km außerhalb der Stadt, Taxifahrt ca. US-$ 5. *Visa on arrival* möglich.

LANDWEG: Von Thailand aus über die Freundschaftsbrücke. Grenzübergang: Nong Khai. *Visa on arrival* möglich.

LAOTISCH / ASIATISCH: **Khop Chai Deu**, laotische und europäische Küche, Bar, bei Individualreisenden beliebtes Gartenrestaurant, 54 Thanon Setthathirat.

Kua Lao, stimmungsvolles Flair in einem alten Kolonialhaus, typisch laotische Küche (gutes *laap*), um 19 Uhr meist traditionelle Musik und Tanz, tägl. 10.30-22.30 Uhr, 111 Thanon Samsenthai.

EUROPÄISCH: **L'Opera**, sehr gute Pizza, Eis aus eigener Herstellung, teuer, Namphu Square. **La Cave des Châteaux**, hervorragende französische Küche, Weine und Käse, mit Terrasse, zentral am Nam Phou. **Lo Stivale**, Pizza, Pasta und andere italienische Gerichte, zum Nachtisch hausgemachtes Tiramisu oder Eis, 44/2 Thanon Setthathirat.

Beliebt sind die Bars und Biergärten im Zentrum am **Nam-Phou-Platz** oder die am Quai Fa Ngoum am **Mekong-Ufer**, wo sich so etwas wie Nachtleben am ehesten im **Don Chan Palace Hotel** findet.

Laotisches Nationalmuseum, tägl. 8-12 und 13-16 Uhr, Thanon Samsenthai gegenüber der Kulturhalle. **Nationalbibliothek**, Mo-Fr 8-12 und 13-16 Uhr, geschl. am 29. jedes Monats, Thanon Setthathirat unweit des Nam Phou.

Krankenstation der Australischen Botschaft, Tel. 413603, 413610.

Klinik der Schwedischen Botschaft, Tel. 315014. Beide in der Thanon Phonxai Noi.

Central Post Office, Thanon Thalat Sao. **Telefonzentrum** (internat. Gespräche), Thanon Setthathirath. **E-Mail**-Möglichkeit im Hotel Settha Palace.

GELDWECHSEL: **Außenhandelsbank (BCEL)**, Thanon Phang Kam. Geldumtausch auch in diversen Wechselstuben. Ansonsten gibt es viele Bankautomaten (ATM) für Kreditkarten und Maestro-Bankkarten.

Haupteinkaufsstraße ist die **Thanon Samsenthai**.

BÜCHER: **Monument Books**, Bücher in versch. Sprachen, Karten, Bildbände und Zeitschriften. Nokeokoummane Rd 124.

SCHMUCK: Gold/Silber in der Thanon Thalat Sao. Moderner Schmuck im Mhong- Stil: **Souphakone Handicraft**, Phangkham Rd.

KUNSTGEWERBE: Beim Vat Inpeng in der **Tshop-Lai Gallery** gibt es Arbeiten behinderter Kunsthandwerker (www.artisanslao.com) und viel Kunsthandwerk aller Sparten.

Phai Exklusive, originelle Möbel und Gegenstände aus Bambus, 3 Thanon Thongtoum.

Camacrafts, Kunsthandwerk der Bergvölker, v. a. der Hmong, Thanon Nokeo Khoummane, gegenüber dem Douang Deuane Hotel.

KERAMIK: Staatliche Verkaufsstelle, Thanon Luang Prabang.

TEXTILIEN: **Satri Lao Silk**, hochpreisige, erstklassige Seiden- und Baumwollstoffe aus Indochina, Schmuck und Accesoires, Mo-Sa 9-20 Uhr, 79/4 Thanon Setthathirat.

Lao Cotton, preiswerte Hemden, Schals etc. in guter Qualität und aus reiner Baumwolle, Mo-Sa 9-18 Uhr, 393 Thanon Samsenthai.

VANG VIENG (☎ 023)

Ban Sabai, ein Hotelrestaurant, das unter anderem auch gute Steaks serviert, Terrasse mit schönem Flussblick; beim Hospital, Unit 8, Sisavang Street.

Das Restaurant der **Organic Farm**, 4 km nördlich vom Zentrum, serviert Leckeres aus eigenem biologischem Anbau, u. a. frische Fruchtsäfte, Ziegenkäse und Maulbeer-Shakes. Die Organic Farm produziert u.a. Maulbeertee und unterstützt soziale Projekte – und Freiwillige dürfen hier gerne mitarbeiten.

Fahrräder und **Motorräder** kann man in etlichen Läden und Guesthouses mieten.

Foto: Paul Spierenburg

LUANG PRABANG – EINE ASIATISCHE SCHÖNHEIT

LUANG PRABANG
PAK-OU-HÖHLEN
AUSFLÜGE ZU BERGVÖLKERN

DIE ALTE KÖNIGSSTADT ★★★LUANG PRABANG

★★★Luang Prabang ⑩, bis 1975 Hauptstadt von Laos, liegt 367 km nordwestlich von Vientiane am Mekong-Oberlauf in 300 m Höhe. Die 80 000 Einwohner zählende, dank Tourismus revitalisierte alte Stadt ist einer der schönsten Bergorte Asiens und steht auf der UNESCO-Welterbeliste – mit 35 buddhistischen Klöstern und 600 denkmalgeschützten Häusern. Backpacker, aber auch Jetsetter schätzen die Anmut und Ruhe der einstigen Königsstadt – Mick Jagger flog schon öfter zum Meditieren ein. Noble Boutiquehotels und exzellente Restaurants warten auf solche Gäste. Man genießt den Anblick der Mönche bei deren morgendlichem **★★Almosengang**, die Aussicht vom Phou-Si-Hill, den Sunset am Mekong, besucht die Märkte, das Palastmuseum, Dörfer und Wasserfälle.

Umgeben von bewaldeten Hügeln entstand auf der Halbinsel an der Mündung des Nam Khan in den Mekong der Fürstensitz *Muong Soua*. 1353 gründete Fa Ngum, nachdem er Muong Soua mit dem Fürstentum Viang Chan vereinigt hatte, an dieser Stelle Lane Xang, das „Reich der Millionen Elefanten". Die Geschichte von Stadt und Königreich ist verbunden mit einer goldenen Buddha-Statue, dem *Pha Bang* (Phra Bang). Der als hoch heilig verehrte Buddha war seit dem 8./9. Jh. in Sri Lanka bekannt und tauchte im 11. Jh., vermutlich als Geschenk für den König, in Kambodscha auf. 1358 erhielt ihn Fa Ngum, der in Kambodscha den Hinayana-Buddhismus angenommen hatte, als Geschenk seines königlichen Schwiegervaters; die Statue soll zunächst in Viang Chan aufbewahrt worden sein. Erst 1489 brachte König La Nam Sene Thay sie nach Muong Soua und erbaute für sie den Wat Kang. 1491 wurde die Statue in den Wat Manorom gebracht und Muong Soua umbenannt in Muong *Louang Phra Bang* (Luang Prabang). Seit dieser Zeit war Luang Prabang das weltliche und religiöse Zentrum der Lao-Königreiche. Der *Phra Sangharaja*, das Oberhaupt der laotischen Buddhisten, residierte bis 1975 in Luang Prabang, zunächst im Wat Aham, später im Wat Mai. König Vixun Harath ließ den Phra Bang 1513 in den neu errichteten Wat Maha Vixunarath bringen. Als König Setthathirat 1560 die Hauptstadt nach Viang Chan verlegte, nahm er den Phra Bang mit.

Die Siamesen raubten ihn 1779, gaben ihn aber vier Jahre später zurück. Nach der Zerstörung Viang Chans 1828, die auch das Ende des Königreichs Vi-

Links: Junge Mönche in der Sakkarine Road von Luang Prabang

Foto: Hansjörg Keller

ang Chan bedeutete, wurde der Phra Bang nach Bangkok gebracht, aber 1839 (oder 1867) an den König von Luang Prabang zurückgegeben und wieder im Wat Vixun aufgestellt. 1894 in den Wat Mai überführt, kam er nach 1947 in den Königspalast. In seinem königlichen Garten entstand dann für ihn bis 2003 der Wat Ho Phra Bang.

In Luang Prabang stand die Zeit nicht still: Die jüngere Vergangenheit bedeutete Kriege, Überfälle mächtiger Nachbarn und chinesischer Banden, Kolonialzeit und amerikanische Bomben. Trotz der friedlichen Atmosphäre sollte man bedenken, dass die Straße von Vientiane nach Luang Prabang bis vor einigen Jahren wegen Räuberbanden oder aufständischer Bergstämme gefährlich war. Luang Prabang lebt von der Erinnerung an den Glanz des Königtums und blüht auf, wenn beim feuchtfröhlichen ★★★**Neujahrfest** *pimai* im April die Schutzgeister aus ihren Wats kommen.

Oben: Blick vom Berg Phou Si auf die alte Königsstadt. Rechts: Tuktuks warten auf Fahrgäste.

Stadtrundgang

Die nachstehend beschriebenen Wats bilden eine Auswahl der zahlreichen Klöster, für deren Schönheit Luang Prabang berühmt ist. In fast allen Klöstern leben orange gewandete Mönche, ihre Zahl nimmt zu; mehr als 2000 sollen es heute wieder sein.

★★Berg Phou Si und ★★Wat Pha Houak

Der ★★**Berg Phou Si** ① (Phusy) erhebt sich in der Mitte der Stadt, zu seinen Füßen liegt der Königspalast. Über dem bewaldeten Gipfel ragt der goldene ★**That Choum Si** auf, der 1804 erbaut und 1914 und 2002 erneuert wurde; er gehört zu einem 1774 gegründeten und 1962 erneuerten Wat. 328 Stufen (130 Höhenmeter) führen auf den Hügel. Die ★★**Aussicht** – besonders bei Sonnenaufgang – über den Mekong und Nam Khan, die Stadt zwischen den beiden Flüssen und über die weite Hügellandschaft lohnt den Aufstieg.

Vom **Wat Tham Phou Si** mit einer großen Buddha-Statue führen Stufen, zu deren beiden Seiten Schlangen (*naga*) als Geländer dienen, zum **Wat Phrabat Neua**, dem 1965 erneuerten Tempel für den Fußabdruck Buddhas. Der Bau ist wegen seines schönen Ausblicks auf den Nam-Khan-Fluss und der schön geschnitzten **Tempeltüren** beliebt, die europäische Reisende des 17. und 18. Jh. als Torwächter darstellen. Einer der wenigen Europäer, die in alter Zeit angeblich den Weg nach Luang Prabang fanden, soll im Jahr 1641 der Holländer Gerrit van Wuysthoff gewesen sein, weshalb man das Gebäude auch den „Holländischen Tempel" nannte. Tatsächlich entstanden die Schnitzarbeiten erst im 19. Jh.

Am Fuß des Berges steht der kleine Tempel ★★**Wat Pha Houak** ②, der wegen seiner in Luang Prabang einzigartigen **Wandmalereien** berühmt ist. Sie stammen aus der Gründungszeit

» Stadtplan S. 220-221, Info S. 228-229

Foto: Paul Spierenburg

des Tempels in der Mitte des 19. Jh. und spiegeln siamesischen und chinesischen Einfluss wider.

★★Wat Mai

Der ★★**Wat Mai** ③ („Neues Kloster"; Abb. S. 198) war Sitz des Oberhauptes der laotischen Buddhisten, bevor man ihn 1975 in die neue Hauptstadt Vientiane verlegte. Das Kloster wurde anstelle des Wat Si Phoum erbaut, von dem es heißt, dass er nach dem Willen König Anourouths 1796 der schönste Tempel seines Königreichs werden sollte. Tatsächlich begann man erst 1821 mit den Bauarbeiten, die 1891 beendet wurden. Aus dieser Zeit blieben drei Stupas erhalten. Der **Vihara** ist im Luang Prabang-Stil erbaut, mit einem fünffachen Dach. Das vergoldete **Relief** an der Front des Tempels zeigt neben Szenen aus dem Ramayana-Epos und den Jatakas auch Bilder aus dem dörflichen Leben. Das Kloster besitzt Ruderboote, die an den Bootsrennen zu den Festen teilnehmen. Das Neujahrsfest (*pimai*) findet im Wat Mai statt; der Phra Bang-Buddha wird während dieser Zeit im Hof des Klosters aufgestellt.

★★Königspalast Ho Kham

Der ehemalige ★★**Königspalast Ho Kham** ④ am Mekong, der heute offiziell ein **Museum** ist, wurde 1904 erbaut und noch bis 1975 von der königlichen Familie benutzt. Er ist von einem hohen Zaun und einer Gartenanlage mit Bäumen, von denen Orchideen herabhängen, und einem Seerosenteich umgeben. Ein Denkmal zeigt den Erbauer des Palastes, den vorletzten **König Sisavang Vong**, der die Verfassung in der Hand hält. Rechts hinter dem Eingang steht der Ende der 1990er Jahre fertig gestellte **Wat Ho Phra Bang**. Am Giebel über dem Eingang ist das alte Emblem des Landes zu sehen: **Erawan**, der dreiköpfige weiße Elefant, Symbol des Königreichs Xane Lang, umgeben von den 15 Schutznagas der Stadt – mythischen Schlangenwesen.

Der Palast ist in Kreuzform angelegt.

In der Mitte hinter der Eingangshalle befinden sich der offizielle **Audienzsaal** mit dem **Thron** und einer Ausstellung von Roben, Waffen und Sattelzeug des Königs sowie eine sehr wertvolle Sammlung von **Buddhas**, darunter Stücke aus dem Wat That Mak Mo und dem Wat That Nhi Nhong.

Rechts liegt der **Empfangsraum** für Privataudienzen des Königs. Er ist mit Darstellungen aus dem Ramayana-Epos und einer Ausstellung von Königs-Statuen geschmückt. Der Franzose de Fauterau gestaltete 1930 die **Wandbilder** mit Szenen aus dem Leben des laotischen Volkes.

Im prächtigen **Thronsaal** auf der rechten Seite sind kostbare Buddhas und königliche Insignien ausgestellt.

In der Pagode am Haupteingang wird der ★**Phra Bang-Buddha**, eine 83 cm hohe Statue aus Gold, gezeigt.

Links von der Eingangshalle sind verschiedene Geschenke aus dem Ausland zu sehen, darunter auch ein Stück Gestein von der erfolgreichen Mondlandung der Amerikaner. Dahinter liegt das Empfangszimmer der Königin, das mit Bildern des letzten Königs Savang Vathana, der Königin und des Kronprinzen geschmückt ist.

In den ehemaligen Privaträumen befindet sich eine **Sammlung** von **Musikinstrumenten** und **Khon-Masken** für den Ramayana-Tanz.

Fotografieren in den Räumen ist nicht gestattet.

Wat Nong, ★Wat Sene und ★Wat Sop

Wat Nong ⑤ (Wat Si Khoum Muong) wurde 1729 erbaut und enthält einen Buddha aus Siam. Er wurde 1804 und 1888 renoviert und ist Sitz des buddhistischen Patriarchen der Stadt.

Der mit Gold-Dekor auf rotem Grund reich verzierte ★**Wat Sene** ⑥ (Wat Sene Soukharam) beherbergt u. a. einen 6 m hohen Buddha. Er ist Sitz des Obermönches der Provinz Luang Pra-

» Stadtplan S. 220-221, Info S. 228-229

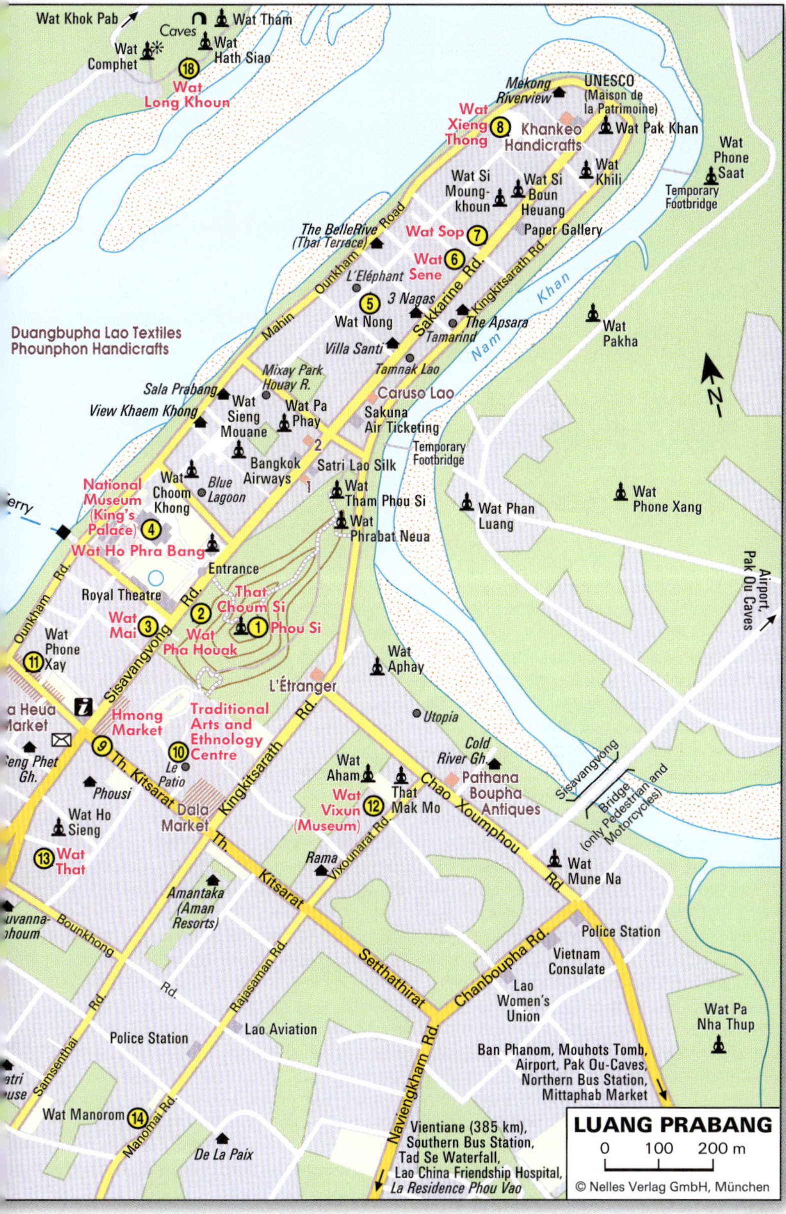
Wat Khok Pab
Caves
Wat Tham
Wat Comphet
Wat Hath Siao
18 Wat Long Khoun
Mekong Riverview
UNESCO (Maison de la Patrimoine)
Wat Xieng Thong 8
Khankeo Handicrafts
Wat Pak Khan
Wat Phone Saat
Wat Khili
Wat Si Moung-khoun
Wat Si Boun Heuang
Temporary Footbridge
The BelleRive (Thai Terrace)
Wat Sop 7
Paper Gallery
Wat Sene 6
L'Eléphant
Ounkham Road
Sakkarine Rd.
Kingkitsarath Rd.
5 Wat Nong
3 Nagas
The Apsara
Tamarind
Nam Khan
Wat Pakha
Duangbupha Lao Textiles
Phounphon Handicrafts
Mahin
Villa Santi
Tamnak Lao
Mixay Park
Houay R.
Caruso Lao
Sala Prabang
Wat Sieng Mouane
Wat Pa Phay
View Khaem Khong
Sakuna Air Ticketing
Temporary Footbridge
Bangkok Airways
Satri Lao Silk
National Museum (King's Palace) 4
Wat Choum Khong
Blue Lagoon
Wat Tham Phou Si
Wat Phan Luang
Wat Phone Xang
Ferry
Wat Phrabat Neua
Wat Ho Phra Bang
Entrance
Ounkham Rd.
Royal Theatre
Rd.
That Choum Si 2
Wat Mai 3
1 Phou Si
Wat Pha Houak
Wat Phone Xay 11
Sisavangvong
Airport, Pak Ou Caves
Wat Aphay
L'Étranger
Ha Heua Market
Hmong Market 9
Traditional Arts and Ethnology Centre 10
Utopia
Seng Phet Gh.
Le Patio
Cold River Gh.
Th. Kitsarat
Kingkitsarath
Rd.
Wat Aham
That Mak Mo
Pathana Boupha Antiques
Phousi
Dala Market
Wat Vixun (Museum) 12
Chao Xoumphou Rd.
Sisavangvong Bridge (only Pedestrian and Motorcycles)
Wat Ho Sieng
13 Wat That
Vixounarat Rd.
Rama
Wat Mune Na
Th. Kitsarat
Amantaka (Aman Resorts)
Suvanna-phoum
Bounkhong Rd.
Police Station
Vietnam Consulate
Setthathirat
Chanbouapha Rd.
Rajasaman Rd.
Lao Women's Union
Wat Pa Nha Thup
Rd.
Police Station
Lao Aviation
Samsenthai
Ban Phanom, Mouhots Tomb, Airport, Pak Ou-Caves, Northern Bus Station, Mittaphab Market
Wat Manorom 14
Manomai Rd.
Naviengkham Rd.
De La Paix
Vientiane (385 km), Southern Bus Station, Tad Se Waterfall, Lao China Friendship Hospital, La Residence Phou Vao
LUANG PRABANG
0 100 200 m
© Nelles Verlag GmbH, München
N
7
Luang Prabang

Foto: Paul Spierenburg

bang. 1718 wurde er anstelle eines älteren Tempels erbaut und 1932 erneuert. Die letzte Renovierung fand 1957 zum 2500. Geburtstag Buddhas statt. Am 7., 8., 14., und 15. Tag jedes Mondmonats kommen Gläubige, meist Frauen, zum Gebet in den Tempel. Der Wat besitzt zwei 27 m lange **Boote** für die Wettkämpfe.

Ein Prinz ließ 1481 zum Gedenken an seinen Vater den ★**Wat Sop** ⑦ (neben dem Wat Sene) errichten; er hieß ursprünglich Wat Sop Xieng Khane. 1485 – ein Jahr vor seinem Tod – gab der Prinz ein zweites Kloster in Auftrag, Wat Xieng Thong. Die Klöster vereinigten sich im 18. Jh. unter dem Namen Wat Sop. Der heutige Sim stammt von 1909. In einem Gebäude von 1933, nördlich des Vihara, befinden sich zwei Buddhas aus dem Wat Nak, der 1768 gegründet und Ende des 19. Jh. zerstört wurde. Das Kloster unterhält eine Mönchsschule.

Nicht besonders sehenswert sind der **Wat Si Moung Khoun**, nördlich des Wat Sop, der im Jahr 1763 gegründet worden sein soll, und der **Wat Si Boun Heuang**, gleich daneben, 1758 gegründet und Mitte des 20. Jh. erneuert.

Oben: Junge Mönche restaurieren Klosterornamente in Luang Prabang. Rechts: Das Mosaik des Bo-Baums (Thong) gab dem Wat Xieng Thong seinen Namen.

★★★Wat Xieng Thong

König Setthathirat gründete 1560 den ★★★**Wat Xieng Thong** ⑧, den berühmtesten Tempel von Luang Prabang. Der Name bedeutet das „Kloster der goldenen (Thong) Stadt (Xieng)". Das Gebäudeensemble liegt fast am Ende der Halbinsel am Mekong. Während der Regenzeit erfüllt das Rauschen des Wassers das enge Tal. Von einem Pavillon, von dem aus der König die Bootsrennen auf dem Nam Khan beobachtete, bietet sich ein schöner Ausblick.

Der Wat Xieng Thong ist von einer niedrigen Mauer umgeben. Vom Mekong führt eine steile Treppe zum Haupteingang. Das zweite Tor, an der gegenüberliegenden Ostseite, liegt nä-

» Stadtplan S. 220-221, Info S. 228-229

Foto: Helmut Köllner

her zur Stadt. Der **Sim**, das Heiligtum mit seinem tief heruntergezogenen Dach, wurde 1561 erbaut und 1968 restauriert. An seiner Rückfront stellt ein wunderschön naiv gearbeitetes ★**Glas-Mosaik** auf rotem Grund einen Wunschbaum dar, der in der asiatischen Mythologie seinen festen Platz hat. Im Inneren befinden sich ein Altar mit vielen Buddha-Figuren. Die Gold-Lack-Verzierungen an den Wänden stellen Szenen aus dem Leben des Buddha dar. In der kleinen **Kapelle** befindet sich ein besonders schöner, liegender Buddha aus der Zeit des Tempelbaus, der 1931 auf der Kolonialausstellung in Paris gezeigt wurde. Die Rückseite der Außenwand wurde zum 2500. Geburtstag Buddhas 1957 mit einem ★**Mosaik** (s. Bild S. 168) verziert, auf dem die Szenen dörflichen und höfischen Lebens besonders interessant sind. Das kleine Gebäude vor dem Sim ist eine Begräbnisstätte für Statuen. Der **Versammlungsraum** der Mönche nimmt die andere Seite des Hofes ein, ihm schließen sich die **Wohnungen** der Mönche an.

Die ★**Bestattungskapelle** am Osttor wurde 1961 für das Begräbnis des vorletzten Königs Sisavang Vong erbaut und enthält einen 12 m hohen **Bestattungswagen** in Form eines Schiffes, mit großen Urnen, sowie eine Sammlung wertvoller **Buddhastatuen**. Die Türflügel und die Außenwände sind mit herrlichen, vergoldeten ★**Holzschnitzarbeiten** verziert, die das Ramayana-Epos (Ramakien) darstellen. An der Westseite des Hofes, etwas zurückversetzt, befindet sich ein **Trommelturm**; davor stehen **Beisetzungs-Stupas**.

Märkte nahe der Thanon Kitsarat

Nahe der **Thanon Kitsarat** ⑨ locken einige Märkte und Geschäfte. Auf dem ★**Hmong Market** findet sich am Abend ein großes Angebot an Ethno-Textilien.

Auf dem **Tha Heua**, oberhalb des Hafens, gibt es Obst, Gemüse und Imbissstände; mit Glück begegnet man hier morgens Frauen in traditioneller Tracht.

Neben dem **Dala-Markt** für Kleider informiert das ★**Traditional Arts and**

Ethnology Centre ⑩ über die Kultur der Bergvölker, auch dessen niveauvoller **Museumsshop** und das sehr nette **Café** lohnen einen Besuch.

Wat Phone Xay ⑪ (Wat Phone Xaysana Songkhama), das bedeutet „Kloster des Berges des Sieges", wurde 1791 erbaut, der heutige Bau stammt von 1970. Der Name kommt von der großen Buddha-Statue Phra Xaysana Songkham, dem „Buddha des Sieges".

★Wat Vixun

★Wat Vixun ⑫ (Wat Visunarath), 1512 von König Vixun Harath erbaut, beherbergte von 1513-1560 den Phra Bang-Buddha. 1896 brannte der hölzerne Wat ab und wurde 1898 aus Ziegelsteinen und Stuck wieder aufgebaut, wobei die hölzernen Balusterfenster in Stein nachgeahmt wurden. Die bei den Cham und Khmer häufige Nachbildung von Holzteilen in Stein ist bei den Laoten äußerst selten. 1942 wurde Wat Vixun ein **Museum**. Er enthält außer einer Sammlung von **Buddha-Statuen** auch Ordinationssteine (*sima*) aus dem 16. Jh., die in Laos häufig zur Abgrenzung heiliger Bezirke aufgestellt werden. Gläubige, meist ältere Frauen und Männer, kommen zum Morgen- und Abendgebet. Im Tempelkomplex liegen That Mak Mo und Wat Aham.

Oben: Hmong-Mädchen. Rechts: Buddha-Statuen im Wat Vixun (heute Museum).

That Mak Mo (That Pathoum) ist heute Teil des Wat Vixun, erhalten blieb der **Stupa**. Den That gab 1514 die Gemahlin des Königs Vixun Harath in Auftrag. 1932 renovierte man ihn; die einst in seinem Inneren verborgenen Schätze sind im Palastmuseum zu besichtigen. Seinen Namen erhielt der Stupa, weil er einer Wassermelone (*mak mo*) gleicht, seine Form erinnert an Stupas in Indien.

Wat Aham mit dem **Ho Seua Mong**, dem Tempel für die beiden Schutzgeister der Stadt – Phou Nheu (männlich) und Gna Gneu (weiblich) – wurde 1818 gegründet. Der Ho Seua Mong ist nicht zugänglich. In dem Geisterhaus werden die Tanzmasken für die Schutzgeister und den Löwen Sin Khao aufbewahrt, die bis 1975 am Neujahrsfest teilgenommen haben. Im Wat Aham kann man **Boote** betrachten, die bei den Wettkämpfen eingesetzt werden. Sie sind etwa 25 m lang und werden von 48 Ruderern fortbewegt.

★Wat That

König Setthathirat ließ 1548 den prachtvollen **★Wat That** ⑬ erbauen, bevor er seine Hauptstadt nach Vientiane verlegte. Nach der Zerstörung durch ein Unwetter wurde er 1907-1964 wieder aufgebaut. Er spielt eine wichtige Rolle beim Neujahrsfests. An den Türen und Fenstern des Tempels ist die Manohara-Legende dargestellt: Die Halbgöttin Manohara ist eine Kinnari – halb Vogel, halb Mensch – von unbeschreiblicher Schönheit; aus Liebe zu dem König Sisouthone legt sie ihre Flügel ab, um als Mensch zu leben.

Wat Manorom

Wat Manorom ⑭ wurde anstelle eines Tempels aus dem Jahr 1375 errichtet, der ansprechende Neubau stammt von 1972. Hier fand die berühmte Phra-Bang-Buddha-Figur nach ihrer Ankunft aus dem Khmer-Reich ihre erste Heimat. Die 6 m hohe, alte Buddha-Figur hatte ihre Arme verloren, so dass diese mit Zement ergänzt wurden. Im Wat gibt es eine Schule für Mönche.

★Wat That Luang

Der vor allem atmosphärisch ansprechende **★Wat That Luang** ⑮ liegt im Süden der Stadt. Eine Legende berichtet, dass einst der buddhistische König Ashoka aus Indien den Wat errichten ließ. Die heutige Anlage entstand 1818 und wurde 1935 von König Sisavang Vong erneuert. Der Wat diente zur Zeit der Monarchie der Beisetzung der königlichen **Urnen**; die von König Sisavang Vong setzte man im Jahr 1961 in dem großen **Stupa** bei, der angeblich im 3. Jh. v. Chr. von buddhistischen Missionaren des indischen Königs Ashoka gegründet und mit einer Buddhareliquie ausgestattet worden sein soll.

Einige wertvolle Exponate im Wat That Luang stammen aus dem kleinen That Nhi Nhong, der 1963 abgebrochen wurde, weil er dem Neubau des Phousi-Hotels weichen musste.

Wat Phrabat Tai

Wat Phrabat Tai ⑯ (Phraphonttabat) soll aus dem 15. Jahrhundert stammen und besitzt einen **Fußabdruck Buddhas**. 1960 übernahm die vietnamesische Gemeinde von Luang Prabang die Restaurierung der Anlage, die seitdem deutliche Einflüsse des chinesischen Mahayana-Buddhismus aufweist. Der Tempel liegt direkt am Mekong, ein Besuch lohnt auch wegen des schönen Blicks über den Fluss zur Zeit des **★★Sonnenuntergangs**.

Foto: Paul Spierenburg

★★Wat Xieng Men

Auf der anderen Seite des Mekong lohnen die restaurierten Tempel einen Besuch – auch wegen der schönen Landschaft und des Blickes auf die beiden Flüsse und die Stadt.

★★Wat Xieng Men ⑰ wurde im 14. Jahrhundert gegründet; die heutige Anlage stammt vom Ende des 19. Jh. Sie liegt im Norden des gleichnamigen Dorfes Xieng Men. Hier beginnt der Fußweg auf den Hügel zum **Wat Hath Siao** und **Wat Tham**, einem **Höhlentempel** mit Statuen aus nicht mehr vorhandenen Wats, die hierher verbracht wurden. In der Nähe gibt es noch weitere **Höhlen**.

Wat Khok Pab befindet sich weiter östlich, ebenso **Wat Comphet** aus dem 20. Jh. – der höchstgelegene Tempel mit einer besonders schönen **Aussicht** auf Luang Prabang.

★Wat Long Khoun ⑱ wurde zweimal zerstört, der heutige Bau stammt von 1937. Er diente den Königen zur Vorbereitung auf die Krönungszeremonie.

Foto: Hansjörg Keller

AUSFLÜGE VON LUANG PRABANG

In ★**Ban Phanom** ⓫, einem Dorf nördlich des Nam Khan, hat der König einst die **Lu** angesiedelt, einen Thai-Stamm aus dem Norden. Ihre Weber-Kultur praktizieren sie hier wie in der Region von Phongsaly: Unter den Pfahlbauten arbeiten die Frauen täglich an den Webstühlen. Ihre Baumwoll- und Seidenstoffe sind von hoher Qualität und nach alten Vorlagen gewebt; diese **Webarbeiten** können hier direkt erworben werden.

Wat Sangkhalok, 6 km vom Dorf entfernt, wurde 1527 für den Schutzgeist der Stadt erbaut (1904 rekonstruiert. Der König besuchte früher den Tempel zum Neujahrsfest, um die Buddhas mit Weihwasser zu besprengen. Nahebei fließt der Nam Dong.

Oben: Die Lao Theung-Frauen des Dorfes Ban Phanom sind für ihre handgewebten Stoffe bekannt. Rechts: Die Pak-Ou-Höhlen.

Das Dorf **Ban Xom** der Lao Lum und die Siedlung **Ban Thapene** der Lao Theung liegen am Weg zum ★**Wasserfall Khouang Xi** ⓬, 30 km von Luang Prabang flussabwärts an der Uferstraße Nam Khong. Um den Wasserfall ist ein Picknick-Park angelegt; in den Bassins kann man baden.

Die ★★**Bergdörfer der Hmong** sind nur in der Trockenzeit gut zu erreichen. Nach **Long Lanh** führt eine holprige Straße durch beeindruckende Bergwelt; man bekommt dort einen Einblick in das einfache Leben der Hmong.

Eine Attraktion für Elefanten-Freunde ist das **Elephant Village** (16 km östlich am Nam Khan): Ein ganzes Dorf hat hier durch die Initiative des Deutschen Markus Peschke Arbeit gefunden. Neben Ausritten auf Elefanten gibt es weitere Angebote, wie etwa Mahout-Training oder eine Tour zum Tad-Se-Wasserfall. Hübsch gelegen ist das Camp-Restaurant am Fluss.

Den Mekong aufwärts zu den ★★Pak-Ou-Höhlen

Ein Tagesausflug führt etwa 30 km den **Mekong** aufwärts bis nach Pak Ou, der Mündung des Nam Ou in den Mekong. Die Dauer der Fahrt hängt vom Wasserstand und dem Motor des Bootes ab. Es sind einige kleinere Stromschnellen zu überwinden. Bei Normalwasserstand dauert die Fahrt mit einem kräftigen Motor flussaufwärts ungefähr 2 Stunden, abwärts etwa 1 Stunde.

Bei Niedrigwasser arbeiten die Dorfbewohner an den vom Fluss freigegebenen Ufern in ihren Gemüsegärten. An einigen Uferstellen wird manchmal Gold gewaschen. Wer sich für diese mühevolle Arbeit interessiert, kann dort aussteigen und den Goldwäscherinnen zusehen. Sie kommen aus den umliegenden Dörfern der Lao Lum. Die Goldsuche ist natürlich Glückssache und mit viel Fleiß und Aufwand verbunden. Die Goldkörnchen werden in Heimarbeit weiterverarbeitet.

 » Stadtplan S. 220-221, Karte S. 204-205, Info S. 228-229

Am Fluss wechseln die Bilder ständig. Hochbeladene Boote fahren zu den Märkten. Stromaufwärts sind auf der rechten Flussseite die Berge höher, die Dörfer liegen auf Steilhängen. Das linke Ufer ist nur leicht hügelig. In den hohen, bewaldeten Bergen hat der Brandrodungsbau kahle Stellen hinterlassen. Mehrmals gleiten die Boote über Stromschnellen. Bizarre Berge türmen sich auf und versperren scheinbar den schmaler werdenden Fluss. Es lohnt sich, das Dorf **Ban Xang Hai** zu besuchen, um das einfache Leben seiner Bewohner kennen zu lernen, die vor allem von der Destillation von **Reisschnaps** sowie dem Verkauf von traditionellen Textilien leben.

Gegenüber der Mündung des **Nam Ou**, im Kalkgestein der Berge, liegen die ★★**Pak-Ou-Höhlen** ⓭. Treppenstufen führen von der Anlegestelle zur unteren **Tam-Ting-Höhle**, nach links geht es über Treppen zur oberen **Tam-Phum-Höhle**, die tiefer in den Berg hineinführt (Taschenlampenverleih gegen Spende). Gläubige stifteten die zahllosen Buddhas und stellten sie auf, wo sich ein Platz bot. Hier und da findet man ein kleines Kunstwerk, die meisten Statuen sind rührend einfach. Der Blick hinunter zum Mekong und zum Nam Ou sowie in die Berge lohnt den Aufstieg. In vorbuddhistischer Zeit sollen in den Höhlen Schlangengeister (*naga*) verehrt worden sein.

Auf dem gegenüberliegenden steilen Ufer liegt hinter großen Bambusbüschen **Pak Ou** (**Baku**), wo hübsche Picknickplätze auf Touristen warten. Die Männer des Dorfs fangen Fisch für die Märkte von Luang Prabang, flicken ihre Netze oder bestellen weit entfernte Trockenreisfelder.

1 km den Ou aufwärts ragen die Felswände, **Pha Hen** genannt, senkrecht aus dem Fluss auf, die Becken zu Füßen der Berge sind fischreich. Flussaufwärts kann man in der Trockenzeit von kleinen Inseln aus ein erfrischendes Bad nehmen.

Foto: Jürgen Bergmann

7

Luang Prabang

Ausflüge in Gebiete der Bergvölker

Xayabouri ⓮ (Xaignaboury), Provinz und Stadt, liegt einen Tagesausflug von Luang Prabang entfernt, wenn die Rückfahrt auf der Straße erfolgt; per Boot in 3-4 Stunden zu erreichen. Die Fahrt mekongabwärts führt durch unberührte Gebirgslandschaft, in der noch sehr abgeschieden Bergvölker leben. Elefanten waren hier lange die einzigen Transportmittel. Abwechselnd hier, in Hongsa und Paklai findet im Februar das legendäre **Elefantenfest** mit Mahouts aus ganz Laos statt.

Vier Busstunden nördlich erreicht man den neuen **Grenzübergang** nach Thailand, **Muang Ngeun**. Am Weg liegt **Hongsa**, ein altes Zentrum der Elefantenausbildung. Die Stadt ist auch über den Mekong ab Pak Beng oder Ban Thanoun zu erreichen.

Reizvoll ist die Flussfahrt (1 Tag) von **Pakbeng** – einem bei Flusstouristen beliebten Übernachtungsort – den Mekong aufwärts nach **Houayxay** (s. Karte S. 172), in die westlichste Ecke von Laos. Von hier ist das touristisch gut erschlossene „Goldene Dreieck" Thailands nur einen Sprung entfernt (Mekong-Brücke 2013 eröffnet). Für die zweitägige ★★★**Bootsfahrt** von Houayxay den **Mekong** abwärts nach Luang Prabang sollte man ein reguläres Schiff, kein Speedboat wählen.

Über Houayxay prangt der **Wat Chom Kao**, vom dem sich Stadt und Land überblicken lassen. In der Umgebung wird Gold gewaschen, Saphire und Rubine gefunden; Goldschmiede betreiben Werkstätten in der Stadt.

Im bergigen Hinterland liegen Dörfer der Minoritäten. **Ban Poung** ist ein Dorf der **Lu** (aus der Gruppe der Lao). Die Frauen weben traditionelle Stoffe. In **Ban Lentene**, **Ban Tom Lao**, **Ban Saohonghinh** und **Ban Nonh Thane** leben ebenfalls Minderheiten.

Reizvoll ist eine ★★★**Bootsfahrt** auf dem **Nam Ou** von ★**Nong Khau** über ★**Muang Ngoi** (2 Std.) und **Muang Khua** (5 Std.) nach **Hat Sa** (5 Std., 21 km östl.v. Phongsaly). Je weiter nördlich, umso spektakulärer wird die Berglandschaft. Touristeninfrastruktur bieten Nong Khau, Muang Khua und Phongsaly. Dort lassen sich Treks und weitere Bootstouren planen, u.a. zu Lu, die vom Fischen, Reisanbau und Weberei leben.

Die Provinzhauptstadt **Phongsaly** (1400 m ü.M.) besitzt noch etliche traditionelle Holzhäuser im Yunnan-Stil.

Luang Namtha, die nördliche Bergprovinz mit der gleichnamigen Hauptstadt, ist wie die Nachbarprovinzen Oudomsay und Phongsaly für ethnische Vielfalt bekannt. In herrlicher Landschaft kann man Dörfer der Akha, Khmu, Hmong, Yao und T'ai besuchen.

★**Muang Sing** nordwestlich von Luang Namtha mit seinem **Morgenmarkt** und alten Holzhäusern ist Ausgangspunkt für **Trekking** zu Dörfern der Bergvölker; von hier – oder von **Muan Long** – geht es im Tal des Nam Ma zu Dörfern der animistischen **Akha**.

LUANG PRABANG (☎ 071)

FLUG: Am **Internationalen Flughafen** erhält man ein Visum bei Einreise (30 US-$). Inlandsflüge ab Luang Prabang nach: Xiengkhuan, Vientiane, Pakse, Savannakhet. Auslandsflüge ab Luang Prabang nach: Chiangmai, Bangkok, Hanoi, Siem Reap, Udon Thani. **Taxi** in die Stadt ca. 5 US-$.

STRASSE: Die Straße bis nach Vang Vieng ist gebirgig, aber gut befahrbar; schlechter ist der weitere Verlauf bis nach Vientiane. Busverbindung auch mit Siem Reap und Hanoi.

L'Eléphant Restaurant, exzellente französische und laotische Küche, empfehlenswert ist z. B. Wildente (*laap pet*), nördlich vom Wat Nong.

Mixay Park Houay, typisch laotische Gerichte wie Fischeintopf (chao pa), viele Reisegruppen, nahe Wat Sieng Mouane.

Utopia, fantasievolles Lokal mit schönem Blick auf den Ou-River und die alte Eisenbrücke, Tischfussball, Beachvolleyball, großes Frühstücksangebot; hinter dem Wat Aphai.

Tamarind, traditionelle Lao-Küche mit modernem Touch, auch Kochkurse u. Veranstaltungen, nahe Vat Nong,

Le Patio Café, Café und Restaurant, laotische und westliche Küche, Bestandteil des Traditional Art and Ethnology Center an der Südwestseite des Phousi Hill.

Blue Lagoon, sehr gute laotische und französische Küche, nahe Palastmuseum.

3 Nagas, direkt an der Hauptstraße im Zentrum gelegenes Restaurant und Hotel mit geschmackvoller Einrichtung.

Tamnak Lao, Restaurant und Kochschule an der Sakkarine Road, gegenüber Hotel Santi.

Thai Terrace Restaurant des Belle-Rive- Hotels, gute Küche, schöne Terrasse mit Blick über den Mekong auf Wat Longkhoune, Thai-, Lao- und westliche Gerichte, Wurstplatte von deutschem Metzger aus Luang Prabang (bayr. Weißwurst auf Vorbestellung), „Sundowner" von 17-19 Uhr.

MÄRKTE: **Thalat Tha Heua**, v. a. Lebensmittel und Garküchen, Spezialität: getrocknete Flussalgen (*khaipen*) mit Tomaten, Knoblauch und Sesam, tägl. 14-19 Uhr, nördlich der Post.

» Karte S. 172, Info S. 228-229

Thalat That Luang, v. a. Lebensmittel, hinter Wat That Luang. **Thalat Dala**, Gebrauchsartikel, Silberwaren, Opiumgewichte aus Messing, an der Chao Sisuphon-Straße.
Hmong Market, eine Touristenattraktion, Ethno-Souvenirs; tagsüber gegenüber dem Touristenbüro, abends an der Sisavangvon Road.
GESCHÄFTE: **Duangbupha Lao Textiles Collection**, qualitätvolle, aber teure Textilien der Bergvölker, 14/6 Thanon Sisavangvong.
Pathana Boupha Antique House, schöne Antiquitäten wie handgewebte Textilien und Silberschmuck, unweit des That Mak Mo.
Caruso Lao, laotische Textilien hoher Qualität, in landestypischer Art hergestellt.
APOTHEKE: **Bounaphan Pharmacy**, Sakkarine Road, gegenüber der Hauptschule.

Königspalast (hat Museumsstatus), Mi-Mo 8-12.30,13.30-16.30 Uhr.
Traditional Arts and Ethnology Center, privates Museum, das sich den verschiedenen Ethnien und deren Kulturen widmet, traditionelle Kostüme, Haushaltsobjekte, religiöse Figuren und Objekte, der Museumsshop verkauft kunsthandwerkliche Objekte von lokalen ethnischen Gruppen, angeschlossen ist das Le Patio Cafe, am südwestlichen Aufgang zum Phousi Hill, www.taeclaos.org.

STIFTUNG: **Big Brother Mouse** – kaufen Sie hier ein Buch für laotische Kinder oder bieten Sie englische oder französische Konversation für laotische Schüler an! www.bigbrothermouse.com.
GOLF: Etwa 5 km außerhalb von Luang Prabang ist ein neuer 18-Loch-Golfplatz unter koreanischer Leitung entstanden, weiterer Ausbau auf 27 Löcher geplant.

FESTE: Viele Feste richten sich nach dem Mondkalender, so dass sich die Termine jährlich ändern.
Boun Phra Vessantara: März, 3-tägiges Fest zu Ehren des Prinzen Vessantara (der vorletzten Inkarnation Buddhas).
Boun Pi Mai (Laotisches Neujahr): 13.-19. April; Prozessionen und rituelle Waschungen der Buddha-Figuren, verbunden mit dem Gebet um ausreichend Regen für das neue Anbaujahr.
Boun Visakha Bousa: Mai; eines der wichtigsten laotischen Feste zum Gedenken Buddhas mit Lichterprozessionen.
Boun Souang Heua (Boun Nam): Aug./Sept.; Bootsrennen auf dem Mekong und Nam Khan.
Boun Ok Phansa; Oktober; buddhistisches Fastenbrechen, Lichtfest, Heiratszeit; Prozession mit reich geschmückten Booten, die von den Dorfgemeinschaften gebaut und am Haupttempel geweiht werden.

KLASSISCHE TÄNZE UND MUSIK: **Royal Theatre**, traditionelle Tänze und Theater, mit Baci- (animistischer) Zeremonie, Mo, Mi und Sa um 17 Uhr, in der Conference Hall beim Königspalast.
Princess Restaurant, stimmungsvolles Dinner mit authentischer laotischer Musik und Tänzen, tägl. 19-22 Uhr, im Hotel Villa Santi, Thanon Sakkarine.
Villa Sinxay, klassische Musik und Tänze auch der Bergvölker, mit Dinner, tägl. außer Di ab 19.30 Uhr, Thanon Phou Vao.

XAYABOURI

FLUG: Mo, Mi und Sa von Vientiane. ***STRASSE:*** von Luang Prabang aus über Muong Nan.
SCHIFF: ab Vientiane und Luang Prabang auf dem Mekong nach Xayabouri.

HOUAYXAY (☎ 084)

FLUG: unregelmäßige Flüge; in Vientiane nachfragen.
SCHIFF: ab Luang Prabang 2 Tage, mit Übernachtung in Pak Beng.
GRENZÜBERTRITT NACH / AUS THAILAND: über den Grenzübergang Chiang Kong südlich von Houayxay.

Arimid Restaurant sowie kleinere Restaurants und Garküchen.

LUANG NAMTHA (☎ 086)

FLUG: Mo, Mi, Fr, Sa von Vientiane. ***STRASSE:*** von Muong Say bzw. Muong Sing aus.
GRENZÜBERTRITT NACH / AUS CHINA über den Grenzübergang Boten, nordöstlich von Luang Namtha.

House Lao Restaurant, nördl. Hauptstraße. **Darasavath**, gut und billig.

Foto: Digitalpress (Dreamstime)

DIE EBENE DER TONKRÜGE

PHONE SAVANH
MUONG KHAM
MUONG KHOUN

PROVINZ XIENG KHOUANG

Im Nordosten des Landes liegt die **Provinz Xieng Khouang** mit der Hauptstadt Muong Khoun (früher *Xieng Khouang*) auf dem Hochplateau. Der Flug von Vientiane nach Phone Savanah führt aus der Mekong-Ebene über das Hügelland, das in endlose bewaldete Bergregionen übergeht. Die Hochebene Xieng Khouang (ca. 1200 m) sieht aus der Vogelperspektive wie eine Mondlandschaft aus: Tiefe Bombentrichter liegen dicht nebeneinander – Spuren des 2. Indochinakriegs, nach Jahrzehnten noch sichtbar.

Auf dem etwas kargen Plateau herrscht die meist ein angenehmes Klima; im Winter kann es mit 5 °C in der Nacht kühl werden. Es gibt heiße Schwefelquellen, Höhlen, die zahlreichen Urnen in der Ebene der Tonkrüge und Dörfer verschiedener Bergvölker zu sehen. Außerdem befinden sich die drei höchsten Berge von Laos mit Höhen bis zu 2850 m (Phu Bia) in dieser Provinz.

Nur 212 000 Einwohner leben auf der dünnbesiedelten Hochebene, auf der v. a. Viehzucht betrieben wird. In Dörfern der Hmong kann man bis heute den kreativen Umgang der Laoten mit US-Kriegsschrott besichtigen: Aus Bomben- und Granatenhüllen entstanden dort Schulgongs oder Schweinetröge. Nicht explodierte Sprengkörper stellen noch immer eine große Gefahr dar.

Links: Wasserbüffel vor einem Bauerndorf der Hmong.

Auf engem Raum leben hier Gruppen der Lao Lum und Lao Theung. In höher gelegenen Gebieten sind zwei Stämme der Lao Soung anzutreffen, Hmong Khao und Hmong Lay. Thai Dam-Frauen, „Schwarze Thai" aus der Gruppe der Lao Lum, tragen Turbane um einen Haarknoten gewunden und schlingen darüber ein gesticktes Tuch.

★★Ebene der Tonkrüge

Phone Savanh ⑮ („Paradieshügel"), das neue Verwaltungszentrum der Provinz Xieng Khouang, wirkt wie eine Pionierstadt; die Häuser liegen auseinandergezogen. Der 1200 m hoch gelegene Ort ist von Bergen umgeben. Das Stadtzentrum hat sich um den großen, sehenswerten ★**Markt** herum gebildet.

Die ★★**Ebene der Tonkrüge** ⑯, auf laotisch **Thong Hai Hin** (auf englisch *Plain of Jars*), beginnt 7 km südlich von Phone Savanh, bei Lat Huang an der Straße nach Muong Khouane. Nach Süden erstreckt sich eine hügelige, baumlose Landschaft. Im weiten Umkreis sind rund 2000 Jahre alte Steinkrüge ohne erkennbare Ordnung über das Gelände

» Karte S. 204-205, Info S. 233

Foto: Pablo Caridad (Dreamstime)

verstreut – der größte und schwerste, „King's Cup", wiegt rund 6 Tonnen. Manche Gefäße scheinen in Gruppen angeordnet, andere in unregelmäßigen Abständen aufgestellt. Sie erstrecken sich bis zu dem 30 km südlich gelegenen Lat Sene, wo die letzten sieben Gefäße zu finden sind.

Die zweite größere Fundstätte im Distrikt Muong Sui, **Hai Hin Phou Salato**, erstreckt sich kreisförmig an zwei Kalksteinhügeln neben der Straße nach Luang Prabang bei Kilometerstein 27 nahe **Ban Nako**. Zwischen Muong Phan und Muong The, bei dem Hmong-Dorf San Tio, liegt die dritte Fundstelle **Hai Hin Lat Khai**.

Die Archäologen halten die Gefäße für **Bestattungsurnen** eines megalithischen, jungmalaiischen Volkes, Verwandte der Lao Theung. Klarheit besteht aber weder über die Zeit noch über das Volk, dem sie zuzuschreiben sind. Jedenfalls gehören sie zu einer Megalithkultur, die in Indochina weit verbreitet war und bis Myanmar, Malaysia sowie Indonesien nachzuweisen ist. Sie steht in Zusammenhang mit der Dong-Son-Kultur der südostasiatischen Bronzezeit, deren wichtigste Fundstätten in der vietnamesischen Provinz Thanh Hoa, südlich des Rote-Fluss-Deltas liegen.

Die Urnen weisen erhebliche Unterschiede bezüglich Größe, Form und Material auf. Die größten sind bis zu 3 m hoch und haben einen Durchmesser von mindestens 70 cm, während die kleinsten nur eine Höhe von 40 cm und einen Durchmesser von 30 cm besitzen. Manche sind rechteckig und haben abgerundete Ecken, andere sind oval oder zylindrisch. Fast alle haben flache Böden. Gewölbte Deckel liegen verstreut herum. Viele Gefäße sind aus Sandstein, Granit, Porphyr, Schiefergestein oder Kalkstein gemeißelt, einige bestehen aus Gesteinsmischungen und wurden wohl geformt.

Zur Herstellung gibt es zwei unterschiedliche Theorien: 1. Die Urnen wurden an der Stelle gefertigt, an der das

Oben: Urnen auf der Ebene der „Tonkrüge".

» Karte S. 204-205, Info S. 233

Gestein lagerte und in fertigem Zustand an ihren heutigen Standort gebracht. 2. Sie wurden aus einem Gemisch von Kalk und verschiedenen Gesteinen geformt und in Höhlen gebrannt. Diese zweite Hypothese führte zu der Bezeichnung Tonkrüge.

Muong Kham

Die Region Muong Kham („Goldener Distrikt") wird wegen ihrer fruchtbaren Felder so genannt; die gleichnamige Stadt **Muong Kham ⑰** erreicht man auf der relativ guten Straße 7 in 1,5 Stunden (51 km).

Auf dem Weg liegt ein Dorf der Hmong, **Ban Tha Chock**. Wenige Kilometer entfernt in den Bergen gibt es viele Höhlen, in denen die Widerstandskämpfer lebten und die Bevölkerung bei Angriffen Schutz suchte. In der **Tam Peaw-Höhle** wurden 1969 etwa 650 Dorfbewohner durch eine amerikanische Bombe getötet, die vor der Höhle explodierte. Ihr Dorf Ban Nam Eun wurde zerstört.

Etwa 3 km von Muong Kham entfernt, in **Bao Nam Haon**, gibt es zahlreiche heiße Schwefelquellen, die Hautkrankheiten heilen.

Muong Khoun

Xieng Khouang (1200 m), die ehemalige Königsstadt, heißt jetzt **Muong Khoun ⑱**. Die Fahrt über eine Teerstraße (28 km), vorbei an Hmong-Dörfern, dauert rd. 1 Stunde. Den Namen Xieng Khouang erklärt eine Legende: Ein weißer Elefant *(xieng)* blieb an der Stelle stehen, an der heute die Stadt liegt, drehte sich im Kreis (*khouang*) und wollte nicht mehr weitergehen. In Muong Khoun gab es bis zum Bombenhagel im Vietnamkrieg zahlreiche Tempel. Die beiden früher berühmtesten und schönsten, **That Siphom** und **Wat Phia Wat** – dessen große **Buddha-Statue** aus Ziegeln noch erhalten ist –, sollen wieder aufgebaut werden.

PHONE SAVANH (☎ 061)

FLUG: Der Flughafen der Provinzhauptstadt Phone Savanh in der Präfektur Muong Pek (Distrikt unter Palmen) steht als Xieng Khouang im Flugplan, wird aber auch Muong Pek genannt. Täglich Flüge von Vientiane nach Phone Savanh.
STRASSE: Die Anreise auf der Nationalstraße Nr. 7 ist wegen gelegentlicher Überfälle durch die Hmong immer noch unsicher.

Auberge de la Plaine des Jarres, empfehlenswerte laotische und französische Gerichte, tolle Aussicht auf die Stadt, im gleichnamigen Hotel ungefähr 1 km außerhalb des Zentrums auf einem Hügel, Tel. 212613. **Khaemna Garden Restaurant**, empfehlenswertes Lokal mit ausgezeichneter Küche und freundlichem Service, schöne Aussicht auf Reisfelder, am See in der Nähe des Lao Memorial. Mehrere **Straßenküchen** entlang der Hauptstraße.

Noi Dok Khai Handicrafts Shop, Seiden, Körbe u. a., zwischen Fußballfeld und Schule gelegen.

Anreise zur Ebene der Tonkrüge, Höhlen und Thermalquellen:
In Phone Savanh kann man einen Wagen mit Fahrer mieten (ca. US-$ 20 pro Tag; wird von den Hotels vermittelt). Generell ist es in der Gegend um Phone Savanh empfehlenswert, mit einem einheimischen Führer unterwegs zu sein.

MUONG KHOUN (XIENG KHOUANG)

STRASSE: Tägliche **Busverbindung** mit Phone Savanh (etwa 1/2 Stunde). **Abfahrt in Phone Savanh**: am Busbahnhof in der Nähe des Morgenmarktes (Thalat Sao; etwa 2 km außerhalb des Zentrums an Straße Nr. 4). **Abfahrt in Muong Khoun**: Am Morgenmarkt.

Manivanh Guesthouse, am Ortseingang, bietet auch ein passables Restaurant. Einfachere Lokale im Ortszentrum.

» Karte S. 204-205

Foto: Wolfgang Hellige

DER SÜDEN – HOCHEBENEN UND KHMER-TEMPEL

THAKHEK / MAHAXAI
SAVANNAKHET / SARAVAN
BOLOVEN-PLATEAU
PAKSE
WAT PHU
SI PHAN DON

DER SÜDEN

Thakhek und die ★★Karstlandschaft von Mahaxai

Thakhek, auch unter dem alten Namen **Muang Khammouan** bekannt, ist die Hauptstadt der Provinz Khammouan. Die Ursprünge Thakheks gehen bis in die Zeit der großen Reiche von Chen La und Fu Nan (s. S. 27) zurück, doch wurde die heutige Stadt erst 1911 von der französischen Provinzverwaltung gegründet – und 1946 von französischen Soldaten bei der Rückeroberung verwüstet. Bis zum Verbot des Glücksspiels 1975 durch die Kommunisten war der Grenzort bei Thais aus Nakhon Phanom sehr beliebt. Außer einigen Kolonialzeit-Gebäuden ist der große Markt **Talat Souk Somboun** (Talat Lak Saam; beim Busbahnhof, 3 km südöstlich des Zentrums) sowie der 30 m hohe **That Sikhottabong** (6 km südlich) sehenswert.

Interessanter als die Stadt selbst ist die ★★**Karstlandschaft** in der Umgebung des Dorfes **Mahaxai** (50 km östlich von Thakhek an der Straße 12). Hochaufragende, imposante Kalksteinfelsen und die **Schlucht** des Flusses **Se Bangfai** lohnen einen Ausflug von der Provinzhauptstadt. Besonders beeindruckend sind drei, gewöhnlich nur während der Trockenzeit zugängliche **Höhlen** auf dem Weg nach Mahaxai: Die ★**Tham Pha Ban Tham** (8 km von Thakhek) enthält Buddha-Statuen.

4 km weiter öffnet sich am Fuß einer Steilwand mit prähistorischen Felsbildern die ★**Tham Xiang Lieb** (Chiang Rieb). Bei der **Tham Nong Ang** (15 km von Thakhek) erwartet den Besucher ein hübscher, von Bäumen beschatteter Picknickplatz.

Savannakhet und Saravan

Die Provinz Savannakhet ist der flächenmäßig größte und mit 330 000 Einwohnern der bevölkerungsreichste laotische Verwaltungsbezirk; die 300 m hoch gelegene Hauptstadt **Savannakhet** ist mit 58 000 Einwohnern die viertgrößte Stadt des Landes. Aufgrund ihrer günstigen Lage in der fruchtbaren Mekong-Ebene und dem West-Ost-Handelsweg zwischen Thailand und Vietnam ist die Provinz eine der wohlhabendsten des Landes. Sehenswert ist das **Französische Viertel** am Mekong um das **Mekong Hotel**, das **Dinosaurier-Museum** und der Tempel **That Ing Hang** (12 km nordöstlich).

In **Ban Nateuy** (ebenfalls nordöstlich von Savannakhet) wird etwa 90 % des laotischen Salzes gewonnen – teils in

Links: Im Wat Phu bei Champasak.

großen Pfannen, teils durch Erhitzen einer Lauge über dem offenen Feuer.

Saravan ⓳ (Salavan), die Hauptstadt der gleichnamigen Provinz, wurde im Zweiten Indochinakrieg völlig zerstört und als nüchternes Verwaltungszentrum wieder aufgebaut. Sehenswert ist lediglich der ★**Markt**, der die ethnische Vielfalt der Region widerspiegelt.

Pakse

Die **Provinz Champasak** mit der 300 m hoch gelegenen Hauptstadt Pakse hat eine wechselvolle Geschichte. Vom 10.-13. Jh. gehörte sie als nördlichste Provinz zum Khmer-Reich von Angkor. Nach dem Fall von Angkor dehnte das Reich Lane Xang seinen Herrschaftsbereich im Lauf des 15. Jh. bis in dieses Gebiet aus. Das Königreich Champasak entstand um 1800.

Pakse ⓴ (Pakxe; „Mündung (*pak*) des Flusses Se") ist mit etwa 60 000 Einwohnern die zweitgrößte Stadt in Laos. Sie entstand erst 1905 als französisches Verwaltungszentrum.

Pakse besitzt keine historischen Sehenswürdigkeiten, die Tempel stammen aus dem 20. Jh. Das bedeutendste Heiligtum ist der **Wat Luang** am Flussufer. Er wurde 1935 errichtet und beherbergt u. a. eine Schule. Die **Märkte** von Pakse bieten die reichlichen landwirtschaftlichen Produkte der Provinz.

Die Stadt liegt in einer bezaubernden Gebirgslandschaft am Mekong, umgeben von fruchtbarem Reisland. Der markanteste Berg ist der kegelförmige **Ma Long**; dicht daneben liegt der **Bassak** und etwas weiter entfernt der **Batiang**, der langgestreckte **Sa Laou** und der **Nang One**, der wie eine liegende Frau aussieht. Um diese Berge ranken sich viele Legenden. In einer Version heißt es: Ein schönes, reiches Mädchen, Ma Long, liebte einen armen Burschen, Ba Thieng (Batiang), der der Volksgruppe der Kha angehörte. Der reiche Bassak, der aus königlicher Familie stammte, liebte Ma Long ebenfalls und warb um sie. Als der arme Batiang den Eltern des Mädchens alle geforderten Brautgaben, darunter wie üblich Alkohol, brachte, warfen sie diese achtlos weg. So entstand der Berg Sa Laou, dessen Name bedeutet: „Wo man den Alkohol ausschüttete". Batiangs Werbung wurde abgewiesen. Auf einer Insel im Mekong brachte Ma Long sein Kind zur Welt; danach starb sie. Als der reiche Bassak erfuhr, dass Ma Long ihn nicht liebte, suchte er in ihrer Nähe den Tod; und auch Batiang überlebte den Verlust nicht. Über den Toten wuchsen Berge, dicht nebeneinander der Ma Long und der Bassak und ein Stück weiter entfernt der Batiang.

Von Pakse aus lassen sich lohnende **Ausflüge** unternehmen, auf das Boloven-Plateau, zum Khmer-Heiligtum Wat Phu oder per Boot zur Insel Khong und dem Khon Phapheng-Wasserfall nahe der kambodschanischen Grenze.

★★Boloven-Plateau

Das reizvolle ★★**Boloven-Plateau** ist eine ungefähr 10 000 km^2 große, fruchtbare Hochebene. Sie ist durchschnittlich etwa 1200 m hoch, der höchste Berg, **Phiamay**, ragt 1716 m auf. Das ganze Jahr über herrscht angenehmes Klima, das die Gewinnung von Kautschuk und den Anbau von Tee, Kardamom und Gemüse begünstigt. Besondere Bedeutung kommt der Kultivierung von Kaffee zu. Die geschmackvollen Arabica-Sorten führten die Franzosen in den 1920er und 1930er Jahren ein und werden heute vor allem nach Thailand, Singapur und Russland exportiert.

Ein Teil des Boloven-Plateaus gehört zur Provinz Saravan, der andere zur Provinz Champasak. Von Saravan führt eine Schotterstraße auf das Plateau nach Tha Teng und Paksong. Eine bessere Straßenverbindung besteht von Pakse aus.

Der **Ho Chi Minh-Pfad** zog sich auch durch den Ostteil des Boloven-Plateaus, das deshalb während des Zweiten In-

» Karte S. 237, Info S. 241

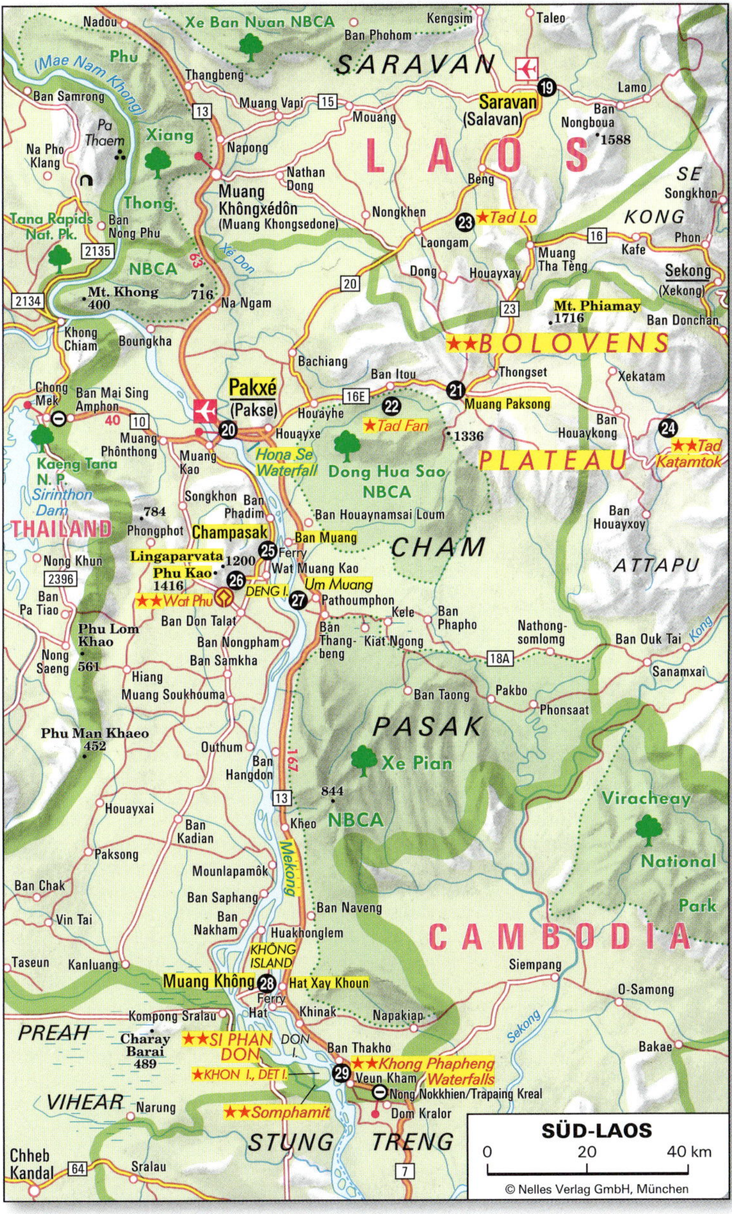

Nadou
Xe Ban Nuan NBCA
Kengsim
Taleo
Ban Phohom
SARAVAN
Phu
(Mae Nam Khong)
Thangbeng
Saravan
(Salavan)
Lamo
Ban Samrong
13
Muang Vapi
15
Mouang
Ban
Nongboua
1588
Pa
Thaem
Xiang
LAOS
Na Pho
Klang
Napong
Nathan
Dong
SE
Songkhon
Beng
Muang
Khôngxédôn
(Muang Khongsedone)
Thong
Nongkhen
KONG
Tana Rapids
Nat. Pk.
Ban
Nong Phu
★Tad Lo
Laongam
16
Phon
2135
Xé Don
Muang
Tha Teng
Kafe
NBCA
63
Dong
Houayxay
Sekong
(Xekong)
2134
Mt. Khong
400
716
Na Ngam
20
23
Mt. Phiamay
1716
Ban Donchan
Khong
Chiam
Boungkha
★★BOLOVENS
Bachiang
Ban Itou
Thongset
Xekatam
Chong
Mek
Ban Mai Sing
Amphon
Pakxé
(Pakse)
16E
Muang Paksong
40
10
Houayhe
★Tad Fan
Ban
Houaykong
Muang
Phônthong
Houayxe
1336
★★Tad
Katamtok
Kaeng Tana
N. P.
Muang
Kao
Hona Se
Waterfall
Dong Hua Sao
NBCA
PLATEAU
Sirinthon
Dam
Songkhon
Ban
Phadim
784
Ban Houaynamsai Loum
Ban
Houayxoy
THAILAND
Phongphot
Champasak
Ban Muang
CHAM
Lingaparvata
1200
Ferry
Nong Khun
Phu Kao
1416
Wat Muang Kao
ATTAPU
2396
DENG I.
Um Muang
Ban
Pa Tiao
★★Wat Phu
Pathoumphon
Ban Don Talat
Kele
Ban
Phapho
Nathong-
somlong
Phu Lom
Khao
Ban
Thang-
beng
Kiat Ngong
Ban Ouk Tai
Kong
Nong
Saeng
561
Ban Nongpham
Ban Samkha
18A
Sanamxai
Hiang
Muang Soukhouma
Ban Taong
Pakbo
Phonsaat
PASAK
Phu Man Khaeo
452
Outhum
Ban
Hangdon
Xe Pian
167
Viracheay
13
844
Houayxai
Kheo
NBCA
Ban
Kadian
National
Paksong
Mekong
Mounlapamôk
Ban Chak
Ban Saphang
Park
Ban Naveng
Vin Tai
Ban
Nakham
Huakhonglem
CAMBODIA
KHÔNG
ISLAND
Taseun
Kanluang
Siempang
Muang Không
Hat Xay Khoun
O-Samong
Ferry
Hat
Khinak
Kompong Sralau
Napakiap
PREAH
Charay
Barai
489
★★SI PHAN
DON
DON
I.
Sekong
Ban Thakho
Bakae
★★Khong Phapheng
Waterfalls
★KHON I., DET I.
Veun Kham
Nong Nokkhien/Trapaing Kreal
VIHEAR
Narung
★★Somphamit
Dom Kralor
STUNG
TRENG
Chheb
Kandal
64
Sralau
7
SÜD-LAOS
0
20
40 km
© Nelles Verlag GmbH, München

9
Der Süden

Foto: Helmut Köllner

dochinakriegs (Vietnamkriegs) starken amerikanischen Bombardements ausgesetzt war. Auf ihm transportierte der *Vietcong* beständig Material und Nachschub aus Nordvietnam in die Kampfgebiete des Südens.

Auf dem Plateau leben neben Lao Theung und Lao Soung Stämme der **Mon Khmer** (u. a. Katou, Alack, Kalum, Ya Houne, Suk, Ta-Oy und Ngai), die überwiegend Animisten sind.

Von der Nationalstraße 13, die von Vientiane nach Kambodscha und Vietnam führt, zweigt 13 km südöstlich von Pakse die Straße auf das Boloven-Plateau nach **Paksong** ㉑ (Pakxong, Muang Paksong), dem Hauptort des Plateaus, ab. Die Hochebene war bis zum Ende des 5. Jh. von den Chen La, Vorgängern der Khmer, besiedelt. Paksong wurde durch die Bombardements der Amerikaner völlig zerstört und ist heute ein eher unansehnlicher Ort. Die Straße 23 von Pakse nach Paksong säumen zahlreiche Kaffeeplantagen. Bei Km 38 zweigt südwärts ein Fahrweg zum Tad Fane Resort ab, das eine schöne Aussicht auf den ★**Tad Fan-Wasserfall** ㉒ bietet.

★**Tad Lo** ㉓, Provinz Saravan (Zufahrt von Pakse), liegt in einem waldreichen Gebiet mit drei **Wasserfällen** des Nam Se und Gästehäusern in idyllischer Lage. Es ist umgeben von Bergen bis 1344 m Höhe. Die schöne Umgegend mit zahlreichen **Dörfern der Bergvölker** (Ngai, Ta-Oy, Katou) kann erwandert oder vom Elefantenrücken aus erkundet werden.

In der Nähe von Tad Lo liegen kleine Dörfer der Minorität der **Alack**; östlich davon, auf dem Weg nach Tha Teng, die Dörfer der **Kalum** und auf dem Rückweg nach Pakse die der **Katou**.

Abenteuerlich ist die Fahrt in östliche Richtung zum eindrucksvollen ★★**Katamtok-Wasserfall** ㉔.

Oben: Schlangenverkäuferin auf dem Markt von Pakse. Rechts: Erbe der Khmer – die Tempelanlagen von Wat Phu.

Champasak

Champasak und Wat Phu (siehe unten) sind von Pakse aus am schönsten

» Karte S. 237, Info S. 241

Foto: Digitalpress (Dreamstime)

mit dem **Boot** auf dem **Mekong** zu erreichen. Auf der Straße (48 km) geht es aber trotz Fähre noch etwas schneller. An der Nationalstraße 13 Richtung Kambodscha liegt, 10 km von Pakse entfernt, der **Hona Se**, ein Wasserfall des Nam Se.

Die Fahrt nach Champasak führt durch Teakholzwälder, an Dörfern der Lao-Theung vorüber, und erreicht nach 34 km das Dorf **Ban Muang** am Mekong, mit dem Blick auf den Bergkegel **Phu Kao** (1416 m) im Westen. Eine **Autofähre** setzt über den Mekong, der hier etwa 1200 m breit ist. Im Fluss liegen zwei Inseln; auf **Don Kam** („Insel der Geburt") soll Ma Long ihr Kind zur Welt gebracht haben, stromabwärts wurde **Don Deng** („Rote Insel") von ihrem Blut gefärbt.

Champasak ㉕ am Ufer des Mekong, früher Sitz des Königs, ist heute eine dörflich wirkende Bezirkshauptstadt mit etwa 23 000 Einwohnern. Zuletzt regierte hier der konservative Prinz Boun Oum, sein Wohnsitz wird heute das „Große Haus" genannt.

★★Wat Phu

Der **Khmer-Tempel ★★Wat Phu** ㉖ im Mekong-Tal ist eine der touristischen Hauptattraktionen in Laos. Die UNESCO nahm die großartige Anlage in die Liste des Weltkulturerbes auf. Indische Archäologen haben die Tempel am Fuß des Berges restauriert. Am Eingang befindet sich ein neues Museum.

Schon aus der Ferne kann man den 1200 m hohen Phon Pasak (auch Lingaparvat genannt) erkennen, den so genannten **Linga-Berg**. Die annähernd 60 m hohe Steinsäule auf seiner Spitze erinnert an einen Phallus; diese markante Naturformation regte die Khmer schon früh zum Bau eines Bergheiligtums an. Die Tempelanlage entdeckte 1866 der französische Forscher Henri Mouhot. Manche Wissenschaftler vermuten, dass sich in der Gegend von Wat Phu die alte Hauptstadt des Khmer-Reichs von Chen La befand, welches schon Jahrhunderte vor der Gründung von Angkor in Südlaos beheimatet gewesen sein soll.

» Karte S. 237, Info S. 241

Foto: Lauren Cameo (Dreamstime)

König Jayavarman IV. begann im 10. Jh., Wat Phu im Stil von Koh Ker (921-944), der frühen Angkor-Periode, als **Shiva-Heiligtum** prächtig auszubauen; später folgten weitere Bauten. Er soll über eine 100 km lange, mit Steinen markierte Straße mit Angkor verbunden gewesen sein.

Der Tempel ist weiträumig angelegt, am Fuß des Berges befinden sich drei **Wasserbecken** und ein **Prozessionsweg**, der an zwei großen, aus Sandsteinblöcken erbauten Tempelgebäuden zum Berg führt. Dort führt eine malerisch ausgetretene, von Frangipani-Bäumen umrahmte Steintreppe an der Steinskulptur eines Torwächters vorbei auf den Berg. Reste alter Steinterrassen zeugen von den ehemals gewaltigen Ausmaßen der gesamten Anlage.

Oben angekommen, erwartet den Besucher ein kleines **Hauptheiligtum**, in dem erst zu späterer Zeit Buddha-Figuren aufgestellt worden sind. Schöne Reliefs zeigen feines Dekor, die berühmten Khmer-Apsaras und mythologische Darstellungen aus dem Hinduismus. Besonders schön ist der südliche Türsturz, der den Kampf zwischen Bhima und Jarasandha zeigt. Bhima zerreißt den Dämon in zwei Stücke.

Hinter dem Tempel liegt eine Felswand, an der eine **Quelle** entspringt. Nördlich zeigt ein **Steinrelief**, wie Brahma und Vishnu den fünfköpfigen Sada-Shiva als höchsten Gott verehren. An einem Opferstein kann man die Form eines Krokodils erkennen, ein Stück weiter das Flachrelief eines Elefantenkopfes. Einstmals opferte man hier am Krokodilstein Menschen, später nur noch Büffel – bis heute, jedes Jahr im Juni. Bei dem großen buddhistischen Tempelfest im Februar hingegen geht es unblutig zu.

10 km südöstlich von Champasak ist am Ostufer des Mekong eine weitere Khmer-Tempelruine entdeckt worden: **Um Muang ㉗**, aus Lateritblöcken erbaut, die ein **Gesichtslingam** Shivas umschließen.

Oben: Entspannte Atmosphäre auf der Backpacker-Insel Don Det im Mekong.

» Karte S. 237, Info S. 241

★★Si Phan Don

Im Süden, an der kambodschanischen Grenze, erweitert sich der **Mekong** auf 14 km Breite und umschließt hier unzählige **Inseln**, die teils in der Regenzeit überflutet sind; das Gebiet heißt **★★Si Phan Don** („4000 Inseln"). Zwischen den Wasserfällen liegen die autofreien, durch eine Brücke verbundenen Inseln **★Don Det** und **★Don Khon**, die wegen ihrer entspannten Atmosphäre immer mehr Backpacker anziehen. Die 16 km lange und 8 km breite Insel Don Khon ist die größte (Fährverbindung mit **Ban Hat Xay Khoune**). Im Hauptort **Muang Khong** ㉘ ist der **★Morgenmarkt** (bis 7.30 Uhr) besonders stimmungsvoll. Von der Bootsanlegestelle erblickt man den **Wat Kan Khong** mit seiner großen goldenen Buddha-Statue. Sehenswerter ist der **★Wat Chom Thong** am nördlichen Ortsausgang, dessen *sim* (Schrein für das Buddha-Bild) Khmer-Einfluss erkennen lässt.

Der beeindruckende **★★Khon Phapheng-Wasserfall** ㉙ („Getöse des Mekong"), etwa 5 km vor Veun Kham und der Grenze zu Kambodscha (Zufahrt von der Straße 13), ist einer der größten Wasserfälle Asiens. Ein Arm des **Mekong** stürzt hier, nahe dem Ostufer, 18 m in die Tiefe; ein anderer, **★★Somphamit** genannt, tost im Westen. Um die Wasserfälle zu umgehen, bauten die Franzosen eine **Eisenbahn**, deren Brücken und Gleise samt alter, verrosteter Lok noch zu sehen sind.

Im Insellabyrinth des Mekongs leben **★★Irrawaddy-Delfine**. In der Trockenzeit tummeln sie sich in dem tiefen Becken vor der Südspitze von Don Khon. Es gehört jedoch Glück dazu, die scheuen, bis zu 2,60 m langen Tiere zu Gesicht zu bekommen. Von Dezember bis Mai bringen sie hier ihre Jungen zur Welt. Wegen des Fischfangs mit Netzen und Sprengstoff ist diese Delfin-Population äußerst gefährdet; es gibt nur noch etwa 60 Exemplare.

SAVANNAKHET (☎ 041)

Flugzeug oder **Bus** von Vientiane. Grenzübergang nach **Vietnam:** Lao Bao, nach **Thailand:** Mukdahan.

Starlight Restaurant, preisgünstige Gerichte, freundlicher Service, Thanon Sayamungkhun.

SARAVAN

Anreise nur per **Bus** oder **Auto** von Pakse.

Lao Food, neben einheimischer auch koreanische Küche, am Markt.

PAKSE (☎ 031)

Flugzeug oder **Bus** von Vientiane. Grenzübergang nach **Thailand:** Chongmek.

Ket Many Restaurant, empfehlenswerte chinesische und laotische Küche, Aircondition, Spezialitäten sind frittierte Frösche und Fische – frisch aus dem Mekong, 227 Thanon Nr. 13.

May Kham, sehr gute vietnamesische und laotische Gerichte, unbedingt die Ente und den Fisch (süß-sauer) probieren, Thanon Nr. 13, bei der Brücke über den Don-Fluss, ungefähr 100 m von Wat Luang entfernt.

AUSFLÜGE: Pakse ist der ideale Ausgangspunkt für **Ausflüge** in die weitere Umgebung. Empfehlenswert ist eine Bootsfahrt zur **Insel Khong** und dem **Khon Phapheng-Wasserfall** in der Nähe der kambodschanischen Grenze. Die Fahrt dorthin dauert 5-6 Stunden (ein Weg), unterwegs kann man in **Champasak** anlegen und **Wat Phu** besuchen; das weitläufige Khmer-Heiligtum liegt 8 km südwestlich der Stadt und kann täglich von 8-16.30 Uhr besichtigt werden. Es empfiehlt sich eine Übernachtung einzuplanen. Man kann diesen Ausflug auch auf der Nationalstraße 13 unternehmen, die sich allerdings teilweise noch in schlechtem Zustand befindet.

» Karte S. 172-173 u. S. 237

KAMBODSCHA

Bereits 3,5 Mio. ausländische Touristen besuchen Kambodscha pro Jahr (die meisten aus Asien); die enormen Zuwachsraten verdankt das Land der politischen Stabilität der letzten Jahre, der Stärkung der inneren Sicherheit, der Öffnung von Überlandgrenzen, neuen asiatischen Flugverbindungen und dem Neubau von Luxushotels bei Angkor.

Wegen der Fokussierung auf Angkor fristen andere reizvolle Regionen wie die nordöstlichen Provinzen Rattanakiri und Mondulkiri eher ein Schattendasein. Fest in der Travellerszene etabliert haben sich das boomende Phnom Penh, der aufstrebende Küstenort Sihanoukville mit seinen langen Sandstränden, den vorgelagerten Inseln und günstigem Seafood sowie die Küste um Kampot und Kep.

REISEVORBEREITUNGEN

Reisezeit und Klima

Die beste Reisezeit ist die „kühle" Zeit von November bis Anfang März.

Kambodscha hat tropisches Monsunklima mit einer großen Regenzeit; im Sommer, von Juni bis Oktober, bei Südwest-Monsun, herrscht hohe Luftfeuchtigkeit. Starke, sporadische Regenfälle treten besonders am Nachmittag auf. Regenreichste Monate sind September und Oktober. In Phnom Penh und im Tempelbezirk von Angkor fallen die Tagestemperaturen ganzjährig kaum unter 26 °C und sinken auch nachts nur wenig. Sehr heiß (bis 35 °C) ist es von März bis Mai.

Einreise und Visum

Für die Einreise nach Kambodscha ist ein Visum erforderlich, das man auch als **Visa upon arrival** bei der Einreise an allen für Touristen geöffneten Grenzübergängen sowie internationalen Flughäfen erhält. Nötig ist ein Passbild (4x6) und ein noch mindestens sechs Monate gültiger Reisepass. Während auf den Flughäfen die Visumgebühr von 20 bzw. 25 US$ korrekt abgerechnet wird, verlangen manche Zöllner an Landgrenzübergängen zudem eine (illegale) „Bearbeitungsgebühr" von etwa 10 US$. Bei der Einreise werden die Fingerabdrücke gescannt.

Wer das **Visum** vor der Reise beantragen möchte: Antragsformulare gibt es bei www.cambodia-immigration. com, **www.kambodscha-botschaft.de** und bei den Kambodschanischen Botschaften (s. S. 245); die Botschaft in Brüssel ist für Österreich zuständig, die Schweiz hat einen Generalkonsul. Die Gebühr beträgt 30 €, die Bearbeitungszeit mindestens eine Woche; Sofortvisa kosten 45 €. Das Visum hat eine Geltungsdauer von vier Wochen und kann in Phnom Penh verlängert werden. Es kann zwischen *Tourist Visa* (20 US-$) und *Business Visa* (25 US-$) gewählt werden. Der Unterschied: Das Touristenvisum kann nur einmal für 4 Wochen verlängert werden; das Business Visum, für dessen Beantragung es keine besonderen Formalitäten braucht, bis zu einem Jahr.

Das **E-Visa** (30 Tage, 25 US$, verlängerbar) wird online bestellt (www. mfaic.gov.kh), möglichst zwei Wochen vor der Einreise (digitales Passbild, Pass-Scan und Kreditkarte nötig). Es wird bei der Einreise nur an den Flughäfen Phnom Penh und Siem Reap sowie in Poipet, Bavet und Koh Kong akzeptiert (die Ausreise ist damit überall möglich).

Ein Touristenvisum kann nur in Phnom Penh im **Immigration Office** (Pochertong Blvd., gegenüber dem Flughafen; Tel. 012-581558) verlängert werden, und zwar um max. 4 Wochen. Es empfiehlt sich, dies von einem Guest House oder Reisebüro erledigen zu lassen, da ohne Beziehungen und „Sonderzuwendungen" die Bearbeitung länger dauern kann. Wer seinen Reisepass mit Visumverlängerung in 3 Tagen wieder in der Hand halten möchte, muss mit ungefähr 45 US-$ rechnen.

In Laos werden Kambodscha-Visa von der Kambodschanischen Botschaft, Thanon Saphan Thong Neua, Vientiane, Tel. 00856/21/2750 oder 4527, erteilt. Drei Visa-Anträge, ein gültiger Reisepass und drei Fotos sind nötig.

Geld

Die Landeswährung ist der **Riel**. Die kleinsten Scheine sind 100 und 200 Riel (Münzen gibt es nicht). Weit verbreitet sind die Nennungen 500, 1000, 2000, 5000 und 10 000 Riel; eher selten wird mit 20 000, 50 000 und 100 000 Riel bezahlt, da kaum jemand diese Scheine wechseln kann. Das meiste wird jedoch direkt in **Dollar** bezahlt – in der Praxis heute die Hauptwährung.

Der Wechselkurs beträgt für 1 US-$ etwa 4000 Riel, für 1 € etwa 4500 Riel (tagesaktueller Kurs: www.oanda.com). Das Hauptzahlungsmittel für Touristen ist der US-Dollar. Restaurants, Hotels, Supermärkte, Souvenirverkäufer und Reisebüros rechnen in der amerikanischen Währung ab. In grenznahen Gebieten zu Thailand (Koh Kong, Poipet, Sisophon) kann auch mit Thailändischen Bath bezahlt werden.

Das Tauschen von Euro oder Dollar in Riel ist überall im Land auf Märkten oder Banken möglich. Es lohnt, die Kurse zu vergleichen. Will man Euro in Dollar tauschen, ist der Kurs in Kambodscha günstiger als in Europa.

Die Akzeptanz von Kreditkarten ist auf gute Hotels und Restaurants beschränkt. *Visa Card* und *Master Card* sind am gängigsten; eine Barauszahlung auf Kreditkarte ist bei einigen Banken (z. B. Canadia Bank, Cambodia Commercial Bank, Foreign Trade Bank) und bei Western-Union-Filialen möglich.

Geldautomaten (ATM) gibt es in allen größeren Städten. Sie zahlen US$ auf gängige **Kreditkarten** wie Visa oder Master aus; es gibt jedoch gelegentlich Probleme mit EC-Karten (generell funktionieren nur Maestro-, nie V-Pay-Bankkarten).

Im Notfall kann man sich Geld aus dem Ausland (von der Deutschen Postbank oder Reisebank) zu einer Filiale von Western Union überweisen lassen.

Achtung: In Kambodscha sind gefälschte Dollarscheine im Umlauf. Auch keinesfalls Dollarnoten akzeptieren, die einen Riss haben, sei er auch noch so klein. Sie werden nirgends angenommen und sind praktisch wertlos.

Zollvorschriften

Die Einfuhr von Waffen, Drogen etc. ist verboten. Devisen ab einem Wert von 10 000 US-$ müssen deklariert werden. Tabakwaren und Alkohol dürfen in kleinen Mengen eingeführt werden.

Bei der Reise von Kambodscha nach Vietnam sollte man in Kambodscha gekaufte Antiquitäten angeben und die Einfuhr vom vietnamesischen Zoll bestätigen lassen, um später Schwierigkeiten bei der Ausreise zu vermeiden.

ANREISE UND GRENZÜBERGÄNGE

Mit dem Flugzeug

Aus Europa gibt es keine Direktflüge nach Kambodschas internationalen Flughäfen Phnom Penh und Siem Reap. Phnom Penh kann von Bangkok, Saigon, Singapur, Vientiane, Hongkong, Kuala Lumpur, Yangon und Guangzhou erreicht werden. Nach Siem Reap gibt es Flüge von Bangkok, Saigon (Ho Chi Minh-Stadt), Vientiane, Singapur, Kuala Lumpur, Yangon, Seoul und Hanoi. Wer per Flugzeug anreist, erhält das Visum am Flughafen.

Auf dem Landweg / Grenzübergänge

THAILAND: Die größten Grenzübergänge sind **Poipet / Aranyaprathet** und **Chamyeam / Hatlek** (an der Küste). Wenig benutzt werden die Übergänge **Pailin** (westl. von Battambang) sowie **O'Smach** und **Anlong Veng** (nördl. von Angkor). Visa für Kambodscha oder Thailand werden an der Grenze erteilt; 2 Passbilder und gültiger Reisepass nötig (für Thailand nur 15-Tage-Visum).

VIETNAM: Immer mehr Grenzübergänge zwischen Kambodscha und Vietnam werden für Touristen geöffnet. An den unten genannten Übergängen erhält man das Kambodscha-Visum an der Grenze. Das Visum für Vietnam muss vorher beantragt werden.

Geöffnet sind unter anderem: **Bavet / Moc Bai** an der Route National 1 (die schnellste und direkteste Verbindung zwischen Saigon und Phnom Penh).

Oyadaun in Rattanakiri, zu erreichen über eine ausgebaute Straße von Banlung (70 km), nächster größerer Ort in Vietnam ist Pleiku (Flughafen), 50 km von der Grenze entfernt.

Prek Chak / Xaxia (gespr.: Sasia) an der Küste verbindet Sihanoukville und Kampot mit Ha Tien auf der vietnamesischen Seite, von wo aus die Insel Phu Quoc besucht werden kann.

Phnom Den / Tinh Bien wird selten benutzt (verbindet die Städte Takeo und Chau Doc).

Schön ist die Reise von Phnom Penh auf einem Boot den Mekong entlang bis zur vietnamesischen Grenzstadt Chau Doc. Dann geht es mit dem Bus weiter nach Saigon (Grenzübergang: **VinhXuon/Kaom Samnor**). Da Saigon nicht am Mekong liegt, gibt es keine Bootsverbindung von Chau Doc aus. Diese Tour kann in den meisten Guest Houses in Phnom Penh gebucht werden und ist auch anders herum möglich.

LAOS: Es gibt einen Grenzübergang zwischen Stung Treng und Pakse. Mit dem Ausbau der Straße wurde er 2010 neu errichtet, nahe der Touristenattraktion Se Pan Don (4000 Islands) in Laos. Abseits jeglicher Siedlung, gibt es immerhin unweit davon Getränke- und Imbissstände entlang der Straße. Er heißt **Trapaing Kreal** auf Khmer- und **Nongnokhiene** auf Laos-Seite. Für beide Länder wird das Visum an der Grenze erteilt. Das kambodschanische Visum kostet 20 $ plus ca. 5 $ „Gebühr", das laotische Visum je nach Staatsbürgerschaft zwischen 30-40 $ plus kleiner Gebühr.

REISEN IN KAMBODSCHA

Mit dem Flugzeug

Mit Hilfe von Vietnam Airlines hat die Regierung von Kambodscha im Jahr 2009 die nationale Fluggesellschaft „Cambodian Angkor Air" gegründet, die einige Airbusse und ATR 72-500 besitzt. Sie bedient die Strecke Phnom Penh – Siem Reap und Siem Reap – Sihanoukville.

Mit dem Bus

Busverbindungen gibt es zwischen allen größeren Städten. In Phnom Penh, Sihanouk Ville und Siem Reap gibt es keinen zentralen Busbahnhof; jede Gesellschaft hat ihre eigene Busstation (Tickets in den Büros der Busgesellschaften; Hotels und Reisebüros). Direkte Busverbindungen ins Ausland gibt es von Phnom Penh nach Saigon, Paxe (Laos) und Bangkok sowie von Siem Reap nach Bangkok. Der *Mekong Express* (Siem Reap – Phnom Penh – Saigon) bietet AC, Hostessenservice und WC an Bord.

„Express Busse" (meist Ford Transit mit 15 Sitzen) bieten im Vergleich zu Sammeltaxis jedem einen Sitzplatz und sind schneller, aber auch nicht sicherer.

Mit dem Boot

Wegen des Ausbaus des Straßen- und Busnetzes wurde der Linienbootverkehr reduziert. Überwiegend für Touristen verkehren noch Boote zwischen Phnom Penh und Siem Reap (bei ausreichenden Wasserstand), zwischen Siem Reap und Battambang und Phnom Penh, und zur vietnamesischen Grenze bei Chau Doc. Linienboote verkehren noch zwischen Sihanouk Ville und den Inseln Koh Rong und Koh Rong Samlem. Privat können noch immer Boote in den Städten entlang des Mekongs gemietet werden.

Mit dem Zug

Die angekündigte Wiedereröffnung des Personenverkehrs wird immer wieder verschoben; die maroden Kolonialgleise und Brücken mussten komplett erneuert werden. Kambodscha soll nun bald in das südostasiatische Bahnnetz zwischen Singapur und China integriert werden; die 600-km-Bahnstrecke Poipet – Phnom Penh – Sihanoukville ist fast fertig.

Sammeltaxis und Taxis

Sammeltaxis und **Pick-ups** verkehren dort, wo die Straßen noch zu schlecht für Reisebusse sind, oder auch auf denselben Strecken. Nicht für lange Fahrten zu empfehlen, da darin oft qualvolle Enge herrscht. Sie warten in den Ortschaften an zentralen Plätzen auf Fahrgäste und starten erst, wenn das Fahrzeug mehr als voll ist.

Taxis sind in Kambodscha noch nicht überall verbreitet, außer an den Flughäfen und großen Hotels von Phnom Penh und Siem Reap sind sie eher rar. Dafür haben sich aber selbst in kleinsten Ortschaften **Mopedtaxis** (*moto dup*) etabliert – eine gute Einrichtung, denn sie sind allgegenwärtig, schnell und günstig. Eine Fahrt innerhalb der Stadt kostet zwischen 0,20 und 0,80 €. In touristischen Orten haben sich in diesem Geschäft jedoch längst mafiaähnliche Strukturen etabliert: Bringen die Fahrer einen Kunden zu einer Unterkunft, in ein Restaurant, zur Massage o. ä., kassieren sie ziemlich saftige Provisionen, die letztendlich der Tourist zahlt.

Das preiswerte **Reumork** (thai: Tuk Tuk) wird immer populärer. Während Reumorks schon seit vielen Jahren die Touristen in Angkor zu den Tempeln bringen, setzen sie sich nun auch bei den Einheimischen in den größeren Städten durch. Das Prinzip ist simpel, aber effektiv: Ein überdachter Anhänger mit Sitzen für bis zu vier (schmalen) Personen wird einfach an ein Moped angehängt.

Überland-Autotaxis gibt es u. a. in Phnom Penh, Siem Reap, Kampot. Phnom Penh – Kampot ab 45 US$, je nach Verhandlungsgeschick.

Diplomatische Vertretungen / Information

Kambodschanische Botschaft, Benjamin-Vogelsdorff-Str. 2, 13187 Berlin, Tel. 030/48637901, Fax 48637973, www.kambodscha-botschaft.de.
Generalkonsulat von Kambodscha, Winterthurerstrasse 549, 8051 Zürich, Tel. 044 887 27 27, Fax 044 888 44 24. www.cambodiaconsulate.ch.
Für Österreich ist die Botschaft in Brüssel zuständig: Ave. de Tervuren 264A, 1150 Brüssel, Tel. 02/ 7720372,
Deutsche Botschaft: Nähe Ministerium für Tourismus (Nr. 76-78 Rue Yougoslavie (Street 214), Phnom Penh, Tel. 023/216193, Fax 427746, www.phnom-penh.diplo.de
Schweizer Generalkonsulat: Street 242 Nr. 53 D, Tel. 023/219045.
Für **Österreicher** ist die Botschaft in Bangkok zuständig, 14, Soi Nandha, Sathorn Tai Road, Bangkok 10120, Tel. (+66/2)3036057.

Internet-Adressen

www.canbypublications.com – gute, aktuelle Infos und Stadtpläne zur Reiseplanung, von Expats in Kambodscha betrieben.
wwww.tourismcambodia.org – offizielle Infoseite des Ministry of Tourism.
ww.cambodia.org – gute Informationsquelle, viele Links.
www.tourismcambodia.com – viele praktische und Hintergrund-Infos
www.phnompenhpost.com – englischsprachige Zeitung aus Kambodscha.
www.theangkorguide.com – guter Katalog aller wichtigen Khmer-Tempel
www.kambodscha-info.de – Reiseinfos und interessante Links
http://www.angkorsunsets.com – die besten Sonnenuntergangs-Plätze
http://news.feed-reader.net/843-kambodscha.html#9068062 – Nachrichten über Kambodscha
www.k-a-z.info – die deutsche „Kambodschanische Allgemeine Zeitung"

Öffnungszeiten

Märkte haben im ganzen Land tägl. von 7-17 Uhr geöffnet, Büros und Ämter Mo. bis Fr. 8-12 und 14-17 Uhr, Banken Mo. bis Fr. 8-15.30 Uhr.

Post und Telekommunikation

Luftpost nach Europa dauert ca. eine Woche; auf der Hauptpost aufgeben!

Internet-Cafés sind billig und weit verbreitet. Viele Restaurants und die meisten Hotels bieten kostenlos WiFi. Handy: Internationales Roaming funktioniert, ist aber teuer. Günstige SIM-Karten gibt es bei der Einreise am Flughafen und in zahllosen Telefonshops für 1 $ plus Gesprächsguthaben; Telefongespräche vom Handy mit einheimischer SIM-Karte sind sehr günstig – auch nach Europa.

Vorwahl nach Kambodscha: 00855
Vorwahlen aus Kambodscha: nach Deutschland 0049, nach Österreich 0043, in die Schweiz 0041

Sicherheit

Kambodscha hatte früher das Image, ein besonders gefährliches Reiseland zu sein. Mittlerweile hat sich die Sicherheitslage für Touristen zwar gebessert, man sollte es aber wegen erhöhter Raub- und Diebstahlsgefahr unbedingt vermeiden, in der Dunkelheit allein durch abgelegene Gassen zu gehen oder sich bei Demonstrationen unter die Menge zu mischen. Bei Konflikten zwischen alkoholisierten Einheimischen in Bars oder Diskos ist dringend Abstand geboten, da im Extremfall auch Waffen eingesetzt werden.

Landminen sind nach wie vor ein großes Problem in Kambodscha (und Laos). Die Wege und Pfade in der Umgebung von touristisch interessanten Orten wurden geräumt. Man sollte sich jedoch keinesfalls abseits der Wege bewegen – im Gebüsch können immer noch Minen liegen!

Das **Auswärtige Amt** informiert unter www.auswaertiges-amt.de über die aktuelle Sicherheitslage.

LAOS

REISEVORBEREITUNGEN

Reisezeit und Klima

Das Klima ist tropisch. Die beste Reisezeit sind die trockenen Monate von November bis Februar. Der Südwest-Monsun von Mai bis Oktober bringt in den Ebenen der südlichen Landesteile stärkeren Regen als im nördlichen Bergland. Die größte Regenmenge fällt an der Westseite des Annam-Gebirges, das Laos von Vietnam trennt. Detailliertere Infos unter: www.laos-reise.info.

Die Temperaturen hängen nicht nur von der Jahreszeit, sondern auch von der Höhenlage ab. In den Ebenen am Mekong steigen die Temperaturen Ende Februar langsam an und erreichen im März / April bis zu 35 °C. Im Gebirge und auf den Hochplateaus liegen die Temperaturen meist 10 °C tiefer als am Mekong; im Dezember und Januar können sie bis auf 15 °C, in Berglagen um 2000 m manchmal bis 0 °C sinken.

Einreise und Visum

Für die Einreise ist ein Visum erforderlich (Ausnahme: Schweizer – bis 14 Tage visumfrei). Von laotischen Botschaften im Ausland wird es für 30 Tage erteilt und kann in Vientiane um 30 Tage verlängert werden (zum „Visa-on-Arrival“: siehe unten). Das **Visum** kann bei der Botschaft der Laotischen Demokratischen Volksrepublik, Bismarckallee 2A, 14193 Berlin, Tel 030/89060647, Fax 030/89060648 (auch für Österreich und Schweiz zuständig), beantragt werden. Antragsformulare werden gegen einen frankierten Rückumschlag versandt. Erforderlich sind ein mindestens noch 6 Monate gültiger Reisepass und ein Passbild. Die Visumgebühr beträgt 40 €, Bearbeitungszeit 1-2 Wochen.

Individualreisende bekommen ein **Visa upon arrival** (30 US-$, Foto mitbringen) an den Flughäfen Luang Prabang, Vientiane, Pakse und Savannahket und an den beim Stichwort „Auf dem Landweg“ (s. unten) genannten Übergängen; dieses 30-Tage-Visum ist verlängerbar; die Visum-Erteilung steht jedoch im Ermessen der laotischen Behörden (ausreichende Geldmittel sind nachzuweisen)..

Visa können auch bei Reiseveranstaltern in Bangkok oder bei der Laotischen Botschaft in Bangkok, 1-3 Soi Ramkhamheng 39, Bangkapi, Bangkok 10310, Tel. 0066/2/5396667, www.bkklaoembassy.com, sowie beim laotischen Konsulat in Khon Kaen 19/1-3 Pothisam Road, Tel. 0066/4/3223698 beantragt werden. Wichtig: Fehlt der Einreisestempel im Pass, gibt es bei der Ausreise große Probleme.

Geld

Barzahlungsmittel in Laos sind die Landeswährung **Laotischer Kip** (K), **Thai-Baht**, **US-$**, seltener Euro. Es gibt Kip-Noten nur bis zu 100 000 K (ca. 11 €). Wechselkurs: 1 US-$ ≈ 8100 Kip, 1 € ≈ 9000 Kip (tagesaktueller Kurs: www.oanda.com). Im Hinterland sollte man Bargeld (US-$ und Kip) mitführen. In größeren Orten kann man an Automaten Bargeld mit **Kreditkarte** (Visa, seltener Mastercard), seltener mit EC-Karte (Cirrus, Maestro, nicht mit VPay) abheben.

Zollvorschriften

Neben Gegenständen des persönlichen Bedarfs dürfen kleine Mengen Alkohol, Tabakwaren und eine Fotoausrüstungen eingeführt werden. Waffen und Drogen sind tabu. Es empfiehlt sich, bei der Einreise die in anderen Ländern gekauften Silberwaren und Antiquitäten zu deklarieren. Die Landeswährung Kip darf weder ein- noch ausgeführt werden. Der Export von Buddha-Figuren ist verboten!

ANREISE UND GRENZÜBERGÄNGE

Mit dem Flugzeug

Der internationale Flughafen Wattay in Vientiane wird von Bangkok, Chiang Mai, Hanoi, Saigon, Phnom Penh, Kuala Lumpur, Kunming und Rangoon aus angeflogen. Er liegt 4 km von der Stadt entfernt, ein Taxi ins Zentrum kostet etwa 5 US-$ (vor Fahrtantritt aushandeln!). Die Airport Tax bei der Ausreise beträgt 10 US-$.

Der internationale Flughafen Luang Prabang bietet außer Auslandsverbindungen (u. a. mit Bangkok, Chiang Mai, Udon Thani, Siem Reap und Hanoi) auch Inlandsflugverbindungen.

Auf dem Landweg

Die Ein- und Ausreise kann über die **Mekong-Brücke** (Freundschaftsbrücke) von Nong Khai in Thailand nach Tha Deua, 10 km südlich von Vientiane, erfolgen. Öffnungszeit der Grenze: 8-12 und 14-16.30 Uhr. Shuttlebusse zwischen Nong Khai und Vientiane verkehren im Abstand von 15 Minuten. Eine weitere Freundschaftsbrücke verbindet seit 2007 Mukdahan in Thailand mit Savannakhet in Laos. Es gibt eine durchgehende Busverbindung von Phnom Penh mit Pakse (12-14 Stunden, ca. 30 US-$).

Weitere **Grenzübergänge**:

Von Thailand: Chiang Khong – Houeixay; Nakhon Phanom – Thakhet; Mudahan – Savannakhet; Pakse – Chong Mek.

Von China: Mengla – Botene.

Von Vietnam: Lao Bao – Dan Savan, Cao Treo – Keoneua (Vinh – Lak Sao), Chalo – Mahaxai, Qui Son – Nam Khan.

Von Kambodscha: Trapaing Kreal – Nong Nokkhien.

REISEN IN LAOS

Mit dem Flugzeug

Eigentlich ist das inländische Flugnetz recht gut ausgebaut. Der Sicherheitsstandard der Fluggesellschaft *Lao Aviation* hat sich sehr verbessert. Neben neueren französischen ATR72-Propellermaschinen kommen nun auch MA60-Maschinen zum Einsatz. Lediglich die Verbindungen mit den Nordprovinzen sind nach wie vor problematisch, insbesondere in der Regenzeit und bei schlechtem Wetter, denn die Flughäfen verfügen kaum über die nötige technische Ausstattung.

Mit dem Bus

Klimatisierte Busse sind noch die Ausnahme. Die Verbindungen sind jedoch recht gut. Busse fahren in jedem größeren Ort vom Markt ab. Im Gegensatz zu den Nationalstraßen werden viele Nebenstraßen in der Regenzeit unpassierbar.

Mit dem Schiff

Ganzjährige Verbindung von Vientiane nach Luang Prabang; andere Verbindungen sind wasserstandsabhängig. Zunehmend werden in Laos laute unfallträchtige Speedboote eingesetzt; die normalen Boote sind sicherer. Empfehlenswerte Ausflugsboote gibt es für mehrtägige Reisen auf dem Mekong zwischen Luang Prabang und Houay Say oder von Pakse zum Wasserfall Khong Phapheng, Wat Phu und zurück.

Straßenverkehr

Taxis oder **Mietwagen** kann man in Vientiane und Luang Prabang mieten (etwa 50 € pro Tag). Die Straßen sind oft schlecht und unfallträchtig.

Diplomatische Vertretungen

Laotische Botschaft, Bismarckallee 2a, 14193 Berlin, Tel. 030/89060647, Fax 89060648 (auch zuständig für Österreich).

Laotische Botschaft, Route de Colovrex 14bis, CH-1218 Le Grand-Saconnex, Tel. 022/7982441/42, laomission_ge@hotmail.com.

Deutsche Botschaft, 26 Thanon Sokpalouang, Vientiane, Tel. 021/3121-10/11 (Bereitschaftsdienst abends u. Wochenende 020/5515540), Fax 021/351152, www.vientiane.diplo.de.

Für **Österreicher** ist die Botschaft in Bangkok zuständig, siehe Seite 245.

Für **Schweizer** ist ebenfalls die Botschaft in Bangkok zuständig, 35 Witthayu Rd., Tel. 0066/2/2530156. Konsulat in Vientiane: ACE Consultancy Comp. 102 Manthathurat Road (nahe Nam Phou Square), Tel. 021/264160.

Internet-Adressen

www.tourismlaos.org – Infoseite des Tourismusministeriums
www.laoembassy.com – Infoseite der Laotischen Botschaft in Washington
www.muonglao.com – Infos zu Kunst, Kultur und Küche
www.laos-community.de – Forum für Reisende und Interessierte
www.vientianetimes.org.la – englischsprachige Tageszeitung

Post und Telekommunikation

Luftpost nach Europa braucht, v. a. wenn sie in Vientiane aufgegeben wird, nur wenige Tage. Von den meisten Hotels kann direkt, aber teuer, ins Ausland telefoniert werden – billiger sind Kartentelefone. Mobil telefoniert man sehr günstig mit einer laotischen SIM-Karte von einem der landesweit verbreitetsten Anbieter ETL, mphon oder starphon. Derzeit werden alle Mobil-Nummern auf achtstellig umgestellt.

Vorwahl nach Laos: 00856. **Vorwahlen aus Laos:** nach Deutschland 0049, nach Österreich 0043, Schweiz 0041.

Internetcafés gibt es in Touristenorten (Vientiane, Luang Prabang usw.).

Sicherheit

Die Kriminalitätsrate (bes. Kleinkriminalität) steigt. **Landminen** und Streubomben aus dem Indochinakrieg stellen abseits der touristischen Brennpunkte noch immer eine Gefahr dar. Im Norden – auf der Nationalstraße 13 von Vientiane nach Luang Prabang – ist es mehrmals zu **Überfällen** gekommen.

Außereheliche **Sexualkontakte** zwischen Ausländern und Laoten sind verboten.

Bereits der **Drogenkonsum**, nicht nur der Handel, wird bestraft!

REISETIPPS FÜR KAMBODSCHA UND LAOS

Elektrizität

Die Netzspannung beträgt 230 Volt. In den meisten Hotels braucht man für zweipolige Eurostecker keinen Adapter. Stromausfälle sind häufig, eine Taschenlampe sollte griffbereit sein.

Fotografieren

Filme sollten mitgebracht werden; Speicherkarten für Digitalkameras sind in Kambodschas Touristenzentren erhältlich. Fotografierverbot besteht für militärische Objekte, Flughäfen, Soldaten. Für Aufnahmen von Personen sollte man um Erlaubnis fragen; Mönchen gegenüber ist Zurückhaltung geboten.

Gesundheitsvorsorge und Impfungen

Für die Dauer Ihrer Reise sollten Sie eine **Auslandskrankenversicherung** mit Rücktransport abschließen.

Vorgeschrieben ist nur eine Gelbfieberimpfung, wenn Reisende sich in den letzten sechs Tagen vor der Einreise in Infektionsgebieten aufgehalten haben. Empfohlen werden Impfungen gegen Typhus, **Hepatitis A**, Polio, **Diphtherie** und **Tetanus**.

Malaria-Prophylaxe: für Kurzreisen in Kambodscha kann evt. die Mitnahme eines Notfallmedikaments (z. B. *Malarone, Doxycyclin*) genügen, für Laos evt. Prophylaxe sinnvoll – vor der Reise ein Tropeninstitut konsultieren!

In Kambodscha und Laos gibt es keine ausreichende medizinische Versorgung. Bei ernsthaften Erkrankungen sollte man versuchen, nach Bangkok oder Singapur auszureisen.

Die **Reiseapotheke** sollte enthalten: Verbandszeug und Pflaster, elastische Binden, Mittel gegen Durchfall und Übelkeit, Schmerztabletten, Fieberthermometer, Einwegspritzen (in den einheimischen Krankenhäusern häufig nicht ausreichend vorhanden) und Desinfektionsmittel – Stiche, Kratzer und Schnitte heilen in den Tropen schwer und müssen sofort desinfiziert werden. Wichtig ist Sonnenschutz mit hohem Lichtschutzfaktor.

Der wirksamste Schutz vor von Moskitos übertragenen Krankheiten – Malaria, **Denguefieber** (keine Impfmöglichkeit, tritt immer häufiger auf!) und Japanische Enzephalitis (Mai-Oktober) – ist die Verhütung von Stichen. In Hotels ohne Klimaanlage sollte deshalb ein Moskitonetz über dem Bett hängen, ansonsten helfen körperbedeckende Kleidung und Mückenschutzmittel.

Zur Vermeidung der häufigen **Magen- und Darmerkrankungen** kein Leitungswasser trinken, auch kein Wasser aus der Thermoskanne! Notfalls helfen Wasserentkeimungsmittel. Getränke, die mit kochendem Wasser zubereitet wurden, sind unbedenklich. Vorsicht bei offenen Fruchtsäften (da eventuell mit Wasser vermischt) und Eiswürfeln! Auch nicht abgepacktes Speiseeis, nicht pasteurisierte Milch, Salate und ungeschältes Obst können Durchfall hervorrufen – **peel it, boil it or forget it!**

Die heimische Kost ist im tropischen Klima verträglicher als europäische: Gewürze konservieren und helfen, den durch das Schwitzen entstandenen Mineralienverlust auszugleichen. Muten Sie sich anfangs keine zu scharf gewürzten Gerichte zu. Frisch Gekochtes oder Gebratenes ist sicherer als kalte Speisen. Hat es Sie trotzdem erwischt: Essen Sie nur gekochten Reis und trinken Sie reichlich, v. a. Tee; vor Langstreckenfahrten Mittel wie *Imodium* o. ä. einnehmen. Spätestens nach der Rückkehr den Stuhl auf Krankheitserreger testen.

HIV (Aids) ist besonders unter Prostituierten weit verbreitet.

Kleidung und Ausrüstung

Zu allen Jahreszeiten sind leichte Baumwollkleidung, Sonnen- und Regenschutz erforderlich. Eine Jacke oder ein Pulli sind oft auf den Hochplateaus sowie in klimatisierten Räumen nützlich. Eine Taschenlampe hilft bei Höhlenbesuchen und Stromausfällen.

Schutz vor Diebstahl

Wertsachen kann man in größeren Hotels kostenlos im Safe deponieren. Reisepass, Flugtickets usw. gehören nicht in den Koffer, sondern in den Safe oder den Geldgürtel. Im Notfall erleichtern Fotokopien die Neubeschaffung wichtiger Dokumente.

Verhaltenstipps

Die Füße, die mit dem Staub der Straße in Berührung kommen, gelten als unrein, die Fußsohlen dürfen nie direkt auf eine Person zeigen. Entweder geht man in die Hockstellung oder man winkelt im Sitzen die Beine seitlich ab, so dass die Fußsohlen nach hinten weisen. Der Kopf, das spirituelle Zentrum des Körpers, darf nicht berührt werden.

Um jemanden herbeizurufen, winken Sie mit der ganzen Hand, kehren Sie die Handfläche nach innen, und bewegen Sie die Hand auf sich zu. Andere Handbewegungen sind missverständlich.

Es macht vielen Reisenden Freude, Kindern etwas zu schenken. Doch die Kinder merken sich dies schnell, und die nächsten Reisenden ärgern sich dann über die Forderung nach Süßigkeiten, Kugelschreibern oder Geld.

Höfliche Asiaten wissen, dass sich Europäer zur Begrüßung die Hände reichen und versuchen, es ihnen gleich zu tun, aber vor allem Frauen tun es sehr ungern. Kambodschaner und Laoten begrüßen sich, indem sie die Hände vor der Brust, ehrerbietend auch in Kopfhöhe, zusammenlegen und sich verneigen.

Südostasiaten versuchen, sich Ärger, Missfallen und Unzufriedenheit nie anmerken zu lassen. Wutausbrüche, Zetern und Schreien sind ihnen fremd. Mit einem Lächeln erreicht man stets mehr.

Es wird nur ungern zugegeben, dass man etwas nicht weiß – dabei verliert man sein Gesicht. Dies sollten Sie beim Einholen von Informationen beachten.

Die linke Hand gilt als unrein; Geschenke etc. müssen mit der rechten Hand übergeben werden.

Die Kambodschaner und die Laoten sind fromme Buddhisten, und man sollte auf ihre religiösen Gefühle Rücksicht nehmen. Pagoden müssen ohne Schuhe betreten werden. Ein Geschenk für einen Mönch darf man diesem nicht in die Hand geben. Man legt es vor ihn auf ein Tablett oder Tuch oder auf den Altar. Shorts und tief ausgeschnittene T-Shirts oder Blusen wirken auf einen frommen Buddhisten beleidigend.

Zeitunterschied

Laos und Kambodscha sind der mitteleuropäischen Zeit 6 Std. voraus, während unserer Sommerzeit 5 Std.

GLOSSAR

Kambodscha

Airavata (auch Erawan): dreiköpfiger Elefant und Reittier Indras.
angkor (Sanskrit), *nokor, nagara:* Hauptstadt, Königsstadt
antaravasaka: Mönchsgewand
apsara: halbgöttliche Tänzerinnen
ba (ba yon, ba phuon): Vater, in Verbindung mit Heiligtümern: die Erde
banteay: Festung, befestigte Anlage, auch Tempel und Klöster haben Umwallungen und heißen dann *banteay*
baray: Stausee, Bewässerungsanlage
beng: Sumpf
chau: Herr
damrei: Elefant
devaraja: Gottkönig
Garuda: Vogelmensch, Reittier des Gottes Vishnu
Indra: König der Götter und des Regens sowie Beschützer des Ostens
kompong: Fluss
maha (Sanskrit): groß
me: Mutter
mebon: Wasserheiligtum
Meru: der indische Götterberg mit 7 Terrassen, auf dem die 33 Götter thronen, umgeben vom Weltozean
Nandi: Bulle; Reittier Shivas

neak pean: die eingerollte Schlange
pin pheat: traditionelle Khmer-Musik
prasat: (Turm-)Heiligtum
prea, prah: heilig
prei: Wald
prei monti: Wald des Palastes
pteah: Pfahlhaus
Rama: siebte Inkarnation Vishnus und Titelheld des Ramayana-Epos
sampot: kurzer (oft knielanger) Rock
sarong: knöchellanger Rock
Shiva Nataraja: Shiva als kosmischer Tänzer
spean: Brücke
sri, srei: Glorreicher, Glücklicher
stung: Fluss
thom: groß
wat, vat: buddhistisches Kloster

Laos
maha: groß
nam: Fluss
pak: Mündung
phou: Berg
pork kham: Stempel für den Aufdruck dekorativer Motive auf Holz
prang: (Turm-)Heiligtum
sim: Versammlungshalle und wichtigstes Gebäude in einem buddh. Kloster
sima: Begrenzungssteine eines heiligen Bezirks
that: Stupa
tit keo si: für Luang Prabang typische Glasmosaiken

SPRACHFÜHRER KHMER

Willkommen .... *swah kumm*
Hallo .... *sursday*
Auf Wiedersehen.............. *lia hauij*
Wie geht's? ....*sok sabbay de?*
Gut, danke.......... *sok sabbay, akhun*
Danke .... *orkhun*
ja (von Männern verwendet) .....*baad*
ja (von Frauen verwendet)........ *djah*
nein .... *dee*
Entschuldigung.......................
som dooh / som apeituch
Auf Wiedersehen......... *chum riap lia*
Tschüß (informell).................. *li'a*
Wieviel kostet es? ... *daal tley bonman?*
Hilfe! .... *djuij phong!*
Vorsicht!...................... *brojad!*
Guten Morgen .... *arun sursdej*
Gute Nacht .... *riadrey sursdej*
Wo ist die Toilette? ....
bantop tek, nou ei nar?

1 .... *muoy*
2 .... *pii*
3 .... *bey*
4 ....*buon*
5 ....*pram*
6 .... *pram-muoy*
7 ....*pram-pii*
8 ....*pram-bey*
9 ....*pram-buon*
10 .... *dåb*
11 .... *dåb-muoy*
17 .... *dåb-pram-pii*
20 .... *moopey*
30 ....*samseb*
40 .... *säseb*
50 .... *haseb*
60 .... *hokseb*
70 .... *djetseb*
80 .... *pätseb*
90 .... *kaoseb*
100.......................... *mouy-roy*
200............................ *pii-roy*
600.................... *pram-muoy-roy*
1000....................... *mouy-poan*
7000................... *pram-pii-poan*

AUTOREN

Annaliese Wulf bewies bei unzähligen Asien-Reiseleitungen ihre fundierten kunstgeschichtlichen Kenntnisse, von ihr stammt der Großteil des Buchs.

Die Erklärung der Reliefs von Angkor Wat ist ein Beitrag des Indologen und Studienreiseleiters **Helmut Köllner**.

Berthold Schwarz, Chefredakteur des *Nelles Verlags*, bereist seit seinem Studium der Geografie und Ethnologie die Länder Südostasiens und leitete dort zahlreiche Studienreisen.

Jürgen Bergmann studierte Alte Geschichte, Kunstgeschichte und Archäologie und war als Studienreiseleiter in Südostasien unterwegs.

A

B

C

D

E

F

G

W

X

Y

Z

HOTELVERZEICHNIS

Die Preiskategorie-Symbole bedeuten:

$$$ über 60 US-$
$$ 20-60 US-$
$ bis 20 US-$

Edle 5-Sterne-Hotels (ab 200 $) internationaler Ketten gibt es in Kambodscha bereits in Phnom Penh und vor allem in Siem Reap (Angkor), auch in Sihanoukville entstehen immer mehr Komforthotels. In Laos gibt es besonders in Luang Prabang geschmackvolle Boutique-Hotels der Oberklasse.

An Mittelklassehotels herrscht selbst in kleinen Städten kein Mangel. Während Hotels, die von Ausländern geleitet werden, wegen der meist geschmackvoll-individuellen Ausstattung eher als „Boutique Hotels" gelten dürfen, bauen die Khmer oft lieblose Hotelbunker mit standardisierten Zimmern.

In der Preislage von 20-50 Dollar gehören Klimaanlage (A/C), Bad/WC mit Warmwasser und TV mit Satellitenempfang bereits zum Standard. Meist werden unterschiedlich ausgestattete Zimmer angeboten, ein einfaches Doppelzimmer mit Ventilator und Bad/WC gibt es ab ca. 10 Dollar.

An touristischen Orten finden Rucksackreisende eine große Auswahl an günstigen Guest Houses bereits ab $ 5. Guest Houses bieten meist auch ein günstiges Restaurant.

KAMBODSCHA

2 PHNOM PENH

Phnom Penh (☎ 023)

$$$ **Raffles Hotel Le Royal**, Fünf-Sterne-Traditionshotel aus der Kolonialzeit, Rukhak Vithei 92, Tel. 981888, Fax 981168, http://phnompenh.raffles.com.

Inter-Continental, Fünf-Sterne-Kategorie, mit Wellnessbereich und sehr gutem chinesischen Restaurant, etwas außerhalb des Zentrums, Mao Tse Toung Blvd. 296, Tel. 424888, Fax 424885, www.ichotelsgroup.com.

Cambodiana Hotel, großes Luxushotel direkt am Mekong, Preah Sisowath 313, Tel. 4262888, Fax 4263992, www.hotelcambodiana.com.

Sunway, elegante Zimmer, Wellnessbereich (drei bis vier Sterne), 92. Straße / Nr. 1, Tel. 430333, Fax 430339, www.sunway.com.kh.

Holiday International, mit Pool-Bar u. Disko, Ecke Monivong / 84. Straße, Tel. 427402, Fax 427401, www.holidayhotelcambodia.com.

Holiday Villa Phnom Penh, das berühmte, geschichtsträchtige Monorom-Hotel, unter malaysischem Management, mit Fitnesscenter, gute Gastronomie, Monivong Blvd. 89, Tel. 990888, www.holidayvillaphnompenh. com.

Juliana, freundliches, besonders stilvoll ausgestattetes Hotel mit allen Annehmlichkeiten, 152. Straße / Nr. 16, Tel. 880530, www.julianacambodia.com.

$$ **Bougainvillier**, ideale Lage direkt an der Riverfront mit sehr geschmackvoll eingerichteten großen Zimmern, französ.Management, Tel. 220528, www.bougainvillierhotel.com.

The Billabong, ruhig gelegenes Mittelklasse Hotel im Zentrum, schöner Garten und großer Pool, 158. Straße, Nr. 5, Tel. 023/223703, www.thebillabong-hotel.com.

Anise, gepflegtes Hotel mit Restaurant und WiFi am neuen Touristen Hotspot in der 278. Straße, Nr. 14; Tel. 023/726771, www.anisehotel.com.

$ **Boddhi Tree Aram,** nettes Guest House, Nr. 70, Street 244, Chhay Chomneas, Tel. 011/854430, www.boddhitree.com.

Capitol Guesthouse, unter chinesischer Leitung, größte und bekannteste Unterkunft für Traveller aus aller Welt, zuverlässiger Reise-, Informations- und Visaservice, günstiges Restaurant, 182. Straße, Nr. 14, Tel. 217627, www.bigpond.com.kh/users/capitol.

OKAY Guest House, hat in der 258. Straße, nahe dem Königspalast, zu einem Boom an günstigen Guest Houses und Mittelklassehotels geführt; gut organisiert, gehört es noch immer zu den beliebtesten Travellerunterkünften in dieser kleinen Straße. Vermittelt auch Ausflüge. Tel.: 012/300804, www.okay-guesthouse.com.

Narin Guesthouse, sehr beliebt bei Rucksackreisenden, 125. Straße, Nr. 50, Tel. 213657.

Hotel Indochine, liegt an der Riverfront, Preah Sisowath, Nr. 251, Tel. 427292.

3 ENTDECKUNGEN IM HINTERLAND

Sihanoukville (☎ 034)

$$$ **Sokha Beach Resort**, mit Abstand die nobelste Adresse in Sihanoukville, der beste Strand Kambodschas gehört zu diesem großen Hotel-Komplex, trotz der vielen Angebote hat dieses 5-Sterne-Hotel noch Anlaufschwierigkeiten, günstige Zimmer während der Off-Season, Tel. 935999, www.sokhahotels.com.

Independence Hotel, in den 1960ern von Prinz Sihanouk mitgestaltet, 2007 aufwändig renoviert, siebenstöckig, Meerblick, Pool, Naturgarten, am Strand, Independence Beach, Tel. 934300, www.independencehotel.net.

$$ **Golden Sand Hotel**, großes und sehr gutes Hotel mit Schwimmbad, 350 m vom Serendipity Beach, Tel. 933607, www.hotelgoldensand.com.

Sea Side, eines der besten Hotels am Ochheuteal Beach, große, komfortable Zimmer, Tel. 933641.

Snake House, schöne Bungalows in einer gepflegten Urwaldanlage, bestes Preis-/Leistungsverhältnis in Sihanoukville, unterhalb des Weather Station Hill, Tel. 012/673805.

Coaster's, etabliertes Bungalowhotel am Serendipity Beach, Organisation von Trips nach Bamboo Island, Tel. 012/752181, www.cambodia-beach.com.

$-$$ **Jasmine Hotel**, nettes Hotel 20 Meter vom Ocheuteal Beach entfernt, unterschiedlich ausgestattete Zimmer von Ventilator bis AC, Tel. 034/933638, jasminehotel@hotmail.com.

$ **Queen Hill Resort**, einfache Bungalows mit Meerblick auf der Halbinsel zwischen Ocheulteal Beach und dem neu erschlossenen Otres Beach, hübsches Strandrestaurant, Tel. 011/937373.

Mealy Chenda Guesthouse, auf dem Weather Station Hill (dem Backpacker-Zentrum).

Monkey Republic, bei jungen Travellern beliebtes Guesthouse mit Restaurant u. Bar, von Briten geleitet, zwischen Goldener-Löwe-Statue und Serendipity Beach, Tel. 012/490290.

Kampot (☎ 033)

$$ **Bokor Mountain Lodge**, bestes Hotel der Stadt in historischem Shophouse am Fluss, Tel. 964163.

Rikitikitavi, stilvolles und gepflegtes Hotel an der Uferpromenade, Tel. 012/235102, www.rikitikitavi-kampot.com.

$ **Borey Bokor II.**, Khmer-Mittelklasse-Hotel mit großen Zimmern, AC und Kabelfernsehen, am Kreisverkehr, Tel. 011/677027.

Empfehlenswert für Backpacker sind **Blissful**, **Kiri Guest House** und **Little Garden**.

Kep

$$ **Kep Lodge**, idyllisch am Fuß des Kep Mountain gelegenes Bungalowresort, Pool, nette Bar,

sehr freundliches Schweizer Management, Tel. 012/1879526, www.keplodge.com.

Champey Inn, gepflegtes Bungalow-Hotel mit Schwimmbad und Restaurant direkt am Meer, Tel. 012/501742.

$ **Veranda**, wunderschöne Bungalowanlage am Fuß eines bewaldeten Hügels mit herrlichem Blick auf das Meer und Bokor Mountain, Tel. 012/888619, www.veranda-resort.com.

The Beach House, Mittelklassehotel mit Restaurant und Pool am Strand, Tel. 012/240090, www.thebeachhousekep.com.

Günstige Guest Houses: **Botanica** (Tel. 016/562775), **Kep Seaside**, nicht sonderlich freundlich, aber einzige Unterkunft direkt am Wasser (Tel. 092/435330), und **Linda Khmer** (Tel. 012/953427).

Koh Kong City (Dong Tong)

$$$ **4 River Floating Lodge** am wildromantischen Tatai-Fluss, einige Kilometer außerhalb der Stadt, ist zu einem Symbol des Ökotourismus in Kambodscha geworden. Eine Oase der Ruhe und des Luxus für Reisende mit größerem Geldbeutel. Tel: 097/6434032, www.ecolodges.asia.

$$ **Oasis**, schönste Unterkunft der Stadt am Stadtrand, nette Bungalows, Restaurant, Schwimmbad, westliches Management, Tel. 092/228342, www.oasisresort.netkhmer.com.

Koh Kong City Hotel, großes Hotel, vorwiegend asiatische Gäste, direkt am Ufer, mit Restaurant, Tel. 012/901902.

$ **Apex Koh Kong**, ansprechende Architektur mit Pool im Innenhof und einem netten Restaurant, Tel. 016/307919.

$ **Koh Kong Guest House**, kleines Guest House mit freundlichem Thai-Management an der Uferstraße, Tel. 061/602894.

Kompong Cham

$$ **Phnom Prosh** und **Mekong** sind die beiden größten Hotels der Stadt.

$ Die bekanntesten Guest Houses sind das am Markt gelegen **Bopharik** sowie das **Phnom Brak Trorhak Cheth G. H.** und **Marya** in der Uferstraße.

Kratie

$$ Die beiden besten Hotels der Stadt sind das **Oudom Sambath** und das **Santepheap**.

$ Beliebt bei den Rucksacktouristen ist das **Star Guest House** und das **You Hong I+II**.

Stung Treng

$$ Die beiden besten Hotels der Stadt sind das **Gold River** (Tel. 012/980678) und das **Sekong** (Tel. 074/973762) an der Uferstraße.

$ Das **Riverside Guest House** ist die bei Backpackern beliebteste Unterkunft.

Banlung (Rattanakiri)

$$ **Terre Rouge Lodge** ist die Top-Adresse in Banlung, unter französischer Leitung, Tel. 075/974051.

$ **Yaclom Hill Lodge**, nette Bungalows auf einem Hügel außerhalb der Stadt, www.yaclom.com.

Tree Top Guest House, traumhafte Lage, schöne Bungalows, sehr beliebt bei Travellern, Tel. 012/490333.

Das **Tribal Hotel** bietet Zimmer für jeden Geldbeutel.

Senmonorom (Mondulkiri)

$$$ **Mayura Hill Resort**, die komfortabelste Unterkunft in Mondulkiri, moderne Bungalows, ein paar Kilometer ausserhalb der Stadt inmitten der Natur, Pool und Restaurant; Tel.: 017/711177; www.mayurahillresort.com.

$$ **Nature Lodge**. Ökologisch ausgerichtetes Bungalowdorf mit einfachen, aber gemütlichen und gepflegten Holzhütten, gutes Restaurant, 2 km ausserhalb der Stadt, Tel. 012/230272, www.naturelodgecambodia.com.

$ **Sovannkiri Guest House**, beliebte Travellerunterkunft im Zentrum mit günstigen Zimmern, Tel. 097/4744528.

Pich Kiri, freundlich, engagiert und große Auswahl an Zimmern verschiedener Preisklassen.

Pursat

$ - $$ Die schönste Unterkunft ist das **Norkor Chum G.H.**, Tel. 052/5348666.

Das größtes Hotel ist das **Pursat Century**, Tel. 015/350278.

Battambang

$$$ **La Villa**, Kolonialvilla mit viel Liebe für's Detail restauriert, schöner Garten mit Pool, mittlerweile leider überragt von einigen Hotelburgen in der unmittelbaren Nachbarschaft, Tel. 053/730151, www.lavilla-battambang.net.

Bambu Hotel, neu, aber im kolonialen Retrostil erbautes Boutique-Hotel mit großem Pool, Tel. 053/953900, www.bambuhotel.com

$$ **Sovanna Phum Hotel**, modernes Mittelklassehotel mit exzellentem Preis-/Leistungsverhältnis; Tel. 053/6903790

$ Traveller-Hochburgen sind das **Royal** (Tel. 012/733204) und das **Chhaya Hotel** (Tel. 012/733204).

Here be Dragon, Khmer-Villa mit heimeliger Atmosphäre, kleinem Restaurant und Hängematten im Garten; www.herebedragonbattambang.com.

Homestay Mr. Bath, einer der erfahrensten Guides der Stadt hat jetzt ein eigenes Guesthouse und bietet kochen mit seiner Familie als Geschäftsidee an; Tel. 012/639350.

Pailin

$$ Das **Pailin Ruby** ist das größte und beste Hotel der Stadt.

$ **Kim Young Heng Hotel**, eine brauchbare Unterkunft im Zentrum.

Sisophon

$$ **Pyramid**, schönes, modernes Hotel, wie man es hier nicht erwarten würde, Tel. 0454/958111, www.pyramid-hotel.com.

Botoum, empfehlenswerte, gepflegte Traveller-Unterkunft. Tel. 012/687858.

$ **Bambous Homestay**, ist ein kleines, liebevoll geführtes Guest House, in dem eine Französin Ausflüge in die Umgebung anbietet, Tel. 012/313259, www.bambous-sur-pied.com.

Than Sour, nettes, aber sehr einfaches Guest House.

Poipet

$$ Der größte Luxus in dieser staubigen Stadt sind die Hotelzimmer der **Casinos**.

$ Saubere, ordentliche Zimmer bietet das **Ly Heng Chhay** und das **Orkiday Angkor Hotel**.

4 ANGKOR

Siem Reap (☎ 063)

$$$ **Raffles Grand Hotel d'Angkor**, nach umfangreicher Renovierung beansprucht dieses legendäre Hotel aus der französischen Kolonialzeit wieder den ersten Platz in der Preis- und Luxuskategorie in Siem Reap, tolle Bar, großes Schwimmbad, Gourmet-Restaurant, Zimmer 300-1900 $, Tel. 963888, Fax 963168.

Angkor Century Resort & Spa, große Luxushotelanlage mit allen nur erdenklichen Annehmlichkeiten, großer Garten, an der Nationalstraße 6 auf der Straße zum Flughafen, Tel. 963777, www.angkorcentury.com.

Angkor Village Resort, vereint naturnahes Wohnen (Bungalows in traditioneller Bauweise inmitten eines tropischen Gartens) mit luxuriösen Annehmlichkeiten, Restaurant, Schwimmbad, eines der schönsten Hotels in Kambodscha, nahe dem Angkor Archaeological Park, Tel. 963561, Fax 963363, www.angkorvillage.com.

Das zur selben Kette gehörende **Angkor Village Hotel** im Stadtzentrum betreibt zudem ein niveauvolles klimatisiertes Theater für Apsara-Tänze.

Victoria Angkor Hotel, Sterne-Hotel mit edler Innenarchitektur im Kolonialstil, großes Schwimmbad, Whirlpool, Spa und mehrere Restaurants und Bars, Tel. 760428, www.victoriahotels-asia.com.

Le Meridien, Fünfsternehaus mit vielen Nachbildungen der Steinmetzarbeiten aus den Tempeln, wirbt damit, das den Tempeln am nächsten gelegene Hotel zu sein, westlich des Stadtzentrums, Tel. 963900, www.lemeridien.com.

Ta Prohm, zentral am Markt gelegen, viele Reisegruppen, Tel. 380117, Fax 380116.

\$\$ **Palm Village**, hübsche Bungalow-Anlage im Khmerstil, in tropischem Garten mit Schwimmbad, ruhige Lage am nordwestlichen Stadtrand, nahe Angkor, Tel. 964466.

Neak Pean Hotel, 100-Zimmer-Neubau im Zentrum Siem Reaps mit Schwimmbad, Garten und angenehmen Restaurant, Sivatha Blvd. Tel./Fax 964429.

Boutique Hotel Passaggio, gepflegtes Hotel mit kleinem Salzwasser- Pool unter schweizerisches Management, nahe am Zentrum „Alter Markt" gelegen, Wat Damnak Street., Nr. 432, Tel. 063/760324, www.passaggio-hotel.com.

Encore Angkor, zentrale Lage nahe der Pub Street mit freundlichem Personal, kleinem Pool und Ausblick auf ein Krokodilgehege, Tel.: 063/969400, www.encoreangkor.com

La Noria, Bungalows unter französischem Management, auf der linken Seite des Siem Reap-Flusses gegenüber dem Grand Hotel.

\$ **The Frangipani Green Garden Home**, Guesthouse, schöner Garten zum Relaxen und Frühstücken, kleiner Pool, ab 26 \$, recht zentral, Oum Khun Street Nr. 51, Tel. 063-963342, 016-581045, www.greengardenhome.com.

In der **Wat-Bo-Straße** gibt es mehrere empfehlenswerte preiswerte Guesthouses wie zum Beispiel **Pailin**, **Mahogeny**, **Sunrise** oder **Moms**.

The Siem Reap Hostel, großes Gebäude mit Pool im Jugendherbergsstil, saubere 6-Bettzimmer mit Aircon und Bad/WC, Zentrumsnähe, Wat Bo Street, Tel. 063/964660, www.thesiemreaphostel.com.

Popular Guesthouse, bekannte Traveller-Unterkunft südwestlich des Marktes, freundlich und engagiert, preiswertes Dachterrassen-Restaurant, Tel. 012/916165, chom@camnet.com.kh.

Smiley's Guesthouse, Backpacker-Zentrum mit großer Auswahl an unterschiedlichen Zimmern, preiswertes Dachterrassenrestaurant, Taphul Street (parallel zum Sivatha Blvd., Tel. 012/852955.

Naga Guesthouse, eine der billigsten Unterkünfte für Traveller, Samdach Tep Vong Street, Tel. 963439.

LAOS

6 VIENTIANE

Vientiane (☎ 021)

\$\$\$ **Lao Plaza Hotel**, schickes, luxuriöses Hotel mit tollen Zimmern, Wellnessbereich und sehr guten Restaurants (japanisch, chinesisch und international), 63 Thanon Samsenthai, Tel. 7123560, Fax 3901380, www.laoplazahotel.com.

Settha Palace, ein traditionsreiches Haus, Zimmer im Kolonialstil, wunderschöner Pool im Garten mit Bar, exzell. Restaurant, 6 Thanon Pang Kham, Tel. 217581, www.setthapalace.com.

Don Chan Palace, auf der Don-Chan-Insel, 250 luxuriöse Zimmer, Wellness, Disco, div. Gastronomie inkl. Panoramarestaurant im 14. Stock und Karaoke-Bar, günstiges Dim-Sum-Mittagsbüffet, Unit 6 Piawat Village, Tel. 244288, www.donchanpalacelaopdr.com.

Lane Xang Hotel, renoviertes, großes Haus mit über 100 Zi., Dinner mit Folklore, Pool, Nachtklub, Internet, zentral, am Mekong-Ufer, Thanon Fa Ngoum, Tel. 214102, Fax 214108.

$$ **Asian Pavilion**, großes, etwas älteres Hotel, zentral gelegen, gutes Restaurant mit thailändischer, laotischer und internationaler Küche, alle Zimmer mit AC und Bad, 379 Thanon Samsenthai, Tel. 213430, Fax 213432.

Inter City-Boutique Hotel, günstige Lage an der Mekong-Uferpromenade, die Zimmer mit Flussblick sind teurer, Thanon Fa Ngoum, Tel. 215137.

Anou Paradise Hotel, im Zentrum, Thanon Heng Boun, Tel. 213630, Fax 213635.

$ **Mixay Guesthouse**, sauberer, preiswerter Backpackertreff in Mekong-Nähe, passables Frühstück, Räume unterschiedlicher Preisklassen (von Schlafsaal bis klimatisiert), Nokeokoumane Street, Tel.262210.

Thawee, nettes, etwas angejahrtes Guesthouse in Chinatown, einige Zi. ohne Fenster, Internet, Thanon Heng Boun 216, Tel. 264915.

Vang Vieng (☎ 023)

$$$ **Nam Song Hotel**, am Fluss, stilvolle Bungalows in hübschem Garten mit schönem Panoramablick u. Restaurant, Tel. 2133506.

$$ **Thavonsouk**, Bungalows unterschiedlicher Preiskategorien, direkt am Fluss mit Bergblick und gutem Restaurant.

$ **Champa Lao Bungalow**, beliebter Backpacker-Klassiker in Flussnähe, gut zum Relaxen, Zimmer im hölzernen Haupthaus sowie in Bungalows auf der Insel, Tel. 020 501 8501.
Außerdem viele weitere Hotels in Flussnähe.

7 LUANG PRABANG

Luang Prabang (☎ 071)

$$$ **The Belle Rive**, neues, im alten frankolaotischen Kolonialstil gebautes Boutique-Hotel am Ufer des Mekong, im besten Teil der Halbinsel, exquisite Einrichtungsdetails und exzellenter Service, deutschsprachiger Manager, 13 Zimmer mit Flussblick in drei Häusern, teils denkmalgeschützt, gutes Uferterrassenrestaurant,Tel. 260733, www.thebellerive.com

Amantaka, kleineres, elegantes Luxushotel in ehemaligem französischem Militärhospital mit herrlichem Garten, Suiten mit eigenem beheiztem Pool. Morgens kommen Almosen sammelnde Mönche am Hotel vorbei; zentrumsnah, 55/3 Kingkitsarath Road, Tel. 860 333, www.amanresorts.com.

3 Nagas, direkt an der Hauptstraße im Zentrum gelegenes, hochpreisiges Boutiquehotel in Kolonialgebäude, 15 Zi. mit geschmackvoller Einrichtung und gutem Restaurant, hübscher Innenhof mit Garten, www.accorhotels.com.

Mekong Estate, sehr schönes Hotel am Mekong, etwa 20 Minuten zu Fuß vom Zentrum, www.mekongestate.com/uk/home-page.htm.

Satri House, ausserhalb der Halbinsel, schönes altes Kolonialhaus mit neu gebauten Erweiterungen, kolonialem Einrichtungsstil und kleinem Swimmingpool, www.satrihouse.com.

Mekong Riverview Hotel, nett eingerichtetes kleines Hotel an der Spitze der Halbinsel mit Mekong-Blick, www.mekongriverview.com.

Villa Santi, ein schönes Hotel der ehem. Königsfamilie, mit viel Komfort, 14 charmante und stilvolle Zimmer mit etwas Patina an einigen Stellen, dazu 6 Suiten, an der Hauptstraße, Tel. 253470, www.villasantihotel.com. Aber: Es gibt auch ein „Villa Santi Resort" (Hotelanlage mit 67 Zimmern und Pool), einige km außerhalb von Luang Prabang – und dort wird man gern ohne weitere Hinweise eingebucht!

The Apsara, elegantes Hotel am Khan Fluß mit separatem Teil auf der gegenüberliegenden Flußseite, hoteleigener Fährmann setzt einen zwischen 7 und 23 Uhr über, dort gibt es einen kleinen Pool und auf der Rückseite steht man plötzlich in einer ungeschminkten Dorfungebung, www.theapsara.com.

Maison Souvannaphoum, kleineres, freundliches Kolonialhotel, Garten, Pool, exzellentes Spa, Namphou Square, Tel. 254609.

La Residence Phou Vao, neues Hotel 3 km außerhalb des Stadtzentrums, schöner Pool mit Bergblick, Tel. 212530, www.residencephouvao.com.

Lao Spirit Resort, geschmackvolle Bungalows in der Natur, entspannend, als Paket mit Elefantenritt etc. zu buchen – Teil des von den Deutschen M. Peschke initiierten Öko-Elefantenprojekts Elephant Village, 15 km östlich von Luang Prabang am Nam Khan, www.elephantvillage-laos.com.

$$ **Sala Prabang Hotel**, 2002 im laotischen Kolonialstil renoviertes Hotel mit 6 Gebäuden und 49 Zimmern, 4 davon haben Blick auf den Mekong, an der Mekongseite der Uferstraße gelegen, http://salaprabang.salalao.com.

Phousi Hotel, gemütliche Zimmer und Restaurant mit Biergarten, Kreuzung Setthathirat und Photisarat, in der Nähe des Marktes, Tel. 212192, www.phousihotel.laopdr.com.

Seng Phet, nettes Guest House, große, saubere Zimmer, hinter der Hauptpost.

$ **Vanvisa Guesthouse**, nettes kleines Gästehaus aus den 1960ern, von der Besitzerfamilie gut geführt, günstig gelegen nahe Altstadt und Mekong, 42/2 Ban Wat That, nahe Indochine Spirit Restaurant, www.vanvisa-guesthouse.com.

Rama, saubere Zimmer mit AC, freundliches Personal, am Wat Visun.

Cold River, beliebtes Traveller-Guesthouse am Khan-Fluss, nahe Sisangvong-Brücke, Ban Meunna, Tel. 252810.

View Khaem Khong, kleineres Guesthouse mit klimatisierten Zimmern, nahe Mekong und Nationalmuseum, Mahin Ounkham Rd, Tel. 213032

Xayabouri (☎ 074)

$ **Sayananh Hotel**, gepflegte Zimmer, zentral, beim Kaysone-Denkmal, Tel. 211116.

New Sayabouri Hotel, großes Hotel mit einfachen kleinen Zimmern (Ventilator oder AC) nahe dem Markt, Restaurant, Tel. 211116.

Hongsa (☎ 074)

Jumbo Guesthouse, familiäres, freundliches kleines Gästehaus unter deutscher Leitung, Elefantenritte können im Garten begonnen werden, Tel. 020 56 856 488, mail@lotuselephant.com, www.lotuselephant.com.

Houayxay (☎ 084)

$$ **Arimid Guesthouse**, saubere Bungalows, zudem im neuen Haupthaus klimatis. Zimmer; an der Hauptstraße Richtung Norden nahe der Autofähre, Tel. 211040.

Luang Namtha (☎ 086)

$$ **Boat Landing**, ökologisch korrekte, einladende große Holzbungalows am Fluss, gutes Restaurant, etwas abseits, 7 km südlich, nahe Flugplatz, Tel. 312398.

$ **Darasavath Guest House**, mehrere nette Bambusbungalows an der südlichen Hauptstraße, mit einem urigen Restaurant, Tel. 020-5618697.

Thoulasith Guest House, noch relativ neu, im Lao-Stil, sauber, gute Betten, WiFi und Sat-TV im Zi., großer Garten, Phonxay Village, Tel. 020-5683333; 086 212166.

Khammanivong Guest House, angenehme Zimmer in einem schönen Holzhaus, in der Nähe gibt es -Lao-Massage und Kräutersauna, an der Hauptstraße am Stadtrand, Tel. 312232.

8 EBENE DER TONKRÜGE

Phone Savanh (☎ 061)

$$ **Maly Hotel**, einige schöner eingerichtete Zimmer mit heißem Wasser, die besten befinden sich im 1. Stock mit TV, originelles Restaurant, gegenüber dem Inter-Lao Tourisme, Thanon Nr.1, Tel. 312031, Fax 312003.

Auberge de la Plaine des Jarres, reizende Lage auf einem Hügel mit schöner Aussicht, romantische Hütten mit Kamin und Bad, gutes Restaurant mit laot. u. französ. Küche, Tel./Fax 212613 (Vientiane).

Vinhthong, beliebte Backpackerunterkunft, saubere, gemütliche Zimmer, einige mit Bad, Waffensammlung in der Lobby, freundlicher vietnames. Inhaber, der auch Fahrten zur Ebene der Tonkrüge offeriert, an der Hauptstraße nach Muong Kham, Tel. 312047.

Muong Khoun (Xieng Khouang)

Manivanh Guesthouse, einfach, billig, mit Restaurant, Tel. 061-212464.

9 DER SÜDEN

Savannakhet (☎ 041)

Xayamoungkhun, nette Unterkunft in einem kolonialzeitlichen Haus, 16 gemütliche, saubere Zimmer, Bike-Verleih, 85 Thanon Ratsavong Seuk, Tel. 212426.

Nong Soda Guest House, einfache, teils dunkle Zimmer, Bar mit Flussblick, am Mekong, Tha He Road, Tel. 212522.

Saravan

Silsamay Guesthouse, modern eingerichtetes Hotel, 50 geräumige Zimmer mit Bad, AC u. TV, am Markt, Tel. 020-5260284.

Pakse (☎ 031)

Champa Residence, rd. 40 gepflegte Zimmer im neokolonialen Stil mit AC, Terrasse, Garten, Wasser, mit gutem Reisebüro, an der Hauptstraße außerhalb des Zentrums, unweit des Stadiums und Museums, Thanon Nr. 13, Tel. 212120, Fax 212765, champare@laotel.com.

Vannapha Guesthouse, Budget-Hotel mit 14 Zimmern in Bungalows, teils mit Aircondition, mit kleinem Restaurant, organisiert auch Touren zu Dörfern in der Umgebung, nahe dem Krankenhaus, Thanon Nr. 9, Tel. 212502.